ULRICH KELLERMANN · NEHEMIA

ULRICH KELLERMANN

NEHEMIA
QUELLEN ÜBERLIEFERUNG
UND GESCHICHTE

1967

VERLAG ALFRED TÖPELMANN · BERLIN

CBPac

BEIHEFTE ZUR ZEITSCHRIFT FÜR DIE
ALTTESTAMENTLICHE WISSENSCHAFT
HERAUSGEGEBEN VON GEORG FOHRER

102

Meiner Frau

Vorwort

Die Untersuchung hat im Wintersemester 1964/65 der Hochwürdigen Evangelisch-Theologischen Fakultät der Westfälischen Wilhelms-Universität Münster als Dissertation über das Thema » Nehemia — Überlieferung und Geschichte« vorgelegen. Für den Druck mußte sie erheblich gekürzt werden. Die inzwischen erschienene neue Literatur wurde soweit wie möglich eingearbeitet. Dazu zählen vor allem die Studien S. MOWINCKELS (†), Studien zu dem Buche Ezra-Nehemia, Bd. I und II, Oslo 1964, die über seine Ergebnisse von 1916 vielfach hinausgehend mich in manchen Punkten bestätigt haben. Der III. Band der Studien, Die Ezrageschichte und das Gesetz Moses, Oslo 1965, konnte für den Druck leider nicht mehr berücksichtigt werden.

Für den Druck mußten einige Teile entfallen. Eine historische Analyse von Neh 11 ist inzwischen in der ZDPV 82, 1966, erschienen; das Kapitel über Esra, dessen Frühdatierung vor Nehemia ich in dieser Untersuchung voraussetze, soll an anderer Stelle veröffentlicht werden.

In der Schreibung der hebräischen Namen lehne ich mich an W. RUDOLPH, Esra und Nehemia samt 3. Esra, HAT I/20, Tübingen 1949, an, um einen Vergleich der Textstellen mit Hilfe dieses grundlegenden Kommentars zu erleichtern.

Ich habe vielfach zu danken: meinem Lehrer Herrn Prof. D. Franz Hesse für die stete Förderung meiner Arbeit; Herrn Prof. Dr. Wolfgang Nauck, der mir während meiner Vikarszeit an der Kirchlichen Hochschule Wuppertal großzügig Zeit für diese Untersuchung ließ; Herrn Prof. D. Dr. Georg Fohrer für die freundliche Bereitschaft, die Arbeit in die Reihe der Beihefte zur ZAW aufzunehmen. Der Evangelischen Kirche im Rheinland, der Synode Barmen und meiner Gemeinde gilt mein Dank für die Übernahme des Druckkostenzuschusses. Frau stud. theol. B. Kirchner hat mir bei der Korrektur geholfen. Meiner Frau danke ich für ihre unermüdliche Hilfe beim Anfertigen des Manuskripts.

Wuppertal, Dezember 1965   Ulrich Kellermann

Inhalt

Abkürzungen

Chron	Chronist
chron	chronistisch
dt	deuteronomisch
dtr	deuteronomistisch
EQ	Esra-Quelle
NQ	Nehemia-Quelle
nachchron	nachchronistisch

sonstige Abkürzungen siehe: RGG[3], Bd. 6, 1962, S. XX—XXXI.

Einleitung

In den Darstellungen der Geschichte Israels wird nach dem
Vorbild des chronistischen Geschichtswerkes im allgemeinen Nehemia
neben Esra als Begründer der Jerusalemer Theokratie gewürdigt.
Beachtet man, wie historisch unzuverlässig der Chronist die vorexilische Geschichte wiedergibt, obwohl er Quellenmaterial heranzieht,
so empfiehlt sich bei der Anlehnung an sein Bild der nachexilischen
Zeit weitaus mehr Vorsicht, als es in der Forschung durchweg geschieht[1]. Dies gilt auch für seine quellenmäßig gesicherte Nehemiageschichte. Zwar begegnet man der Synchronisierung von Esra und
Nehemia in Neh 8—10 meistens sehr skeptisch, hält aber sonst die
Berichte weitgehend für authentisch. Vergleicht man die Darstellung
der frühen nachexilischen Zeit im Esrabuch mit den entsprechenden
Mitteilungen bei Haggai und Sacharja, so zeigt sich sofort, wie stark
der Chronist den »zionistischen« und messianischen Enthusiasmus
der Anfänge seiner theokratischen Idee geopfert hat. Man sollte deshalb damit rechnen, daß auch die Nehemiageschichte, die dem Chron
als Quelle vorlag, durch Interpolationen und Verklammerungen im
Kontext verzeichnet worden sein kann und deshalb einer kritischen
Überprüfung bedarf. Die nachchronistische Überlieferungsgeschichte
der Nehemiagestalt, wie sie aus den sekundären Stücken im Nehemiabuch, Sir 49 13, II Macc 1 10—2 18, äthHen 89 72f., III Esr und Josephus Ant XI 159—183 erhellt werden kann, zeichnet Nehemia
teilweise in anderen Konturen als das chron Geschichtswerk. Als
erste Aufgabe ergibt sich daraus, das gesamte Quellenmaterial bis hin
zur Darstellung des Josephus literarkritisch und überlieferungs-
geschichtlich zu sichten. Erst dann kann die historische Frage aufgenommen werden, zu deren Lösung m. E. die Überlieferungsgeschichte
den Schlüssel bietet.

Für den Historiker gehören das 5. und 4. Jahrhundert der Geschichte Judas zu den rätselhaften Epochen. Nach der Restauration
in der Serubbabelzeit am Ende des 6. Jahrhunderts tritt nur noch die
Zeit Esras und Nehemias in der Mitte und am Ausgang des 5. Jahrhunderts in das Licht der Geschichte, das erst mit der Seleukidenzeit
Judas wieder heller leuchtet. So fehlt der eigentliche »historische
Kontext«, in den Nehemias Werk einzuordnen ist, um es recht zu
verstehen. Mit der Aufzählung aller greifbaren historischen Daten vor

---

[1] Vgl. jetzt auch GALLING, Studien, S. V.

Kellermann   1

und nach Nehemia ist dieser Mangel nicht beseitigt. Es geht vielmehr
darum, die geschichtlich wirksamen Kräfte deutlich zu machen.

Einen wichtigen Beitrag in dieser Hinsicht hat vor allem A.
BENTZEN mit seinem Aufsatz »Priesterschaft und Laien in der jüdi-
schen Gemeinde des fünften Jahrhunderts« (1930/31²) geliefert.
BENTZEN geht mit Recht davon aus, daß dieses Jahrhundert eine
Epoche der »inneren und äußeren Festigung der Jerusalemer Juden-
gemeinde«³ war. Er sieht es u. a. bestimmt durch den Konflikt zwischen
den Ansprüchen der Priesteraristokratie und dem Reformeifer der
Laien. Wurde dieser in der ersten Hälfte des Jahrhunderts um die
Hegemonie in der Gemeinde ausgetragen, so stellte sich in der zweiten
Hälfte die Laienschaft unter Anerkennung der Priesterhegemonie als
religiöser Institution auf den Boden des Gesetzes und spielte das
Gesetz gegen ein gesetzwidriges Priestertum aus, wie es bspw. das
Buch Maleachi erkennen läßt. BENTZEN vermutet, daß nach Mal 3 1-4
die vornehmste Aufgabe des von der Laienschaft erwarteten davidi-
schen Messias die Reinigung der Priesterschaft und die Wahrung des
Gesetzes sein sollte⁴. Die profilierten Gestalten der gesetzestreuen
reformeifrigen Laienbewegung sind nach BENTZEN Maleachi, Nehemia
und Esra gewesen. »Man kann sagen, daß Nehemia eigentlich die Aufgabe übernommen hat, welche Maleachi seinem Messias zudachte«⁵.
Seinem Werk war aber kein Erfolg beschieden. Am Ende hat »das
Priestertum über die Laiengewalt, der Hohe Priester über den toten
Nehemia gesiegt«⁶. Als Ausgangspunkt der Bewegung wird das
babylonische Judentum angesehen.

BENTZEN hat m. E. ein geschichtsmächtiges Motiv aufgewiesen.
Nur scheint mir seine Darstellung zu einseitig an der Kultgemeinde
und ihren Problemen ausgerichtet zu sein. Nach dem Scheitern der
messianischen Erwartungen unter Serubbabel erlebte Juda unter
Nehemia seine Verselbständigung als persische Provinz. Es ging deshalb doch wohl auch in diesem Jahrhundert um die Ausbildung der
politischen Lebensform Judas, bei der der Gegensatz zwischen
Laienschaft und Priesteraristokratie ebenfalls zum Austrag kommen
mußte.

O. PLÖGER zeigt in seinem Buch »Theokratie und Eschatologie«,
1959, für die nachexilische Zeit u. a. den Gegensatz zwischen eschato-
logischem und theokratischem Israel an. Auf der einen Seite steht
nach PLÖGER die Gruppe derer, die das prophetisch-eschatologische
Erbe tradierten, aktualisierten und in die Zukunft entwarfen. Ein

---

² AfO 6 (1930/31), S. 280—286.
³ A. a. O. S. 280.
⁴ A. a. O. S. 283.
⁵ A. a. O. S. 284.
⁶ A. a. O. S. 285.

Motiv dieser restaurativen Eschatologie war bspw. die Restitutions-
hoffnung für ganz Israel. Die Majorität auf der anderen Seite, wie sie
sich etwa durch den Chron oder in der Priesterschrift Ausdruck verschafft hat, rechnete nicht mehr mit einer »geschichtlichen Eschatologie«, »durch die ihr substantiell mehr gegeben würde als das, was
sie jetzt bereits besitzt«[7]. Man gab sich mit der um Gesetz und Kult
versammelten Gemeinde, d. h. in politischer Hinsicht mit einem Provisorium nach der Auflösung der staatlichen Selbständigkeit Judas
zufrieden.

Ich vermute, daß in die Auseinandersetzung zwischen den Laien-
gruppen mit einer restaurativen Eschatologie und der Theokratie,
die auf ein politisches Programm verzichtete, auch die Gestalt des
Statthalters Nehemia hineingehört. Man kann solche restaurative
Eschatologie, wie sie schon bei Serubbabel hervortrat, am prägnan-
testen mit den Stichworten »Zionismus« und »Messianismus« wieder-
geben. Ich bin mir bewußt, daß der Begriff »Zionismus« in diesem Zusammenhang anachronistisch klingt. Aber man wird ein politisches
Programm, das auf die Wiederherstellung des Reiches Juda, den
Wiederaufbau der Stadt Jerusalem und die Unterstellung der Priesteraristokratie unter die politische Führungsspitze eines Laien ausgerichtet ist, ja wohl kaum anders bezeichnen dürfen.

---

[7] PLÖGER, Theokratie und Eschatologie, 1959, S. 132.

1. Kapitel: Literarkritische Untersuchung des Nehemiabuches

Bei der literarkritischen Untersuchung des Nehemiabuches innerhalb des chron Werkes kann man von der Voraussetzung ausgehen, die gleiche literarische Schichtung wie in den übrigen Büchern, besonders I-II Chr, zu finden, d. h. es ist mit der Benutzung von Quellen durch den Chron und weiteren Bearbeitungen des chron Werkes zu rechnen[1]. Die Analyse wird dadurch erleichtert, daß sich schon bei einem ersten Überblick eine durchlaufende Quelle des chron Gestalters verhältnismäßig gut herausheben läßt.

I. DIE NEHEMIAQUELLE (ICH-BERICHT)

Nach dem Einsatz des Nehemiabuches (1 1) lag dem Hauptgestalter des chron Werkes ein Bericht über Nehemia (דִּבְרֵי נְחֶמְיָה) vor, der sich als Dokumentation in der Ich-Form vom Kontext des chron Werkes in der Er-Form leicht abheben läßt. Hierbei sind drei formal und inhaltlich geschlossene Komplexe zu unterscheiden.

Der erste Teil umfaßt 1 1—7 5 a. Ihm folgt mit 7 5 b—12 26 eine Zusammenstellung von Listen und Erzählstücken in der Er-Form. Der zweite Komplex 12 27-43, hauptsächlich in der Ich-Form, nimmt den Faden von 7 5 a auf. Von diesem und dem dritten Komplex in der Ich-Form 13 4-31 ist mit 12 44—13 3 wiederum ein knapper Er-Bericht eingeschlossen. Die drei Teile 1 1—7 5 a 12 27-43 13 4-31 bilden einen Erzählungsfaden und weisen starke stilistische und literarische Gemeinsamkeiten auf. Die These einer vorchron Nehemiaquelle in der Form des Ich-Berichtes legt sich deshalb sehr nahe. Sie läßt sich noch durch folgende Beobachtungen erhärten:

1. Viele sachliche Einheiten werden mit der Gebetsformel (זָכְרָה־לִּי) אֱלֹהַי (לְטוֹבָה) beendet: 5 19 13 14. 22. 31. Eine negative Ausrichtung der stereotypen Wendung liegt 6 14 und 13 29 vor. Einen sachlich ähnlichen Abschluß bilden die Gebete 1 5-11 a 2 20 3 36f.

2. Die Darstellung des Mauerbaues bis Neh 6 ist auf den Gegensatz Nehemias zu seinen Gegnern ausgerichtet. So endet jede Erzähleinheit mit einem Kurzbericht über die Reaktion bei den Gegnern im

---

[1] Vgl. zu I-II Chr bspw. NOTH, ÜSt, S. 110ff.; RUDOLPH, Chronikbücher, bes. S. 1—5.

Er-Stil. Der Blick auf die mit Namen genannten Feinde wird dabei mit der Formulierung וַיִּשְׁמַע (2 10. 19) bzw. וַיְהִי כַאֲשֶׁר שָׁמַע (נִשְׁמַע/שָׁמְעוּ) (3 33 6 1. 16) eröffnet.

3. Die Monatsbezeichnung erfolgt im Ich-Bericht durch Nennung von Monatsnamen (1 1 2 1 6 15), im übrigen Teil des Esra- und Nehemiabuches jedoch mit Zahlen[2].

4. Auffallend ist auch die im Kontext fehlende Klassifizierung der Führungsschicht Judas in חֹרִים und סְגָנִים: 2 16 4 8 5 7. 17 6 17 7 5 12 40 13 11.

5. Der Nehemiabericht des Josephus in Ant XI 159—183 besteht allein in einer ausschmückenden Wiedergabe der drei genannten Ich-Komplexe. Er muß auf diese Teile als ein literarisches Sonderwerk zurückgegriffen haben, da Neh 7 5b—12 26 und 12 44—13 3 keine Entsprechung im Esraabschnitt des Josephus (Ant XI 120—158) haben.

6. Innerhalb der drei Ich-Komplexe wird auffallend häufig die Form des kurzen Dialogs und der Ansprache gebraucht: 1 3 2 2ff. 2 17f. 2 19f. 4 8 5 1ff. 5 6ff. 6 2 6 10f. 7 3 13 11 13 17f. 13 21 13 25-27. Sie macht die Schilderung der sich um Nehemia abspielenden Ereignisse lebendig.

7. In den Zwischenstücken ist von Nehemia nur an als sekundär verdächtigen Stellen (8 9 10 2 12 26. 47) die Rede; als handelnde Gestalten erscheinen Esra oder das Volk. Im Ich-Bericht dagegen ist Nehemia fast durchgängig handelndes Subjekt.

8. Der Ich-Bericht zeigt im Unterschied zum Kontext einen klaren, sachlichen Aufbau. Vom inhaltlichen Gesichtspunkt her läßt er sich in die zwei Teile 1 1—7 5 a 12 27-43 und 13 4-31 untergliedern. Der Aufbau des ersten Teiles ist chronologisch am Leitfaden des Wiederaufbaues orientiert. Aus der Bestimmung als Baubericht fallen lediglich die zwei kleinen Exkurse 5 14-19 und 6 17-19 heraus. 5 14-19 faßt drei Einzelfakten zusammen (5 14f. 5 16 5 17f.), die die in 5 1-13 betonte Uneigennützigkeit Nehemias noch weiter belegen und in gleicher Weise der Gottheit als »verdienstliches« Werk vorgehalten werden (5 19). Im Unterschied zu 5 1-13 kann man diese Einzelaktionen nicht chronologisch genau in den Gang des Baues einordnen; sie umfassen z. T. die gesamte Statthalterschaft Nehemias. In 6 17-19 läßt die sachlich anreihende Verknüpfungsformel גַּם בַּיָּמִים הָהֵם die Zeit des Geschehens unbestimmt. Der Abschnitt ist ein Nachtrag zum Thema von Neh 6 »Schwierigkeiten beim Mauerbau durch Angsteinflößung«. Der zweite Teil (13 4-31) zeigt eine auffallend andere Struktur. Vom Mauerbau ist nicht mehr die Rede. Es liegt eine Aufzählung von Reformmaßnahmen Nehemias vor, die nicht in dem chronologischen Aufriß des ersten

---

[2] Esr 3 1. 6. 8 6 19 7 8(f.) 8 31 10 9. 16f. Neh 7 72 8 2 (9 1).

Teiles unterzubringen sind. Der Komplex besteht aus kleineren, in sich geschlossenen Abschnitten: 13 4-9 Reinigung der Tobiazelle; 13 10-14 Reorganisation der Kultabgaben; 13 15-22 Bemühungen um die Sabbatheiligung; 13 23-27 Bemühungen in der Mischehenfrage; 13 28f. Vorgehen gegen die Familie des Hohenpriesters; 13 30f. Ordnung des Tempeldienstes. 13 4-9 und 13 10-14 gehören sachlich zusammen als Kultreformen und werden entsprechend durch den זָכְרָה-Ruf am Ende (13 14) abgeschlossen. Eine Rahmung durch die Einleitungsformel בַּיָּמִים הָהֵמָּה (13 15) am Anfang und den זָכְרָה-Ruf am Ende (13 22) erfährt auch der Abschnitt 13 15-22. Das gleiche gilt für den Abschnitt über die Mischehenfrage 13 23-29, der durch גַּם בַּיָּמִים הָהֵם in 13 23 und den זָכְרָה-Ruf in 13 29 eingefaßt wird. Die einleitenden unbestimmten Zeitangaben dienen nur zur Aufreihung von Fakten, die nicht chronologisch, sondern sachlich angelegt ist. 13 4-31 erweist sich so als eine Darstellung von Sachverhalten, die Nehemia neben dem Mauerbau auch noch als verdienstliches Werk bei Gott in Erinnerung bringen möchte (13 31).

9. Der Ich-Bericht zeigt im Unterschied zum Kontext eine durchgehend tendenziöse Färbung, welche schon die Vorliebe für bestimmte Redewendungen verrät. Aus Eigenheiten in Inhalt, Aufbau und Form läßt sich diese Tendenz leicht ermitteln. Es handelt sich um einen Tatenbericht in »autobiographischem« Stil über den Wiederaufbau Jerusalems und die damit verbundenen Reformen. Der den Erzählungsfaden mehrmals unterbrechende Gebetsruf (זָכְרָה-(לִי) אֱלֹהַי(לְטוֹבָה), der auch den Abschluß des Ich-Berichtes bildet, läßt an die Absicht einer »Denkschrift« für die Gottheit denken. Auch der Gebrauch des Hebräischen in einer Zeit, in der Reichsaramäisch die Amtssprache bildete, macht besonders in Anbetracht der Amtsstellung des Schreibers eine Bestimmung der Schrift für die königliche Kanzlei schwer vorstellbar. Gegen eine Bestimmung als Denkschrift für die persische Hofkanzlei spricht auch der verächtliche Ausdruck הָאִישׁ הַזֶּה in 1 11. Ihr Sitz im Leben ist vielmehr in der jüdischen Kultgemeinde zu suchen. Die זָכְרָה-Formel bringt einmal die Verdienste Nehemias sozusagen als Verteidigungsmaterial (5 19 13 14. 22. 31), zum anderen die Machenschaften der Gegner als Belastungsmaterial (6 14 13 29) vor das Gericht Gottes. Nichts wird von Nehemia berichtet, was ihn belastet, nichts von seinen Gegnern, was sie in ein gutes Licht stellen könnte; der gesamte Stoff ist am Gegensatz Nehemias zu seinen Gegnern orientiert. Spricht der Verfasser von ihnen, so wird er leidenschaftlich haßerfüllt (3 36f.) und spitzt die Depravierung seiner »Amtskollegen« ins Persönliche und Moralische zu. Dies steigert sich bis zum Rachegebet um Bestrafung der Gegner (3 36f. 6 14 13 29) und scheut nicht vor einer Herabsetzung der Vorgänger (5 15) zurück. Man gewinnt aus dem

Ich-Bericht den Eindruck, daß Nehemia mit der Schrift vor dem göttlichen Tribunal einen Rechtsstreit gegen seine Feinde anstrengen will. Die Darstellung ist dabei getragen von dem Bewußtsein, sich vor Gott Verdienste erworben zu haben (5 19 13 14. 22. 31). Sie betont die Mithilfe und das Wohlwollen der angerufenen Gottheit beim Unternehmen des Schreibers (2 8. 12. 18. 20 4 14 6 12. 16) und sein loyales Verhältnis zu ihr (1 5-11 2 20 3 36 4 3 5 9. 15 13 4 ff.).

Auf Grund der Untersuchungen von H. J. BOECKER und H. GRAF REVENTLOW über das israelitische Rechtsleben[3] läßt sich nun der apologetische Charakter des Ich-Berichtes auch formal nachweisen. Die Beschreibung der Konflikte Nehemias mit seinen Gegnern erfolgt in 5 7-13 und 13 10-13. 15-22 in der Form der vorgerichtlichen privaten Auseinandersetzung nach der jeweils gleichen Abfolge von Vorwurf—Verweis auf Beispiele — Gegenmaßnahme oder Nachgeben des Rechtskontrahenten. Dabei tauchen Begriffe und Redeformen des israelitischen Rechtslebens auf[4]: רִיב in 5 7 13 11. 17, לֹא־טוֹב הַדָּבָר in 5 9, מָה־הַדָּבָר הָרָע הַזֶּה in 2 19 und מָה־הַדָּבָר הַזֶּה in 13 17. Vor allem ist dem Bereich des Gerichtes und der Rechtsprechung die Formel זָכְרָה־לִּי אֱלֹהַי לְטוֹבָה zuzuweisen[5]. Es liegt in זכר unbeschadet seiner sonstigen, vor allem kultischen Bedeutung[6] ein Terminus technicus des israelitischen Rechtslebens vor. Mit dem *hif.* von זכר wird das Vorbringen von Entlastungs- und Belastungsmaterial im Gerichtsverfahren bezeichnet[7], d. h. die Tätigkeit sowohl des Verteidigers als auch des Anklägers[8]. Auch im *qal* ist der Begriff זכר für die Tätigkeit der Rechtswahrung[9] gebräuchlich[10]. In dieser Form kommt er sowohl für die Verteidigung (5 19 13 14. 22. 31) als auch für die Gegenklage (6 14 13 29) im Ich-

---

[3] BOECKER, Redeformen des israelitischen Rechtslebens, Diss. Bonn 1959, ersch. als: Redeformen des Rechtslebens im Alten Testament, WMANT 14, 1964; Ders., Anklagereden und Verteidigungsreden im Alten Testament, EvTh 20 (1960) S. 398—412; REVENTLOW, Das Amt des Mazkir, ThZ 15 (1959), S. 161—175.

[4] Vgl. BOECKER, Redeformen, S. 25 ff.

[5] BOECKER a. a. O. S. 106—111; REVENTLOW a. a. O. S. 161—175; CHILDS, Memory and Tradition in Israel, 1962, S. 14 f.

[6] BOECKER a. a. O. S. 106 mit Anm. 1; CHILDS a. a. O. S. 11—13; bes. aber SCHOTTROFF, »Gedenken« im Alten Orient und im Alten Testament, WMANT 15, 1964. SCHOTTROFF (S. 207. 217 ff. 262 ff. 340) lehnt den juristischen Sinn für זכר ab.

[7] BOECKER a. a. O. S. 106 ff.; vgl. Entlastungsmaterial: Gen 40 14, Belastungsmaterial: Num 5 15 I Reg 17 18 (Jes 43 26) Ez 21 28 f. 29 16.

[8] BOECKER a. a. O. S. 110.

[9] REVENTLOW a. a. O. S. 164 f.

[10] Vgl. zur Entlastung Lev 26 45 (dazu BOECKER a. a. O. S. 109) Ps 132 1; zur Belastung Jer 31 34 Hos 7 2 Ps 137 7a. Vgl. ferner zur juristischen Bedeutung die kanaanäische Glosse im Amarnabrief KNUDTZON I 228, S. 768 f.; vgl. Gen 40 14 mit Pap. Cowley 27, 19; Achikar IV 53 (COWLEY, S. 213); Lachisch Ostrakon 2 4 (SCHOTTROFF a. a. O. S. 46).

Bericht vor. In den von BOECKER angeführten Anklage- und Verteidigungsreden[11] wird gern von dem Rechtskontrahenten vor Gericht in der 3. Person geredet. Auffällige Parallelen hierzu sind 1 11 3 36f. und die זִכְרָה-Rufe. Der wenig respektvolle Ausdruck הָאִישׁ הַזֶּה in 1 11 findet sich in der femininen Form הָאִשָּׁה הַזֹּאת in der Anklagerede I Reg 3 17-19. Auch auf Dtn 22 14. 16 und Jer 26 11b ist in diesem Zusammenhang hinzuweisen. Es handelt sich offenbar um ein Stilmittel der Anklageformulierung. Aus diesem Überblick der Formelemente wird der Charakter des Ich-Berichtes als eines Rechtsdokumentes einsichtig. Er ist der Anruf der Gottheit zum Rechtsbeistand und zur Rechtswahrung und führt den Beweis der Unschuld und die Gegenklage an Hand von Entlastungs- und Belastungsmaterial.

II. LITERARKRITISCHE ANALYSE DES NEHEMIABUCHES

Da mit der Tendenz und der festen Form der Nehemiaquelle (NQ) wichtige Kriterien für literarkritische Entscheidungen vorgegeben sind, kann der apologetische Bericht Nehemias leicht als Vorlage des Chron vom chron und nachchron Gut abgegrenzt werden. Auch der Bericht des Josephus in den Ant, der, wie ich noch im einzelnen zeigen werde, die NQ voraussetzt, kann stellenweise die literarkritische Entscheidung erleichtern, wenn man ihn unter Aufwendung der nötigen Kritik heranzieht.

1. Neh 1 1—7 72

Neh 1 1-11

Der Ich-Bericht wird durch eine Überschrift Neh 1 1a eingeleitet und durch ein Gebet 1 5-11a, das nur in 1 6 teilweise in der 1. pers. sing. abgefaßt ist, unterbrochen.

Der Vers 1 1b macht einen fragmentarischen Eindruck. וַיְהִי am Anfang einer Erzählung ist zwar durchaus möglich[12], aber man vermißt bei der Datierung שְׁנַת עֶשְׂרִים die Angabe des entsprechenden Herrschers. Ferner steht die Zeitangabe (20. Jahr) im Widerspruch zu 2 1, falls man nicht eine Datierung nach dem Herbstkalender voraussetzt[13].

Der Satz 1 11b וַאֲנִי הָיִיתִי מַשְׁקֶה לַמֶּלֶךְ paßt sachlich und syntaktisch schlecht in den Kontext[14]. Man erwartet die Vorstellung des Verfassers am Anfang der Geschichte (1 1b), wo ebenfalls ein Perfekt der Zu-

---

[11] A. a. O. S. 71 ff.
[12] Vgl. den Anfang der Bücher Ez, Jon, Ruth, Est, Thr (LXX) und III Esr (LXX).
[13] Dazu s. S. 75 Anm. 4.
[14] Vgl. MOWINCKEL, Studien II, S. 19.

standsschilderung und die gleiche Satzstruktur vorliegen. An der jetzigen Stelle hemmt die Notiz den Erzählungsverlauf[15]. Sie wird vom Anfang des Berichtes zur Vorbereitung von 2 1ff. durch die gleiche Hand umgestellt worden sein, auf die auch die übrigen Eingriffe in 1 1 zurückgehen.

Das Gebet 1 5-11a führt man gern auf spätere Bearbeitung zurück[16]. Es paßt jedoch sachlich und sprachlich gut in den Kontext der NQ, so daß kein Grund zum Streichen besteht. Man muß sich vor allem über die Grenze der literarkritischen Methode für die Entscheidung der Verfasserfrage bei Gebeten klar sein. Der deuteronomisch-deuteronomistische[17] Stil[18] belegt ebensowenig die chron Verfasserschaft, wie er der Abfassung durch Nehemia widerstreitet. Man darf damit rechnen, daß die Formeln und Topoi der nachhaltigsten Fröm-

---

[15] MOWINCKEL, Studien II, S. 19, schließt 11b an 4 an: »ich trauerte (viele) Tage fastend und betend, obwohl ich den Beruf als Mundschenk auszuüben hatte«.

[16] So bspw. JAHN, S. 92; BATTEN, S. 188; MOWINCKEL, Nehemia, S. 30f., Studien II, S. 18; HÖLSCHER, S. 526; NOTH, ÜSt, S. 127. 148; BOWMAN, S. 666; GALLING, S. 218; SCHNEIDER, S. 165. Die ursprüngliche Zugehörigkeit wird dagegen nicht abgelehnt von TORREY, Comp., S. 36; BERTHOLET, S. 48f.; JOHANNESEN, S. 180f.; RUDOLPH, S. 105f.; GRANILD, S. 267f.; PLÖGER, Dehnfestschrift, S. 46; GELIN, S. 15. 66; DE FRAINE, S. 74ff. Gegen die Ursprünglichkeit des Gebetes macht man u. a. folgende Argumente geltend: 1. Dem Gebet fehle als »allgemeine Bitte um Heimführung Israels aus der Zerstreuung« (HÖLSCHER) eine direkte Beziehung zur speziellen Situation (so etwa HÖLSCHER, S. 526). 2. Der Mitteilung von tagelangem Weinen, Trauern, Fasten und Beten in 1 4 stehe הַיּוֹם in 1 11 mit der Bezugnahme auf die Zeit von 2 1ff. entgegen (MOWINCKEL, Nehemia, S. 30; Studien II, S. 17; HÖLSCHER, S. 526). 3. Die dtr Sprache verweise auf chron Verfasserschaft (so bspw. JAHN, S. 90; vgl. auch NOTH, ÜSt, S. 127). 4. Die starke Ähnlichkeit des Gebetes mit Esr 9 6ff. und Dan 9 4ff. mache die Verfasserschaft Nehemias unmöglich (so bspw. BATTEN, S. 188). 5. Vor allem seien die Namen יְחנָה in 1 5 und בְּנֵי יִשְׂרָאֵל in 1 6 unnehemianisch (so bspw. HÖLSCHER, S. 526; MOWINCKEL, Nehemia, S. 30; Studien II, S. 18; vgl. GALLING, S. 219). 6. Die Wendung הָאִישׁ הַזֶּה 1 11 sei in der Denkschrift eines persischen Statthalters unverständlich (HÖLSCHER, S. 526; MOWINCKEL, Nehemia, S. 30; vgl. auch die Erklärung Studien II, S. 18). 7. SCHNEIDER, S. 165, verweist auf die auffällige Länge des Gebetes im Vergleich mit den sonst kürzeren Stoßgebeten Nehemias. 8. Man betont den spezifisch chron Wortschatz, von dem allerdings nur מַעַל in 1 8 aufgeführt wird (so bspw. JAHN, S. 91; BATTEN, S. 188). 9. Zuletzt zieht noch MOWINCKEL, Nehemia, S. 30, das kurze, besser in den Kontext passende Stoßgebet Nehemias in Jos Ant XI 162 heran, das in rhythmischer Form gehalten ist und dessen hebräische Sprachgrundlage noch deutlich erkennbar sei.

[17] Im folgenden seien im Begriff deuteronomistisch (dtr) auch die deuteronomischen Bestandteile des dtr Werkes eingeschlossen.

[18] Vgl. 1 5 mit Dtn 7 9. 21 I Reg 8 23; 1 6 mit I Reg 8 52; 1 8f. mit Dtn 30 1-4 (freies Zitat); ferner 1 8 mit Dtn 4 27 28 64; 1 10 mit Dtn 7 8. 19 9 26. 29. Vgl. HÖLSCHER, ZAW 40 (1922), S. 248 Anm. 3; DE FRAINE, S. 74—76.

migkeitsbewegung Israels die nachexilische Gebetssprache entschei-
dend geprägt haben. Die Stellen 13 18. 25-27, die auf Nehemia zurückgeführt werden können[19], zeigen deutlich, daß Nehemia in der Tradition dieser Frömmigkeit lebt. Die ähnlich formulierten Gebete Esr
9 6-15, Neh 9 5-37, Dan 9 4-19 und Bar 1 15-3 8 belegen darüber hinaus
sehr instruktiv die Ausbildung einer festen Gebetssprache in der
nachexilischen Zeit. Der Kontext erfordert das Gebet, da der Übergang von 1 4 zu 2 1 nicht sehr glatt ist und 1 11 a als das eigentliche
Gebetsanliegen das Unterfangen von 2 1ff. vorbereitet. Die Umstellung
der Notiz 1 11 b erscheint nur bei der Zugehörigkeit des Stückes zur
ältesten literarischen Schicht denkbar. Zuletzt belegt auch Josephus
Ant XI 162 die Existenz eines Gebetes in der NQ[20].

Eine knappe Analyse der einzelnen Verse kann diese Entscheidung stützen. Das
Gebet kommt der Gattung des Volksklageliedes nahe. Die Anrufung 1 5. 6 aα ist in dtr
Formelsprache und im Ergebenheitsstil der 3. pers. sing.[21] abgefaßt. Die Anrede
אֱלֹהֵי הַשָּׁמַיִם wäre in einem chron Gebet kaum denkbar und entspricht eher dem Sprachgebrauch des jüdischen Beamten der persischen Kanzlei[22].

Die Überleitung zum Hauptstück des Gebets in 1 6 aβ wechselt in die Redeform
der 1. pers. sing. über. אֲנֹכִי מִתְפַּלֵּל לְפָנֶיךָ הַיּוֹם יוֹמָם וָלַיְלָה nimmt Bezug auf den Kontext
1 4. הַיּוֹם hat in Verbindung mit יוֹמָם וָלַיְלָה wie in 1 11 a die allgemeine Bedeutung »in dieser
Zeit« und ist zeitlich nicht einzuengen[23]. Der Gottesname יְהוָה findet sich zwar nur
noch an der umstrittenen Stelle 5 13, ist aber vom liturgisch geprägten Stil her nicht
unmöglich. Das Begriffspaar נוֹרָא/גָּדוֹל 1 5 taucht in der dtr klingenden Sprache Nehemias von 4 8 wieder auf. בְּנֵי יִשְׂרָאֵל in 1 6 an Stelle des sonst vorherrschenden הַיְּהוּדִים[24]
entspricht einmal der Gebetstopik und hat zum anderen einen sachlichen Grund; denn
alle weiteren Stellen des Ich-Berichtes (2 10 13 18. 26) lassen in Verbindung mit יִשְׂרָאֵל
eine formelhafte Sprache erkennen und sind differenziert vom Begriff הַיְּהוּדִים gebraucht.
Während הַיְּהוּדִים die Bewohner der persischen Provinz Juda bezeichnet, also dem amtlichen Gebrauch entspricht[25], eignet בְּנֵי יִשְׂרָאֵל eine theologische Bedeutung. Der Begriff
umfaßt alle Glieder des auserwählten Jahwevolkes in der Gegenwart (2 10 13 18) und
Vergangenheit (13 26).

Das Schuldbekenntnis 1 6b. 7 ist wiederum dtr gehalten. Dieser Teil zeigt in 1 6
mit der Ergänzung וַאֲנִי וּבֵית־אָבִי חָטָאנוּ einen Wechsel in die 1. pers. pl. Mag man bei dem
Bekenntnis des Gesetzesungehorsams für Nehemia an seine Tätigkeit am Hof denken,
die ihn ständig mit den rituellen Vorschriften in Konflikt bringen mußte[26], so bleibt

---

[19] Vgl. die Analyse z. St.
[20] Ich ziehe jedoch gegenüber Mowinckel, Nehemia, S. 30f.; Studien II, S. 18f., die
   lectio difficilior Neh 1 5-11 dem kontextgemäßeren Josephustext vor.
[21] Vgl. auch die Selbstbezeichnung des Beters als עַבְדְּךָ in 1 6. 11.
[22] Vgl. Esr 1 2 5 11f. 6 9f. 7 12. 21. 23 Neh 1 4 2 4. 20 Dan 2 18f. 44 5 23; Pap. Cowley
   30, 2. 27; 31, 2; 32, 3; 38, 5; 40, 1.
[23] Gotthard, Der Text des Buches Nehemia, 1958, S. 11; vgl. auch Rudolph, S. 106;
   dagegen Mowinckel, Studien II, S. 17f.
[24] 1 2 2 16 3 33f. 4 6 5 1. 8. 17 6 6 13 23.
[25] Vgl. Esr 4 12. 23 6 7. 14.
[26] Rudolph, S. 103.

doch allgemein der Bezug zum Kontext fraglich. Es geht hier um andere Probleme. Aber wiederum scheint die literarkritische Methode an ihre Grenzen zu stoßen. Man muß die Gebete des Ich-Berichtes aus der Zeit ihrer schriftlichen Fixierung heraus verstehen, wie die זָכְרָה-Formeln deutlich zeigen. Der eigentliche »Kontext« ist die Situation Nehemias bei der Abfassung seiner Apologie. In 13 4ff. wird deutlich, daß er bei seinem Versuch, die Tora als staatliches Gesetz durchzusetzen, auf Anfeindungen gestoßen, wenn nicht sogar gescheitert ist. Aus dieser Situation heraus wird das Bußgebet Nehemias erst voll verständlich.

Auffallenderweise zeigt das Gebet ein doppeltes Anliegen: 1 8-10 bittet in geprägter Sprache um Rückführung und Sammlung der Diaspora und entspricht wohl nachexilischer Gebetstopik[27], während 1 11 in dtr Stil auf die Situation von 2 1ff. hin formuliert ist. In diesem Teil wird besonders deutlich, wie Nehemia ein allgemein gebräuchliches Gebet durch Ergänzungen auf sein spezielles Anliegen hin ausrichtet. Die Motive »Rückführung der Diaspora« (1 8-10), »Wiederaufbau der Stadt Jerusalem« (1 11 a) und »Gesetzesgehorsam« (1 6f.) gehören in der Theologie des Diasporajudentums zusammen. So steht hinter dem ganzen Gebet eine theologische Grundhaltung, die gut mit der NQ vereinbar ist.

Die bisher immer sehr schwer deutbare Formulierung הָאִישׁ הַזֶּה in 1 11 wird auf Grund des apologetischen Charakters der Schrift als Form des Rechtslebens[28] verständlich: Auch der persische König gehört für Nehemia offenbar zu seinen Rechtskontrahenten, gegen die er beim göttlichen Richter sein Recht einfordert.

An der Einheitlichkeit des Kapitels[29] und seiner Zugehörigkeit zur NQ wird mit Ausnahme der noch zu untersuchenden Stelle 1 1 a nicht zu zweifeln sein.

Neh 2 1-10

Die Erzählung über das Gesuch Nehemias und seine Ernennung zum Wiederaufbaukommissar von Jerusalem schließt sachlich gut an 1 11 a an[30]. Sie ist ganz in der Form des Ich-Berichtes gehalten. Mit den Versen 2 6-9 wird die Darstellung des Wiederaufbaues vorbereitet. 2 10 schließt mit dem Blick auf die Reaktion der Gegner die Einheit tendenzgemäß ab. Gegen die Zugehörigkeit der Teile 2 6-9 a. 10 wurden Bedenken geäußert. So läßt etwa die Wendung 2 6bβ וָאֶתְּנָה לוֹ זְמָן (»und ich nannte ihm eine Frist«) in Zusammenhang mit 2 5. 7 ein

---

[27] Zu קבץ vgl. Jes 43 5 54 7 56 8 Jer 23 3 29 14 31 8 32 37 Ez 11 17 20 34 28 25 34 13 36 24 37 21 39 27 Sach 10 8. 10 Ps 106 47 107 3.

[28] S. S. 8.

[29] MOWINCKELS (Nehemia, S. 74) Rückgriff auf den Anfang der Josephusdarstellung ist abzulehnen, da die Nehemiageschichte des Josephus eine midraschartige Ausführung des Textes darstellt. MOWINCKEL sieht dies neuerdings selbst (Studien II, S. 17).

[30] Ich sehe keine Notwendigkeit dazu, wenn MOWINCKEL, Nehemia, S. 31. 74; Studien II, S. 19f., zwischen 1 11 und 2 1 eine Lücke postuliert und den Text unter Änderung des Datums von 2 1a nach Josephus umgestaltet.

kurzes Wiederaufbaukommissariat Nehemias erwarten, während nach
5 14f. Nehemia als Statthalter von Juda erscheint. Hier führt die
literarkritische Frage zu historischen Problemen. Der Text kann
gehalten werden[31] unter der Voraussetzung, daß Nehemia sich sofort
nach seiner Ankunft in Jerusalem auch zum Statthalter ernennen ließ.
Der historische Teil der Arbeit wird diese Voraussetzung bestätigen.

2 7 entspricht 2 9 a, während der Holzauftrag an den Forstbeamten
Asaf in 2 8 keine direkte Entsprechung mehr im weiteren Baubericht
hat. Er gehört in den Zusammenhang der königlichen Schreiben von
2 7 und interessiert bei der Darstellung des Baues selbst nicht mehr.
Der Wiederaufbau der Tempelburg wird 7 2 vorausgesetzt. Das Aus-
einandergehen der Berichte im Programm (2 6-9 a) und seiner Ausführung in Einzelzügen hat vor allem darin seinen Grund, daß Nehemia
für den eigentlichen Baubericht eine amtliche, nicht von ihm verfaßte
Liste (3 1-32) verwendet, wie ich noch zeigen werde[32].

Auch 2 10 gehört zur NQ[33]. Man darf den Vers nicht am Ablauf
einer spannungsreichen Erzählung, sondern nur am Charakter der
Apologie messen; dann greift 2 10 nicht den Ereignissen vor, noch ist
die Stelle farblos gegenüber 2 19f. 3 33ff. 6 1ff.[34]. Technik und Tendenz
des Berichtes verlangen am Ende der kleinen Einheit 2 1-9 den Blick
auf die Reaktion der Gegner mit der זָכְרָה-Formel. Von dem seltenen

---

[31] 2 6aβ wird als Scherzfrage aufgefaßt von Mowinckel, Nehemia, S. 62; Studien II,
S. 20f.; Hölscher, S. 527 Anm. b; Sellin, Gesch. II, S. 154. Entsprechend streicht
man 2 6bβ וָאֶתְּנָה לוֹ זְמָן als Mißverständnis eines Glossators. Mowinckel ver-
merkt dazu, daß נתן im qal nie die Bedeutung »aufgeben = nennen« hat. Die
Übersetzung »und ich gab ihm (sc. dem König) Urlaub« erscheint aber unsinnig,
so daß Mowinckel nach Winckler וַיִּתֶּן־לִי זְמָן konjiziert. Dieser Text ist nun
bei ihm Glosse, da er im Zusammenhang nach der Ernennung Nehemias (וַיִּשְׁלָחֵנִי)
zu spät kommt und der lebenslänglichen Dauer der Statthalterschaft widerspricht.
— Zum letzten Argument s. o.; das wortstatistische Argument Mowinckels erscheint mir ein wenig gesucht, immerhin wären Prov 9 9 (überliefern, Kenntnis
geben) und I Reg 13 3. 5 (ankündigen) zu erwähnen.
[32] Wesentlich anders wird 2 7-9 a von Torrey, Comp., S. 36f.; ES, S. 225, und Batten,
S. 194f., beurteilt. Während Batten noch eine nehemianische Grundschicht annimmt, schreibt Torrey den gesamten Text dem Chron zu. Der Ausdruck פַּחֲווֹת
עֵבֶר הַנָּהָר sei unnehemianisch, weil er sonst nur bei Esr vorkommt; der Holz-
lieferungsauftrag sei nach II Chr 2 2. 7 Esr 3 7 III Esr 4 48 gestaltet; קרה im pi.
sei vornehmlich chron (II Chr 34 11 Neh 3 1. 3. 6 Ps 104 3); בִּירָה bezeichne wie
in I Chr 29 1. 19 und im Talmud den Tempel selbst; zu שַׁעֲרֵי sei I Chr 9 17-27
26 12ff. zu vergleichen. 2 9b sei Fortsetzung von 2 6a und deshalb »quite out of
place«. — Das wortstatistische Argumentationsverfahren überzeugt nicht; vgl.
dazu auch Johannesen, S. 182f.; Granild, S. 45.
[33] Sekundär nach Mowinckel, Nehemia, S. 76 Anm. 1; Studien II, S. 22; Hölscher,
S. 526; Galling, S. 219; vgl. auch Batten, S. 198 zu 2 10b.
[34] Gegen Hölscher, S. 526.

Begriff בְּנֵי יִשְׂרָאֵל in 2 10 darf man nicht auf einen anderen Verfasser schließen. Mit Recht weist L. W. BATTEN[35] auf den unnehemianischen Stil auch bei אֲשֶׁר־בָּא אָדָם hin; Nehemia bedient sich offensichtlich einer Formel, die den geschichtlichen und theologischen Hintergrund der Auseinandersetzung zwischen Judäern und Samaritanern aufreißen soll und so die Maßnahme von 2 20 vorbereitet. Führt er den Würdetitel «Israel» ein, so soll in Absage an den Synkretismus des ehemaligen Nordreiches sein Werk dem gesamten »erwählten Volk« einschließlich der Diaspora gelten, von dem sich die Samaritaner nun durch eigenes Verschulden trennen.

Neh 2 11-20

Auch über die Zugehörigkeit des Ich-Berichtes 2 11-20 zur NQ kann kein Zweifel bestehen[36]. Er schildert die zur Eröffnung des Baues notwendigen Vorbereitungsmaßnahmen und endet formgemäß in 2 19f. mit einem Blick auf die Gegner. Die Einheit enthält eine Reihe von Begriffen, die auch sonst im Ich-Bericht vorkommen[37]. Zweimal (2 13b. 17) wird in freier Anlehnung an die Formulierung von 1 3 der Zerstörungszustand der Stadt betont. Damit bringt der Verfasser die Schwierigkeit des nun folgenden Unternehmens und sein Verdienst ins rechte Licht, was dem Charakter der Apologie ebensogut entspricht wie die stereotype Abschlußformel 2 19[38]. In 2 19 legt die Redeform der vorgerichtlichen Auseinandersetzung מָה־הַדָּבָר הַזֶּה אֲשֶׁר אַתֶּם עֹשִׂים die Annahme der Echtheit nahe. Zweifel könnte man an der Vollständigkeit des Kapitels hegen, denn der Übergang von 2 16 zu 2 17 erscheint hart. Ob jedoch Jos Ant XI 168—172 mit der Notiz von der Einberufung einer Volksversammlung im Tempelbezirk das Recht gibt, in 2 11-20 eine Lücke zu postulieren[39], ist mir fraglich. Nehemia berichtet wohl aus apologetischen Gründen über die Vorgänge vor dem Mauerbau in Jerusalem in 2 11-20 äußerst knapp und dokumentarisch, um die aufgetretenen Schwierigkeiten zu verharmlosen. Josephus scheint eher den knappen Text nach 5 7ff. ergänzt zu haben.

---

[35] BATTEN, S. 198f.

[36] BATTENS Kritik, S. 200f., überzeugt nicht.

[37] Beachte bes. 2 19; vgl. 2 12 נָתַן אֶל־לִבִּי (7 5); 2 16 וְלַחֹרִים וְלַסְּגָנִים; 2 18 יַד אֱלֹהַי" טוֹבָה עָלַי (2 8); 2 18 וַיְחַזְּקוּ יְדֵיהֶם (6 9); 2 20 צלח im *hif.* (1 11).

[38] GALLING, S. 220, vermutet in 2 19f. wie bei 2 10 den Chron**. — מַה־הַדָּבָר הַזֶּה ist eine für Nehemia typische Redewendung. Die Interpretation des Mauerbaues als Rebellion entspricht der nehemianischen Stelle 6 6, so daß nicht eine Angleichung an die Opposition der Samaritaner gegen den Tempelbau in Esr 4 13 (so GALLING) vorliegt. Der Verweis auf den »Himmelsgott« als Beschützer des Unternehmens entspricht dem Wortgebrauch der NQ.

[39] So MOWINCKEL, Studien II, S. 22f.

Neh 3 1-37

An die Notizen über die Inangriffnahme des Werkes 2 18 mit den
Stichworten נָק֥וּם וּבָנִ֖ינוּ schließt mit 3 1-32 ein ausführlicher Baubericht
an. Er hat die Form einer Liste, die bei der Baustelle der hohenpriesterlichen Familie am Schaftor im Tempelbezirk einsetzt (3 1) und
entgegengesetzt dem Uhrzeigersinn die einzelnen Bauabschnitte des
Jerusalemer Mauerkranzes durchläuft. Wie auch sonst wird in 3 33-37
die Einheit mit einem Blick auf die Reaktion der Gegner abgeschlossen.
Weist schon die Abfassung in der 3. pers. auf einen anderen Verfasser als den des Ich-Berichtes hin, so lassen sich noch weitere Argumente beibringen, nach denen die Liste nicht von Nehemia selbst abgefaßt worden sein kann. Sie blickt auf den vollendeten Mauerbau zurück,
indem sie in 3 1. 3. 6. 13. 14. 15 schon vom Einsetzen der Torflügel
spricht, das der Ich-Bericht 6 1 7 1 erst hinter die volle Durchführung
des Mauerbaues datiert. Im Unterschied zu den übrigen Stellen des
Ich-Berichtes werden die Vornehmen in 3 5 nicht mit חֹרִים, sondern
mit אַדִּירִים bezeichnet. Auch widerspricht es der Tendenz Nehemias,
vom Widerstand größerer jüdischer Kreise gegen sein Werk zu berichten, wie es in 3 5 geschieht. Er ist vielmehr darauf bedacht, die
Freiwilligkeit und Begeisterung beim Unternehmen zu betonen (2 18
3 38). M. BURROWS[40] hat die Abfassung des Dokumentes durch zwei
amtliche Schreiber wahrscheinlich gemacht[41]. Er trennt 3 1-15 und
3 16-32 als Stücke verschiedener Hand voneinander. Sein Hauptargument ist dabei ein stilistisches: Während in 3 1-15 die Anreihung
der einzelnen Baulose mit (וְ)עַל־יָד֤וֹ (יָדָ֖ם) erfolgt, wird in 3 16-32 bis auf
3 19 die Verknüpfungsformel אַחֲרָ֖יו verwendet. Die Listen sind durch
dieses Schema so eingeteilt, daß alle sechs wiedererbauten Stadttore in
den Bericht der ersten Liste fallen und beide etwa die gleiche Anzahl von
Baulosen enthalten; dies kann kaum ein Zufall sein. Die Einheitlichkeit
der Gesamtliste 3 1-32 steht dabei außer Frage. Einmal umfaßt der Text
des Ich-Berichtes in 12 31-39 die wichtigsten Markierungspunkte beider
Teile; zum anderen sind durch die Erwähnung zweiter Baulose in
3 11. 19. 20. 21. 27. 30, denen in drei Fällen (3 4. 5. 7 (8 ?)) jeweils ein
erster Bauanteil entspricht, beide Dokumente ineinander verzahnt.
Beide zeichnen sich auch durch stereotype Wendungen wie שַׂ֚ר חֲצִ֣י פֶ֔לֶךְ
und הֶחֱזִ֖יק aus.
Es liegt somit in 3 1-32 »ein offizielles Dokument der Verwaltung«[42]
vor. Die Echtheit dieses Abschlußprotokolls des Mauerbaues kann
auf Grund der Übereinstimmung mit 12 31-39 und der detaillierten

---

[40] BURROWS, Nehemiah 3:1—32 as a Source for the Topography of Ancient Jerusalem,
AASOR 14 (1934), S. 114—140.
[41] BURROWS a. a. O. S. 119; vgl. auch BATTEN, S. 207.
[42] GALLING, S. 222.

Angaben kaum fraglich sein[43]. Aus dem Einsatz der Darstellung beim hohenpriesterlichen Hause und der näheren Kennzeichnung von Angehörigen des Klerus in 3 17. 18. 29 darf man vielleicht die Abfassung durch priesterliche Schreiber erschließen.

Leider ist das Dokument nicht mehr vollständig erhalten[44]. So fehlen etwa die Erstbauabschnitte zu 3 11. 20 (30). Der Textausfall wird wohl auf Augensprung beim Abschreiben in der Überlieferung zurückzuführen sein. Ob das Fehlen eines zweiten Halbbezirkes von Beth-Zur in 3 16 auf mechanischem Textausfall oder auf historischen Hintergründen beruht, kann an dieser Stelle noch nicht entschieden werden.

Bei der Entscheidung der umstrittenen[45] Frage, ob Nehemia wenigstens für den Einbau der Liste in den Ich-Bericht verantwortlich gemacht werden kann, sollten Überlegungen von Tendenz und Komposition her den Ausschlag geben. Die Liste wäre ein hervorragendes Zeugnis für die gute und umsichtige Planung des Bauherrn Nehemia und deshalb in seiner Apologie schon am Platze. In 2 13-15 und 12 31-39 läßt sich ablesen, wie sehr Nehemia an stadtgeographischen Details interessiert ist, wenn es darum geht, seine Mühen und Verdienste ins rechte Licht zu rücken. Beim Fehlen der Liste würden die Texte 2 20 und 3 33ff. hart aufeinanderstoßen und Dubletten bilden[46]. Auch wäre damit das sonst zu beobachtende Schema der Abfolge von »Baubericht — Blick auf den Gegner« verlassen. Zeigt 2 18ff. die Inangriffnahme des Baues, so 3 33ff. das Fortschreiten des Unternehmens und die damit

---

[43] TORREY, Comp., S. 37f.; ES, S. 225, versteht 3 1-32 als »independant creation« des Chron »not based on anything written by Nehemiah«. Die Hauptbeweislast tragen wiederum einzelne Begriffe. Die herangezogenen Einzelargumente sind unzureichend und treffen nur für einige Fälle zu; so auch NOTH, ÜSt, S. 127 Anm. 3; RUDOLPH, S. 113; GRANILD, S. 46—48.

[44] Vgl. die Komm. z. St.

[45] Die Zugehörigkeit zur NQ an dieser Stelle vertreten u. a.: NOTH, ÜSt, S. 127; RUDOLPH, S. 113; GALLING, S. 221f.; SCHNEIDER, S. 37. Die meisten halten die Liste an dieser Stelle für sekundär, ohne unbedingt ihre Echtheit zu bestreiten. Vgl. bspw. BATTEN, S. 15. 206f.; MOWINCKEL, Nehemia, S. 34f.; HÖLSCHER, S. 528f.; KITTEL, Gesch. III, S. 621f.; SELLIN, Gesch. II, S. 150f.; JOHANNESEN, S. 185f. 205; GRANILD, S. 282. Man sieht keinen direkten Zusammenhang mit der Tendenz der Denkschrift und verweist auf die glatte Verbindung zwischen 2 20 und 3 33. Die Liste sei eher nach 2 18 zu erwarten, da 2 19f. schon die Inangriffnahme des Baues berichte. MOWINCKEL, Studien I, S. 111, stößt sich auch am Fehlen der Ich-Form und am Einsatz der Liste beim hohenpriesterlichen Haus. — Ich halte mit NOTH, ÜSt, S. 127, u. a. daran fest, daß 2 19f. noch die Bauvorbereitungen betrifft, die Liste also an der passenden Stelle steht. Man sollte aus der Ich-Form kein starres Prinzip machen; Nehemia kennt bspw. auch das »Wir«, das ihn solidarisch mit dem Volk zusammenschließt. Zu den übrigen Argumenten s. o.

[46] So auch NOTH, ÜSt, S. 127; GRANILD, S. 48.

wachsende Unruhe der Samaritaner. Innerhalb dieser Steigerung ist
ein genauerer Baubericht einfach erforderlich. Es wäre zudem merk-
würdig, wenn Nehemia den grundlegenden Beginn seines wichtigsten
Unternehmens in den Versen 2 18. 20 nur nebenbei mitteilte. Viel
näher lag es, an dieser bedeutsamen Stelle mit amtlichem Material
zu arbeiten. Zuletzt belegt auch der Hinweis bei Josephus Ant XI 172
die Zugehörigkeit der Liste zum Ich-Bericht[47]. Die Erwähnung des
Widerstandes der Adeligen von Thekoa (3 5) spricht nicht gegen die
Zugehörigkeit der Liste zur NQ. In einem offiziellen Dokument ist sie
durchaus denkbar; Nehemia hatte es aber nicht nötig, sie zu streichen,
da die Notiz als singulärer Fall ja gerade die sonstige Einmütigkeit im
Mauerbau betont. Der Ausnahmefall von Theoka steigert somit das
Verdienst Nehemias.

Der Satz 3 26 a hat deutlich den Charakter einer Glosse. Er paßt
sachlich und stilistisch nicht in den Kontext; 3 26 b schließt mit עַד
"שַׁעַר הַמַּיִם glatt an 3 25 an. Die Glosse stimmt wörtlich überein mit 11 21 a.
Man sollte sie deshalb der gleichen Hand zuweisen. Ihr Verfasser
scheint das Anliegen auch der niedrigsten Kultdiener vertreten zu
haben und dürfte wohl kaum mit dem Chron identisch sein[48].

Der Blick auf die Reaktion der Gegner ist im Unterschied zu den
parallelen Stellen durch die Ausmalung einer Ansprachenszene in
Samaria sehr breit ausgeführt. Der Erregtheit des Verfassers entsprechend, die die Verse 3 33-35 erkennen lassen, schließt ein Rachegebet in 3 36f. als Teilform des Volksklageliedes die Einheit ab. Aus
Gründen der Komposition wird die Ausweitung des Grundschemas
gut verständlich. Der Aufnahme eines sehr umfangreichen Bauberich-
tes muß ein längerer Blick auf die ohnmächtige Lage der Gegner entsprechen. Wie Neh 4 und 6 im Vergleich mit 2 10 und 2 19f. zeigen,
werden im Laufe der Darstellung die Berichte über die samaritanischen
Feindseligkeiten immer umfangreicher. Der Abschnitt 3 33-35 hat deshalb seinen guten Platz im Aufbau der NQ. Beim Rachegebet 3 36f.
liegt ein analoger Fall zu 1 5-11 a vor. Wiederum scheint Nehemia an
wichtiger Stelle Formen und Inhalt dem Gebetsschatz seiner Zeit zu
entnehmen. In gleicher Weise wie in 1 11 erhält dieses allgemeine

---

[47] MOWINCKEL, Nehemia, S. 35; Studien I, S. 112—114, behauptet das Gegenteil.
Dazu vgl. unten S. 139 zu Josephus.

[48] GALLING, S. 221 f., sieht in 3 17 »die Leviten«, 3 18 »ihre Brüder«, 3 22f. »die Priester«
(zweimal!) noch weitere Glossen. Chron** habe so in 3 17f. Kegila zum Levitengau
deklariert und setze in 3 22f. einen Priestergau an. — הַכִּכָּר bezeichnet m. E.
eher die unmittelbare Umgebung Jerusalems; vgl. RUDOLPH, S. 120 Note a zu 22.
Die Betonung der Kleriker ist kein Beleg für Glossen, sondern weist wie die Voranstellung des Hohenpriesterhauses und der Einsatz beim Tempelbezirk auf einen
Vertreter des Klerus als Verfasser hin.

Gebet am Schluß eine besondere Ausrichtung auf die Situation. Es besteht kein Grund, 3 33-37 der NQ abzusprechen[49].

Neh 3 38—4 17

3 38—4 17 berichtet über Schwierigkeiten beim Fortgang des Mauerbaues. Wie das voraufgehende Gebet 3 36f. ist der Bericht 3 38—4 6 hauptsächlich in der Form der 1. pers. pl. gestaltet: Nehemia erklärt sich mit der bauenden Bevölkerung solidarisch. Ab 4 7 taucht daneben die Darstellungsform in der 1. pers. sing. auf, weil nun die Initiative Nehemias stärker in den Vordergrund gerückt werden kann. Auch das bisher beobachtete apologetische Schema bleibt in etwa gewahrt, nur steht die Einleitungsformel וַיְהִי כַּאֲשֶׁר שָׁמַע mit dem Blick auf die Gegner am Anfang, und beherrscht dieser auch die nachfolgende Darstellung; mit dem Fortschreiten des Mauerbaues (3 38) nimmt die Aktivität der Gegner zu (4 1-17). Bei 4 4 könnte man über die Zugehörigkeit zur NQ im Zweifel sein, da der Vers nicht auf den ersten Blick mit der Tendenz der Schrift und mit 3 38 im Einklang steht[50]. M. E. ist er jedoch im Kontext sinnvoll und erhöht das Verdienst Nehemias. Er berichtet nicht von einer Meuterei gegen den Statthalter[51], sondern zeigt die Mutlosigkeit der Bauenden angesichts der fast nicht zu

---

[49] Die Zugehörigkeit zur NQ wird nur von wenigen bezweifelt. TORREY, ES, S. 225f., ordnet nach Ermittlung chron Begriffe den Abschnitt dem Chron zu. Das an sich schon methodisch fragwürdige Verfahren belegt seine These nicht. Zu שְׁבְיָה vgl. Dtn 21 11 32 42 Jer 48 46; zu בֻּזָּה vgl. Est 9 10. 15f. Dan 11 24. 33; zu חַיִל vgl. Neh 2 9 Est 1 3 Dan 11 26 u. a.; ferner: Pap. Cowley 20, 5; 21, 4; 22, 1; 24, 33. 42. 47; 25, 2. 4; 27, 7. 20; 30, 8; 37, 1; 80, 5.

Mit besseren Argumenten bestreitet BATTEN, S. 224—228, die Ursprünglichkeit. Nach ihm ist 3 33-35 eine kaum sinnvolle Wiederholung von 2 19, die bedingt ist durch den Einschub der Liste 3 1-32. — M. E. erklären sich die Übereinstimmungen besser aus der Kompositionstechnik der NQ; auch ist 3 33-35 nicht einfache Wiederholung, sondern schildert die feindliche Agitation viel konkreter und ausführlicher: mit dem Mauerbau wächst auch der Widerstand. Von der Voraussetzung der Ursprünglichkeit von 3 1-32 her kann ich BATTEN nicht folgen.

BURROWS, The Origin of Neh. 3:33—37, AJSL 52 (1935/36), S. 235—244, baut auf den Argumenten BATTENS und TORREYS seine Hypothese auf. Er hält 2 19 für unvollständig wegen des fehlenden Objekts und beobachtet eine formale und inhaltliche Parallelität zwischen 2 19aα und 3 33aα, 2 19aβ und 3 33b, 2 19bα und 3 34aβ. Zwischen der Anfrage von 2 19 und der Antwort in 2 20 besteht nach BURROWS ein Sinnzusammenhang nur »by reading a good deal between the lines« (S. 236). Sanballats Rede sei sehr obskur, Tobias dagegen sehr klar. BURROWS unterscheidet Grundtext der NQ und chron Bearbeitung. Durch späteren Einschub der Liste 3 1-32 sei die jetzige Textkonfusion geschaffen worden. — BURROWS beachtet nicht genügend die Stereotypie und Kompositionstechnik in der NQ. Auch ist mir unvorstellbar, wie und warum der Chron die jetzige Textkonfusion geschaffen haben soll.

[50] Vgl. bspw. MOWINCKEL, Studien II, S. 24; RUDOLPH, S. 125.

[51] So bspw. MOWINCKEL, Nehemia, S. 78 Anm. 3; Studien II, S. 24, nach WINCKLER.

bewältigenden Aufgabe[52]. Bringt Nehemia dieses wohl historisch echte, vielgesungene Arbeitslied der Lastträger im Qinarhythmus mit Binnenreim[53], so soll es die günstige Einbruchstelle und damit die Größe der samaritanischen Gefahr als Kontrastfolie zu seinen Leistungen aufzeigen. Die Bedeutung seines Werkes ist erst an den Widerständen und Schwierigkeiten recht zu ermessen. Die kurze Ansprache 4 8. 13f. hat deuteronomisch-deuteronomistisches Gepräge. Darüber hinaus steht der ganze Text in der Topik und im Handlungsablauf der Institution des Heiligen Krieges[54] nahe. Die Feinde rotten sich gegen Jerusalem zusammen (4 1f.). Das Volk ruft Gott im Gebet um Hilfe an, bevor es sich rüstet (4 3). Die eigene Verteidigungskraft ist äußerst gering (4 4. 7). Der nach Sippen gegliederte Volksheerbann wird aufgestellt (4 7). Der Anführer proklamiert in einer Ansprache[55] den Krieg als Jahwes Krieg (אֱלֹהֵינוּ יִלָּחֶם לָנוּ 4 14b)[56] und ruft zur Furchtlosigkeit und zum Glauben auf (אַל־תִּירְאוּ "אֶת־אֲדֹנָי" "זְכֹרוּ" 4 8)[57]. Jahwe macht trotz des Anblicks einer militärisch völlig unzureichenden Gruppe der Seinen das Vorhaben der Feinde zunichte (4 9); es entsinkt ihnen der Mut[58]. Auch die zum Kampf sammelnde Posaune gehört zum Heiligen Krieg (4 12f.)[59]. Diese Nähe zur Einrichtung des Jahwekrieges zeigt nicht nur an, in welchem theologischen Lager der Verfasser zu suchen ist, sondern sichert auch die Einheitlichkeit und Geschlossenheit des Textes. Eine chron Beteiligung an diesem Kapitel ist schon dadurch unwahrscheinlich, daß der Heilige Krieg beim Chron anderen Charakter angenommen hat[60]. Man kann das Stück 3 38—4 17 geschlossen der NQ zurechnen[61].

---

[52] Vgl. Inhalt und Form.

[53] Vgl. HÖLSCHER, S. 532.

[54] Vgl. v. RAD, Der Heilige Krieg im alten Israel, ³1958.

[55] Vgl. Dtn 20 2f. 4. 8 31 3-6. 7f.; v. RAD a. a. O. S. 70ff.

[56] Vgl. Ex 14 4. 14. 18 Dtn 1 30 Jos 10 14. 42 11 6 23 10 Jdc 20 35 I Sam 14 23; v. RAD a. a. O. S. 9.

[57] Vgl. Ex 14 13 Dtn 20 3 Jos 8 1 10 8. 25 11 6 Jdc 7 3 I Sam 23 16 30 6 II Sam 10 12; v. RAD a. a. O. S. 10.

[58] Vgl. Ex 15 14-16 23 27f. Dtn 2 25 11 25 Jos 2 9. 24 5 1 10 2 11 20 24 12 I Sam 4 7f.; v. RAD a. a. O. S. 10f.

[59] Vgl. Jdc 6 34f. I Sam 13 3; v. RAD a. a. O. S. 6.

[60] Vgl. v. RAD a. a. O. S. 80f.

[61] MOWINCKEL und HÖLSCHER rechnen mit zahlreichen Glossen. So möchten bspw. MOWINCKEL, Nehemia, S. 78 Anm. 2; HÖLSCHER, S. 533 Anm. b, in 4 1 הָאַשְׁדּוֹדִים wegen des Fehlens in der LXX[B] streichen. Eher ist jedoch mit ALT II, S. 342 Anm. 3; RUDOLPH, S. 124 Note a zu 1; JOHANNESEN, S. 187; zuletzt auch MOWINCKEL, Studien II, S. 24, u. a. an einen mechanischen Ausfall in der LXX aufgrund von Homoiarkton (A!) zu denken.
MOWINCKEL, Nehemia, S. 78 Anm. 3 (Studien II, S. 25) hält 4 3 ohne Grund für chron. Ferner unterbricht nach MOWINCKEL, ebd., 4 2b-4 den Zusammenhang 4 2a

Neh 5 1-19

Nach den Schwierigkeiten von außen werden zunächst in 5 1-13 innere Schwierigkeiten beim Mauerbau mitgeteilt, an die sich mit

---

4 5. Daß in 4 5 צָרֵינוּ nach MOWINCKEL, Nehemia, S. 79 Anm. 1, überflüssig und unnehemianisch sein soll, überzeugt mich ebenfalls nicht.

In 4 10 halten neben MOWINCKEL, Nehemia, S. 79 Anm. 5; Studien II, S. 26; HÖL-SCHER, S. 533 Anm. f, bspw. auch RUDOLPH, S. 126 Note zu 10, und GALLING, S. 224 Anm. 6, וְהַשָּׂרִים für sekundär (Dittographie). — Weder ist der Begriff unnehemianisch (gegen HÖLSCHER; vgl. 12 31f.) noch stört er im Zusammenhang (gegen RUDOLPH). 4 10b zeigt vielmehr, daß der judäische Heerbann unter der Leitung der Heerbannführer während der folgenden Arbeiten (4 11ff.) weiterhin mobil bleibt.

4 11. 12a hält MOWINCKEL, Nehemia, S. 79 Anm. 6; Studien II, S. 26, für einen Einschub. Er betont die Unmöglichkeit des Sachverhalts: »Die Begeisterung des Redaktors hat ihn mitgerissen, so daß er die Bauleute mit Speer in der einen Hand und Schwert an der Seite ausgesteuert hat; die praktische Frage, wie sie derartig aufgetakelt über die Baustelle ballansieren, Steine tragen und mauern konnten, hat weder ihn noch die Exegeten gekümmert« (Studien II, S. 26). — So unmöglich erscheint mir das Unternehmen angesichts der Gefahr nicht. הַבּוֹנִים בַּחוֹמָה gehört sachlich zu 4 10 (vgl. LXX u. a.), so daß hier keine Glosse vorliegen muß. Ebenfalls sehe ich keinen Grund, mit MOWINCKEL, Nehemia, S. 80 Anm. 1. 2 (Studien II, S. 26) in 4 13 וְאֶל־יֶתֶר הָעָם und 4 14b als Zusatz zu streichen. Beides ist vom Sachzusammenhang und Traditionshintergrund her sinnvoll.

Dagegen steht sicherlich וְהַחִצִּים מַחֲזִיקִים בָּרְמָחִים 4 15 an falscher Stelle und ist, wie das falsche Suffix ◌ָם— zeigt, redaktionelle Glosse auf Grund von 4 10; so bspw. BATTEN, S. 237; MOWINCKEL, Nehemia, S. 80 Anm. 3; Studien II, S. 26; HÖLSCHER, S. 533 Anm. h; RUDOLPH, S. 127 Note zu 15 (versprengte Randglosse zu 4 10).

Ab 4 16 ist der Text sicherlich nicht in Ordnung. Darin sehe ich jedoch keinen Anlaß zur Ausscheidung von Glossen. So kann ich der Eliminierung von 4 16b als unüberlegter Glosse bei MOWINCKEL, Nehemia, S. 80 Anm. 4; Studien II, S. 26f., nicht zustimmen. Es ist sachlich nicht einzusehen, daß Nehemia in den Tagen der Krise seines Unternehmens nicht auch noch abteilungs- oder schichtweise die Arbeitskräfte zum Wachdienst in der Nacht verpflichtet haben soll. Daß die Bestimmungen in 4 16a »zur Sicherheit der arbeitenden Bürger getroffen« worden sind, kann man exegetisch nicht zwingend machen. 4 17aβ bezieht sich auf 4 16b, und der Vers gibt schon einen guten Sinn (vgl. auch die Übersetzung RUDOLPHS, S. 127 Note b zu 16).

MOWINCKEL, Studien II, S. 27, möchte ferner וְאַנְשֵׁי הַמִּשְׁמָר אֲשֶׁר אַחֲרַי in 4 17aβ ausscheiden; RUDOLPH, S. 127 Note b zu 17, hält den Relativsatz אֲשֶׁר אַחֲרַי für eine mißverstehende Glosse. M. E. kann der Satz stehenbleiben, wenn man unter den »Männern der Wache, die hinter mir war«, die jeweils eingeteilten Nachtwachen der Bürgerschaft versteht, die unter Nehemias Kommando ihren Dienst tun mußten.

Folgen kann ich auch nicht HÖLSCHER, S. 533 Anm. i, in der Eliminierung von וְאַחַי 4 17. Dies ist bei HÖLSCHER Petitio principii (vgl. zu 5 14).

5 14-19 ein Exkurs anschließt, der die sozialpolitischen Verdienste Nehemias während seiner ganzen Amtszeit zusammenfaßt. Soweit wie möglich herrscht schon im ersten Teil die Ich-Form vor[62], im zweiten ist sie durchgängig vorhanden. Der Abschnitt schließt in 5 19 mit der זָכְרָה-Formel, die alle Verdienste Nehemias auf sozialem Gebiet zusammenfaßt. Über die Frage der Zugehörigkeit zur NQ besteht in der Forschung kaum Zweifel. Lediglich die Zugehörigkeit von 5 13 wird von einigen Forschern bestritten. Da die Gemeindeversammlung von 5 7b-13 mit אָמֵן in 5 13bα ihr Ende erreicht, könnte 5 13bβ וַיְהַלְלוּ ''אֶת־יְהֹוָה sekundäre Erläuterung sein[63]. Aber weder der bei Nehemia ungebräuchliche Jahwename noch die Formel an sich stützen solchen Verdacht. Die Wahl des Jahwenamens entspricht wie in 1 5 der Feierlichkeit der gottesdienstlichen Situation[64], und der Satz zeigt wie schon 1 5-11a und 3 36f. die Vertrautheit Nehemias mit gottesdienstlichen Formeln, die man nicht dem Chron allein vorbehalten sollte. Auch וַיַּעַשׂ הָעָם כַּדָּבָר הַזֶּה 5 13bβ läßt sich bei rechtem Verständnis halten[65]. Als Wiederholung der Symbolhandlung Nehemias durch das einfache Volk ist die beschriebene Handlung im Text kaum sinnvoll, denn mit »Amen« in 5 13bα hat die קְהִלָּה גְדוֹלָה (5 7) ihren Abschluß erreicht. Auch käme eine solche Handlung eher den Vertragspartnern Nehemias, d. h. den Adeligen, zu[66]. Auf die letzteren wird sich dann der Begriff הָעָם beziehen[67]. Die Notiz 5 13bβ konstatiert die sofortige Einhaltung der beschworenen Verpflichtung: »und man schritt entsprechend dieser Abmachung zur Tat«.

MowiNCKELs Eliminierungen in Neh 4 stehen teilweise im Zusammenhang mit einer interessanten literarkritischen These, die er von WINCKLER übernimmt. Nach MOWINCKEL, Nehemia, S. 78 Anm. 3; Studien II, S. 24f., fallen 4 2b. 4 aus dem Kontext heraus, und ist 4 3 Glosse, so daß 4 5 gut an 4 2a anschließt. Der Einschub 4 2b. 4 sei das Fragment einer Erzählung über Meuterei im Inneren, das von seinem ursprünglichen Platz bei 4 10 sich an diese Stelle verirrt habe. MOWINCKEL rekonstruiert für die NQ aus Neh 4 zwei aufeinanderfolgende Geschichten: (3 38) 4 1. 2a. 5. 6a (. . .). 7b-9 berichtet von der Agitation äußerer Feinde, 4 2b. 4 . . . 10 von einer innerjüdischen Meuterei. — Da 4 4 noch in die NQ paßt, ein späteres Mißverständnis des Textes mir schlecht möglich erscheint und der literarische Grundstock für eine Meutereigeschichte zu schmal ist, kann ich MOWINCKEL nicht folgen; vgl. auch die Kritik JOHANNESENS, S. 187ff.

[62] In 5 9 ist וַיֹּאמֶר Schreibfehler (so auch RUDOLPH, S. 130 Note zu 9); lies mit Q^ere Vrs וָאֹמַר.

[63] So TORREY, Comp., S. 39; ES, S. 224, MOWINCKEL, Nehemia, S. 81 Anm. 6; Studien II, S. 27; HÖLSCHER, S. 535 Anm. c; GALLING, S. 226.

[64] So auch RUDOLPH, S. 131.

[65] Gegen MOWINCKEL, Nehemia, S. 81 Anm. 6; Studien II, S. 27 (quasidemokratischer Zusatz); HÖLSCHER, S. 535 Anm. c; GALLING, S. 226.

[66] So auch HÖLSCHER, S. 535 Anm. c; vgl. jedoch auch RUDOLPH, S. 131.

[67] BATTEN, S. 244: »At all events, they are meant«.

Schwieriger scheint die Entscheidung für den Text מִשְׁנַת עֶשְׂרִים
וְעַד שְׁנַת שְׁלֹשִׁים וּשְׁתַּיִם לְאַרְתַּחְשַׁסְתְּא הַמֶּלֶךְ[68] 5 14, der sich wie eine Dublette zu
שָׁנִים שְׁתֵּים עֶשְׂרֵה im gleichen Vers ausnimmt. Das eigentliche Interesse
Nehemias liegt sicher an dieser Stelle in der Angabe der Zeitdauer.
Es ist allerdings fraglich, ob der Tatbestand einer Dublette ohne weiteres zu einer literarkritischen Eliminierung berechtigt. Beide Angaben
sind nebeneinander durchaus denkbar. Allerdings fehlt zu צִוָּה ein
Subjekt (הַמֶּלֶךְ), das durch Texteinschub ausgefallen sein könnte[69],
was wiederum für eine Glosse spräche. Die Datierung wäre dann aus
der Angabe der Zeitdauer in 5 14 und aus 2 1 erschlossen. Man muß
die Entscheidung für diese Stelle offenhalten. Sonst ist Neh 5 geschlossen[70] zur NQ zu rechnen.

Neh 6

Der Ich-Bericht in Neh 6 wird mit der typischen Formel וַיְהִי
כַּאֲשֶׁר נִשְׁמַע eröffnet (6 1) und ist wieder an der Auseinandersetzung mit
den Gegnern orientiert. 6 2-9 behandelt die Anfeindungen Sanballats
und Geschems; 6 10-14 gilt Tobia und den feindlichen Jerusalemer
Propheten. Beide Abschnitte werden mit der Belastungsformel זָכְרָה
אֱלֹהַי לְ" in 6 14 zusammengefaßt. An die Notiz über die erfolgreiche Vollendung des Mauerbaues in 6 15, die zu 6 1 parallel steht und an diese
Stelle anknüpft, schließt sich mit 6 16 וַיְהִי כַּאֲשֶׁר שָׁמְעוּ ein Blick auf die
Gegner an, zu dem dann in 6 17-19 mit der ebenfalls typischen Wendung
גַּם בַּיָּמִים הָהֵם ein Nachtrag im Blick auf Tobia und die Jerusalemer
Feinde gehört. Das Stichwort ירא in 6 9. 13f. 19 hält alle kleinen Einheiten thematisch zusammen. So liegt in Neh 6 ein einheitliches Stück

---

[68] Die Angabe wird gerne als Glosse aufgefaßt: WINCKLER, AOF II/III/2, S. 480;
MOWINCKEL, Nehemia, S. 58f. 81 Anm. 9; Studien II, S. 27; HÖLSCHER, S. 535
Anm. e; RUDOLPH, S. 132 Note b zu 14; GALLING, S. 226 Anm. 3; SCHNEIDER,
S. 194; vgl. jedoch JOHANNESEN, S. 191.

[69] MOWINCKEL, Studien II, S. 27.

[70] Ich finde keine Glossen im Text wie verschiedene Forscher. So ist in 5 4 nach HÖL-
SCHER, S. 534 Anm. a, שְׁדֹתֵֽנוּ וּכְרָמֵֽנוּ Glosse, ebenso אָחַי in 5 10 (S. 534 Anm. d
Dittographie; so schon MOWINCKEL, Nehemia, S. 81 Anm. 2; Studien II, S. 27;
HÖLSCHER, S. 535 Anm. d; GALLING, S. 226 Anm. 3). Die Streichung von וְאָחַי ist
eine Petitio principii.
In 5 17 wird allgemein vorgeschlagen, וְהַיְּהוּדִים zu וְהַחֹרִים zu verbessern (bspw.
MOWINCKEL, Nehemia, S. 82 Anm. 2; Studien II, S. 28; RUDOLPH, S. 132 Note zu
17; GALLING, S. 226 Anm. 4; JOHANNESEN, S. 191); dagegen streicht HÖLSCHER,
S. 535 Anm. f, וְהַסְּגָנִים. — Ich halte jedoch die lectio difficilior für ursprünglich.
Daß Nehemia nicht die gesamte Bevölkerung Judas bei sich zu Gast hat, versteht
sich von selbst. Es liegt deshalb nahe, das waw vor הַסְּגָנִים explikativ aufzufassen.
Die Wendung וְהַיְּהוּדִים hat ihre Entsprechung in מִן־הַגּוֹיִם. In beiden Fällen
wird durch eine Erläuterung die Auswahl betont.

der NQ vor[71]. Lediglich für den Text 6 10-13 ist die sachliche Einheit-lichkeit fraglich[72]. Der jetzige Zusammenhang zeigt solche Schwierig-keiten, daß man die Hand eines Interpolators im Text vermuten muß. Der wohl ursprüngliche Gang der Erzählung, nach dem Nehemia sich vor der Öffentlichkeit durch Flucht vor seinen Feinden ins Heiligtum als Asylstätte kompromittieren soll, ist durch einen zweiten, nicht damit zu vereinbarenden Zug überlagert. Hier wird der Gesamtkom-plex des Heiligtums erläuternd eingeschränkt auf das eigentliche Tempelgebäude (6 10 אֶל־תּוֹךְ הַהֵיכָל), dessen Betreten dem Laien auch beim Ersuchen um Asyl verboten ist[73]. Nehemia soll so durch Flucht ins Tempelhaus[74] ein Sakrileg begehen (6 13 וְחָטָאתִי) und nach den gesetzlichen Bestimmungen sein Leben verwirken (6 11 aβ וּמִי כָמוֹנִי אֲשֶׁר־יָבוֹא אֶל־הַהֵיכָל וָחָי). Als Folge dieses Sakrilegs wird dann in 6 13

---

[71] Spätere Glossen: לְמַעַן שָׂכוּר הוּא in 6 13 ist mit den meisten Komm. als Dublette zu streichen; dazu auch וְטוֹבִיָּה in 6 1, da vor Tobia ein לְ fehlt und 6 2 nur San-ballat und Geschem erwähnt; ferner in 6 14 וּלְסַנְבַלַּט, da ein Singularsuffix folgt. TORREY, ES, S. 226. 248 Anm. 51, hält ohne nähere Begründung 6 16-19 für chron. Die von MOWINCKEL und HÖLSCHER als Einschübe und Glossen gekennzeichneten Stellen lassen sich alle im Text der NQ halten: So ist 6 1b kein unnötiger Zusatz (so MOWINCKEL, Nehemia, S. 82 Anm. 5; Studien II, S. 28; HÖLSCHER, S. 536 Anm. b), sondern erklärt die Antwort Nehemias in 6 3 und die Stelle 6 9. Daß 6 9a dann nach MOWINCKEL, Nehemia, S. 83 Anm. 1; Studien II, S. 28, eine geschwätzige Glosse sein soll, ist mir unverständlich. Schon die Angabe des Themas מְיָרְאִים אוֹתָנוּ spricht für die Zugehörigkeit zur NQ. Abzulehnen ist auch MOWINCKELS Änderung der Datierung (Nehemia, S. 60f.) nach Jos Ant XI 179. Hier liegt eine Überschätzung des Josephusberichtes vor; so auch HÖLSCHER, S. 537. 6 16 aβ וַיֵּרְאוּ כָל־הַגּוֹיִם אֲשֶׁר סְבִיבֹתֵינוּ kann als Bestandteil der NQ gehalten werden (gegen MOWINCKEL, Nehemia, S. 84 Anm. 6; Studien II, S. 29; HÖLSCHER, S. 538 Anm. a: überflüssige, syntaktisch schlecht anschließende Glosse), wenn man ויראו nicht von ירא ableitet, sondern von ראה; so auch RUDOLPH, S. 137 Note a zu 16; GALLING, S. 228 Anm. 7. Offensichtlich hat hier das Leitthema des Kapitels (Angsteinflößung) auf das Verständnis der Masoreten eingewirkt. Wenn MOWINCKEL, Studien II, S. 29, sich an הַגּוֹיִם stößt, weil von den halbjüdischen Gegnern Nehemias in Palästina, nicht von den heidnischen Nachbarvölkern die Rede sei, so ist bei diesem Parallelismus membrorum zu beachten, daß Nehemia seinen Gegnern auch sonst die Zugehörigkeit zum auserwählten Volk abspricht. הַגּוֹיִם wird depravierend verächtlich entsprechend der Tendenz der NQ gemeint sein.

[72] Vgl. MOWINCKEL, Nehemia, S. 83 Anm. 3. 5; Studien II, S. 28; HÖLSCHER, S. 536 Anm. e. f, S. 537 Anm. c; NOTH, ÜSt, S. 127; GALLING, S. 228 Anm. 3, u. a.

[73] Vgl. Num 18 7.

[74] Asylstätte ist der Brandopferaltar vor dem Tempelhaus (I Reg 1 50f. 2 28ff.). Ps 27 5 (Tempelhaus als Asylstätte?; vgl. dazu KRAUS, BK XV, S. 224f.; WENGER, RAC I, Sp. 836f.; HEMPEL, RGG³ I, Sp. 667) und I Macc 10 43 (explikativ!) meinen den Tempelbereich insgesamt.

nur der Spott des Volkes erwähnt. Auch wird bei Streichung von
אֶל־תּוֹךְ הַהֵיכָל in 6 10 der rhythmisch-metrische Aufbau des Spruches
besser[75]. Dies alles weist deutlich auf eine interpolierende Hand hin.
Sie ist in Vergleich mit II Chr 26 16-20 und 27 2 wohl als chron zu
bestimmen. Der Chron hat בֵּית הָאֱלֹהִים (6 10) in Analogie zum Fall des
Königs Ussia verstanden und mit den Interpolationen אֶל־תּוֹךְ הַהֵיכָל
und הַהֵיכָל in 6 10 b, וּמִי כָמוֹנִי אֲשֶׁר־יָבוֹא אֶל־הַהֵיכָל וָחָי in 6 11 aβ und וְהָטָאתִי
in 6 13[76] seine Deutung des an sich schwer verständlichen Geschehens
in den Text eingetragen.

Neh 7

In 7 1-5 folgt ein Bericht über Maßnahmen zur Sicherung der
Hauptstadt. An diesen schließt mit 7 6ff. nach der Angabe des Textes
das Abschlußprotokoll der Serubbabelgola an, das mit 7 72 8 1a in
eine Erzählung in der Form der 3. pers. überwechselt. Da erst 7 5b
zur Liste überleitet, kann 7 1-5a nach Inhalt, Ich-Form[77] und Stil zur
NQ gerechnet werden. Lediglich וְהַמְשֹׁרְרִים וְהַלְוִיִּם in 7 1b ist als Glosse
auszuscheiden[78], da die Sänger und Leviten an den Stadttoren keine
Aufgaben haben. Die Aufzählung »Torwächter, Sänger, Leviten« entspricht den Einteilungskategorien der nachfolgenden Liste (7 43-45)
in umgekehrter Reihenfolge. Ein Bearbeiter hat offensichtlich unter
הַשּׁוֹעֲרִים das gleichnamige Kultpersonal verstanden und entsprechend
die anderen Grade des niederen Klerus ergänzt. Dem Chron traue ich
eine solche Ergänzung kaum zu, da bei ihm alle drei Gruppen nur
innerhalb des Tempelbereiches und des Kultus wirken. Der übrige
Text gehört zur NQ[79]. Dies gilt auch für אֶת־חֲנָנִי אָחִי וְאֶת־חֲנַנְיָה in 7 2.
Hier handelt es sich nicht um eine Dublette[80], wie man aus der nachfolgenden 3. pers. sing. schließen könnte. Vielmehr wird mit כִּי־הוּא
lediglich auf die zuletzt genannte Person, d. h. Chananja, Bezug
genommen[81]. »Daß er (sc. Nehemia) sich auf seinen Bruder verlassen

---

[75] MOWINCKEL, Studien II, S. 28.   [76] S. o. Anm. 72.

[77] In 7 3 וַיֹּאמֶר lies wie 5 9 mit Q^ere Vrs. וָאֹמַר; so auch RUDOLPH, S. 138 Note zu 3.
In 7 3b ist וְהַעֲמִיד (Or. וְהַעֲמֵד) Inf. absol. (vgl. RUDOLPH).

[78] So fast alle Komm. und Monographien.

[79] Trotz TORREY (Comp., S. 41 f.) und JAHN (S. 117 ff.), deren Argumentation mich
nicht überzeugt. Ernster zu nehmen sind MOWINCKEL, Nehemia, S. 84 Anm. 13;
Studien II, S. 29, und HÖLSCHER, S. 538 Anm. e, die 7 3b für eine unsinnige Glosse
halten, da die Wache von den Soldaten Nehemias, nicht von einer Bürgerwehr
besorgt wurde. — Ich sehe jedoch keinen sachlichen Anstoß; dazu vgl. unten S. 93
mit Anm. 19.

[80] So TORREY, Comp., S. 42; JAHN, S. 117; MOWINCKEL, Nehemia, S. 84 Anm. 8;
Studien II, S. 29; HÖLSCHER, S. 538 Anm. d, die אֶת־חֲנָנִי אָחִי streichen, während
GALLING, S. 228 Anm. 1, וְאֶת־חֲנַנְיָה für sekundär hält.

[81] So auch bspw. BERTHOLET, S. 66; BATTEN, S. 263; JOHANNESEN, S. 193; RUDOLPH,
S. 140.

konnte, ist ihm selbstverständlich, dagegen bei Chananja gibt er ausdrücklich an, was ihn zu seiner Wahl veranlaßte« (W. RUDOLPH)[82]. Das Nebeneinander zweier gleichklingender Namen ist durchaus möglich, und לָהֶם in 7 3 macht zwei Personen erforderlich.

Die Zugehörigkeit der in den erzählerischen Rahmen 7 5 und 7 72 eingebauten Liste zur NQ halte ich für ausgeschlossen. Sie läßt sich vom Kontext des Nehemiabuches her kaum sichern. Es ist nicht einzusehen, weshalb Nehemia ein Dokument vergangener Zeit seinem Werk beifügen sollte, da er allein an dem Ergebnis einer neuen Volkszählung interessiert sein kann. Als Protokoll der Serubbabelgola kann er es gar nicht verwerten[83], da sich inzwischen das Bevölkerungsbild auf Grund weiterer Heimkehrerzüge, die Esr 7 13. 28 8 1 und Neh 1 2 voraussetzen[84], verschoben hat. Besonders sinnlos erscheinen im Zusammenhang der Nehemiageschichte die erzählenden Abschnitte 7 61-65. 69-72. Das Geschlecht Hakkoz (7 63) hat wohl inzwischen seine priesterliche Anerkennung erlangt (3 4. 21), und der Hohepriester, dem nach dem Programm der Priesterschrift die Handhabung der Urim und Tummim obliegt[85], amtierte schon unter Serubbabel nach Beendigung des Tempelbaues. Der Einschub einer solchen Liste paßt zudem nicht zur zielstrebigen Art und zum Aufbau der Verteidigungsschrift[86]. Für den sekundären Charakter spricht auch der unbeholfene Anschluß in 7 5. הָעוֹלִים בָּרִאשׁוֹנָה ist syntaktisch nicht korrekt dem סֵפֶר הַיַּחַשׂ angegliedert und wohl Nachtrag[87]. Auch das zweimalige

---

[82] RUDOLPH, S. 140.

[83] So auch SCHAEDER, Esra, S. 25 mit Anm. 1. — Die Meinung RUDOLPHS (S. 11. 141. 181), daß die alte Liste wegen der Art ihrer Bevölkerungsverteilung wichtig war, überzeugt mich nicht. Es ist unwahrscheinlich, daß Nehemia wegen des einen Verses 7 72a die ganze Liste eingebaut haben soll. Ist Nehemia nach RUDOLPH lediglich an ihrem Schluß interessiert (S. 13), so reicht das »große Ansehen« der Erstheimkehrer in Juda kaum als Argument für ihren Einbau durch Nehemia aus. Auch wäre noch zu erläutern, inwiefern der Schluß 7 72 Nehemia »einen wichtigen Fingerzeig für die vorzunehmende Bevölkerungsverteilung bot« (S. 141); der Auswahlvorgang nach 11 1f., einer Stelle, die RUDOLPH für echt hält, läßt die Benutzung der Liste nicht recht erkennen. RUDOLPH (S. 11f.) stellt die sachliche Verbindung her durch die Vermutung eines Textausfalles vor 11 1 nach dem Vorschlag STEUERNAGELS (Einl., S. 423): »da schlug ich der Versammlung vor, sich die alte Liste zum Muster zu nehmen«.
Nehemia hat sich bisher in der Quelle nicht als ein weitschweifiger Historiker gezeigt, sondern als zielstrebiger Apologet. Hat die Mauerbauliste 3 1-32 ihren guten Sinn in der Schrift, so kann ich dies für die Liste 7 6ff. nicht einsehen.

[84] Dazu s. u. S. 184 f.

[85] Vgl. Ex 28 30 Lev 8 8; GALLING, Studien, S. 143—146.

[86] Vgl. MOWINCKEL, Nehemia, S. 38.

[87] RUDOLPH, S. 11 Anm. 2, u. a. verbessern היחשׂ zu התיחשׂ (Ausfall des ת nach ה, Haplographie).

וְאֶמְצָא in 7 5 erscheint verdächtig, wie überhaupt der verknüpfende Satz וָאֶמְצָא כָּתוּב בּוֹ den Eindruck einer Glosse macht. Auffällig ist ferner die Monatsangabe des Berichtes von 7 72b in Zahlen, da die NQ die Monate mit dem Namen nennt.

Den letzten Ausschlag für die literarkritische Entscheidung gibt der Tatbestand, daß Neh 7 6-72 sich nur mit geringen Abweichungen[88] bereits in Esr 2 1-3 1a findet. Die Annahme einer gemeinsamen Abhängigkeit von einem amtlichen Dokument, wie סֵפֶר הַיַּחַשׁ in 7 5 es nahelegen könnte, wäre falsch, da auch der erzählerische Rahmen Neh 7 72 8 1a mit Esr 2 70 3 1a übereinstimmt. Daraus folgt die literarische Abhängigkeit beider Texte voneinander. Es besteht nur die Frage, welchem die Priorität zugesprochen werden muß. Meine Entscheidung fällt für Esr 2[89] im chron Zusammenhang Esr 1—6[90], denn die erzählende Schlußnotiz über die Niederlassung der Gola im Lande (Neh 7 72 Esr 2 70), die wegen des Impf. cons. וַיֵּשְׁבוּ kaum zur Liste gehört haben kann, ist allein im Zusammenhang der ersten Heimkehr sinnvoll[91]. Der Chron kann dort das Ereignis der Heimkehr in seiner großen Bedeutung für die Kultgemeinde und ihre Reinheit nicht mit einem Nebensatz wie Esr 1 11b abgetan haben. Die Notiz über die Volksversammlung in Jerusalem Esr 3 1 setzt eine entsprechende über die Niederlassung der Heimkehrer, d. h. aber den Text Esr 2 1. 70, voraus. Esr 3 9a könnte auf Esr 2 40 zurückverweisen[92]. Mit der Priorität von Esr 2 innerhalb des chron Werkes[93] ist die ursprüngliche Zugehörigkeit von Neh 7 6-72 zu der zeitlich früheren NQ ausgeschlossen[94], denn eine Wiederholung dieses Protokolles durch den Chron läßt sich kaum vorstellen[95].

---

[88] Dazu s. u. S. 26. 98ff.

[89] So auch MOWINCKEL, Nehemia, S. 37—44; Studien I, S. 29—45; HÖLSCHER, S. 539; NOTH, ÜSt., S. 124. 127—129; JOHANNESEN, S. 144f. 193. Meistens wird die Priorität von Neh 7 behauptet.   [90] Dazu vgl. NOTH, ÜSt., S. 123f.

[91] So auch NOTH, ÜSt., S. 129 mit Anm. 3.   [92] RUDOLPH, S. 11.

[93] Gegen die Priorität von Esr 2 ließe sich allerdings geltend machen, daß Esr 2 68f. gegenüber Neh 7 69-71 einen kürzeren Text hat. — Es ist anzunehmen, daß der Interpolator von Neh 7 den Esraschluß auf die Nehemiasituation hin umgebaut hat, indem er die Notiz über die Ankunft aus Esr 2 68 ausläßt und »die kurze Angabe über die Kultusstiftungen der Häupter der Geschlechter nach eigener Phantasie auf den Tirschatha, die Häupter der Geschlechter und das übrige Volk verteilt« (HÖLSCHER, S. 539). Die »konfuse Unlogik des Nehemiatextes«, der zuerst die Geschlechtshäupter nennt und sie dann in drei Gruppen (Tirschata — Geschlechtshäupter — Volk) differenziert, weist nach HÖLSCHER (S. 539) auf die Priorität des logischeren Esratextes hin.

[94] KITTEL, Gesch. III, S. 333, und v. SELMS, S. 64. 117, halten die Liste für eine Beilage zur NQ, die erst später in den literarischen Zusammenhang von Neh 7 und 8 eingeordnet worden sei.

[95] Anders SCHAEDER, Esra, bspw. S. 29; RUDOLPH, S. 13.

Die Übernahme des chron Erzählungsstückes Esr 2 70—3 1 in Neh 7 durch einen nachchron Interpolator wird dabei nicht mechanisch und gedankenlos geschehen sein. Der Text stellt vielmehr eine geschickte Verbindung zwischen 7 5 und 8 1 her, da in 7 72 das gleiche Monatsdatum wie in 8 2 vorkommt. Der Interpolator brauchte nur die Ortsangabe » Jerusalem« in Esr 3 1 durch אֶל־הָרְחוֹב אֲשֶׁר לִפְנֵי שַׁעַר־הַמַּיִם nach 8 3 (16) zu ersetzen und den Text auf die veränderte Situation hin umzugestalten. In 7 69-71 werden aus den Spenden der Erstheimkehrer für die Restauration von Tempel und Kultus nun Spenden für den Kultschatz aus allen Laienschichten, die an der nehemianischen Stammbaumkontrolle beteiligt sind. Das Protokoll gleitet vielleicht schon mit 7 69, spätestens aber mit 7 72 unmerklich wieder in den Erzählungsverlauf der Nehemiageschichte über[96]. Ist 7 5b—8 1a Interpolation in den sinnvollen Zusammenhang von 7 5a mit 8 1b, so kann aber וַיִּמָּצֵא כָּתוּב בַּתּוֹרָה in 7 5bα noch ursprünglich sein[97], da sonst kein Anlaß zur Einschaltung der großen Liste aus Esr 2 bestand und erst nach dieser Stelle der syntaktische Bruch auffällt. Eine vollständige Analyse des eingefügten Textes in Blick auf Tradition und Redaktion besonders beim Rahmen 7 5f. 7 69—8 1a kann an dieser Stelle noch nicht durchgeführt werden.

2. Neh 8 1—10 40

Die Frage der Zugehörigkeit von Neh 8—10 wird im allgemeinen negativ beantwortet. Der Komplex weist keinerlei Eigentümlichkeiten des Textes Neh 1—7 auf. Er ist in der Form der 3. pers. abgefaßt, gibt die Monate in Zahlen an[98], spricht von יְהֹוָה an Stelle von אֱלֹהֵי הַשָּׁמַיִם[99] und von יִשְׂרָאֵל an Stelle von יְהוּדִים[100] in nicht streng liturgischen Zusammenhängen und zeigt keinen inhaltlichen Bezug zum Wiederaufbauwerk Nehemias, sondern knüpft über Neh 1—7 hinweg an Esr 7—10 an. Neh 10 müßte im sachlichen Aufriß des Nehemiabuches eher seinen Platz bei Neh 13 haben. Als Hauptperson erscheint nicht Nehemia, sondern unvermittelt Esra, den Neh 1—7 nicht erwähnt. Nehemia muß sich an zwei literarkritisch fragwürdigen Stellen (8 9 10 2) mit der Rolle des vornehmsten Mitgliedes der Kultgemeinde begnügen; im Zusammenhang mit den geschilderten Reformen Esras verhält er sich ganz im Gegensatz zu Neh 13 passiv. Dies alles widerspricht den in Neh 1—7 beobachteten Eigenarten so sehr, daß man Neh 8—10 mit Recht einer anderen Hand zuschreibt.

---

[96] Impf. cons. וַיֵּשְׁבוּ in 7 72! Vgl. MOWINCKEL, Studien I, S. 42f.; GALLING, Studien, S. 105f.

[97] Vgl. dagegen MOWINCKEL, Studien I, S. 44.

[98] 8 2.   [99] 8 1. 6. 9. 14 9 3. 4.

[100] 8 1. 14 9 1. 2.

Die Verfasserfrage wird durch inhaltliche Spannungen und Brüche innerhalb von Neh 8—10 und durch den sachlichen Zusammenhang mit dem Komplex Esr 7—10 erschwert. Neh 8—10 bildet als Bericht von der Gesetzesverlesung und Bundeserneuerung Esras sachlich eine Einheit. Der Komplex läßt sich in kleinere Abschnitte untergliedern, die jeweils eine datierte (8 2. 13 9 1) gottesdienstliche Handlung schildern: Gesetzesverlesung am Neujahrstag 8 1-12; Laubhüttenfest mit Gesetzesverlesung 8 13-18; Klagefeier mit Gesetzesverlesung und Bundesverpflichtung 9 1—10 40. Sieht man von der unterschiedlichen Datierung ab, so mutet das Ganze wie der geschichtliche Niederschlag des Formulars der Bundeserneuerung an[101]. Neben dem Priester und Schriftgelehrten Esra spielen auch die Leviten durchgängig eine besondere Rolle (8 7f. 11. 13 9 4 10 1). Dieser kurze Vorblick läßt vermuten, daß der Grundbestand von Neh 8—10 auf eine Hand zurückgeht.

Neh 8

In dem Bericht 8 1-12 über die Gesetzesverlesung am 1. Tag des 7. Monats scheint zwischen 8 3 und 8 5 insofern eine Unausgeglichenheit zu bestehen, als Esra erst in 8 5 das Buch aufschlägt, aus dem er nach 8 3 schon zu lesen scheint. Diese bspw. von S. MOWINCKEL und G. HÖLSCHER[102] vorgetragene Kritik ist jedoch nicht stichhaltig, da 8 3 als zusammenfassende Vorwegnahme von 8 4-12 eine Art Exposition und Überschrift darstellt[103]. Zur Ausscheidung der Namen in 8 4 als sekundären Bestand[104] sehe ich keine Notwendigkeit. Die Einführung der Leviten neben dem Priester als Gesetzeslehrer in 8 7f. ist typisch chron[105]. Der Tatbestand, daß nach 8 7 das Erklären dem Vorlesen des Gesetzes in 8 8 vorausgeht, muß in gleicher Weise beurteilt werden wie das Verhältnis von 8 3 zu 8 4ff. 8 8 erläutert das Unternehmen der Leviten in 8 7 als Vorlesen und Übersetzen[106], so daß beide Verse, wie allgemein angenommen, als chron Gut eng zusammengehören. Sekundären Bestand muß dagegen 8 9 enthalten. Die Verbform וַיֹּאמֶר setzt wie der Kontext 8 10 (וַיֹּאמֶר) ursprünglich nur ein Subjekt voraus, während der jetzige Text Nehemia, Esra und die Leviten anführt. Die Leviten werden erst 8 11, und zwar parallel zu Nehemia und Esra in 8 9 aβ, wieder eingeführt. Auch könnte die Wortfolge אֶת־הָעָם לְכָל־הָעָם und die Wiederholung von מְבִינִים אֶת־הָעָם aus 8 7 den levitischen Anteil in 8 9 als sekundär ausweisen. Da Nehemia sonst in Neh 8 und 9 keine

---

[101] Dazu s. u. S. 90 f.

[102] MOWINCKEL, Esra, S. 12; HÖLSCHER, S. 546 Note e.

[103] BERTHOLET, S. 69; RUDOLPH, S. 146 Note a zu 3, u. a.

[104] So etwa SIEGFRIED, S. 101 (chron.); MEYER, Entst., S. 94 (chron); SCHNEIDER, S. 38 (8 4-8 levit. Bearb.); GALLING, S. 232 (8 2 teilweise und 8 4-8 Chron**).

[105] Vgl. II Chr 17 7-9 19 4-11.   [106] Zu מְפֹרָשׁ 8 8 s. u. S. 29 Anm. 127. 128.

Rolle spielt und הוּא הַתִּרְשָׁתָא erläuternd auf den nachchron Text Neh
7 69 zurückverweist, ist auch der Nehemiateil zu streichen und nur(ּ)וַיֹּאמֶר
עֶזְרָא הַכֹּהֵן הַסֹּפֵר(ּ) לְכָל־הָעָם הַיּוֹם קָדֹשׁ״ für ursprünglich zu halten[107]. 8 11
entspricht 8 7f. in den handelnden Personen und steht parallel zu
Esras Worten von 8 9 aβ. Da die Leviten in 8 1-12 ständig mit Esra
parallelisiert werden, sehe ich keinen Anlaß, 8 11 als Zusatz zu eliminieren[108]. 8 7f. 11 gehören als chron Verse zusammen[109].

Der Bericht über die Laubhüttenfeier 8 13-18 macht einen einheitlichen Eindruck[110]. Liegt in 8 7f. 11 chron Gut vor, so besteht die
Frage, ob nicht auch der übrige Text — abgesehen von der Interpolation in 8 9 — auf den Chron zurückgeführt werden kann. 8 17
setzt die chron Anschauung voraus, daß die ganze Gemeinde Jerusalems aus dem Exil hergeleitet werden kann. Der Vers hat eine Parallel-
stelle in II Chr 35 18 (II Reg 23 22). Die Datierung im 7. Monat erscheint als typisch für die chron Geschichte der Kultgemeinde[111].
Esra wird in unhistorischer Weise als Prototyp des Schriftgelehrten[112],
der innerhalb des Alten Testamentes beim Chron zuerst auftaucht[113],
dargestellt. Die Wendung »Buch des Mosegesetzes« (8 1) klingt
chron[114], die Erwähnung der Kanzel (8 4 מִגְדַּל־עֵץ) findet sich sachlich
ähnlich nur noch in II Chr 6 13, und der Sprachgebrauch verrät im
ganzen chron Kolorit[115]. Die Feier der Gesetzesverkündigung hat in

---

[107] So auch die meisten Komm. und Monographien.
Anders NOTH, ÜSt., S. 130; dieser hält den Nehemianamen in der chron Grundschicht für ursprünglich, während er הוּא אֶת־הָעָם״ und die Gestalt Esras
einem nachchron Interpolator zuordnet. NOTH verweist für seine Entscheidung auf
den ebenfalls an der nachchron Stelle 12 26b vorkommenden Doppeltitel Esras
(»der Priester, der Schriftgelehrte«) und auf die spätere Einfügung Esras in LXX
zu 9 6. — Man muß m. E. berücksichtigen, daß auch an der chron Stelle Esr 7 11
der Doppeltitel Esras vorkommt (so NOTH selbst). 12 26b kann sich an diese Stelle
und Neh 8 9 in gleichmöglicher Weise angelehnt haben. Der Verweis auf die LXX
trägt nichts aus. Der Kontext und der leitende Gedanke des Chron bei Neh 8
läßt eher die Gestalt Esras als Nehemias erwarten; dazu s. auch u. S. 90 ff.

[108] So HÖLSCHER, S. 547 Anm. a (nachchron); RUDOLPH, S. 148 Note a zu 11 (chron);
GALLING, S. 232 (chron**); SCHNEIDER, S. 38 (nachchron).

[109] Zu GALLINGS Eliminierung von 8 12b (S. 232 Anm. 3) sehe ich keinen Grund; es
gibt andere Übersetzungsmöglichkeiten als die von GALLING gewählte.

[110] MOWINCKEL, Esra, S. 13 f., und HÖLSCHER, S. 547 Anm. c, halten ohne Grund
הַכֹּהֲנִים וְהַלְוִיִּם und הַסֵּפֶר in 8 13 für sekundär.

[111] Vgl. Esr 3 1. 6 II Chr 7 10 31 7.

[112] GELIN, S. 90 Anm. e: »comme le patron des scribes de la Loi«.

[113] Vgl. Esr 7 10; dazu SCHAEDER, Esra, S. 49 f.

[114] Vgl. »Gesetz des Mose« Esr 3 2 7 6 II Chr 23 18 30 16; »Buch des Mose« (Neh 13 1)
II Chr 25 4 35 12.

[115] Vgl. die Zusammenstellungen bei TORREY, Comp., S. 23—25, und KAPELRUD,
S. 80—94.

der Josiageschichte II Chr 34 29-31, die Passafeier in der Josiageschichte
II Chr 35 und dem Passa der Gola Esr 6 19-22 ihre Parallelen. Wer anders könnte an solchen Parallelen mehr interessiert sein als der Chron,
dem es um die Kontinuität und Legitimität der Jerusalemer Kultgemeinde und ihrer Feste geht.

Der Aufbau von 8 1-12 im einzelnen scheint ätiologisches Interesse
zu verraten. Der Text setzt das Bestehen einer gewissen synagogalen
Gottesdienstform voraus[116] und soll offenbar diese Einrichtung, die
frühestens in der Zeit des Chron in Palästina aufkam[117], durch ihre
Rückdatierung auf Esra und in die frühe nachexilische Zeit legitimieren. Die Verhältnisse der Synagoge[118] werden Neh 8 ins Freie übertragen.

Opferkult und priesterlicher Klerus fehlen. Statt dessen fungiert der Priester
Esra (8 2. 9) als Schriftgelehrter (8 1. 4ff. 13) zusammen mit den Leviten in einem Lese-
und Lehrgottesdienst (8 3). Dieser beginnt mit dem Aufruf zur Toralektion (8 1)[119],
bei der der Priester den Vorrang hat (8 2)[120]. Der Schriftgelehrte betritt die Synagogen-
kanzel (8 4)[121], auf der im Lehrhaus das Lesepult steht[122]. Den Ältesten der Gemeinde
wird der Vorsitz eingeräumt (8 4)[123]. Der Vorleser öffnet die Torarolle (8 5)[124] und spricht
die Birkat Tora[125], auf die das Volk mit »Amen« antwortet (8 6)[126]. Während der Lesung
des hebräischen Textes erfolgt verseweise[127] die Übersetzung[128] (מְפֹרָשׁ 8 8). Der Predigt-

---

[116] So besonders HÖLSCHER, S. 543; GALLING, S. 233; RGG³ IV, Sp. 1397.

[117] Die ältesten Belege reichen im palästinisch-ägyptischen Raum bis ins 3. Jh. zu-
rück; darüber hinaus können nur Vermutungen angestellt werden. Vgl. SCHÜRER,
Gesch. II, S. 499 mit Anm. 4; BILLERBECK, IV/1, S. 115; NÖTSCHER, Biblische
Altertumskunde, 1940, S. 301; GALLING, Art. Synagoge, RGG³ VI, (Sp. 557—559)
Sp. 557; ELBOGEN, Der jüdische Gottesdienst, ⁴1962, S. 446f.

[118] Zum Verlauf des Synagogengottesdienstes vgl. SCHÜRER, Gesch. II, S. 526—536;
BILLERBECK (STRACK-BILLERBECK) Kommentar zum Neuen Testament aus Talmud
und Midrasch, IV/1, 1928, S. 153—188; Ein Synagogengottesdienst in Jesu Tagen,
ZNW 55 (1964), S. 143—161.

[119] Vgl. Tanḥ יתרו 90ᵃ Soṭ 39ᵇ Lc 4 17.

[120] Vgl. Giṭ 5, 8 Ket 25ᵇ.

[121] Vgl. Soṭ 7, 8 Meg 32ᵃ jMeg 3, 73ᵈ, 51.

[122] Vgl. Meg 26ᵇ jMeg 3, 73ᵈ, 52.

[123] Vgl. Mt 23 6 Mc 12 39 Lc 11 43 20 46.

[124] Vgl. Meg 32ᵃ Bar.

[125] Vgl. Meg 4, 2 Meg 21ᵇ Bar.

[126] Vgl. Soṭ 39ᵇ.

[127] Vgl. BILLERBECK, ZNW 55 (1964), S. 155.

[128] Vgl. Meg 3ᵃ jMeg 4, 74ᵈ, 41; BILLERBECK, Kommentar, S. 161ff.; ZNW 55 (1964),
S. 154f. מְפֹרָשׁ ist entweder zu verstehen als Lesung in Abschnitten (BERTHOLET,
S. 69) oder als Targum. Letzteres wird besonders vertreten von SCHAEDER, Esra,
S. 52f.; Iranische Beiträge I, 1930, S. 1—14; vgl. ferner KITTEL, Gesch. III,
S. 590f.; RUDOLPH, S. 148f.; GALLING, S. 233f. Diese Deutung wurde zuletzt von
KAPELRUD, S. 84, und ALTHEIM-STIEHL, Die aramäische Sprache unter den Achai-
meniden, 1, 1963, S. 5—9 bestritten.

vortrag im unmittelbaren Anschluß[129] an die Lesung[130] hat die Gestalt einer freien Ansprache (8 9ff.)[131] und ist sehr kurz und paränetisch gehalten, wie es für die älteste Zeit der Synagoge wohl typisch ist[132]. 8 10 verweist möglicherweise darüber hinaus auf die spezielle Form eines Fest- und Neujahrsgottesdienstes[133].

Die teilweise bestehende Übereinstimmung[134] zwischen Neh 8 1-12 und der späteren synagogalen Gottesdienstform fällt so sehr auf, daß entweder die synagogale Praxis sich in Anlehnung an Neh 8 entwikkelt[135] oder aber der Verfasser die Szene Neh 8 in Anlehnung an die synagogale Gottesdienstform seiner Zeit gestaltet hat[136]. Ich halte letzteres für wahrscheinlicher, da es mehr den ätiologischen Tendenzen des Chron entspricht. Zugleich mit dem Stand der Schriftgelehrten und der unterweisenden Leviten rechtfertigt der Chron auch die Anfänge der Synagoge zu seiner Zeit durch Rückprojektion in die kanonische Anfangszeit. Auch für die Feier des Laubhüttenfestes 8 13-18 werden ätiologische Tendenzen zu vermuten sein; der Chron geht wohl von der zu seiner Zeit üblichen Art der Feier des Laubhüttenfestes aus[137]. Ich möchte Neh 8 als chron Schöpfung[138] zur Stelle[139] auffassen.

Gegen diese Entscheidung läßt sich nicht eine Unausgeglichenheit zwischen Neh 8 17 und dem chron Vers Esr 3 4 geltend machen[140]. Zwischen Esr 3 4 und Neh 8 17 besteht kein Bruch, denn Neh 8 17 besagt nicht, daß die Laubhüttenfeier seit den Tagen Josuas nicht mehr durchgeführt worden ist, sondern muß auf die besondere Durchführungsart des Festes bezogen werden[141]. Der Text betont zweimal ausdrücklich die Feier des Festes in Laubhütten (8 14f. 17), während aus Esr 3 4 nicht unbedingt der Bau von Hütten herausgelesen werden kann. Nach chron Vorstellung waren wohl in der Anfangszeit die Möglichkeiten dazu noch nicht gegeben[142].

---

[129] Vgl. Lc 4 16ff. Act 13 15; BILLERBECK, Kommentar, S. 171.

[130] Erst in der späteren Synagoge an die Prophetenlesung anschließend; vgl. BILLERBECK, Kommentar, S. 165f. 171; ZNW 55 (1964), S. 157.

[131] Vgl. bspw. Lc 4 15. 17ff. 31. 44; weitere Belege bei BILLERBECK, Kommentar, S. 172.

[132] Vgl. BILLERBECK, ZNW 55 (1964), S. 158f.

[133] MOWINCKEL, Esra, S. 32—40; HÖLSCHER, S. 543. Vgl. Est 9 19. 22.

[134] Es fehlen in Vergleich mit dem Synagogengottesdienst neutestamentlicher Zeit nach BILLERBECKS Darstellung noch der erste Teil mit Sch^ema', Sch^emone 'Esre und Priestersegen und die Haphṭare.   [135] So bspw. RUDOLPH, S. 149.

[136] So bspw. HÖLSCHER, S. 543; GALLING, S. 233f.; dabei sollte man nicht von einem genauen Spiegelbild sprechen, denn nur das Formular ist in etwa übernommen; die Szenerie entspricht dem, wie RUDOLPH, S. 149, mit Recht bemerkt, nicht.

[137] NOTH, ÜSt., S. 149 Anm. 3.

[138] HÖLSCHER, S. 542; NOTH, ÜSt, S. 129f. 148; vorsichtiger KAPELRUD, S. 94—97 (vorchron Esratradition).

[139] So auch NOTH und KAPELRUD.

[140] So bspw. BERTHOLET, S. 72, der darum 8 17 nicht dem Chron zuschreibt.

[141] Vgl. RUDOLPH, S. 151f.

[142] Diese Deutung auf die Durchführungsart schon bei KEGEL, Die Kultusreformation des Esra, 1921, S. 190; ferner bei KAPELRUD, S. 91; vgl. jedoch auch RUDOLPH,

Die Frage nach dem Zusammenhang zwischen Esr 7—10 und Neh 8 liegt natürlich nahe. Hier muß nun grundsätzlich unterschieden werden zwischen der historischen und der literarkritischen Fragestellung. Literarisch gehen in der Tat Esr 7—10 und Neh 8ff. auf die gleiche Hand zurück. Die Existenz einer Esraquelle[143] halte ich dabei für unwahrscheinlich. Die Ausführungen Ch. C. Torreys[144], Hölschers[145], M. Noths[146] und A. S. Kapelruds[147] zum Quellenproblem von Esr 7—10 und Neh 8(—10) überzeugen mich so sehr, daß ich mit ihnen für diese Texte weitgehend den Chron verantwortlich mache, wie ich auch noch im einzelnen nachweisen werde[148]. Schwerer läßt sich das historische Problem lösen. Zwischen Esr 10 und Neh 8 liegen 12½ Jahre an Passivität für Esra, was historisch unwahrscheinlich ist. Deshalb wird gern Neh 8 als ursprünglich zu Esr 7—10 gehörig betrachtet[149]. Das Kapitel müßte dann später an seine jetzige Stelle gerückt worden sein. M. E. sperrt sich die historische Frage beim Chron solch einer rein literarkritischen Lösung. Die Methoden der Tendenz- und Redaktionskritik müssen hier in gleicher Weise mit angewendet werden: Die Kapitel Neh 8—10 gehören zusammen. Eine ursprüngliche Textfolge Esr 7—10 Neh 8—10 oder Esr 7+8 Neh 8 Esr 9+10

S. 152f. Nach Rudolph u. a. besteht das Novum in der Zentralisierung der Feier auch für die Landbevölkerung nach Jerusalem. — M. E. wird diese Zentralisation schon Esr 3 1. 4 vorausgesetzt. Die Akzentuierung der Laubhütten wäre voll verständlich, wenn sich nachweisen ließe, daß in vorexilischer Zeit das Fest in Zelten gefeiert wurde (so Volz, Das Neujahrsfest Jahwes, 1912, S. 20). Vielleicht weist Hos 12 10 darauf hin; vgl. Kraus, Gottesdienst in Israel, ²1962, S. 82; jedoch dagegen Wolff, Hosea, BK XIV/1, 1961, S. 278f.

[143] Sie wird fast durchweg behauptet mit allerdings divergierenden Angaben des Umfangs. Als Minimum gilt der Grundbestand von Esr 7—10 und Neh 8; manche rechnen noch Neh 9f. dazu. Eine gute Zusammenstellung der Forschungsmeinungen bietet Pfeiffer, Einl., S. 830f.; weiteres s. u. S. 56 Anm. 271.

[144] Torrey, The Composition and Historical Value of Ezra-Nehemiah, 1896; Ezra Studies, 1910. Torrey nimmt dabei einen ursprünglichen Zusammenhang der Texte Esr 7f. Neh 7 70—8 18 Esr 9f. Neh 9f. als chron Esrageschichte an.

[145] Komm. zu Esr 7—10 Neh 8; nach Hölscher, bspw. S. 493f., umfaßte die chron Esrageschichte den Grundbestand von Esr 7—10 und Neh 8.

[146] Noth, ÜSt., S. 125ff. 145ff.

[147] Kapelrud, The Question of Authorship in the Ezra-Narrative, 1944.

[148] Vgl. dazu u. S. 56ff.

[149] Dazu s. o. Anm. 143. Den Anschluß von Neh 8 an Esr 8 vertreten bspw.: Torrey, Comp., S. 29—34; Kittel, Gesch. III, S. 567f.; Schaeder, Esra, S. 11f.; Sellin, Gesch. II, S. 135; Ahlemann, ZAW 59 (1942/43), S. 85. 92 u. ö. (einschließlich Neh 7 6ff.); Johannesen, S. 262ff.; Rudolph, S. 143f. u. ö. (einschließlich Neh 7 72); Gelin, S. 14. 89 Anm. a. Für den Anschluß von Neh 8 an Esr 10 entscheiden sich bspw.: Mowinckel, Nehemia, S. 2. 5f.; Esra, S. 15. 42; Rudolphfestschrift, S. 212; Studien I, S. 55f.; Hölscher, S. 542 u. ö.; Haller, S. 183ff.

Neh 9+10[150] halte ich für ausgeschlossen, da bei dieser Zusammen-
ordnung jeweils zwei sachlich gleiche und parallel komponierte Stücke
aufeinanderfolgen und unmögliche Dubletten entstehen würden. An
ein Bußgebet (Esr 9 Neh 9) schließen sich im ersten Falle jeweils
Scheidung und Neuverpflichtung (Esr 10 Neh 10) an. Neh 9 2 und 10 31
setzen nicht Esr 9 und 10 als unmittelbar vorhergehend voraus. Die
Umrahmung der Nehemiageschichte Neh 1—7 durch zwei sachlich und
kompositorisch sehr ähnliche Komplexe einer Esrageschichte muß
tendenzkritisch verstanden werden. Es fällt die starke Scheidung
zwischen der Tätigkeit Esras und der Nehemias in Esr 7—10 Neh 8—10
und Neh 1—7 auf. Offenbar will der Chron den politischen Wiederaufbau Jerusalems als des Sitzes der Theokratie und die Gründung
der Theokratie durch die Proklamation des Mosegesetzes scharf voneinander trennen. Die Gründung der Theokratie ist für ihn theologisch
dem Wiederaufbau eines relativ autonomen Staates Juda mit der
Hauptstadt Jerusalem über- und vorzuordnen. Historisch-sachlich
jedoch setzt die Theokratie staatlich geordnete Verhältnisse in Juda
voraus. Dieser Ambivalenz trägt der Chron durch die Komposition
und Rahmung der Nehemiageschichte Rechnung[151]. Deshalb setzt er
nach Vollendung des Mauerbaues am 25. 6. zunächst die Gründung
der Theokratie durch Gesetzesproklamation im 7. Monat an (Neh
8—10), bevor er den Bericht von der Einweihung der Mauern und der
Provinzhauptstadt mit 12 27ff. bringt. Bei dieser Lösung kann die
These einer ursprünglich geschlossenen Esrageschichte fallengelassen
werden[152]. Neh 8 ist eine an 7 5a anschließende chron Schöpfung in
ursprünglicher Stellung; eine nachträgliche Umordnung erscheint unvorstellbar[153]. In 8 9 hat dazu ein Interpolator, der den nachchron
Einschub 7 6ff. voraussetzt, die Gestalt des Statthalters Nehemia und
die gesetzesunterweisenden Leviten interpoliert.

Neh 9

Das Kapitel besteht aus einem erzählenden Abschnitt in der
3. pers. 9 1-5aα und einem hymnischen Stück 9 5aβ-37. Es schließt mit
der Datumsangabe 9 1 »am 24. dieses Monats« gut an 8 2. 18 an und
setzt Neh 8 inhaltlich und literarisch voraus. Drei der Leviten von 8 7
finden sich auch in 9 4f. Der Tribüne des Schriftgelehrten und Gemeindeältesten in 8 4 entspricht die Tribüne der Leviten in 9 4. Dem
Lobpreis Esras von 8 6 entspricht die Aufforderung zum Lobpreis
durch die Leviten in 9 5. Die Zugehörigkeit von 9 3 zum ursprünglichen

---

[150] Dazu s. u. S. 36 Anm. 171; S. 56 Anm. 271 im einzelnen.

[151] Vgl. auch NOTH, ÜSt., S. 127f.

[152] KAPELRUD, S. 97, denkt an eine Verbindung mit der Nehemiageschichte schon in
der mündlichen Tradition.

[153] KAPELRUD, S. 97; NOTH, ÜSt., S. 128.

Text ist unwahrscheinlich. Der Vers ist mit der Schilderung des Aufstehens, der Gesetzesverlesung und des Niederfallens eine unpassende Dublette zu 8 3-6. Eine nochmalige allgemeine Gesetzesverlesung mit Beichte sollte man nach dem in 9 2 angedeuteten Bußakt nicht erwarten. 9 4ff. schließt direkt an 9 2b an. Dem Kontext (9 2) nach hielte das Volk die Gesetzesverlesung von 9 3. Ich halte 9 3 für eine ungeschickte Glosse[154], deren Grund mir klar zu sein scheint. Bei der Bundeserneuerung, um die es in Neh 8—10 geht, handelt es sich nach dem Bundesformular Israels um ein geschlossenes, gottesdienstliches Geschehen. In Neh 8+9 liegt aber zwischen Gesetzesverlesung und Bußakt ein zweitägiger leerer Zeitraum (8 18 9 1). Ein Überarbeiter beseitigte wohl diese Unstimmigkeit, indem er aus Neh 8+9f. zwei getrennte Bußfeiern und damit aus Neh 9f. einen geschlossenen Gottesdienst mit Gesetzesverlesung machte.

Neu im Abschnitt 9 1-5 a erscheinen neben den unterschiedlichen Levitennamen in 9 4f. lediglich die Ausscheidung der Fremdstämmigen (9 2) und die Beichte der eigenen Schuld und der Sünden der Väter. Wird Neh 8 von Esra beherrscht, wobei die Leviten eine Nebenrolle spielen, so führen in Neh 9 die Leviten als handelndes Subjekt die Szene[155]. Neben dieser Polarität zwischen Esra und den Leviten und der sachlichen Parallelität zu Neh 8 zeichnet sich in Neh 9 aber auch eine Fortsetzung des Geschehens von 8 1-8 ab. Wurde 8 9ff. die zur Gesetzesverkündigung gehörende Buße des Volkes wegen der gebotenen Festtagsfreude am Neujahrsund Laubhüttenfest unterdrückt, so hat sie nun nach den Festtagen ihren berechtigten Platz[156]. Neh 9 schildert jetzt die Reaktion der

---

[154] BATTEN, S. 352 (chron); RUDOLPH, S. 155f. (nachchron); GELIN, S. 93 Anm. a (chron).

[155] LXX zu 9 6 »und Esra sprach« verweist kaum auf ein ursprüngliches וַיֹּאמֶר עֶזְרָא (so bspw. SCHAEDER, Esra, S. 9). Die *lectio brevior* und *difficilior* aller masoretischen Zeugen ist hier vorzuziehen (so auch bspw. MOWINCKEL, Nehemia, S. 3; Studien I, S. 56; HÖLSCHER, S. 547 Anm. d). Der Platz der Variante an der falschen Stelle (das Gebet beginnt 9 5!) zeigt das Bestreben eines Späteren, die Parallelität zwischen Esra und den Leviten von Neh 8 auch noch in Neh 9 beizubehalten.

[156] Dieser Zusammenhang ist nicht allgemein anerkannt. Gegen den ursprünglichen Zusammenhang von Neh 8 und 9 führt man vor allem den psychologisch nicht erklärbaren Umschwung von der Festfreude des Neujahrs- und Laubhüttenfestes (Neh 8) zur Bußstimmung (9 1-4) an (so bspw. TORREY, Comp., S. 31; MOWINCKEL, Nehemia, S. 2; Studien I, S. 51f.; HÖLSCHER, S. 544; KITTEL, Gesch. III, S. 596; AHLEMANN, ZAW 59, 1942/43, S. 78; RUDOLPH, S. 153ff.). Mit SIEGFRIED, S. 105; BERTHOLET, S. 72; NOTH, ÜSt., S. 148f.; JOHANNESEN, S. 263ff., u. a. halte ich jedoch an der Verbindung fest. Der harte Übergang von Neh 8 zu Neh 9 ist dadurch zu erklären, daß der Chron »von der auf den Neujahrstag (8 2) angesetzten Gesetzesverlesung ... aus eigentlich auf die große Buße der Gemeinde hinzielte, zunächst aber die im siebenten Monat nun einmal fälligen Feiern des Neujahrs-

Kultgemeinde auf die Gesetzesproklamation. Die Buße mündet in den großen Bußpsalm 9 6-37. Die literarische Einheitlichkeit des Kapitels ist bis auf 9 3 sowohl für 9 1-5 aα wie für 9 5 aββ. nicht fraglich. 9 2 deutet das Thema der Generalbeichte an, die mit dem Bußpsalm 9 6-37 durchgeführt wird, denn die Zweiteilung des Bußpsalmes mit dem Bekenntnis der Väterschuld (9 6-31) und dem durch וְעַתָּה (9 32) eröffneten Blick auf die Gegenwart (9 32-37) entspricht der Exposition in 9 2 »und sie bekannten ihre Sünden und die Vergehungen ihrer Väter«.

Das rhythmisch gehaltene[157] Gebet, das die Leviten stellvertretend für den »Samen Israels« sprechen, stellt in literarkritischer und formgeschichtlicher Sicht ein komplexes Gebilde dar. Die Rahmenverse des ersten Teiles 9 5 und 9 31 zeigen deutlich die durchgehende Thematik an. Es geht um den Lobpreis der geschichtlichen Magnalia Dei an seinem Volke auf dem negativen Hintergrund des Ungehorsams Israels. Das Gebet wird mit einem Klagelied 9 32-37 abgeschlossen. 9 6ff. läßt die Gattung des heilsgeschichtlichen Credos in seiner zerdehntesten Form innerhalb des Alten Testamentes erkennen. Auch im Credo ist nicht alles aus einem Guß, sondern Dubletten weisen auf Wucherungen schon in der mündlichen Überlieferung hin. So wird etwa der heilsgeschichtliche Ablauf von der Schöpfung bis zur Landnahme in 9 6-15 mit den Versen 9 16-21 noch einmal aufgenommen durch Rückblendung auf die Wüstenzeit. 9 26-28 und 9 29-30 sind deuteronomistisch klingende Dubletten für den Gesetzesungehorsam Israels in der prophetischen Zeit. Gerade durch solche Dubletten wird der Ungehorsam des Volkes, der vorher kaum mehr als eine negative Folie der Magnalia Gottes war, so betont, daß aus dem ursprünglich lobpreisenden Bekenntnis Israels ein Bußpsalm geworden ist. Den Sitz im Leben dieses Psalms kann man noch klar erkennen. Die Betonung der Bundestreue Jahwes (9 32), die Einarbeitung der Sinaiperikope mit der Akzentuierung der Gesetzgebung Jahwes (9 13f.), seiner Bundestreue (9 32) und des Bundesbruches auf Seiten Israels (9 16f. 26. 28f. 34f.) und das Bekenntnis der Schuld in 9 33-37 weisen auf die Bundeserneuerung als Sitz im Leben hin[158].

Der erzählende Teil 9 1-5 aα erscheint so deutlich in Anlehnung an 8 1-8 und den Bußpsalm gestaltet, daß an seiner ursprünglichen Zugehörigkeit zu Neh 8 und der Einheitlichkeit des Kapitels festgehalten werden muß. Lediglich die Differenzen in den Levitennamen zwischen 9 4 und 9 5 könnten auf eine spätere Ausweitung in 9 5 hin-

---

tages und des Laubhüttenfestes, für die die Bußstimmung nicht am Platze war, glaubte absolvieren lassen zu müssen, um dann freilich alsbald die nur zurückgehaltene Buße stattfinden zu lassen« (NOTH, ÜSt., S. 148f.). Die »Wellenlinie der Stimmungen« (RUDOLPH, S. 153f.) hat also ihren Grund im Festkalender. »Chr hat also durch 8 9-12 das Auftreten der Bußstimmung in 9 1ff. schon vorbereitet und also den Zusammenhang von Kap. 8 und 9 von vornherein im Auge gehabt« (NOTH, ÜSt., S. 149 Anm. 1). — Man sollte bei diesen ätiologischen Stoffen nicht allzusehr von der Psychologie ausgehen.

[157] RUDOLPH, S. 157.
[158] Vgl. BALTZER, Das Bundesformular, ²1964, S. 54.

weisen. Wie Neh 8 wird auch Neh 9 sich an eine gottesdienstliche Handlung[159] aus der Zeit des Verfassers anlehnen und zwar an das Formular der Bundeserneuerung[160]. Der gute Anschluß an Neh 8, die Parallelität von 9 1-5 aα in Aufriß und Topik zu 8 1-8 in Art einer Wiederaufnahme und die Einführung der Leviten als Träger des Kultgesanges in 9 4f.[161] lassen auch für Neh 9 an den Chron als Verfasser denken[162]. Ein Sprachbeweis ist wegen der geringen literarischen Eigenständigkeit des Kapitels nicht durchführbar. Immerhin erinnert 9 2 זֶרַע יִשְׂרָאֵל an die chron Stelle[163] Esr 9 2 (זֶרַע הַקֹּדֶשׁ). Das Nebeneinander der Leviten als Gesetzeslehrer (Neh 8) und Sänger (Neh 9) entspricht der chron Auffassung vom Levitenstand[164], wie auch das Bußgebet an einem Knotenpunkt der »Kirchengeschichte Jerusalems« seine Kompositionstechnik verrät[165]. Anhaltspunkte für die Datierung der letzten Traditionsstufe des Bußpsalms lassen ebenfalls an die Zeit des Chron[166] denken.

So sind das dtr Geschichtswerk[167] und der abgeschlossene Pentateuch[168] als Quellen vorauszusetzen. Das Gebet spricht 9 36f. von tyrannischen Königen, unter deren Auflagen die Gemeinde als deren Knechte große Not leidet. Solche Klagetöne

---

[159] Vgl. RUDOLPH, S. 157: »bereits formulierter« Text, zumal der Chron es vermeidet, von der Mosezeit zu sprechen. MOWINCKEL, Studien I, S. 58 f.: liturgische Vorlage, »jerusalemisch nachexilische Bußfeierliturgie«.

[160] AHLEMANN, ZAW 59 (1942/43), S. 79, denkt an eine gekürzte Darstellung eines ganzen Bußgottesdienstes.

[161] Esr 3 10 I Chr 16 4. 41 II Chr 8 14 20 19 23 18 29 25. Vgl. dazu v. RAD, Das Geschichtsbild des chronistischen Werkes, 1930, S. 98 ff.; RUDOLPH, S. 156; Chronikbücher, S. XVI.

[162] So besonders NOTH, ÜSt., S. 148 f.; auch RUDOLPH, S. 155—157 für 9 4ff.; REHM, Nehemias 9, BZ NF 1 (1957), S. 59—69 für 9 6ff. (S. 69). Nachchron Verfasserschaft vertreten vor allem MOWINCKEL, bspw. Studien I, S. 56, und HÖLSCHER, S. 544.

[163] Dazu s. u. S. 65 f.

[164] Vgl. dazu RUDOLPH, Chronikbücher, S. XXII.

[165] Vgl. PLÖGER, Dehnfestschrift, S. 43. 45 f.

[166] WELCH, The Source of Nehemiah IX, ZAW 47 (1929), S. 130—137, sieht im Bußpsalm analog zu Psalm 80 »a litany written for the worship of Northern Israel on the occasion of a day of fasting, confession and prayer« (S. 136) nach dem Untergang des Nordreichs. WELCHS gründliche Analyse überzeugt mich in einigen Punkten. Allerdings sieht er keine überlieferungsgeschichtlichen Wachstumsperioden des Psalms. Die Betonung des Gesetzes, die Hervorhebung des Sabbatgebots (9 14) und die Abhängigkeit von Pentateuch und dtr Geschichtswerk lassen eher an eine Spätdatierung denken. Ich möchte WELCHS These dahingehend modifizieren, daß der Ursprung und die Überlieferung dieses Klageliedes in Kreisen gesucht werden muß, die das theologische Erbe des Nordreichs in besonderer Weise bewahrten; dazu vgl. u. S. 36 Anm. 172.

[167] Vgl. 9 26-28 mit der dtr Darstellung der Richterzeit (bes. Jdc 2 6—3 6).

[168] Vgl. bspw. RUDOLPH, S. 157—163; auch WELCH a. a. O. S. 132—134.

passen nicht in die erste Hälfte der Perserzeit[169], sondern eher in die zweite Hälfte des 4. Jh. und in die frühe Griechenzeit[170].

Wie bei Neh 8 kann auch bei Neh 9 von der Aufnahme einer Esraquelle keine Rede sein[171]. Ein Bußpsalm bzw. das Formular einer Bundeserneuerung seiner Zeit sind die Traditionen[172], an die der Chron sich anlehnt[173].

---

[169] Vgl. Esr 9 9.

[170] Vgl. BATTEN, S. 365. 371; SCHNEIDER, S. 218.

[171] In der bisherigen Forschung wurde gerne der Grundbestand von Neh 9 dem Text Esr 7—10 unter Annahme einer Esraquelle oder eines chron Esraberichts Esr 7—10 Neh 8—10 literarisch eingeordnet; dazu s. u. S. 56 Anm. 271. Schon eine Reihe von inhaltlichen Argumenten spricht gegen diese Einordnung, besonders gegen den Anschluß an Esr 10. Zwischen Esr 10 und Neh 9 besteht inhaltlich ein Bruch: beide Kapitel beziehen sich nicht auf das gleiche Ereignis. In Neh 9 2 werden Nicht-Israeliten aus der Gemeinde ausgeschieden, um die reine Gemeinde, den »Samen Israels«, zu erstellen, während Esr 9 f. nur von der Auflösung der Mischehen redet. Auch die Datierung beider Komplexe läßt sich nicht kombinieren. Neh 9 1 »am 24. des Monats« paßt schlecht zu Esr 10 17 mit dem 1. 1. Wie ist die Zwischenzeit von drei Wochen bei einem ursprünglichen Anschluß an Esr 10 zu erklären (vgl. AHLEMANN, ZAW 59, 1942/43, S. 89)? Esr 10 17. 44b setzt den Abschluß der Mischehenaktion voraus (so auch MOWINCKEL, Studien I, S. 54); eine Fortsetzung ist nicht zu erwarten. Auch auf die Gesamtkomposition der Esra-Nehemiageschichte (s. o. S. 31f.) ist noch einmal hinzuweisen. Bei einer Zugehörigkeit von Neh 9f. zur sog. Esraquelle würden zwei inhaltlich sehr ähnliche Abschnitte mit zwei Gebeten dicht aufeinanderfolgen. AHLEMANN, RUDOLPH entgehen diesem Argument, da sie das Gebet in Neh 9 für sekundär halten und es dem für die Umstellungen verantwortlichen Redaktor zuschreiben. Abzulehnen ist auch der Weg HALLERS, S. 175, der die Häufung der Gebete aus dem »priesterlichen Gedankenkreis Esras« und der »religiösen Natur seines Auftrags« erklärt.

[172] WELCH, ZAW 47 (1929), S. 130—137, läßt in seiner Analyse von Neh 9 unter der Frage nach dem Ursprung sehr schön die geistige Heimat des Klageliedes erkennen. Er stellt mit Recht die starke Annäherung an die Quellen Dtn und E fest. Er weist ferner auf die Betonung des Prophetenmordes (9 26) als eine der großen Sünden der Nation hin. Nach 9 34 sind allein die Propheten von den Personen der Führungsschicht ausgenommen, die sonst das Gesetz verwarf. Priester und Prophet stehen hier in einem gewissen Spannungsverhältnis. WELCH denkt an das Nordreich als Heimat von Neh 9. Er wird darin bestärkt durch das Fehlen einer Erwähnung des Exils und der Rückkehr. 9 31 rechnet mit einem Fortleben im Lande nach der Katastrophe. Auch die Datierung der Katastrophe seit den Tagen der Assyrer (9 32) weist nach WELCH auf Traditionen des Nordreichs. WELCH betont weiter mit Recht die Unterschiede zwischen den Gebeten Esr 9 und 10 und die Nähe von Neh 9 zum »nordisraelitischen« Ps 80. Zu ergänzen wäre noch die stark dtr Färbung. — Ich halte es für wahrscheinlich, daß der Grundbestand von Neh 9 seinen Ursprung in der dt Bewegung hat. Beachtet man, daß nach Umleitung des dt Stromes nach Juda die Tradenten des dt Gutes die Leviten waren, wobei die dtr Bewegung diese Traditionen weiterleitete, so erstaunt der

Es erhebt sich bei dieser Bestimmung noch die Frage, warum in Neh 9 nicht die Gestalt Esras erscheint. Bei einer ursprünglichen Zusammengehörigkeit von Neh 8 und 9 läßt sie sich beantworten: Auf den Gesetzesvortrag durch den Priester Esra (8 1-8) folgt im Ablauf der Bundeserneuerung die Buße des Volkes. Davon berichtet nun Neh 9, wenn man sich klarmacht, daß die Leviten hier als die beamteten Träger des gottesdienstlichen Gesanges das Bußgebet des Volkes vor Jahwe bringen.

Neh 10

Neh 10 enthält mit וּבְכָל־זֹאת in der Form der 1. pers. pl. an Neh 9 anschließend eine Verpflichtungsurkunde des Volkes zur Einhaltung des in Neh 8 verlesenen Gesetzes und bildet die lückenlose, direkte Fortsetzung[174] zum Bußgebet. Schon das Fehlen einer neuen Datierung zeigt diesen Zusammenhang an. Ebenso erfordert nach dem »Bundesformular«[175] die in Neh (8+)9 sich abzeichnende Bundeserneuerung als Fortsetzung eine Bundesschlußurkunde. Nehemia erscheint nur als vornehmstes Mitglied der Kultgemeinde (10 2). Eine sachliche und literarische Verbindung mit der letzten Stelle der NQ besteht nicht. In der Nehemiageschichte wäre das Dokument auch eher hinter Neh 13

chron Kontext 9 1-5, der auch von Leviten spricht, nicht. M. E. sind die Leviten die Träger der prophetischen und dtr Überlieferung in nachexilischer Zeit gewesen; vgl. v. RAD, Die levitische Predigt in den Büchern der Chronik, Festschrift Procksch, 1934, S. 113—124 = Ges. Stud., 1958, S. 248—261. Der Chron greift hier wohl aus dem liturgischen Schatz seiner Zeit eine »levitische Litanei« auf, deren Kernbestand vielleicht nach dem Untergang Judas unter den im Lande Zurückgebliebenen (9 31) entstanden ist.

[173] SELLIN, Gesch. II, S. 140. 159 f. 162 f., rechnet mit einer vorchron Sonderquelle 9 1-4 13 1-3 10. 9 1f. habe dabei die Funktion einer Überschrift über das folgende Protokoll von der Absonderung der Fremdstämmigen und der Generalbeichte. — Mit Recht weist RUDOLPH, S. 155, darauf hin, daß bei dieser Funktion von 9 1f. die beiden Sätze in 9 2 umgestellt werden müßten, da die Generalbeichte (Neh 9+10) vor der Absonderung von den Völkern (13 1-3) berichtet wird. Zu erwähnen ist auch in diesem Zusammenhang noch einmal REHM, BZ NF 1 (1957), S. 59—69, der wegen der Parallelität von 9 2 zu 13 1-3 und der Gleichheit mancher Levitennamen von 9 4f. mit Nehemias Umgebung nach Neh 10 10-14 den Text 9 1-5 wie Neh 10 historisch Nehemia zuordnet. — REHMs Versuch kann ich nicht zustimmen, da er unter Außerachtlassung des Forschungsstandes unkritisch die historische Echtheit von Neh 9 10 13 1-3 voraussetzen möchte und mir seine statistische Auswertung der Levitennamen (S. 64f.) methodisch sehr fragwürdig erscheint.

[174] HÖLSCHER, S. 544; NOTH, ÜSt., S. 130; RUDOLPH, S. 172f.; BALTZER, Das Bundesformular, ²1964, S. 51f. Einen Bruch zwischen Neh 9 und 10 behaupten dagegen: bspw. MEYER, Entst., S. 135; SIEGFRIED, S. 112; BERTHOLET, S. 75; MOWINCKEL, Studien I, S. 55; KITTEL, Gesch. III, S. 644; SCHAEDER, Esra, S. 8.

[175] Vgl. BALTZER a. a. O. S. 51—55.

zu erwarten; es paßt jedoch kaum zu ihrer Tendenz und ihrem literarischen Charakter. Allerdings ist ein sachlicher Zusammenhang zwischen 10 31ff. und 13 4ff. nicht von der Hand zu weisen, so daß man
immer wieder versucht hat, Neh 10 als echtes Dokument der Esra-[176]
oder Nehemiazeit zu verstehen, das dann entweder von Nehemia
selbst[177] oder von späterer Hand[178] dem Schluß der Denkschrift angefügt und vom Endredaktor des Buches an die jetzige Stelle gesetzt
worden sein muß. Diese Thesen überzeugen nicht, da 13 31 als sach-
gemäßer Schluß der Apologie keine Fortsetzung erwarten läßt. Es
entstehen die Fragen nach der Echtheit des Dokumentes, seiner ursprünglichen Stellung und dem möglichen Grund zum Einbau im
jetzigen Zusammenhang. Da auf Grund der starken Bezugnahme von
13 4ff. auf 10 31ff. alle diese Fragen für die literarkritische Analyse von
Neh 13 gelöst sein müssen, bedürfen sie schon hier einer Erörterung.

In Neh 10 wird eine Namenliste 10 2-28 durch die Rahmenverse
10 1 und 10 29 eingeschlossen, die eng mit den Verpflichtungen 10 30-40
zusammengehören. Die Teile 10 2-28 und 10 1. 29-40 können nicht von
einer Hand konzipiert worden sein. Vielmehr verrät die Namenliste
deutlich bei einem Vergleich mit dem Kontext ihren sekundären Charakter[179]. So entspricht die Rangfolge der Unterzeichner in 10 2-28
(2 politische Spitze; 3-9 Priesterschaft mit dem hohenpriesterlichen
Geschlecht an der Spitze; 10-14 Leviten; 15-28 Laienvertreter) nicht
der in 10 1 angegebenen Reihenfolge (Laienvertreter—Leviten—Priester). Zwischen 10 1 und 10 29 besteht ein Sinn- und Sachzusammenhang,
der durch die Namenliste unterbrochen wird; die beiden ersten Wörter
von 10 29 und der Vers 10 30 setzen 10 1 fort: (10 1) »Und in Anbetracht
dieser Umstände treffen wir eine verpflichtende Abmachung und
legen sie schriftlich nieder, wobei auf der gesiegelten Urkunde unsere
Oberen, Leviten und Priester (unterzeichnet haben), (10 29) während
der Rest des Volkes ... (10 30) sich anschließt«. וְעַל הַחֲתוּמִים in 10 2
wiederholt 10 1 »mit dem üblichen Ungeschick der Interpolatoren«
(HÖLSCHER)[180]. Das gleiche Verfahren der Stichwortaufnahme bei
Interpolationen zeigte sich schon in 7 5. Weist dieser Tatbestand ebenfalls auf den nachchron Ergänzer hin? In Verbindung mit der Interpolation von 10 2-28 muß auch 10 29 gesehen werden. Setzt 10 1 voraus,
daß die Gesamtheit der Vornehmen, Leviten und Priester unterzeich-
nen, während nach 10 30 sich die Laien nur eidlich zu den Abmachungen verpflichten, so korrigiert 10 29 diesen Tatbestand, indem der Vers

---

[176] JEPSEN, Nehemia 10, ZAW 66 (1954), S. 87—106.

[177] BERTHOLET, S. 76; HALLER, S. 193; SCHAEDER, Esra, S. 8.

[178] Vgl. KITTEL, Gesch. III, S. 644; RUDOLPH, S. 173; GALLING, S. 242; s. auch o.
S. 37 Anm. 173.

[179] S. die Komm. und Monographien z. St.

[180] HÖLSCHER, S. 544.

die Unterzeichner von 10 1 zu einem repräsentativen Querschnitt aller Volksgruppen macht, dem sich die Majorität mit einem Eid anschließt. In der Aufführung der Gruppen fällt die Reihenfolge Priester—Leviten auf, die sich mit 10 1 stößt, aber mit 10 2-28 übereinstimmt. Die Unterscheidung der Torhüter und Sänger (חַשּׁוֹעֲרִים הַמְשֹׁרְרִים) von den Leviten und die genauen Differenzierungen in der Abstufung des Klerus bis hin zu den Tempelsklaven[181] verraten den nachchron Interpolator.

In der eigentlichen Verpflichtungsurkunde 10 31ff. ist die ursprüngliche Zugehörigkeit von 10 38b-40a umstritten[182]. Die Verse werden gerne eliminiert als Versuch, mit einer späteren Praxis, bei der die Leviten einsammeln, was vorher das Volk abliefern mußte, auszugleichen. Einen inhaltlichen Widerspruch zum Kontext kann ich jedoch nicht feststellen. In 10 38aα ist die Rede von den Bestgaben für die Priester, die nach Jerusalem gebracht werden, in 10 38aβ bf. aber vom Levitenzehnten, den die Leviten selbst einsammeln. Beide Abgabearten sind zu unterscheiden. Lediglich die Angabe 10 40a fügt sich nicht in den Kontext ein. Sie fällt stilistisch in der Form der 3. pers. aus dem Zusammenhang der Verpflichtungsurkunde heraus und macht den Eindruck einer erläuternden Glosse. Die Klassifizierung des Klerus und Unterscheidung der Torhüter und Sänger weist wie bei 10 29 auf den nachchron Interpolator hin.

Nach dieser Analyse zerfällt Neh 10 literarisch in zwei Überlieferungsschichten: Die älteste Schicht umfaßt die Teile 10 1. 29aα (וּשְׁאָר הָעָם) 30-39. 40b und schließt gut an Neh 9 an. In diesen Grundtext wurde später 10 2-28. 29aβb (ab הַכֹּהֲנִים) 40a von einer anderen Hand interpoliert. Der sachliche Zusammenhang zwischen Neh 10 im Grundbestand und Neh 13 4ff. darf nun nicht übersehen werden. Mit וַאֲשֶׁר werden in 10 31 an die allgemeine Verpflichtung zum Gesetzesgehorsam Detailbestimmungen angeknüpft, die unter anderem auffallenderweise die in 13 4ff. geschilderten Mißstände fast alle betreffen. So entsprechen sich

10 31	13 23-30a	Mischehen
10 32a	13 15-22	Sabbatheiligung
10 35	13 31	Lieferung von Altarfeuerholz
10 36f.	13 31	Erstlingsgaben
10 38aβbf.	13 10-14	Levitenzehnten
10 40b	13 11	Vernachlässigung des Gotteshauses.

---

[181] Vgl. 7 1. 72.

[182] Sekundär nach BERTHOLET, S. 80: 10 40a. 38b. 39 (10 38b. 39 dabei von zweiter Hand); JAHN, S. 144f.: 10 37b. 38b. 40; MOWINCKEL, Esra, S. 159: 10 40a; HÖLSCHER, S. 550 Anm. e, S. 551 Anm. a: 10 37b. 38b-40a; WELCH, ZAW 48 (1930), S. 185: 10 38b.39abα; NOTH, ÜSt., S. 129; RUDOLPH, S. 178 Note b zu 38, und GALLING, S. 241: 10 38b-40a.

Lediglich der Fall der priesterlichen Dienstordnungen von 13 30b erscheint in der Verpflichtungsurkunde nicht. Bei 10 35 und 13 31, 10 40b und 13 11 bestehen sogar wörtliche Anspielungen[183]. Darüber hinaus enthält Neh 10 folgende weiteren Abmachungen:

10 32a	Verbot des Handeltreibens mit Fremden für alle Festtage
10 32b	Sabbat- und Erlaßjahr
10 33f.	Tempelsteuer
10 38aα	Bestgaben.

Mit diesen Sonderbestimmungen spiegelt die Urkunde das Stadium der Kultgemeinde wider, die die Situation von Neh 13 weit hinter sich gelassen hat. Die Akzente von Neh 13 liegen auf der Sabbatheiligung und dem Problem der Mischehen, während die Ordnungen des Kultes und Tempeldienstes nur am Rande erscheinen. Der Urkunde Neh 10 aber liegt vor allem an der Durchführung eines geordneten Kultbetriebes. Dem Hauptabschnitt 10 33-40 geht ein kleiner Abschnitt voran (10 31f.), der das Verhältnis der Israeliten zu den Fremden regelt. Das Problem der Mischehe wird hier nur kurz gestreift, ist also nicht mehr akut. Die Probleme von Neh 13 liegen bei der Reinerhaltung des Heiligtums und der Durchführung der Sabbatruhe, nicht aber bei der Frage der Handelsgemeinschaft mit Fremden an sich. Die Bestimmungen über das Sabbat- und Erlaßjahr in 10 32b können nicht mit 5 1-13 zusammengebracht werden, da es sich dort um einen einmaligen, außerordentlichen Akt handelt. Im Vergleich mit Dtn 15 3 könnte man diese Bestimmung sachlich in die Regelung des Verhältnisses zu den Fremden hineinnehmen[184]; die Glieder der wahren Jahwegemeinde unterscheiden sich eben von den Fremden durch Einhaltung des Brach- und Erlaßjahres. Das erste historische Zeugnis für die Durchführung des Sabbatjahres liegt in I Macc 6 49. 53 für das Jahr 164/163 v. Chr. vor[185]. Es ist mir fraglich, ob in der Nehemiazeit diese Einrichtung schon als Brauch bestand. Das gleiche gilt für die Tempelsteuer von 10 33, die als regelmäßige Abgabe in Ex 30 11-16 38 25-28[186] und II Chr 24 6-9 34 9 erwähnt wird. Die Einsammlung der Levitenzehnten in 10 39 durch die Leviten im Lande stößt sich mit der Praxis von 13 10-14, nach der der Zehnte noch vom Volk nach Jerusalem gebracht wird (13 12). Auch hier müssen spätere Verhältnisse vorausgesetzt werden[187].

---

[183] Hölscher, S. 545 f.
[184] Galling, S. 242.
[185] Vgl. Jeremias, ZNW 27 (1928), S. 99.
[186] Noth, Das zweite Buch Mose, ATD 5, ²1961, S. 193.
[187] Vgl. II Chr 24 6 34 9.

Ich halte die Grundschicht von Neh 10 nicht für eine echte Urkunde der Nehemiazeit. Sie ist entweder eine literarische Fiktion oder eine echte Urkunde späterer Zeit[188]. Die sachliche und literarische Anlehnung an Neh 13 weist mindestens auf die Umbildung einer echten Urkunde hin[189]. Die Umgestaltung eines amtlichen Dokumentes und die Legitimierung späterer Verhältnisse entsprechen durchaus der Arbeitsweise und dem Anliegen des Chron[190]. An ihn lassen auch der Zusammenhang mit Neh 8 und 9, die Datierung der sich spiegelnden Verhältnisse und Wortschatz und Topik[191] denken. Besonders die Verse 10 30. 34 tragen chron Gepräge[192]. Neh 10 ist für die Nehemiazeit eine Konstruktion des Chron in Anlehnung an Neh 13 4ff. und ein Bundeserneuerungsformular seiner Zeit. Die zweite literarische Schicht von Neh 10 muß dem nachchron Ergänzer zugeschrieben werden, der auch die Liste 7 6ff. interpolierte. Sein Stichwort הַתִּרְשָׁתָא aus 7 69 und 8 9 für Nehemia taucht 10 2 wieder auf.

3. Neh 11 1—13 3

Neh 11

Neh 11 enthält einen Bericht über die Neubesiedlung Jerusalems durch einen Synoikismos, in den Bevölkerungslisten eingearbeitet sind (11 3-19. 21-24. 25 b-35). Ein erster Überblick zeigt schon, daß das Kapitel nicht auf eine Hand zurückgeht. Vielmehr weisen inhaltliche Spannungen zwischen Rahmen und Listen auf einen Wachstumsprozeß des Textes hin. 11 25 a ist nicht von Haus aus Überschrift der Ortschaftenliste 11 25 b-35. Der Vers scheint verstümmelt zu sein[193]. Die Bedeutung von אֶל »was betrifft« zur Einleitung einer Überschrift ist nicht zu sichern; אֶל gibt vielmehr die Richtung einer Bewegung an.

---

[188] Zur Frühdatierung (598/587) Welchs, ZAW 48 (1930), S. 175—187, vgl. Rudolph, S. 180f.

[189] Vgl. Baltzer a. a. O. S. 55 Anm. 3.

[190] Zum ersteren vgl. Esr 1 2-4.

[191] Zur Vorordnung der Leviten vor die Priester in 10 1 vgl. Rudolph, Chronikbücher, S. XVf. XXII. An Begriffen vgl.:
10 30 »das Gesetz durch Mose« mit Neh 8 14 II Chr 33 8 34 14 35 6;
10 31f. עַמֵּי הָאָרֶץ mit Esr 4 4 9 1f. 11 10 2. 11;
10 33 לַעֲבֹדַת בֵּית אֱלֹהֵינוּ mit I Chr 9 32 28 13. 20 II Chr 31 21;
10 34 Schaubrot als לֶחֶם הַמַּעֲרֶכֶת mit II Chr 2 3 13 11 29 18;
10 34 תָּמִיד mit II Chr 2 3;
10 34 Opfer an Sabbaten, Neumonden und Festen mit II Chr 2 3 8 13 31 3;
10 34 לְכַפֵּר עַל־יִשְׂרָאֵל mit (I Chr 6 34) II Chr 29 24;
10 34 קֳדָשִׁים. mit II Chr 29 33 35 13.

[192] Vgl. Rudolph, S. 179, zu 10 34.

[193] Bertholet, S. 83; Rudolph, S. 188 Note a zu 25.

Die folgende Liste enthält Ortschaften, 11 25 a weist aber auf Gehöfte (וְאֶל־הַחֲצֵרִים בִּשְׂדֹתָם) hin[194]. 11 25 schließt vielmehr über 11 21-24 zurück an den Vers 11 20 an[195] und erläutert dessen letzte Angabe בְּנַחֲלָתוֹ. וּשְׁאָר יִשְׂרָאֵל in 11 20 erfordert einen Erzählungszusammenhang nach vorn, der mit 11 1f. über 11 3-19 hinweg gegeben ist[196]. In 11 1b findet sich auch der gleiche Begriff שְׁאָר. Vor allem aber ergibt sich die ursprüngliche Zuordnung von 11 20. 25 a zu 11 1f. durch den Sachzusammenhang. 11 1f. berichtet über eine Neubesiedlung Jerusalems, 11 20. 25 a über den Verbleib der übrigen Bevölkerung in den Landorten nach dem Auswahlverfahren. Die Zugehörigkeit des Rahmenverses 11 36 zu diesem Erzählungsfaden ist nicht sicher, aber doch wahrscheinlich[197].

Die Listen müssen als sekundär bestimmt werden[198]. Vom Erzählungszusammenhang des Kontextes her erscheint allein die Jerusalemer Bevölkerungsliste 11 4-19 (21-24) sinnvoll. Diese enthält jedoch nicht eine nach 11 1f. zu erwartende Aufteilung nach Oberen und Laienvolk, sondern die für die Perserzeit unhistorische Gruppierung nach den Stämmen Juda und Benjamin in der Rangfolge Laien (11 4-9) — Priester (11 10-14) — Leviten und Torwächter (11 15-19) — Tempelsklaven (11 21). Dieses Aufzählungsschema verweist deutlich auf 11 3 als die zugehörige Überschrift. Eine neue Überschrift nach 11 1f. erwartet man nun kaum. Verdächtig ist ferner der Begriffswechsel von שָׂרֵי־הָעָם 11 1 zu רָאשֵׁי הַמְּדִינָה 11 3 und von אֲחֻזָּה 11 3 zu נַחֲלָה 11 20. Auch bei der Ortsliste 11 25b-35 sieht man keinen ursprünglichen Zusammenhang mit dem Erzählungsfaden. Der syntaktische Bruch in 11 25 a weist auf einen Einschub hin. Vom Kontext her wären für die Landschaft eher Angaben von Zahlen und Familiennamen, nicht aber von Ortschaften zu erwarten, die zudem die nach Neh 3 erkennbaren Grenzen der Provinz Juda in der Nehemiazeit nach Norden und Süden hin überschreiten. Die Überschrift 11 3 setzt mit וּבְעָרֵי יְהוּדָה deutlich auch diese Liste voraus. 11 21-23(24) gibt sich als Nachtrag zu 11 15-19. Ein Redaktor vermißte wohl in der als Jerusalemer Bevölkerungsliste aufgefaßten Vorlage die Aufzählung der Tempelsklaven und ihrer Leiter, ferner zu 11 18 die Erwähnung des פָּקִיד der Leviten. Der Nachtrag hat ebenfalls mit וְהַנְּתִינִים seine Entsprechung in der Überschrift 11 3. Lediglich 11 24 ist in 11 3 nicht angedeutet. So bindet 11 3 verschiedenes Listenmaterial zusammen. Man kann 11 3-19. 21-23 (24).

---

[194] S. Anm. 193.

[195] So auch bspw. MOWINCKEL, Nehemia, S. 49f.; RUDOLPH, S. 186f. 188 Note a zu 25; DE FRAINE, S. 121; GELIN, S. 104 Anm. b.

[196] So auch MEYER, Entst., S. 185f.; KITTEL, Gesch. III, S. 399 Anm. 1; RUDOLPH, S. 187.

[197] Vgl. dazu RUDOLPH, S. 191.

[198] So die meisten Komm. und Monographien.

25b-35 als Interpolation im ursprünglichen Erzählungsfaden 11 1f. 20.
25a. 36 auffassen.

Von einer Zugehörigkeit der Grundschicht zur NQ kann nun nicht
die Rede sein; sprachliche, stilistische und sachliche Argumente
sprechen dagegen. Es fehlen die Form des Ich-Berichtes und jeder
Ansatz, den Synoikismos als Werk Nehemias zu feiern. Der Begriff
שְׁאָר (11 1. 20) an Stelle des nehemianischen יֶתֶר (2 16 4 8. 13 6 1. 14) und
die bei Nehemia ungebräuchliche Bezeichnung Jerusalems als עִיר הַקֹּדֶשׁ
(11 1) sind auffällig. Einen Anschluß an die letzte Stelle der NQ 7 5a
vermag ich nicht zu sehen[199], da 7 5 lediglich von einer Stammbaumkontrolle berichtet. Auch Sir 49 13[200] und Josephus Ant XI 181f.[201]
setzen weder 11 1f. noch einen Synoikismos voraus. Der Text 11 1f. 20.
25a. 36 gehört nicht zur NQ, sondern ist als Fortsetzung von Neh 8—10
wie der Grundbestand dieser Kapitel dem Chron zuzuschreiben.
Darauf weisen auch vielleicht das Auswahlverfahren durch das Los,
das der Chron 10 35 ebenfalls kennt, und der Begriff שְׁאָר hin[202]. Zur
chron Verfasserschaft paßt ferner die Notiz 11 36 über die Wohnorte
der Leviten mit dem Terminus מַחְלְקוֹת[203] und der unhistorischen Aufteilung der Bevölkerung nach Juda und Benjamin[204].

Das eingeschobene Material muß dem schon mehrfach ermittelten
listenfreudigen Ergänzer zugesprochen werden. 11 21a stimmt mit der
nachchron Glosse 3 26a überein. Der Ergänzer verrät sich durch die
ungeschickte Art seines Einschubes in 11 21-24, durch die Betonung
des levitischen Lobgesanges (11 22f.), die Erwähnung der Tempelhörigen in 11 21 und durch die Einteilungskategorien in 11 3, die, wie
der Überhang וּבְנֵי עַבְדֵי שְׁלֹמֹה deutlich zeigt, der Liste 7 6-72 (7 60) entnommen sind. Der Anklang von 11 3a an 7 5 und 11 3b an 7 72 läßt
vermuten, daß der Interpolator der bedeutenden Liste nachexilischer
Zeit seinen Rahmen entnommen hat[205], um das Listenmaterial zu-
sammenzuhalten. Der chron Grundbestand mag von ihm mit überarbeitet worden sein. So wird der Begriff עִיר הַקֹּדֶשׁ, der in 11 18 vorkommt und in 11 1 als Apposition den Charakter einer erläuternden
Glosse hat, von ihm aus 11 18 in 11 1 eingeführt worden sein. Auch am
vorgefundenen Listenmaterial wird der Redaktor Eingriffe vorgenommen haben. So erfaßt 11 4a entweder als Überschrift der Jerusalemer
Liste nicht den Klerus (11 10-19) oder stellt als Überschrift zum Laien-

---

[199] So die meisten Komm. und Monographien.
[200] Dazu s. u. S. 114.
[201] Dazu s. u. S. 141f.
[202] Vgl. Esr 3 8 4 3. 7 Neh 10 29 I Chr 11 8 16 41 II Chr 9 29 24 14.
[203] Noch 28mal im chron Werk letzter Fassung neben 4maligem Vorkommen außer-
    halb des chron Werkes.
[204] Vgl. bspw. Esr 1 5 4 1 10 9.
[205] GALLING, S. 244.

teil dieser Liste eine Dublette zu 11 4bα. 7a dar. Auch die Apposition הַיֹּשְׁבִים בִּירוּשָׁלַם in 11 6 könnte erläuternder Nachtrag sein. In 11 10f. liegt offensichtlich bei ־יוֹיָרִיב יָכִין eine Störung des genealogischen Schemas vor. Besonders sind als Einschub verdächtig die Verse 11 16f., da bei den Laien und Priestern sonst die Sonderfunktionen jeweils am Ende (11 9. 14b) erwähnt werden, während sie hier ungeschickt dazwischengeschaltet sind. Auch die Betonung des levitischen Lobgesanges eignet dem nachchron levitenfreundlichen Ergänzer.

Neh 12 1-26

Der Abschnitt 12 1-26 enthält weiteres Listenmaterial, das weder zur NQ noch zum chron Werk gerechnet werden kann, denn für beide dürfte kein Anlaß bestanden haben, den Erzählungsverlauf durch detailliertes Listenmaterial zu unterbrechen[206], das nur mit 12 12-21 an die Nehemiazeit heranreicht, sonst aber von den Tagen Serubbabels (12 1-11) und der letzten Perserzeit (12 10f. 22) berichtet. Da 12 27 über 12 1-26 hinweg gut an den chron Faden in 11 36 anknüpft und zwischen 12 26 und 12 27 keine Verbindung besteht, kann man den Listenkomplex einer nachchron Hand zuschreiben[207]. Er wird durch die Abschlußnotiz 12 26 als eine Einheit zusammengefaßt. Der Tatbestand eines Listenkomplexes, seine Auskunft über den Klerikerbestand der nachexilischen Zeit und die besonderen Ausführungen zu den Sängern und Torhütern in 12 8f. 24f., die den Aufzählungsstil der Listen durchbrechen, lassen an den nachchron listenfreudigen Ergänzer von Neh 7 und 11 denken, der an der Klassifizierung des Klerus besonders interessiert zu sein scheint und hier nun verschiedenes Listenmaterial zusammenträgt und überarbeitet. Die Abgrenzung von Quellenwiedergabe und Überarbeitung kann an dieser Stelle noch nicht vorgenommen werden.

Neh 12 27-43

Im Mauerweihbericht taucht zum erstenmal seit 7 5 die Form des Ich-Berichtes wieder auf. Er schließt auch inhaltlich gut an 7 5a.bα an, so daß man ab 12 27 wieder mit der Aufnahme der NQ durch den Chron rechnen kann. Allerdings weisen einzelne Sätze in der Form der 3. pers. auf Interpolationen hin. So kann 12 27-30 in der Form des Er-Berichtes nicht zur NQ gerechnet werden, sondern hat zweifellos sekundären Charakter[208]. 12 27 knüpft mit dem Stichwort »Leviten« direkt an die letzte chron Stelle 11 36 an. Das vollständige Erscheinen der Leviten zur Einweihung der Mauern, ihre Funktion als Fest-

---

[206] So auch RUDOLPH, S. 191.
[207] Vgl. MOWINCKEL, Nehemia, S. 50f.; Studien I, S. 153; HÖLSCHER, S. 553; NOTH, ÜSt., S. 130; RUDOLPH, S. 191; GRANILD, S. 65—68; SCHNEIDER, S. 240.
[208] So fast alle Komm. und Monographien.

musiker[209], die liebevolle Aufzählung der Instrumententrias מְצִלְתַּיִם נְבָלִים כִּנֹּרוֹת[210], das Übergehen der Priester zugunsten der Leviten bei der Schilderung der Vorbereitung 12 27 und die Betonung der Festfreude[211] lassen für 12 27 an den Chron als Verfasser denken[212]. 12 28f. hingegen hat den Charakter einer Dublette und Korrektur zu 12 27. Der Teil steht unverbunden im Kontext 12 27. 30ff. Während sonst von den תּוֹדֹת die Rede ist (12 31. 38) oder die Leviten die Funktion der Festsänger ausüben (12 27. 35 bf.), wird 12 28f. und 12 42b die Gilde der מְשֹׁרְרִים erwähnt, die nach 12 28 als eine besondere Klasse von den Leviten zu unterscheiden sind[213]. Diese Differenzierung begegnete schon öfter und ist ein Hinweis auf den nachchron Interpolator, dem an der Abstufung der Klerikerklassen liegt.

Mit der Betonung der Lustration vor der Weihe[214] und der Gleichordnung von Priestern und Leviten verrät 12 30 wieder chron Kolorit[215]. 12 31 ist dagegen in der Ich-Form abgefaßt, und es bestehen keine Bedenken, diesen Vers der NQ zuzuordnen. Zu 12 31 gehört sachlich und stilistisch[216] auch 12 32. 12 38, in der Ich-Form gehalten, mit der Erwähnung des zweiten Dankchores und der zweiten Prozessionsgruppe bildet die Entsprechung zu beiden Versen. Zu 12 31f. gehört 12 37 und zu 12 38 wiederum 12 39 mit den übrigen Stationen des Umgangs. Auch der zusammenfassende Vers 12 40 ist in der Ich-Form abgefaßt. So kristallisiert sich aus der Komposition der Text 12 31f. 37-40 als Bestandteil der NQ heraus[217]. 12 33-36 dagegen hat chron Gepräge[218]. Trompetende Priester bei kultischen Begehungen und besonderen Einweihungsfesten, sowie die levitische Sängerschaft der Asafiten »mit den Musikinstrumenten des Gottesmannes David« (12 36)[219] sind typisch chron Elemente. In 12 36b verrät die Einführung Esras als סוֹפֵר und Leiter der musizierenden Priester- und Levitengruppe die Hand des Chron[220]. Durch diesen Einschub wird auch in

---

[209] Vgl. Esr 3 10 I Chr 16 4. 41f. II Chr 20 19 23 18 29 25ff. 30 21 34 12b.

[210] Zu מְצִלְתַּיִם vgl. Esr 3 10 I Chr 13 8 15 (16. 19.) 28 (16 5. 42) II Chr 5 12f. 29 25; die Trias noch nachchron I Chr 15 16.

[211] Vgl. Esr 3 12f. 6 22 Neh 8 12 I Chr 29 22 II Chr 15 14f. 20 26f. 23 21 29 36 30 21. 23. 25.

[212] So bspw. MEYER, Entst., S. 94; RUDOLPH, S. 195.

[213] So auch NOTH, ÜSt., S. 131 Anm. 4.

[214] Vgl. Esr 6 20 II Chr 29 16. 18 30 18f.

[215] So auch MEYER, Entst., S. 94; MOWINCKEL, Nehemia, S. 36; Studien II, S. 31; NOTH, ÜSt., S. 150. RUDOLPH, S. 197, denkt an einen chron überarbeiteten Text der NQ.   [216] Vgl. שָׂרֵי יְהוּדָה.

[217] Vgl. bspw. BATTEN, S. 281—83 (Fragmente); MOWINCKEL, Nehemia, S. 36; Studien II, S. 31; GRANILD, S. 68; RUDOLPH, S. 198; GALLING, S. 247f.

[218] BERTHOLET, S. 86; MEYER, Entst., S. 94; NOTH, ÜSt., S. 150; RUDOLPH, S. 198 (12 36b nachchron); GELIN, S. 111 Anm. a.

[219] Vgl. II Chr 29 26f.; auch Esr 3 10.

[220] Mit Nachdruck MEYER, Entst., S. 200.

die Darstellung der Mauerweihe die Polarität eingetragen, die das Nebeneinander von Neh 1—7 und 8—10 bestimmt. Mit der Einweihung erhält nicht nur das Aufbauwerk Nehemias, sondern auch die Begründung der Theokratie durch Esra den krönenden Abschluß. Auffälligerweise nimmt Esra in der ersten Gruppe seinen Platz nicht vor der gesamten Abteilung als Partner Nehemias ein, sondern er führt lediglich den Klerus an. Aber man »sollte eigentlich keinen Anstand nehmen zu glauben, daß es für ihn in den Augen des Chr ruhmreicher war, Priester und Sänger anzuführen als die Laienfürsten« (A. BERTHOLET)[221].

12 41. 42a sind als Entsprechung zu 12 33-36 ebenfalls chron[222]. Auf sekundäre Auffüllung weist auch das Abbrechen des Satzes 12 40b, dem das Prädikat fehlt. Auf den unverbunden im Kontext stehenden, sich auf 12 28f. beziehenden Vers 12 42b wurde schon hingewiesen. Als Leiter der Sänger fungiert beim Chron in 12 35b Sacharja. In 12 42b ist mit Jisrachja von der Gilde der מְשֹׁרְרִים die Rede. So muß der Versteil wie 12 28f. dem nachchron Interpolator zugesprochen werden[223]. 12 43 in der Er-Form geht im jetzigen Wortlaut auf den Chron zurück[224]; die Betonung der Schlachtopfer und des weitreichenden Freudenschalles hat ihre Parallelen in Esr 3 11-13 und 6 17. 22. Für die NQ, die in 12 40b abbricht, ist jedoch mit einer entsprechenden Notiz zu rechnen[225], die Josephus Ant XI 180 voraussetzt. Dem Chron lassen sich damit die Teile 12 27. 30. 33-36. 41-42a. 43 zusprechen. Er hat den Bericht Nehemias feierlich ausgestaltet. Auffällig sind die Parallelen nach Schema und Topik dazu in II Chr 7 (Salomos Tempelweihe), II Chr 29 (Hiskias Restauration), Esr 3 10-13 (Grundsteinlegung des zweiten Tempels) und Esr 6 16-22 (Weihe des zweiten Tempels und Passafeier). Durch solchen Parallelismus gibt der Chron der Mauerweihe ihren »heilsgeschichtlichen« Ort in der Geschichte Jerusalems.

Sein Bericht erfährt später in 12 28f. 42b eine Ausweitung durch die Hand des nachchron Interpolators, der die Sänger von den Leviten abhebt, zu Gunsten der nichtlevitischen Sängerschaft. Der Teil der NQ selbst (12 31f. 37-40) macht einen fragmentarischen Eindruck. Es fehlt am Anfang eine Zeit- und Situationsangabe, die in den ersten drei Worten von 12 27 וּבַחֲנֻכַּת חוֹמַת יְרוּשָׁלַם noch erhalten sein kann[226]. Es fehlen ferner die Fortsetzung von 12 40b und eine Abschlußnotiz nach Art von 12 43.

---

[221] BERTHOLET, S. 86.
[222] So auch MEYER, Entst., S. 94; NOTH, ÜSt., S. 150; RUDOLPH, S. 198.
[223] RUDOLPH, S. 199, sekundär (= chron).
[224] Bspw. MEYER, Entst., S. 94.
[225] MOWINCKEL, Studien II, S. 31; RUDOLPH, S. 198.
[226] NOTH, ÜSt., S. 131 Anm. 3; RUDOLPH, S. 196 Note a zu 27; MOWINCKEL, Studien II, S. 31. Nach GALLING, S. 247, gehört 12 27a ganz zur NQ.

Neh 12 44—13 3

Die sachliche Einheit besteht aus zwei Abschnitten 12 44-47 und
13 1-3, die jeweils durch die allgemeine Zeitangabe בַּיּוֹם הַהוּא eingeleitet
werden. Als Berichte in der Er-Form gehören sie nicht zur NQ. Die
Tendenz der Abschnitte geht nach 12 45 dahin, die »vorbildliche Haltung der Gemeinde unter Nehemia« (RUDOLPH)[227] aufzuzeigen. Sie
bilden eine Art Verbindungsstück, das einmal die Erfüllung wichtiger
Verpflichtungen der Bundeserneuerung von Neh 10 berichtet, zum
anderen aber schon auf die Mißstände der Zeit von 13 4ff. vorgreift
und so die chronologische Lücke zwischen der Mauerweihe und dem
Ende der Statthalterschaft Nehemias schließt. Die Reformmaßnahmen
Nehemias in 13 4ff. werden durch diesen Überblick in ihrer Bedeutung
abgeschwächt und so die Zustände in der Kultgemeinde nach 13 4ff.
als »partielle Verirrungen« gekennzeichnet[228]. Diese Tendenz spricht
schon für die chron Abfassung. Die »Freude Judas an den amtierenden
Priestern und Leviten« 12 44b klingt chron, wie auch die Begriffe עמד
zur Bezeichnung des kultischen Dienstes (12 44)[229], שמר מִשְׁמֶרֶת[230] und
מִשְׁמֶרֶת הַטָּהֳרָה (12 45)[231] auf den Chron hinweisen. Das gleiche gilt für
den Verweis auf die großen Kultbegründer und -ordner David und
Salomo 12 45b[232]. 12 44 entspricht dem chron Teil von 10 36-40; zu
12 44-47 im ganzen bietet II Chr 31 5ff. eine sachliche Parallele. Man
geht deshalb mit der Annahme der chron Verfasserschaft für den
Grundbestand von 12 44-47 wohl kaum fehl[233]. Allerdings hat der chron
Text Erweiterungen erfahren. So fallen in 12 45 die »Sänger und Torhüter« neben den Leviten als eigener Stand auf. Ihre Erwähnung ist
eine ungeschickte Glosse[234]. Von dieser hängt sachlich 12 46 ab, zumal
der Vers mit seiner Mitteilung historischer Tatbestände aus der
Davidzeit nicht in die Tendenz des Abschnittes paßt. Seine Nähe zu
11 23 und 12 24 läßt an den »eifersüchtigen Sachwalter der Sänger und
Torhüter«[235] denken. Diesem muß man ebenfalls den Vers 12 47 zuschreiben, der auf 12 44b zurückgreift und auch hinsichtlich der Abgaben für die Sänger und Torhüter die Vorbildlichkeit der Kultgemeinde betont. Mit der Angabe »in den Tagen Serubbabels und in
den Tagen Nehemias« erinnert 12 47 an die nachchron Rahmenstücke
12 1. 26.

---

[227] RUDOLPH, S. 201 (Überschrift).
[228] Vgl. GALLING, S. 250.
[229] Vgl. II Chr 7 6 29 26 30 16 35 10.
[230] Vgl. I Chr 12 30 (23 32) II Chr 13 11 23 6.
[231] Vgl. 12 30.   [232] Vgl. II Chr 8 14.
[233] So die meisten Komm. und Monographien.
[234] So auch bspw. HÖLSCHER, S. 558 Anm. b; NOTH, ÜSt., S. 131 Anm. 5; RUDOLPH,
    S. 200 Note a zu 45.
[235] RUDOLPH, S. 201.

Auch der Abschnitt 13 1-3 steht in einer deutlichen Korrespondenz zur Bundesschlußurkunde Neh 10 (10 31) und zu den Mißständen von 13 4ff. Auf dem Hintergrund von 13 1-3 erscheinen die Geschäfte des mischblütigen Ammoniters[236] Tobia im Tempel (13 4-9), die Mischehen in Juda (13 23-29) und die Heirat eines Mitgliedes des Hohenpriesterhauses mit der Tochter des Moabiters[237] Sanballat (13 28) als Ausnahmefälle. Diese Tendenz weist neben der Einleitungsnotiz בַּיּוֹם הַהוּא auf die Hand von 12 44-47, d. h. auf den Chron als Verfasser, hin[238]. Wenn es dabei an typisch chron Begriffen und Wendungen fehlt, so ist zu berücksichtigen, daß der größte Teil des Textes (13 1f.) aus einem Zitat nach Dtn 23 4-6 besteht. Jedoch liegen auch Anklänge an den chron Text 8 1b. 3. 9b. 14a vor[239].

4. Neh 13 4—13 31

Der inhaltlich und formal geschlossene Abschnitt weist durchgängig die Hauptmerkmale der NQ auf: Er ist in der Form des Ich-Berichtes mit der זָכְרָה-Formel am Ende eines jeden Abschnittes gebildet. Der Grundbestand ist danach zur NQ zu rechnen.

Neh 13 4-9

Ob die ersten beiden Worte dieser kleinen Einheit וְלִפְנֵי מִזֶּה als chron Verknüpfung mit dem voraufgehenden Abschnitt anzusehen oder der NQ entnommen sind, läßt sich wohl kaum entscheiden. Sicherlich sekundär ist 13 5 aβb (ab וּמַעְשַׂר)[240]. Der Vers steht vielleicht schon mit der Folge דָּגָן תִּירוֹשׁ יִצְהָר, sicher aber mit der Differenzierung des Klerus in הַלְוִיִּם הַמְשֹׁרְרִים הַשֹּׁעֲרִים הַכֹּהֲנִים in direkter Beziehung zu den nachchron Stellen 10 40a und 12 47. 13 4-9 ist von der Tendenz her nicht direkt an einer genauen Aufzählung der kultischen Abgaben und des Klerus interessiert. 13 9b, ein Vers, der 13 5 wieder aufgreift, setzt auch nur 13 5aα voraus. H. SCHNEIDER[241] macht mit Recht darauf

---

236 Vgl. 2 10. 19; dazu s. u. S. 168.

237 Vgl. 2 10. 19; dazu s. u. S. 167.

238 So auch bspw. MEYER, Entst., S. 94; TORREY, Comp., S. 43f.; JAHN, S. 167; BATTEN, S. 286; RUDOLPH, S. 202; GELIN, S. 113 Anm. a. Nachchron bei MOWINCKEL, Nehemia, S. 54; Studien II, S. 34; HÖLSCHER, S. 557; NOTH, ÜSt., S.131; GALLING, S. 250 (chron**); SCHNEIDER, S. 36. KITTEL, Gesch. III, S. 637; JOHANNESEN, S. 200, und SELLIN (s. o. S. 37 Anm. 173) denken an eine authentische Quelle.

239 Zu 13 1aα vgl. 8 1b. 3a; zu 13 1aβ vgl. 8 3b; zu 13 1b vgl. 8 14a; zu 13 3a vgl. 8 9b; zu 13 3b vgl. 9 2.

240 Vgl. TORREY, Comp., S. 45; JAHN, S. 168; BATTEN, S. 288f.; MOWINCKEL, Nehemia, S. 59 Anm. 2 (13 5aβb); Studien II, S. 38; HÖLSCHER, S. 559 Anm. a (13 5b); NOTH, ÜSt., S. 150 (13 5aβb); RUDOLPH, S. 204f.; SCHNEIDER, S. 255.

241 SCHNEIDER, S. 255.

aufmerksam, daß alle 13 5 erwähnten Gegenstände unmöglich in einer Tempelzelle aufbewahrt werden konnten. Man muß ferner beachten, daß es sich 13 5 aα um Opfermaterialien (Opfermehl, Weihrauch) und die entsprechenden Aufbewahrungs- und Meßgefäße handelt, während 13 5 aβb von Abgaben zur Erhaltung des Kultpersonals spricht, die erst 13 12 behandelt werden. Es ist also von verschiedenen Ressorts die Rede, für die unmöglich nur ein Kultbeamter mit einer Tempelzelle zuständig sein konnte. Ich sehe in 13 5 aβb eine nachchron Glosse. Schwerer fällt die Entscheidung für den umstrittenen Teil 13 6. 7 a[242]. Die Bezeichnung des Artaxerxes als מֶלֶךְ־בָּבֶל fällt gegenüber dem sonstigen Sprachgebrauch Nehemias[243] (mit einem absoluten הַמֶּלֶךְ) auf. »Wie sollte Nehemia dazu kommen, dem Leser erst jetzt zu erklären, wer Artaxerxes war und wo er König war« (HÖLSCHER)[244]. Auch die Ortsangabe בָּבֶל im Munde des persischen Hofbeamten setzt den Leser in Erstaunen. Gegen dieses Argument kann nicht Esr 5 13 mit מַלְכָּא דִי בָבֶל ausgespielt werden, da dort die Regierungsjahre des Cyrus in Persien von denen im babylonischen Reich datumsmäßig unterschieden werden müssen; bei Artaxerxes I. wäre eine solche Unterscheidung aber unsinnig[245]. Der Verfasser von 13 6 erweckt den Eindruck, in zeitlichem Abstand von den Dingen über die historischen Verhältnisse nicht mehr genau orientiert zu sein. Die überaus wichtige Notiz über die Abwesenheit Nehemias steht dazu noch in Parenthese, so daß der Übergang von 13 5 aα zu 13 7a oder 13 7b recht glatt erscheint. Es fehlt jede Motivangabe für eine zweite Reise Nehemias nach Jerusalem oder für seine Unterbrechung der Statthalterschaft. Dies erstaunt im Vergleich mit der Ausführlichkeit der Darstellung von Neh 1 und 2 um so mehr. 5 14 erwähnt nichts von einer unterbrochenen oder zweiten Statthalterschaft, ja schließt sie durch die genaue Datierung aus. Nach 5 14 im Zusammenhang mit 13 6 zu urteilen, müßte Nehemia beim Geschehen von 13 6ff. als Privatmann eingegriffen haben. Das Ende der Statthalterschaft fällt nämlich auch ins 32. Jahr des Königs, so daß nach zweimaligem Zurücklegen des langen Weges

---

[242] Überarbeitet nach JAHN, S. 168 f.; BATTEN, S. 289. Sekundär nach TORREY, Comp., S. 45; WINCKLER, AOF II/III, 2 S. 484 f.; ERBT, OLZ 1909, Sp. 155; MOWINCKEL, Nehemia, S. 59 f. 62 f.; Rudolphfestschrift, S. 220 Anm. 23; Studien II, S. 35—37; HÖLSCHER, S. 559 Anm. b; SELLIN, Gesch. II, S. 158; NOTH, ÜSt., S. 150. Vgl. auch KITTEL, Gesch. III, S. 648 f. Die Echtheit der Stelle vertreten u. a. JOHANNESEN, S. 214 f. (mit Vorbehalt), und RUDOLPH, S. 203. GALLING, S. 251, ändert den Text, um ihn halten zu können.

[243] 1 11 2 1 5 14.

[244] HÖLSCHER, S. 559 Anm. b. — Nach RUDOLPH, S. 203, ist 13 4ff. erst später an das Werk angefügt worden, so daß Nehemia »hier die Feder frisch ansetzte«. Nach meiner Einsicht in die Struktur der NQ ist diese in einem Zuge geschrieben worden.

[245] So auch SCHNEIDER, S. 253.

Jerusalem — Susa im gleichen Jahr mit eingeschlossenem längeren Aufenthalt am Königshof (וּלְקֵץ יָמִים) für die Neh 13 4ff. berichteten Reformen im gleichen Jahr kaum noch Zeit bleibt. Die Durchführung der erwähnten Maßnahmen durch Nehemia als Privatmann aber ist unmöglich. Gehört das »vordem« von 13 4 zur NQ, dann setzt diese Zeitangabe den Mißbrauch der Tempelzelle mindestens vor das letzte Ereignis, d. h. vor den Tag der Mauerweihe[246], wahrscheinlich aber noch vor die Zeit von 2 1[247]. Diese Datierung sperrt sich gegen die Datierung und die Angaben von 13 6. Josephus kennt in Ant XI 181—183 keine zweite Statthalterschaft Nehemias. Ist schon 13 5aβb Glosse, so liegt es nahe, auch noch in 13 6 die Hand eines Redaktors zu vermuten. Hinzu mag ein historisches Argument kommen. Das Unternehmen des Eljaschib während einer Reise Nehemias zum Hof erscheint mir unmöglich. »Es ist ..... sehr unwahrscheinlich, daß Eljaschib eine kurze Abwesenheit des Statthalters ..... benutzte, wo er sich doch sagen mußte, daß Nehemia nach seiner Rückkehr sofort gegen seinen Uebergriff einschreiten würde« (HÖLSCHER)[248]. Die Zeitangabe »im 32. Jahr des Artaxerxes« kann aus 1 1 2 1 in Verbindung mit dem Grundtext von 5 14 erschlossen worden sein[249]. Diese Überlegungen zwingen, Teile von 13 6 als Glosse anzusehen. Da der Chron die historischen Verhältnisse noch genauer kennt und für den Perserkönig die Wendung מֶלֶךְ־פָּרַס[250] benutzt, ist an die Hand des nachchron Ergänzers, der ja schon in 13 5aβb eingegriffen hat, zu denken. Sein Motiv dürfte vor allem die Entschuldigung Nehemias für die Vorgänge von 134f. sein. Die Idee einer zeitweiligen Abwesenheit — möglicherweise zur Berichterstattung an den Königshof — als Anlaß für das Einreißen von Mißständen liegt nur allzu nahe[251].

Fraglich ist noch der Umfang der Glosse. 13 6a kann durchaus in der Quelle gestanden haben. Das gleiche gilt für 13 7a. Dazwischen ist die erläuternde Glosse mit dem begründenden כִּי in 13 6b eingeschoben worden. Sie umfaßt m. E. den Text כִּי בִּשְׁנַת שְׁלֹשִׁים וּשְׁתַּיִם לְאַרְתַּחְשַׁסְתְּא מֶלֶךְ־בָּבֶל בָּאתִי אֶל־הַמֶּלֶךְ וּלְקֵץ יָמִים נִשְׁאַלְתִּי מִן־הַמֶּלֶךְ. Der ursprüngliche Text hat dann gelautet: (13 5aα) »Und er hatte ihm eine große Zelle verschafft, in der man vorher das Opfermehl, den Weihrauch und die Geräte verwahrte( ). (13 6a) Bei alledem war ich (noch) nicht in Jerusa-

---

[246] Datierung 13 1 = 12 44 in zeitlicher Nähe zu 12 27.

[247] HÖLSCHER, S. 559 Anm. b; MOWINCKEL, Studien II, S. 35f.

[248] HÖLSCHER, S. 559 Anm. b.

[249] Vgl. TORREY, Comp., S. 45; MOWINCKEL, Nehemia, S. 62f.; HÖLSCHER, S. 559 Anm. b; NOTH, ÜSt., S. 150.

[250] Vgl. Esr 1 1f. 8 3 7 4 3. 5. 7. 24 6 14 7 1 9 9 II Chr 36 22f.

[251] Vgl. etwa den Zwischenbesuch des ägyptischen Satrapen Arscham am Königshof (Cowley 30, 4f. 30; DRIVER, Aramaic Documents, 1957, S. 9).

lem(). (13 7) Als ich aber nach Jerusalem kam, stellte ich die Frevel-
tat fest...«.

Der Satz »indem er ihm in den Vorhöfen des Gotteshauses eine
Zelle verschaffte« in 13 7 bβ ist nachträgliche Erläuterung[252]. Man kann
hierzu auf וְנִשְׁכָּה (12 44) an Stelle des nehemianischen לִשְׁכָּה (13 4. 8)
verweisen, aber dieses wortstatistische Argument genügt nicht. Nun
macht RUDOLPH[253] mit Recht darauf aufmerksam, daß 13 7 bα miß-
verständlich ist (»das Böse, das E. dem T. angetan hatte«) und so
einen erklärenden Zusatz benötigt. Für eine erläuternde Glosse spricht
hier auch die nähere Ortsangabe »in den Vorhöfen des Gotteshauses«,
die man schon bei 13 5 aα erwartet. Alles andere geht wohl auf die NQ
zurück.

Neh 13 10-14

Im Abschnitt über die Reorganisation des Levitenzehnten hinkt
13 10 bβ (»die Leviten und die Sänger, die den Dienst verrichteten«) in
der Konstruktion nach. Der Satz erläutert הַלְוִיִּם von 13 10 a durch die
schon bekannte Unterscheidung von Leviten und Sängern. Er muß
nach Stil und Konstruktion dem nachchron Interpolator als Glosse
zugeschrieben werden[254]. Der übrige Text geht auf die NQ zurück[255].

Neh 13 15-22

Die Einheit über die Durchsetzung der Sabbatheiligung zeigt bis
auf 13 22 a die Eigenarten der NQ[256]. 13 18 b kann auf keinen Fall mit

---

[252] TORREY, Comp., S. 45; MOWINCKEL, Nehemia, S. 86 Anm. 11; Studien II, S. 38
(13 7 bβ); HÖLSCHER, S. 559 Anm. c; RUDOLPH, S. 204 Note zu 7.

[253] RUDOLPH, S. 204 Note zu 7.

[254] So die meisten Komm. und Monographien.

[255] Trotz TORREY, Comp., S. 45f., und JAHN, S. 169—171, deren wortstatistische
Argumente ich für unzureichend halte.
HÖLSCHER, S. 560 Anm. a, hält »und Pedaja von den Leviten und neben ihnen
Chanan, den Sohn Sakkurs des Sohnes Mattanjas« für sekundär. Er verweist auf
die beigefügte Genealogie beim Namen Chanan, auf die Wendung »und neben
ihnen«, die wie die Namen Chanan, Sakkur und Mattanja bei Ergänzern sehr
beliebt seien. Die Wendung »und von den Leviten« sei im Stil des jüngeren Ergänzers der Chron gehalten; ferner falle die Reihenfolge Priester—Schreiber—Levit
auf. — Die meisten Argumente HÖLSCHERS halte ich für eine Petitio principii. Die
Aufführung der Genealogie bei Chanan erstaunt nicht. Es fällt auf, daß sie an der
Stelle der Amtsbezeichnungen der übrigen drei Personen steht, d. h. also so etwas
wie selbst eine Amtsbezeichnung ist. In Chanan kann man einen Vertreter des
Geschlechtsadels sehen, dem als Führungsschicht der Kultgemeinde ebenfalls Sitz
und Stimme im Verteilungsgremium zusteht.

[256] Es wird jedoch die Echtheit weiterer Stellen bestritten:
13 15: Nach HÖLSCHER, S. 560 Anm. b, und MOWINCKEL, Studien II, S. 39f., ist
der Text ab וְאַף־יַיִן sekundär. 13 15 rede nicht von Einfuhr und Verkauf in
Jerusalem, sondern nur von ländlicher Arbeit am Sabbat. Das »Einbringen« nach

Jerusalem sei Folge falscher Auffassung des »Einbringens« von Getreide. Der umstrittene Teil sei ungeschickt angeflickt. יוֹם הַשַּׁבָּת stehe im Gegensatz zu הַשַּׁבָּת im Kontext (13 15a. 19a. 21b). Der Gebrauch von הֵעִיד sei unnehemianisch, da Nehemia in solchen Situationen das stärkere הֵרִיב verwende. Der Satz »am Tage, da sie den Fischfang verkauften« sei unmöglich, da es sich nicht um einen einmaligen Verkauf am Sabbat handle. MOWINCKEL vermißt darüber hinaus die übliche wörtliche Rede Nehemias und ist über die Behaftung der Übeltäter selbst statt der nach 13 17 verantwortlichen Ratsherren erstaunt, so daß er Nehemias »Wiederherstellungsversuche von v. 15b für verfehlt« hält (S. 40). 13 17 greife direkt auf 13 15a (Feldarbeit am Sabbat) zurück, deshalb müsse auch 13 15bf. ursprünglich von ähnlichen Dingen geredet haben. — Ich kann mich dieser Kritik nicht anschließen. Es kommt Nehemia nicht auf die Landarbeit am Sabbat an, sondern auf die Entheiligung des Sabbats überhaupt, wie der Kontext zeigt. Die schlechte stilistische Anknüpfung spricht an dieser Stelle weder gegen noch für die Echtheit. Nimmt man den Wechsel שַׁבָּת und יוֹם הַשַּׁבָּת als literarkritisches Argument, so muß man auch 13 17b. 19b der NQ absprechen; so konsequenterweise auch HÖLSCHER, S. 560. Dazu besteht m. E. jedoch kein Grund. Der Wechsel scheint eher beabsichtigt zu sein. Wird der Sabbat als heiliger Tag neben den sechs Markttagen der Woche (13 15b. 17b. 19b; vgl. 13 22) besonders betont, so spricht Nehemia präziser von יוֹם הַשַּׁבָּת. Dies geht besonders aus 13 15b »und ich verwarnte sie wegen des Tages« hervor. עוֹד findet sich auch 13 21 und ist nicht schwächer als רִיב, sondern bezeichnet in gleicher Weise das Vorbringen von Belastungsmaterial in der gerichtlichen Auseinandersetzung; vgl. I Reg 21 10. 13. MOWINCKELS Argumente erscheinen mir sehr gesucht. Der Satz 13 15b ist zwar »geschraubt ausgedrückt« (RUDOLPH, S. 206 Note zu 15), aber im Zusammenhang doch sinnvoll: »und ich verwarnte sie wegen des Tages, an dem sie Lebensmittel verkaufen wollten« (vgl. bspw. v. HOONACKER, RB 1923, S. 491; SCHNEIDER, S. 258. צַיִד = Lebensmittel mit Jos 9 5. 14 Hi 38 41 trotz MOWINCKEL, Studien II, S. 40f.; vgl. auch RUDOLPH).

13 16: וּבִירוּשָׁלַ͏ִם (»und dies sogar in Jerusalem«; waw explicativum) ist keine Glosse; gegen HÖLSCHER, S. 560 Anm. c. — TORREY, Comp., S. 46, hält den Satz wegen der Wendung יְהוּדָה וּבִירוּשָׁלַ͏ִם für chron. Es liegt jedoch nicht die übliche Formulierung »Juda und Jerusalem« vor. — GALLING, S. 253, schreibt 13 16-18 Chron** zu, da ein anderer Aspekt als im Kontext (Ausländer in Jerusalem) vorliege, Nehemia weiter keinen Bezug auf die Tyrer nimmt und es in Jerusalem vermutlich erst nach 200 v. Chr. eine Tyrerkolonie gegeben hat (vgl. auch BATTEN, S. 295). M. E. liegt der Akzent in 13 16 nicht bei den Ausländern, sondern auf dem Mißbrauch des Sabbats, für den Nehemia in 13 17 die Aufsichtsorgane der Kultgemeinde verantwortlich macht. Der Text setzt zudem nicht in Jerusalem, sondern nur in der Provinz tyrische Handelsniederlassungen voraus, da בָּהּ in 13 16a sich auf יְהוּדָה in 13 15 bezieht (sonst ist מְבִיאִים kaum sinnvoll!). Tyrische Handelsniederlassungen in den Grenzgebieten Judas sind für die Perserzeit durchaus denkbar; vgl. KAHRSTEDT, Syrische Territorien, 1926, S. 37 ff.

13 18: וְעַל הָעִיר הַזֹּאת in 13 18a wird als überflüssiger und nachhinkender Zusatz am falschen Ort ausgeschieden von JAHN, S. 172; MOWINCKEL, Nehemia, S. 88 Anm. 1; Studien II, S. 41; HÖLSCHER, S. 560 Anm. e; RUDOLPH, S. 207 Note a zu 18. — Die Schlußstellung dieser Wendung weist wie in 13 16 וּבִירוּשָׁלָ͏ִם auf besondere Betonung hin und erscheint mir im Text sinnvoll.

Verweis auf den Begriff יִשְׂרָאֵל[257] der NQ abgesprochen werden; wie in
1 6 und 2 10 hat der Israel-Begriff theologische Relevanz in traditions-
geprägter Sprache. Die Rede 13 17f. bewegt sich im Stil und Schema
der deuteronomistischen und levitischen Paränesen[258]; Nehemia
spricht also hier wie in 1 5ff. nicht seine eigene Sprache. BATTEN
bezeichnet sie mit Recht als »conventional prophetic utterance«[259].
Allein 13 22a ist nicht ursprünglich, da die Leviten ihrer Funktion
nach an den Stadttoren nichts zu suchen haben[260]. Ihr Einsatz an
dieser Stelle weist auf die nachchron Glosse in 7 1 zurück. Die kultische
Reinigung vor Antritt des Wachdienstes erscheint im Kontext unsinnig und verrät die Hand des Klerikers, der der Sicherung des
Sabbats gottesdienstlichen Charakter verleiht. Nehemia zeigt sich an
solchen kultischen Einzelheiten sonst nicht interessiert. Es besteht
auch die Frage, welche Aufgabe die Leviten neben den Männern von
13 19 zu erfüllen haben, da von deren Entlassung nicht die Rede ist.

Neh 13 23-31

Der Abschnitt macht bis auf die Stelle 13 23f. einen einheitlichen
Eindruck. עַמֳּנִיּוֹת מוֹאֲבִיּוֹת in 13 23 und der Versteil 13 24b sind als
Glossen auszuscheiden[261], denn 13 24aβ setzt nur אַשְׁדּוֹדִית voraus, und
Moabiter tauchen *expressis verbis* als Feinde Nehemias sonst nicht
auf. 13 24b hinkt durch ungeschickte Stellung nach, wie auch die

---

Die Eliminierung von 13 18b wegen des unnehemianischen Israelbegriffs, wie sie
BATTEN, S. 296; MOWINCKEL, Nehemia, S. 88 Anm. 1; HÖLSCHER, S. 560 Anm. f,
vornehmen, ist abzuweisen; dazu s. o.
13 19b: MOWINCKEL, Nehemia, S. 88 Anm. 3; Studien II, S. 41; HÖLSCHER, S. 560
Anm. h, streichen in Anlehnung an WINCKLER die Stelle; »wenn die Türen zu-
geschlossen sind, brauchen sie keine besonderen Wachen mehr; die Händler dach-
ten ja schwerlich daran, die Tore zu stürmen« (HÖLSCHER). — Es geht Nehemia
darum, das Einschmuggeln von draußen gekauften Waren während des notwendigen Personenverkehrs am Sabbat zu unterbinden.
[257] Vgl. o. Anm. 256 zu 13 18b.
[258] Vgl. v. RAD, Ges. Stud., S. 252.
[259] BATTEN, S. 296.
[260] So die meisten Komm. und Monographien. Anders bspw. RUDOLPH, S. 207f.
RUDOLPHs Erklärung, daß Nehemia seine Leute nicht mit Sonntagsdienst belasten
will, ist mir zu modern gedacht; vgl. auch MOWINCKEL, Studien II, S. 41. —
RUDOLPH meint, daß die Abweichung vom Regelfall gerade für die Historizität
und Ursprünglichkeit des Verses spreche; dem Chron sei ein solcher Irrtum bezüg-
lich der Kompetenzen des niederen Klerus nicht zuzutrauen. In letzterem ist
RUDOLPH Recht zu geben. Der Vers ist sicher nicht chron, kann aber dem nachchron Bearbeiter zugeschrieben werden, der auch in 7 1 schon kultischen Amts-
trägern rein polizeiliche Funktionen übertrug.
[261] Vgl. BATTEN, S. 299; JAHN, S. 172; MOWINCKEL, S. 88 Anm. 6. 7; Studien II, S. 41;
TORREY, Comp., S. 47; HÖLSCHER, S. 561 Anm. a. b; GALLING, S. 252.

Auslassung in LXX[BA] zeigen könnte; der Vers gehört sachlich zu
13 24aα. Die Glosse nimmt auf den Einschub in 13 23 Bezug und will
alle drei Nationalitäten umfassend die Lücke füllen, die durch die
Interpolation in 13 23 für 13 24a entsteht. Da ein Eingriff des Chron
in 13 4ff. sonst nicht festgestellt werden kann, schreibe ich die Erweiterung einem nachchron Ergänzer zu, der damit wohl eine Angleichung an den chron Text 13 1-3 herstellen will[262].

Die Verse 13 26f. können nicht als chron Ausweitung der Rede
Nehemias eliminiert werden[263]. Es lassen sich zwar einige stilistische
Gleichheiten mit chron Stellen zeigen[264]; sie berechtigen aber noch
nicht dazu, diese Stelle der NQ abzusprechen. Schon die Erwähnung der
Sünde Salomos widerstreitet dem Salomobild des Chron, der I Reg
11 1-13 übergeht. Die Übereinstimmungen mit dem Chron lassen sich
erklären, wenn man beachtet, daß die Rede 13 25-27 im Aufriß und
Inhalt den deuteronomistisch-levitischen Predigten entspricht[265], in
deren Tradition sowohl der Chron als auch Nehemia, wie 1 5-11 und
13 17f. zeigen, stehen. Ebenso hat der Text 13 29f. das Gepräge der
NQ[266]. Ernstzunehmende Bedenken bestehen m. E. nur gegen 13 29bβ.
30a[267]. In 13 29bβ sprengt וְהַלְוִיָּם die Struktur des Satzes, wenn man den
von den meisten und wichtigsten Zeugen überlieferten Text (»des
Priestertums und des Bundes mit dem Priestertum«) für ursprünglich
hält. Die Leviten spielen im Kontext von 13 28 keine Rolle. Es wird
sich um eine Ergänzung des nachchron Redaktors in Angleichung an
13 30b handeln[268]. 13 30a hingegen halte ich für ursprünglich. Der Satz

---

[262] Nach MOWINCKEL, Studien II, S. 41, ursprüngliche Randglosse.

[263] So JAHN, S. 173; BATTEN, S. 299. 301; NOTH, ÜSt., S. 150; GALLING, S. 252. 254
(chron**).

[264] Vgl. TORREY, Comp., S. 47.

[265] S. o. S. 53 mit Anm. 258.

[266] GALLING, S. 252. 254, schreibt 13 29-31a Chron** zu. Das zweimalige »Gedenke«
sei für Nehemia ungewöhnlich und auffallend. Das Verständnis von זָכְרָה »in
malam partem« 13 29 stehe im Gegensatz zur sonstigen Verwendung bei Nehemia.
Vom Aufbau (13 10-14. 15-22) her sei hinter 13 23-28 nur 13 31b zu erwarten. Der
Chron** habe wegen der Haltung der Gemeinde nach Neh 3 und 10 die klare
Scheidung der Geister herausstellen und mit einem Positivum abschließen wollen. —
Ich kann die Voraussetzungen dieser Position nicht teilen. Für Neh 10 liegen die
Abhängigkeitsverhältnisse genau umgekehrt. Auch die Häufung des זָכְרָה-Rufs
am Ende erstaunt nicht. In 13 29 beschließt er den Abschnitt 13 23-28. 13 31b ist
Abschluß der NQ. GALLING übersieht die negative Fassung der Formel in 6 14,
wahrscheinlich weil er die זָכְרָה-Formel mit den Stifterinschriften zusammen-
bringt, die nur den positiven Gebrauch kennen; dazu s. u. S. 80.

[267] Vgl. TORREY, Comp., S. 48; BATTEN, S. 299. 302; JAHN, S. 176; MOWINCKEL,
Nehemia, S. 89 Anm. 2; Studien II, S. 41f.; HÖLSCHER, S. 561 Anm. c; NOTH,
ÜSt., S. 150; RUDOLPH, S. 210 Note zu 30 (nur 13 30a).

[268] Mal 2 4. 8 spricht vom Levi-Bund!

hängt sachlich mit der Einheit 13 23-29, syntaktisch und formal nach dem zusammenfassenden זָכְרָה-Ruf aber mit 13 30b. 31 zusammen. Ich verstehe וְטָהַרְתִּים als Perfekt mit *waw copulativum*. Somit ergibt sich die Möglichkeit, 13 30a als eine auf 13 23-29 zurückverweisende Einleitung zum letzten Abschnitt der NQ im Tempus der Vorvergangenheit aufzufassen[269]: »und nachdem ich sie von allem Fremden gereinigt hatte, ...«.

Der Satz 13 31a wird schon vom chron Text in 10 35 vorausgesetzt. Der Erlaß von Dienstordnungen für Priester und Leviten durch den Laien Nehemia nach 10 30b wird ursprünglich sein, da er für den Chron undenkbar erscheint. Mit 13 31b liegt wohl die Schlußnotiz der NQ vor, da im Unterschied zu allen anderen Stellen bei der זָכְרָה-Formel das präpositionale Objekt fehlt.

5. Ergebnis

Bei der Analyse des Nehemiabuches gelang es, drei literarische Schichten herauszuarbeiten. Älteste Schicht ist die NQ, die der Chron bei der Aufnahme in sein Werk in 8 1—13 3 ergänzte. Alle nachchron Interpolationen zeigen die gleiche Struktur: Entweder handelt es sich um Listenmaterial oder um Glossen, in denen auf eine strenge Differenzierung der Grade des Klerus Wert gelegt wird und besonders die Sänger und Torhüter von den Leviten unterschieden sind. Ich gehe deshalb wohl kaum fehl, von einer dritten Schicht bzw. einer nachchron redigierenden Hand im Nehemiabuch zu sprechen.

Die literarischen Schichten im Nehemiabuch

NQ	Chron	Nachchron Redaktor
1 1—7 5 abα (außer Glossen)	Glossen in 6 10 (אֶל־תּוֹךְ הַהֵיכָל) (הַהֵיכָל) 6 11 aβ 6 13 a (וְחָטָאתִי)	Glosse 3 26 a Glosse in 7 1 (הַמְשֹׁרְרִים וְהַלְוִיִּם)
	8 1b—9 2 (außer Glosse)	7 5 bβ—8 1 a Glossen in 8 9 (נְחֶמְיָה הוּא הַתִּרְשָׁתָא) (וְהַלְוִיִּם הַמְּבִינִים אֶת־הָעָם) 9 3
	9 4—10 1	10 2-28
	10 29 aα (וּשְׁאָר הָעָם)	10 29 aβb (ab הַכֹּהֲנִים)
	10 30-39 b. 40 b	10 40 a
	11 1f. 20. 25 a. 36	11 3-19. 21-24. 25 b-35 12 1-26

---

[269] Vgl. KROPAT, Die Syntax des Autors der Chronik, 1909, S. 22.

NQ	Chron	Nachchron Redaktor
12 27 aα		
וּבַחֲנֻכַּת	12 27 aβb (ab בְּקָשׁוּ)	
חוֹמַת יְרוּשָׁלַם		12 28f.
12 31f. 37-40	12 30. 33-36. 41. 42 a. 43	12 42 b
	12 44f. (außer Glosse)	Glosse in 12 45 (וְהַמְשֹׁרְרִים וְהַשֹּׁעֲרִים)
		12 46f.
	13 1-3	
13 4. 5 aα. 6 a		Glossen:
7 abα. 8-10 bα		13 5 aβb. 6 b. 7 bβ. 10 bβ. 22 a. 23 b. 24 b
11-21. 22 b		Glosse in 13 29 bβ (וְהַלְוִיִּם)
23 a. 24 a		
25-31		

Die Ergebnisse der Analyse entsprechen weitgehend denen in NOTHS Überlieferungsgeschichtlichen Studien. Während NOTH zwar einen levitenfreundlichen und listenfreudigen Ergänzer annimmt, jedoch mit verschiedenen nachchron Einschüben rechnet, möchte ich die Hauptmasse des nachchron Gutes einer Hand zuweisen. Auf die Gestalt eines solchen Redaktors weisen auch in verschiedener Art MOWINCKEL, HÖLSCHER, GRANILD, GALLING, SCHNEIDER[270] u. a. hin. Da sie die Existenz der Esraquelle in irgendeiner Form dabei voraussetzen, unterscheiden sich ihre Einzelergebnisse von dem Resultat der oben durchgeführten Analyse.

Der Tatbestand einer literarischen Schichtung im Nehemiabuch wird um so wahrscheinlicher, wenn sich im ganzen chron Werk die Hand des nachchron Redaktors aufzeigen läßt. Eine solche Untersuchung würde den Rahmen dieser Arbeit sprengen. Sie sei aber im folgenden Exkurs exemplarisch an Esr 7—10 durchgeführt, da man bei einer historischen Untersuchung über Nehemia immer wieder auf diesen Abschnitt zurückgreifen muß. In Ergänzung dazu kann noch gefragt werden, wieweit das in I—II Chr sekundäre Material den Tendenzen des aufgewiesenen nachchron Redaktors entspricht, um die oben geäußerte These zu erhärten.

III. EXKURS: LITERARKRITISCHER ÜBERBLICK ÜBER ESR 7—10

1. Analyse von Esr 7—10

Im chron Teil des Nehemiabuches Neh 8—10 fallen die Parallelen in Begriffen, Inhalt und Gesamtkomposition zu Esr 7—10 auf. Ich erkläre diese vielen Übereinstimmungen durch die Annahme der chron Abfassung von Esr 7—10. Die Frage nach der Esraquelle (EQ)[271]

---

[270] Dazu s. u. S. 70ff.; zu SCHNEIDER s. SCHNEIDER, S. 63.

[271] Die Existenz einer Esra-Quelle in irgendeiner Form wird von den meisten Forschern behauptet. Im folgenden seien nur die wichtigsten Lösungen aufgeführt, mit denen ich mich häufiger auseinandersetzen muß.

TORREY, Comp., S. 14—34, rechnet mit einer rein chron Esrageschichte in ursprünglicher Textfolge von Esr 7+8 Neh 7 70—8 18 Esr 9+10 Neh 9+10.

MOWINCKEL, Esra; Rudolphfestschrift, S. 211—233, hält die Schrift für eine in Anlehnung an die NQ verfaßte erbauliche Tendenzgeschichte eines anonymen

wurde für Neh 7—10 negativ beantwortet; für Esr 7—10 muß sie noch einmal aufgenommen werden, zumal der Teil Esr 7 27-9 15 wie die NQ in der Erzählform der 1. pers. abgefaßt ist.

Esr 7 1-10

Die Einführung 7 1-10 wird in der Forschung allgemein als ein Auszug des folgenden Berichtes dem Chron zugeschrieben[272]. 7 1 a knüpft mit der Wendung »und nach diesen Ereignissen« an den vorausgehenden chron Text Esr 1—6 an und stammt wohl von der Hand des gleichen Verfassers, zumal מַלְכוּת[273] und מֶלֶךְ־פָּרַס[274] chron Ausdrucksweisen sind. Der Satz 7 1 a ist an seinem jetzigen Platze ein Anakoluth, das in Esr 7 6 mit הוּא עֶזְרָא über den Stammbaum 7 1b-5 hinweg wieder aufgenommen wird. Diese Wiederaufnahme und die Wendung וְהוּא־סֹפֵר in 7 6 kennzeichnen die Genealogie als

---

Schriftstellers. Der Umfang dieser »Kirchengeschichte für das gläubige Volk« (Rudolphfestschrift, S. 231) aus der Zeit nach Esra wird mit dem Grundbestand von Esr 7 1-28 8 15—10 19. 44b Neh 8 1-18 angegeben.

HÖLSCHER, S. 493, denkt wie TORREY an eine rein chron Esrageschichte, die den Schluß des chron Geschichtswerkes in ursprünglicher Form darstellt. Sie umfaßt nach HÖLSCHER Esr 7 1-10. 27f. 8 15-34 9 1—10 17. 19. 44b Neh 8 im Grundbestand.

Nach SCHAEDER, Esra der Schreiber, ist die EQ ein Rechenschaftsbericht Esras für den persischen Großkönig, das babylonische Judentum und die Nachwelt (S. 14. 36f.), der nach dem Scheitern seines Werkes verfaßt wurde. Dieser Apologie hat nach SCHAEDER der Chron folgende Stücke entnommen: Esr 7 11—8 36 Neh 7 6—9 37 Esr 9+10.

AHLEMANN, Zur Esra-Quelle, ZAW 59 (1942/43), S. 77—98, sieht in der EQ die Erbauungsschrift eines priesterlichen oder levitischen Augenzeugen und Mitarbeiters Esras, der zwischen 430 und 420 v. Chr. sein Werk verfaßt habe. AHLEMANN spricht von stark didaktischer Tendenz (S. 78) und dramatischem Charakter (S. 93) der Schrift. In gleicher Weise wie MOWINCKEL vertritt er die These einer literarischen Angleichung an die NQ. Als Umfang der EQ wird angegeben: Überschrift (in Esr 7 1-11 enthalten) Esr 7 27f. 8 15-34 Neh 7 6. 8-60. 66-69. 71-73 8 1-18 Esr 9 1 —10 15 Neh 9 1-3 Esr 10 16. In Esr 10 15a wird dabei eine unmögliche Konjektur vorgenommen; dazu vgl. RUDOLPH, S. 155.

JOHANNESEN gibt für den Umfang der EQ Esr 7 1a. 6-28 8 15-36 Neh 8+9 Esr 9+10 an (S. 268). Auch er rechnet nicht mit der Abfassung durch Esra selbst. Es handelt sich nach JOHANNESEN um eine vom priesterlichen Gesichtspunkt aus geschriebene Erbauungsschrift.

RUDOLPH, S. 163—171, äußert sich in ähnlicher Weise wie SCHAEDER. Umfang und Reihenfolge der nur als Fragment erhaltenen Quelle werden mit dem Grundbestand von Esr 7 12—8 36 Neh 7 72—8 18 Esr 9+10 Neh 9 1f. angegeben, wobei der Chron den Teil der Denkschrift über den Mißerfolg Esras hinter Neh 9 2 ausgelassen und durch ein positives Stück Neh 9 5b-37 10 1. 29ff. ersetzt habe.

GALLING, S. 202—216, ordnet der EQ zu: den Grundbestand von Esr 7 1. 11-19. 27f. 8 1-34 Neh 8 1. 2a. 3. 9f. 12 Esr 9 1f. 10 2. 3a. 4-44.

[272] Vgl. die Komm. und Monographien z. St.

[273] Vgl. DRIVER, Einl., 1896[5], S. 573 Nr. 9; KAPELRUD, S. 19.

[274] S. o. S. 50 Anm. 250; KAPELRUD, S. 19.

sekundär[275]. 7 6 ist dann entsprechend dieser Interpolation umgestaltet[276]. Die Formel כְּיַד־יְהוָה אֱלֹהָיו עָלָיו in 7 6b und in ähnlicher Weise in 7 9b wird der NQ entnommen sein[277], da der Chron eine derartige Formel in I—II Chr nicht kennt. Der Verweis auf die schrankenlose Gunst des Perserkönigs gegenüber Esra mutet wie eine Parallele und Überbietung zu Nehemia (Neh 2) an. Für den Vers ist der Chron verantwortlich zu machen, da die Darstellung der Geschichtswende als göttliche Fügung durch den Perserkönig als Werkzeug sich mit dem Schluß des vorangehenden chron Berichts 6 22 deckt[278] und die Bezeichnung der Tora als Mosegesetz vom Chron gerne gebraucht wird. Die Angabe סֵפֶר מָהִיר בְּתוֹרַת מֹשֶׁה אֲשֶׁר־נָתַן יְהוָה אֱלֹהֵי יִשְׂרָאֵל hat dieser nach 7 12. 21 im folgenden Artaxerxes-Reskript gestaltet. 7 7 fällt mit seinem unvermittelten Subjektwechsel in die 3. pers. pl. auf[279], steht ohne Zusammenhang im Kontext[280] und nimmt 7 13 vorweg. Der Abschnitt 7 1-10 hat die Funktion, die Person Esras vorzustellen, von der Esragola ist sonst nicht die Rede. 7 7 ist außerdem Dublette zu 7 8. Weiter fällt auf, daß die Einteilungskategorien der Esragola nicht mit 7 13 und dem Bericht 8 1-20, dafür aber wie in Neh 10 29 (11 3) mit dem Listenvorbild des nachchron listenfreudigen Interpolators übereinstimmen, so daß ich ihm auch 7 7 zuschreibe[281]. בִּשְׁנַת־שֶׁבַע לְאַרְתַּחְשַׁסְתָּא הַמֶּלֶךְ muß er aus 7 8 vorweggenommen und dort den Text entsprechend geändert haben; הִיא שְׁנַת הַשְּׁבִיעִית לַמֶּלֶךְ in 7 8 verrät diese Korrektur.

7 8f. schließt an den chron Grundtext 7 1a. 6 recht gut an. Ich kann NOTH[282] nicht folgen, nach dem 7 8f. sehr früher Zusatz ist, da dieses Stück der folgenden Erzählung vorgreife, den Begründungssatz 7 10 von 7 6b trenne und Vers 9bβ Vers 6b verkürzend wiederhole. Natürlich fällt die Vorwegnahme der Erzählung von Esr 8 in diesen Versen auf; aber Vorwegnahmen sind ja auch die Stellen 7 6. 10, die NOTH keineswegs streichen möchte. Die Vorwegnahme der Esrageschichte entspricht vielmehr dem Einleitungscharakter des Abschnittes. Auch die Wiederholung der Wendung כְּיַד־אֱלֹהָיו עָלָיו hat ihren guten Sinn in der chron Komposition. Wie bei Nehemia (Neh 2 8. 18) wird auch bei Esra nicht nur die Erfüllung der Bitte durch den Perserkönig, sondern auch die glückliche Reise auf die gütige Hand Gottes zurückgeführt. Der Chron scheint eine Parallelität und Polarität beider Gestalten bis in Einzelheiten hinein zu zeichnen. 7 10 schließt mit der Angabe des Grundes für die gütige Hand Gottes erläuternd an 7 9 an. Der Vers geht unzweifelhaft auch auf den Chron zurück[283]. Führte dieser in 7 6 Esra als סֵפֶר מָהִיר ein, so wird jetzt dessen Funktion näher durch einen

---

[275] Vgl. BATTEN, S. 303. 306; JAHN, S. 58; SCHAEDER, Esra, S. 35; NOTH, ÜSt., S. 145f.; KAPELRUD, S. 19f.; JOHANNESEN, S. 250; GRANILD, S. 84; GALLING, S. 204. Nach RUDOLPH, S. 72, nachträgliche Ausweitung einer echten Genealogie nach I Chr 5 29ff.

[276] NOTH, ÜSt., S. 145 Anm. 5.

[277] So auch MOWINCKEL, Esra, S. 62; JAHN, S. 59; HÖLSCHER, S. 494; KAPELRUD, S. 22. 25.

[278] Vgl. RUDOLPH, S. 71.

[279] BATTEN, S. 306; MOWINCKEL, Esra, S. 2; Rudolphfestschrift, S. 215 Anm. 16; HÖLSCHER, S. 518 Anm. a; NOTH, ÜSt., S. 125. RUDOLPH, S. 67 Note zu 7, und GALLING, S. 202 Anm. 3, ändern וַיַּעֲלוּ in וַיַּעַל, um den Vers halten zu können.

[280] Eine Wendung wie וְעִמּוֹ oder dgl. fehlt.

[281] Nachchron Zusatz MOWINCKEL, Esra, S. 2; HÖLSCHER, S. 516. 518 Anm. a; NOTH, ÜSt., S. 125.

[282] NOTH, ÜSt., S. 125 mit Anm. 3.

[283] So selbst SCHAEDER, Esra, S. 35.

Midrasch von Vers 6[284] beschrieben. Aus dem Referenten für jüdische Religionsangelegenheiten am Perserhof (7 12) macht der Chron einen Schriftgelehrten und Gesetzeslehrer[285]. Den besten Kommentar zu dieser Angabe liefert das chron Kapitel Neh 8,
in dem Esra als erster Schriftgelehrter verherrlicht wird und der Beruf der Schriftgelehrten in chron Zeit durch ihn seine Legitimation erfährt. Auch die Wendung הֵכִין
לְבָבוֹ könnte auf chron Abfassung hinweisen[286].

Von einer EQ kann nach diesem Überblick bei 7 1-10 nicht die Rede sein. Die
Grundschicht dieses Abschnittes ist chron. 7 7 verrät die Hand des nachchron listenfreudigen Ergänzers, und in Hinblick auf seine Vorliebe für den Klerus in Neh 12 1-26
hindert nichts, ihm auch den Einschub der Genealogie 7 1b-5 zuzumuten[287]. Der Stammbaum ist eine gekürzte Dublette zu dem sekundären[288] Text I Chr 5 29ff. Esra wird
direkt auf den letzten vorexilischen, unter Nebukadnezar hingerichteten Hohenpriester
Seraja ben Asarja ben Hilkia[289] zurückgeführt. Eine solche Konzentration der nachexilischen Geschichte auf die Zeit unmittelbar nach der Exilswende liegt dem Chron fern
und kennzeichnet schon im Nehemiabuch den nachchron Interpolator. Mit der Rückführung auf Seraja und Aaron wird Esra die Sukzession, Legitimität und Autorität
in der nachexilischen Gemeinde gesichert. Eine ähnliche Intention zeichnete sich auch
im nachchron Text Neh 12 1-26 ab.

Für die Annahme einer EQ zu 7 1-10 bliebe eigentlich nur die Datenangabe
7 (7)8f. übrig. Auffallenderweise wird nur noch in 8 31[290] in der Esrageschichte eine
genaue Datierung mitgeteilt, sonst finden sich lediglich allgemeine Zeitangaben.

Ich halte die Angabe »7. Jahr des Königs Artaxerxes« deshalb für eine chron
Kombination[291]; »und zwar schließt dieses siebente Jahr — des Artaxerxes — an das
zuletzt genannte sechste Jahr — des Darius — an« (GALLING)[292]. Da in Esr 4—6 die
Reihenfolge der Perserkönige durcheinandergebracht worden ist, in Esr 6 14 Artaxerxes zwar Darius folgt, in Esr 6 15 aber noch einmal Darius erwähnt wird, konnte
der Chron »den in 6 14 genannten Artaxerxes leicht mit dem in 6 15 genannten Darius
zusammennehmen« (GALLING)[293] und so das Jahresdatum erschließen. Der 1. 1. nach
7 9 wird aus Gründen der Parallelität zu Neh 2 1 gewählt worden sein. Die Ankunft am
1. 5. in Jerusalem mutet wie eine freie Kombination an[294], weil wiederum der 1. Tag,
also eine runde Zeitspanne von vier Monaten, angesetzt wird.

7 1-10 ist in seinem Grundbestand vom Chron in Anlehnung an das Reskript 7 12ff.
und unter Parallelgestaltung zur NQ konzipiert worden[295], 7 1b-5. 7 geht auf den chron
Ergänzer zurück.

---

[284] KAPELRUD, S. 9.

[285] Dazu SCHAEDER, Esra, S. 39ff.

[286] Vgl. II Chr 12 14 19 3 30 19; KAPELRUD, S. 24.

[287] Vgl. NOTH, ÜSt., S. 146. GRANILD, S. 84, erwägt ebenfalls die Möglichkeit eines
Einschubes durch den Verfasser bzw. Interpolator von Neh 11+12.

[288] Vgl. NOTH, ÜSt., S. 121; RUDOLPH, S. 72.

[289] II Reg 25 18-21 Jer 52 24.

[290] Dazu vgl. NOTH, ÜSt., S. 125 Anm. 4.

[291] RUDOLPH, S. 70f., nimmt eine fehlerhafte Jahreszahl an.

[292] GALLING, S. 204, für Chron**.

[293] GALLING, ebd. (für Chron**) und Studien, S. 161.

[294] GALLING, S. 204.

[295] GRANILD, S. 86f., hält 7 1-10 für die Komposition eines nachchron Ergänzers aus
verschiedenen Elementen. Der Text enthält nach GRANILD eine echte ursprüngliche

Esr 7 11-28

Anders liegen die Verhältnisse in 7 11-28. Der an den chron Erzählungsfaden anknüpfende Bericht 7 11. 27f. schließt einen königlichen Erlaß (7 12-26) in aramäischer Sprache ein, der so fest im Kontext verklammert ist, daß er von Anfang an dazugehört haben muß. Nicht nur 7 6. 10 und die chron[296] Einleitung 7 11 mit der chron Umbiegung des סֹפֵר-Titels sind vorwegnehmend nach 7 12 gestaltet, sondern der nachfolgende Esrabericht nimmt ab 7 27 mit כָּזֹאת den Hauptteil des Erlasses Zug um Zug wieder auf[297], wie die weitere Analyse noch zeigen wird. Es entspricht chron Komposition, an Wendepunkten der nachexilischen Geschichte Urkundenmaterial heranzuziehen[298] und auszubauen.

Esr 7 27f. wechselt zwar in die Ich Form über, so daß man an die Vorlage eines authentischen Esraberichtes denken könnte, aber zeigt chron Kolorit. חזק im *hitp.*[299] und die בָּרוּךְ-Formel[300] könnten auf den Chron als Verfasser hinweisen. Auffällig ist wiederum der Anklang an nehemianische Formulierungen mit נָתַן בְּלֵב[301] und כְּיַד־יְהוָה אֱלֹהַי עָלַי. Die Wendung הִטָּה־חֶסֶד לִפְנֵי הַמֶּלֶךְ erinnert an den Sachgehalt von Neh 1+2. KAPELRUD vermutet mit Recht ein Echo auf das Ende des Nehemiagebetes Neh 1 11[302]. Besonders der Gegenstand des Lobpreises verrät den Chron. Das hymnische Stück 7 27. 28 a spricht unter Bezugnahme auf das Dokument (כָּזֹאת) primär von der Verherrlichung des Jahwetempels in Jerusalem. Die Entsendung Esras zur Gesetzesverkündigung wird nur indirekt, die Esragola gar nicht erwähnt. Dies entspricht der Tendenz des chron Werkes für den nachexilischen Teil, der die Geschichte des Wiederaufbaues und der Verherrlichung des Jerusalemer Tempels durch die persische Krone darstellt. Die Funktion des Perserkönigs als Fürsorger und Stifter des Tempels in Nachfolge der Davididen entspricht dem chron Königsbild[303]. Wie Cyrus in 1 1f. so wird auch Artaxerxes zum Kronzeugen für die geschichtslenkende Göttlichkeit Jahwes gemacht.

Gegen die Zuordnung von 7 27f. zum Chron[304] wird die Abfassung von 7 27—9 15 in der Ich-Form als Hinweis auf eine benutzte Esradenkschrift angeführt. Ich meine mit HÖLSCHER[305], KAPELRUD[306], NOTH[307] u. a., daß auch dieser Teil auf chron Ab-

---

Einleitung, eine chron Einleitung, eine vom letzten Bearbeiter interpolierte Genealogie und Erweiterungen der gleichen Hand.

[296] So die meisten Komm. und Monographien. GRANILD, S. 87, denkt an den nachchron Redaktor. Nach MOWINCKEL, Esra, S. 2, und HÖLSCHER, S. 518 Anm. b, ist 7 11b Glosse.

[297] AHLEMANN, ZAW 59 (1942/43), S. 84f., eliminiert deshalb das Edikt als unnötig. HÖLSCHER, S. 493, behauptet, daß das Edikt die Aufgabe Esras völlig anders als die folgende Erzählung darstelle. Dies stimmt nur z. T.; dazu s. u. S. 62.

[298] Vgl. Esr 1 2-4 Neh 10.

[299] Vgl. DRIVER, Einl., S. 573, Nr. 8.

[300] Vgl. Neh 8 6 9 5 I Chr (16 36) 29 10 II Chr 2 11 6 4 9 8.

[301] Vgl. Neh 2 12 7 5; KAPELRUD, S. 43.

[302] KAPELRUD, S. 43.

[303] Vgl. dazu WILDA, Das Königsbild des Chronistischen Geschichtswerkes, Diss. Bonn, 1959, S. 120ff.

[304] Vgl. TORREY, Comp., S. 16; JAHN, S. 64; HÖLSCHER, S. 519; KAPELRUD, S. 44; NOTH, ÜSt., S. 146.   [305] HÖLSCHER, S. 493. 517.

[306] KAPELRUD, S. 42ff.   [307] NOTH, ÜSt., S. 146f.

fassung zurückgeht und der Wechsel der Darstellungsform besser erklärt werden kann. S. R. Driver[308], Torrey[309] und Kapelrud[310] haben überzeugend nachgewiesen, daß außer der Ich-Form keine sprachlichen und stilistischen Unterschiede zwischen 7 27— 9 15 und dem Kontext bestehen und literarisch beide Komplexe auf die gleiche Hand zurückgehen. Ich habe in der bisherigen Analyse (Neh 8—10 Esr 7) schon zeigen kön- nen, daß die Esrageschichte in sachlicher und sprachlicher Anlehnung an die NQ kon- zipiert wurde. Es bleibt deshalb auch für den Wechsel der Darstellungsform kaum eine andere Erklärung[311] übrig als die Annahme einer bewußten Parallelisierung und Des-

---

[308] Driver, Einl., S. 572—576.

[309] Torrey, Comp., S. 16—21.

[310] Kapelrud, S. 42 ff.

[311] In der Forschung sind verschiedene Thesen zur Erklärung des Personenwechsels zu finden. Einige Beispiele seien notiert:

1. Man rechnet mit nachträglicher Umsetzung eines Stückes des Ich-Berich- tes in die Er-Form. So Budde, Geschichte der althebräischen Litteratur, ²1909, S. 233; Rudolph, S. XXIV; vgl. Schneider, S. 47. — Es fehlen überzeugende Mo- tive zu solcher Umsetzung. Im allgemeinen verlaufen die Änderungstendenzen um- gekehrt, zumal »das gelehrte Judentum der Überzeugung war, daß die biblischen Bücher von ihren respektiven Hauptpersonen geschrieben wären« (Mowinckel, Rudolphfestschrift, S. 220). — Galling, S. 210, bringt die Frage des Wechsels mit der Redaktionsgeschichte des Esra-Nehemiabuches (dazu s. u. S. 72) zusam- men. Unter der hypothetischen Voraussetzung, daß die EQ (dazu s. o. S. 57 Anm. 271) in der 1. pers. abgefaßt ist, muß dem Chron die Umschaltung in die 3. pers. zugeschrieben werden. Er konnte im Reisebericht (Esr 7+8) zwar die subjektive Form belassen, mit der bedeutsamen Stunde der Gesetzesverlesung Neh 8 war aber die Gelegenheit für den Wechsel in den objektivierenden Er-Stil geboten, den er dann konsequent beibehalten hat. Chron** hat nach Galling Neh 8 aus dem Kontext der EQ herausgenommen und seinen nach der Vorlage gestalteten Misch- ehenbericht (Esr 9) im Ich-Stil von Esr 8 verfaßt, ohne diesen Stil durchhalten zu können, denn mit 10 1 mußte er wieder zum Er-Bericht 10 2-44 überleiten.

2. Nach Noth, ÜSt., S. 126. 146, hat der Verfasser in etwas unbedachter Weise nach dem hymnischen Spruch 7 27. 28a, in dem die Ich-Form ganz natürlich war, diese zunächst fortgesetzt und ist nach dem Gebet Esr 9 wieder in die ur- sprüngliche Er-Form zurückgefallen, da er an »diese von ihm selbst anfangs gewählte Form nicht mehr denkt« (S. 146f.). — Diese Auskunft befriedigt mich nicht, da die Esrageschichte des Chron sonst eine sehr bedachte Abfassung verrät. Noth selbst, S. 147, deutet eine bessere Erklärung an.

3. Auf die Benutzung von zwei Quellen wird der Wechsel von Ich- und Er-Bericht zurückgeführt bei Jampel, MGWJ 1902, S. 111; Haller, S. 176, und Eissfeldt, Einl.³, S. 738f. — Diese These ist auf Grund der von Kapelrud nach- gewiesenen durchgehenden begrifflichen und stilistischen Gleichheit von Esr 7—10 nicht zu halten.

4. Man rechnet mit einem ursprünglichen Personenwechsel in der EQ. Mowinckel, zuletzt Rudolphfestschrift, S. 220—233, und Hölscher, S. 493, den- ken an eine Gattung, für die der Personenwechsel typisch ist. Mowinckel bezeich- net sie als »Geschichtsnovelle«. Er sieht jedoch selbst, daß der Wechsel nicht hinreichend aus erzähltechnischen Gründen erklärt werden kann (S. 232f.). Ahle- mann, ZAW 59 (1942/43), S. 91, erklärt den Wechsel aus psychologischen und

avouierung[312] Nehemias zugunsten Esras durch den Chron. Die Parallelisierung geht so weit, daß der Chron streckenweise die literarische Form der NQ kopiert[313]. Der hymnische Spruch 7 27, »in dem das ,Ich' am Platze war«[314], gibt ihm die Möglichkeit, in der Ich-Form fortzufahren. Der zeitweilige Gebrauch der 3. pers. pl. in 8 35f. zeigt, daß dieser Stil dem Erzähler grundsätzlich nicht eigen ist. Nach dem Gebet 9 6-15, in dem die Form der 1. pers. üblich ist, fällt der Chron in seine ursprüngliche Form zurück.

Damit ist nicht nur Esr 7 in seinem erzählenden Teil dem Chron zuzuschreiben, sondern schon eine Vorentscheidung für Esr 8f. gefällt.

Das Dokument 7 12-26 zeigt literarische und sachliche Spannungen[315]. In 7 21-24 ist ein zweites Dokument mit einem anderen Adressaten eingeschaltet, das an 7 20 anknüpft. 7 25 ergänzt über 7 15-24 hinweg die Funktionen Esras und steht so eigentlich am falschen Platz. Während 7 14 von einer Neuordnung in Juda und Jerusalem die Rede ist, hat 7 25 die Diaspora der ganzen Satrapie Ebirnari im Blick. Während 7 14 ein zeitweiliges »Untersuchungskommissariat« Esras meint, denkt 7 25 entsprechend II Chr 17 7-9 19 4-11 an die Gründung einer synagogalen Gerichtsbarkeit in der Diaspora Ebirnaris als fester Institution. 7 26 kann gut an 7 20-23 (24) anschließen, wie der Adressat des Verses und ein Blick auf die Parallele 6 8-11 zeigen[316]. In 7 24 verraten die Kategorien der Einteilung des Klerus die Hand des listenfreudigen Ergänzers[317]. Ich vermute deshalb, daß die zwei vielleicht erst vom Chron ineinandergeschalteten Urkunden mit den Versen 7 24f. nachträglich erweitert worden sind[318]. Der Verdacht verstärkt sich, wenn man beachtet, daß das Reskript in der nachfolgenden Esraerzählung Zug um Zug bis auf die Stellen 7 24f., die im Esrabericht keine Entsprechung haben, aufgenommen wird. Über den historischen Wert der beiden Urkunden soll damit nichts gesagt sein[319].

---

inhaltlichen Gründen. Der Wechsel in die 1. pers. ist nach AHLEMANN einerseits unwillkürlich geschehen und als Zeichen der Lebhaftigkeit und Plastizität zu werten; andrerseits steht Esra in Esr 10 nicht so exponiert als Einzelgestalt dem Volk gegenüber, hier handeln vielmehr mehrere Personen, so daß die Er-Form angebracht erschien. — Mich überzeugt diese Begründung nicht.

SCHNEIDER, S. 47, erwägt noch die Möglichkeit, daß nur Esr 7+8 auf Esra zurückgehe und sich daran ein Augenzeugenbericht anschließe, für den nach dem Übergang in Esr 9 ab 10 1 die adäquatere Er-Form gewählt worden sei.

5. Man rechnet damit, daß mit der Ich-Form die NQ streckenweise kopiert worden ist: bspw. JAHN, S. 64; NOTH, ÜSt., S. 147; MOWINCKEL, Rudolphfestschrift, S. 232f.

[312] Vgl. MOWINCKEL, Esra, S. 62; Rudolphfestschrift, S. 232.

[313] Vgl. NOTH, ÜSt., S. 147; MOWINCKEL, Rudolphfestschrift, S. 233.

[314] NOTH, ÜSt., S. 126.

[315] Vgl. BATTEN, S. 308f.; GALLING, S. 205f.; Studien, S. 168ff.

[316] GALLING, S. 206; Studien, S. 173. Textänderung in 7 26: in der ältesten Überlieferungsstufe lies »Himmelsgott«.

[317] Vgl. BATTEN, S. 313; GALLING, S. 206 (chron**).

[318] Nach GALLING, S. 203. 206, 7 12-19 EQ; 7 20-23. 26 Chron; 7 24f. Chron**.

[319] Vgl. jedoch die Kritik an der zweiten Urkunde (7 20ff.) bei BATTEN, S. 307—309; KAPELRUD, S. 40. 42; GALLING, S. 206.

Esr 8 1-20

Der Faden der Erzählung über die Sammlung der Gola wird durch die Heim-kehrerliste 8 2-14 und ihre redaktionelle Einleitung 8 1 unterbrochen. Die Verklammerung dieses Dokumentes im Kontext ist nicht so gut wie bei 7 12-26, so daß einiges für den sekundären Charakter der Liste spricht[320]. Zwischen 7 28 und 8 15 besteht eine glatte Verbindung, wenn man וָאֶקְבְּצֵם in 8 15 als Wiederaufnahme des Stichwortes aus 7 28 auf Grund der eingeschobenen Liste ansieht. Die Technik der Stichwortwiederaufnahme war bisher für den listenfreudigen Ergänzer typisch. 8 1 und 7 28 sind inhaltlich Du-bletten; die pleonastische Ausdrucksweise fällt jedenfalls auf[321]. Die weitere Esra-erzählung macht keine speziellen Anspielungen auf die Liste. In Esr 8 wird die Über-bringung der Stiftungen für den Tempel, in Esr 9f. die Scheidung der Mischehen in den Mittelpunkt gestellt. Die Namen der Liste tauchen im weiteren Verlauf des Berichtes nicht mehr auf, wenn man von der rein zufälligen Übereinstimmung der allgemein ver-breiteten Namen Sacharja (8 3. 11) und Schemaja (8 13) mit Personen in 8 16 absieht. Es geht, wie sich schon in 7 27f. zeigte, vielmehr um Tempel und Theokratie. Die Ein-führung des Gesetzes und die Unterweisung im Gesetz sind auch die beherrschenden Themen der chron Abschnitte Esr 7 und Neh 8—10. Die Gola erscheint im ganzen als Nebensache des Unternehmens, so daß nicht einmal die Niederlassung im Lande

---

[320] BATTEN, S. 318; MOWINCKEL, Esra, S. 2ff.; Rudolphfestschrift, S. 215 Anm. 16; Studien I, S. 116ff.; AHLEMANN, ZAW 59 (1942/43), S. 80; JOHANNESEN, S. 255 —257; GRANILD, S. 97f. Auf der anderen Seite wird darauf hingewiesen, daß die Levitengeschichte 8 15-20 und die unbegründete Erwähnung der רָאשִׁים in 7 28 als eine Vorwegnahme von 8 1 ein Zeichen für die Zugehörigkeit der Liste zur Grundschicht sein könnten (NOTH, ÜSt., S. 125; RUDOLPH, S. 79). — M. E. besteht ebensogut die Möglichkeit, daß nachträglich eine umfangreichere Liste in Hinblick auf 8 15ff. vor ihrem Einbau in den Text zurechtgeschnitten oder aber die Liste erst *ad hoc* geschaffen wurde. Vor allem aber erscheinen mir die »Häupter« in 7 28 auch ohne 8 1 im Kontext sinnvoll; es besteht sogar zwischen den רָאשִׁים in 7 28 8 16f. und den רָאשֵׁי אֲבוֹתֵיהֶם in 8 1 eine Inkongruenz. Die »Häupter« in 7 28 meinen nicht die Sippenältesten, denn der Chron verwendet zu deren Bezeich-nung nicht den absoluten Begriff רָאשִׁים, sondern den Ausdruck רָאשֵׁי הָאָבוֹת (vgl. Esr 1 5 3 12 4 2f. Neh 8 13) und zählt zu ihnen im Unterschied zu 8 2-14 nur die Laien, nicht aber die Priester und Leviten. Die »Häupter« von 7 28 rekrutieren sich nach 7 13 8 15ff. aus der Laien-, Priester- und Levitenschaft. 8 17 bezeichnet הָראֹשׁ den Vorsteher einer Levitenkongregation oder levitischen Schriftgelehrten-schule (vgl. RUDOLPH, S. 83). In 8 16 werden רָאשִׁים und מְבִינִים rangmäßig unterschieden. מְבִינִים bezeichnet beim Chron den levitischen Gesetzeslehrer (vgl. Neh 8 8 II Chr 35 3). Entsprechend dieser Bedeutung schickt nach 8 18 Iddo einen אִישׁ שֶׂכֶל der Esragola zu. Beide Termini kommen in Neh 8 8 zur Charakteri-sierung der levitischen Gesetzesunterweisung vor (vgl. die Übersetzung GALLINGS, S. 232). Es liegt deshalb nahe, auch in den רָאשִׁים einen hervorgehobenen Stand der um die Tora versammelten Gemeinde zu sehen. Sie haben wahrscheinlich den gleichen Rang inne wie die Männer, die nach Neh 8 4 dem Schriftgelehrten Esra zur Seite stehen. Esra wählt nach chron Vorstellung zur Durchführung seines Reformauftrages sozusagen die »geistliche Elite«.

[321] MOWINCKEL, Esra, S. 2; Studien I, S. 116; HÖLSCHER, S. 517; AHLEMANN a. a. O. S. 80; JOHANNESEN, S. 255.

erwähnt wird. F. AHLEMANN[322] macht auf die erstaunlich gute Textüberlieferung der Liste aufmerksam und bestärkt damit den Verdacht einer sehr viel jüngeren Einfügung von 8 1-14.

Die Grundschicht von 8 15-20 hat mit der Ich-Form und in einzelnen Begriffen[323] chron Gepräge. Der dreitägige Aufenthalt nach 8 15 mag am Vorbild Nehemias (Neh 2 11) orientiert sein[324]. Ob die Namen in 8 16 sekundär sind, läßt sich nicht sicher entscheiden[325].

Eine literarkritische Crux stellen die Verse 8 18-20 dar. 8 18 a geht mit der nehemianischen Wendung כְּיַד־אֱלֹהֵינוּ הַטּוֹבָה עָלֵינוּ auf den Chron zurück und setzt 8 15-17 noch fort. Die Verse 8 18 b f. fallen dagegen durch die Art ihrer Anknüpfung auf[326]. Zur Fortsetzung würden die drei letzten Worte in 8 18 b genügen[327]. Alles übrige levitische Namen- und Zahlenmaterial muß sekundär sein, da es nur noch an der fragwürdigen Stelle 8 24 aufgegriffen wird und vor allem die Notiz 8 20 b voraussetzt, daß der Bericht selbst keine Namen nennt, eine Dokumentation der Namen aber vorhanden ist[328]. Was liegt für einen listenfreudigen und levitenfreundlichen Interpolator näher, als hier aufzufüllen[329]? 8 20 b erinnert mit dem Ausdruck נִקְּבוּ בְשֵׁמוֹת an den Chron[330]. 8 20 a setzt 8 18 b f. fort und läßt mit der beim Chron unbekannten Relativpartikel שֶׁ־[331], der Erwähnung der Tempelhörigen in ihrer Funktion als Diener der Leviten und ihrer Einsetzung durch David[332] wieder an den nachchron Interpolator denken[333].

Es liegt danach in 8 1-20 eine chron Grundschicht (8 15-18 aβ. bβ. 20 b) mit Interpolationen des listenfreudigen Klerikers (8 1-14. 18 bα. 19. 20 a) vor. Von einer durchlaufenden EQ kann nicht die Rede sein. Unerfindbare Angaben wie die Schule von Kasifja und die Personennamen in 8 16 f. können als Projektionen aus chron Zeit verstanden werden[334].

Esr 8 21-36

Die Erzählung von der Überbringung der Spenden in der Ich-Form schließt gut an die voraufgehende chron Darstellung an und berichtet weitere Ausführungen des Dekrets. So entspricht 8 24-34 dem Teil 7 15f. 18, 8 35 dem Vers 7 17 und 8 36 dem Teil 7 20-23. 26. Neben der Vielzahl von typisch chron Wendungen und Begriffen[335] verrät

---

[322] AHLEMANN a. a. O. S. 80.

[323] Vgl. dazu im einzelnen TORREY, Comp., S. 17, und KAPELRUD, S. 46—51.

[324] KAPELRUD, S. 46.

[325] Vgl. bspw. GALLING, S. 207. 209 (Teile chron**); SCHNEIDER, S. 141 (Bearbeiter). MOWINCKEL, Esra, S. 6, und HÖLSCHER, S. 520 Anm. a. b, kürzen den Text nach III Esr (Dittographien).   [326] NOTH, ÜSt., S. 125.

[327] NOTH, ÜSt., S. 125 Anm. 8.

[328] Vgl. GALLING, S. 209.

[329] Vgl. MOWINCKEL, Esra, S. 6; HÖLSCHER, S. 518; NOTH, ÜSt., S. 125.

[330] Nur noch I Chr 12 32 16 41 II Chr 28 15 31 19 neben Num 1 17.

[331] שֶׁ im chron Werk nur sekundär (I Chr 5 20 27 27); vgl. DRIVER, Einl., S. 586.

[332] Vgl. Neh 11 23 12 24.

[333] BATTEN, S. 16 (chron); MOWINCKEL, Esra, S. 6; HÖLSCHER, S. 518; RUDOLPH, S. 81 Note a zu 20; NOTH, ÜSt., S. 125 Anm. 7; JOHANNESEN, S. 258; GRANILD, S. 99f. (chron); GALLING, S. 207 (chron**).

[334] NOTH, ÜSt., S. 125 Anm. 6. S. 147.

[335] Vgl. TORREY, Comp., S. 17f.; KAPELRUD, S. 51—59. Sogar GRANILD, S. 100f., verweist auf chron Begriffe in 8 24-30.

die Verwendung der Zwölfzahl oder ihres Vielfachen in 8 24 a. 35 den Chron als Verfasser. Hinter ihr ist wie im chron Text 6 17 das dogmatische Postulat von der Jerusalemer Kultgemeinde als alleiniger Rechtsnachfolgerin der amphiktyonischen Gemeinde und des vorexilischen Opferkultes zu suchen. Für den Abschnitt fällt die sachliche Nähe zum chron Text 1 4-11 auf. Die chron Abfassung wird auch bei der durchgehenden Orientierung an der Nehemiageschichte wahrscheinlich. In 8 22. 31 taucht die Wendung וְיַד־אֱלֹהֵינוּ הָיְתָה עָלֵינוּ wieder auf. In weitaus stärkerem Maße als Nehemia (Neh 2 18) verweist Esra in einer kleinen Ansprache vor Beginn seines Unternehmens auf die helfende Hand seines Gottes (8 21ff.). Der Priester kann im Unterschied zum Statthalter auf die militärische Eskorte (8 22 חַיִל וּפָרָשִׁים; Neh 2 9 חַיִל וּפָרָשִׁים; שָׂרֵי הַיִל וּפָרָשִׁים) verzichten[336]. Wie Nehemia rastet er nach der Ankunft in Jerusalem drei Tage vor Inangriffnahme seiner Aufgabe (8 32 Neh 2 11)[337]. Auch er übergibt den Statthaltern von Ebirnari das königliche Beglaubigungsschreiben, erfährt aber im Unterschied zu Nehemia nicht ihre Feindschaft, sondern ihren freundlichen Beistand (8 36 Neh 2 9).

Der Text ist im ganzen einheitlich. Nur an wenigen Stellen muß man mit kleinen Interpolationen rechnen. So ist wohl dem levitenfreundlichen Ergänzer 8 24b zuzuschreiben[338]. Die Stelle verrät sich dadurch als sekundär, daß allein die Namen von zwei Leviten, nicht aber die der Priester genannt werden und diese Namen aus der Interpolation 8 18b-20 a stammen. Möglicherweise geht auf die gleiche Hand וְהַלְוִיִּם in 8 29 zurück, da hier vor וְהַלְוִיִּם das שָׂרֵי des Kontextes nicht wiederholt wird. Auch וְהַלְוִיִּם in 8 30 ist für eine Glosse zu halten[339]. Zuletzt scheint die Hand des levitenfreundlichen Bearbeiters in 8 33 aβb eingegriffen zu haben, da durch diese Namenauffüllung der syntaktische Zusammenhang zwischen 8 33 aα und 8 34 gestört wird[340].

Auch in diesem Komplex weist nichts auf eine durchlaufende EQ hin[341]. Er ist in Entsprechung zu 1—6 7 12-26 und zur NQ gestaltet. Die Datumangabe 8 31 reicht nicht zur Annahme einer Vorlage aus. Sie kann wie die vorangehenden Daten konstruiert sein[342]. Höchstens stammen die Angaben von 8 26f. wie die in 1 9-11 a und 2 69 aus irgendeiner schriftlichen Überlieferung[343].

Esr 9

Der erste Teil des Berichtes über die Mischehenaktion Esras ist noch in der chron Ich-Form geschrieben und setzt den Faden der Esraerzählung in lockerer Anknüpfung an Esr 8 durch die chron Formel »und nachdem diese Dinge erledigt waren«[344] in 9 1 fort. Das Gebet 9 6-15 erscheint dabei so gut im Kontext verklammert, daß es von Anfang an dazu gehört haben muß.

---

336 So auch KAPELRUD, S. 52f.
337 So auch JAHN, S. 73; KAPELRUD, S. 57.
338 Vgl. MOWINCKEL, Esra, S. 6; HÖLSCHER, S. 518; GALLING, S. 209 (chron**); NOTH, ÜSt., S. 125f.
339 MOWINCKEL, Esra, S. 7; HÖLSCHER, S. 521; GALLING, S. 208.
340 Vgl. MOWINCKEL, Esra, S. 7; HÖLSCHER, S. 521.
341 Nach BATTEN, S. 16. 323ff., 8 26. 30. 33-36 chron; vgl. noch GALLING, S. 209, zu 8 28f. (chron).
342 NOTH, ÜSt., S. 125 Anm. 4. S. 126.
343 Vgl. zu 1 8-11a GALLING, Studien, S. 78ff.; zu 2 69 GALLING, Studien, S. 89ff.
344 Vgl. II Chr 7 1 20 23 24 14 29 29 31 1.

9 1-5 weist in seinen Begriffen auf den Chron hin[345]. Aber auch das Gebet verrät die gleiche Hand[346]. Im Unterschied zu Neh 9 zeigen die Terminologie und Topik des Bußgebetes starke chron Färbung[347].

In 9 4. 7-9 wird in chron Weise die Jerusalemer Gemeinde mit der Gola identifiziert. 9 8f. setzt die chron Auffassung der Exilswende und der Funktion der Perserkönige im Plane Jahwes als Schutzmacht (גָּדֵר) der Theokratie voraus. 9 11-14 zeigt in der Disposition und mit der Berufung auf ein Prophetenwort die Eigenarten der levitischen Predigt in den Chronikbüchern[348]. 9 15 enthält die für chron Gebete typische Kombination von Resignation und Skepsis mit Gottvertrauen[349]. Überhaupt entspricht es chron Kompositionstechnik, an wichtigen Stationen der Jerusalemer Geschichte Gebete einzufügen[350]. Der Wechsel von der Form des Klagelieds (9 6f.) zur Form der levitischen Predigt (9 8f.)[351] und die Vermischung beider Formen (9 10-14) bis zu einem formgerechten Schluß (9 15) als Klagelied zeigt neben Vokabular und Inhalt, daß der Chron im Unterschied zu Neh 9 hier nicht einfach ein Formular aufgegriffen, sondern das Gebet für den Zusammenhang *ad hoc* aus traditionellen Elementen geschaffen hat.

Auch in Esr 9 kann man die Parallelgestaltung zum Nehemiabericht deutlich feststellen. Es geht um das gleiche Problem der Mischehen, das auch bei Nehemia (Neh 13 23ff.) eine wichtige Rolle spielt. Die dt geprägte[352] Nationalitätenaufzählung in 9 1b wird zu Neh 4 1 und 13 23f. in Parallele stehen. Während Esra das Problem grundsätzlich löst (Esr 9f.), beseitigt Nehemia nur partielle Verirrungen. Wie bei Nehemia (13 28) geben die Oberen des Volkes ein schlechtes Vorbild ab (9 2). Der im Esratext singuläre Begriff סֶלֶף wird der NQ entnommen sein[353]. Auch in der äußeren Bekundung der Trauer und des Schmerzes wird Nehemia (Neh 13 25) von Esra (9 3) überboten. Vermahnt Nehemia nur die Schuldigen (Neh 13 25-27), so greift Esra zur wirksameren Waffe des Gebetes (9 6-15), das aber dann doch streckenweise mit Neh 13 25ff. die paränetische Form teilt. Begnügt sich Nehemia nur mit dem Verbot weiterer Mischehen (Neh 13 25), so setzt Esra radikal die Scheidung durch (Esr 10). Steht Nehemia in seinem reformatorischen Eifer allein, so kann Esra auf die Mithilfe einer Gefolgschaft von Gesetzestreuen rechnen (9 1. 4). Plöger vermutet schließlich mit Recht, daß das Nehemiagebet Neh 1 5-11 für den Chron das Vorbild bei der Konzeption des Esragebetes abgegeben hat[354].

Bei dieser auffallenden Parallelität liegt m. E. der Schluß nahe, daß auch das Problem der Mischehen an sich aus Neh 13 23ff. entnommen ist. Es »mußte in den Augen von Chr einen so gröblichen Verstoß gegen das Gottesgesetz darstellen, daß der für dieses Gesetz verantwortliche Esra ihn nicht wohl übersehen haben konnte; so ergab sich für Chr leicht das Auftreten gegen die Mischehen als erste Tat Esras in Jerusalem« (Noth)[355]. Auch Esr 9 gibt keine Anhaltspunkte für die These einer EQ.

---

[345] Vgl. Torrey, Comp., S. 18f.; Kapelrud, S. 59—63.

[346] Torrey, Comp., S. 19f.; Kapelrud, S. 70f.

[347] Vgl. Torrey, Comp., S. 19f.; Kapelrud, S. 63—71. Auch Granild, S. 104—107, macht auf die chron Sprache des Gebets aufmerksam.

[348] Dazu s. o. S. 53 Anm. 258.

[349] Plöger, Dehnfestschrift, S. 48.

[350] Plöger, Dehnfestschrift, S. 43. 46.

[351] Vgl. Rudolph, S. 90.   [352] Vgl. Dtn 7 1 Jos 3 10 24 11.

[353] Vgl. Kapelrud, S. 61; Noth, ÜSt., S. 147 Anm. 2.

[354] Plöger, Dehnfestschrift, S. 46.

[355] Noth, ÜSt., S. 147; sachlich gleich Hölscher, S. 521.

Esr 10 1-17

Von Esr 9 her ist auch über Esr 10 grundsätzlich die Entscheidung gefallen. Die Erzählung über die Abschaffung der Mischehen schließt sachlich und terminologisch[356] an den chron Faden an. Gegen die Einheitlichkeit bestehen bis auf 10 16 keine Bedenken[357]. In 10 16 stört die Erläuterung רָאשֵׁי הָאָבוֹת לְבֵית אֲבֹתָם, da es zur Erfassung der Sippenältesten keiner besonderen namentlichen Fixierung (וְכֻלָּם בְּשֵׁמוֹת) bedarf. Hier wird der nachchron Ergänzer beteiligt sein, der schon in 8 1 die רָאשִׁים (7 28) mit den רָאשֵׁי אֲבֹתֵיהֶם identifizierte.

Alles andere kann dem Chron zugeschrieben werden[358]. Er kehrt in diesem Abschnitt zu der anfänglich benutzten Darstellungsform der 3. pers. zurück, wozu ihm das Gebet Esr 9, in dem die Wir-Form am Platze ist, die Möglichkeit bietet. Auch in diesem Abschnitt treten neben dem Tatbestand der Mischehen an sich die Parallelen zur NQ klar zutage. Der Schwur des Volkes (10 5) erinnert an Neh 5 12[359]. Muß dort der Politiker Nehemia die Priester zur Entgegennahme des Eides herbeiholen lassen, so kann hier Esra selbst den Eid abnehmen, da er Priester ist; die zweimalige Bezeichnung Esras als Priester (10 10. 16) fällt jedenfalls auf. Der sonst ungebräuchliche Begriff הֹשִׁיב נָשִׁים (10 2. 10. 14. 17f.) kann Neh 13 23 entnommen sein[360]. Was an eigenständigem Esragut bleibt, kann als Midrasch des Artaxerxesreskripts verstanden werden. Die Einsetzung einer Untersuchungskommission (10 16) und die Bestrafung der Säumigen (10 8) liegen von 7 14. 26 her nahe; dabei mag an die synagogale Praxis zur Zeit der Abfassung angeknüpft worden sein, wie sie sich auch in Esr 8 Neh 8 und II Chr 19 5f. niedergeschlagen hat. Die Daten 10 9. 16f. lassen sich als Kombination erklären[361]. Das Datum des 1. 1. in 10 17 bietet sich als Jahrestag des Aufbruchs (7 9) und als Parallele zu Neh 2 1 an. Der 1. 10. in 10 16 ist eine Rückdatierung um volle drei Monate, die zur Durchführung der Mischehenaktion wohl notwendig erschienen. Eine ähnliche Abrundung führte der Chron schon 7 9 durch. Schließlich kann das Datum von 10 9 auf der weiteren Rückberechnung einer vollen Dekade beruhen. Das Motiv vom Eintreten der Regenzeit (10 9. 13) hängt vielleicht mit der einmal gewählten Datierung zusammen. Es bleiben dann die Namen von 10 6. 15 als Hinweis auf eine vorchron Esratradition. Aber auch Namen sind nicht unerfindlich. Die Zelle des »Jochanan ben Eljaschib« kann eine gleichnamige Zelle schon aus vorchron Zeit zum Vorbild haben, und die Erwähnung der Rigoristen in 10 15[362] mag eine Huldigung an besonders gesetzestreue Gruppen der chron Zeit sein. Will man diesen kritischen Weg nicht gehen, so ist höchstens für 10 1-17 an mündliche Tradition, auf die der Chron zurückgreift, zu denken[363].

Esr 10 18-44

Mit 10 17 erreicht die Mischehenaktion Esras eigentlich ihren Abschluß. Um so mehr erstaunt nach dieser Notiz die Aufführung einer Liste der betroffenen Familien

---

[356] Vgl. KAPELRUD, S. 71—79.

[357] Zu sekundären Teilen in 10 16 vgl. BATTEN, S. 347; MOWINCKEL, Esra, S. 9; HÖLSCHER, S. 524 Anm. a; GALLING, S. 213 Anm. 3.

[358] TORREY, Comp., S. 21; KAPELRUD, S. 79; NOTH, ÜSt., S. 126. RUDOLPH, S. 93, rechnet mit starker chron Überarbeitung.

[359] HÖLSCHER, S. 522.

[360] NOTH, ÜSt., S. 147 Anm. 2.

[361] NOTH, ÜSt., S. 147; HÖLSCHER, S. 521.

[362] Dazu vgl. RUDOLPH, S. 95—97; SCHNEIDER, S. 156.

[363] Dazu vgl. auch u. S. 69 Anm. 372.

in 10 18-44, ohne daß der Erzählfaden noch irgendwie weitergeführt wird. Nun macht 10 18 vom Satzgefüge her nicht den Eindruck eines ersten Postens der langen Liste, denn der Vers stimmt als erzählerisch gestalteter Satz nicht mit dem Schema von 10 20ff. überein. Daß 10 19 im Kontext stört, ist allgemein anerkannt[364]. Beide erzählenden Verse 10 18 und 10 19 zeigen mit den Wendungen הֵשִׁיבוּ נָשִׁים (10 18) und אַשְׁמָה (10 19) chron Kolorit[365]. Die Darbringung von Widdern als Schuldopfer erinnert, wenn sie nicht einfach dem gottesdienstlichen Brauch entspricht, an 6 17 8 35 II Chr 29 21. 32. Ich rechne 10 18f. noch zum voraufgehenden chron Erzähltext. Diese Verse bilden zusammen mit 10 44b den Abschluß der Mischehenaktion[366]. Die Liste 10 20-44 a verrät sich schon in den Einteilungskategorien als Stück des nachchron listenfreudigen Ergänzers[367] und steht sehr unter dem Verdacht einer Fiktion in Anlehnung an die Liste Esr 2 = Neh 7, die er ja oft heranzieht[368].

Der chron Schluß der Mischehenerzählung 10 18f. 44b weist besonders auf die Schuld im Hause des Hohenpriesters hin. Bei diesem Abschluß liegt die Parallelität zur NQ wieder klar zutage. Wie die NQ so wird auch der chron Esrabericht mit einem Verweis auf die Schuld im Hohenpriesterhaus beendet. Kann Nehemia nur einen Fall namhaft machen, so bietet der Esrabericht gleich vier; auch hier bleibt das Prinzip der Überbietung gewahrt.

2. Ergebnis

Die Esrageschichte in Esr 7—10 geht wie Neh 8—10 im Grundbestand auf den Chron zurück[369]. Der Chron lehnt sich an ein Dokument an, zu dem er einen Midrasch schreibt. Die chron Schicht ist durch den listenfreudigen und levitenfreundlichen Redaktor ergänzt worden. Die Frage nach der Existenz einer vorchron EQ ist nicht nur für Neh 8—10, sondern auch für Esr 7—10 negativ zu beantworten[370]. Die einzige Dokumentation, die der Chron seiner Esradarstellung zugrunde legt, dürfte Esr 7 12-23. 26 (und möglicherweise noch Esr 8 26f.) sein[371]. Die übrigen Ausführungen sind Midrasch dieses Dokuments und greifen höchstens auf eine spärliche mündliche Esratradition

---

[364] Vgl. Mowinckel, Esra, S. 9; Hölscher, S. 522; Kapelrud, S. 13; Noth, ÜSt., S. 126; vgl. auch Rudolph, S. 97. 99.

[365] אַשְׁמָה vgl. Esr 9 6f. 13. 15 I Chr 21 3 II Chr 24 18 28 10. 13 33 23; הוֹשִׁיב נָשִׁים vgl. o. S. 67 Anm. 360.

[366] Lies nach III Esr 9 36 וַיְשַׁלְּחָם נָשִׁים וּבָנִים; so bspw. auch Hölscher, S. 524; Rudolph, S. 100 Note b zu 44.

[367] Sekundär nach Mowinckel, Esra, S. 9—11; Rudolphfestschrift, S. 215 Anm. 16; Hölscher, S. 522; Noth, ÜSt., S. 126. 146; Granild, S. 127.

[368] Dazu s. u. S. 111 Anm. 91.

[369] Die detaillierten Zusammenstellungen Rudolphs, S. 99ff. 163ff., gegen die These der chron Abfassung sind fast erdrückend, wenn man diese allein vom Sprachbeweis abhängig macht. Ausschlaggebend müssen m. E. kompositorische und theologische Gesichtspunkte werden; dazu s. noch u. S. 89—97.

[370] So auch bspw. Torrey, Comp., S. 14ff.; Hölscher, S. 493; Noth, ÜSt., S. 145ff.; Kapelrud, S. 95—97.

[371] Vgl. besonders Noth, ÜSt., S. 147.

zurück[372]. Aber unbedingt notwendig erscheint diese letzte Annahme nicht. Als Gestaltungsprinzip des Esraberichts herrscht die Parallelisierung und Überbietung zur Nehemiageschichte vor[373]. Man wird zu erörtern haben, ob dazu nur der Mangel an geeigneten Quellen veranlaßt hat oder ob dahinter ein theologisches Programm zu suchen ist.

IV. ZUR ENTSTEHUNG DES KANONISCHEN NEHEMIABUCHES

1. Die nachchron Redaktion

Wie die voraufgehenden Ausführungen im einzelnen wahrscheinlich gemacht haben, lassen sich die nachchron Beiträge im Nehemiabuch auf die Hand eines levitenfreundlichen und listenfreudigen Ergänzers zurückführen. Drei Tatbestände weisen darauf hin, ihn nicht nur am Nehemiabuch und der Zeit Nehemias interessiert zu sehen, sondern als Redaktor des gesamten chron Werkes zu verstehen.

1. Ein großer Teil des eingefügten umfangreichen Listenmaterials verrät schon von der Rahmung her keinen unmittelbaren Bezug zum Werk Nehemias (7 5bβ-72 12 1-26). Zum geschichtlichen Erzählungszusammenhang geben die Listen direkt keinen Beitrag. Die eingeschalteten Dokumente (7 5bβ-72 10 2-29 11 3-19. 21-24. 25b-35 12 1-26) verraten eine Vorliebe für die Klassifizierung des Klerus. Auch die aufgewiesenen Glossen lassen den Redaktor als Sachwalter einer genauen Differenzierung in der Jerusalemer Hierarchie erkennen (vgl. 3 26a 7 1. 72 10 29. 40a 11 3. 21-24 12 28f. 42b. 45-47 13 5aβb. 10bβ). Sein Herz schlägt für die Leviten (8 9 13 22a). Nach den Angaben in den Listen (11 22f. 12 8f. 24f.) fungieren sie als Leiter und Aufsicht der Sänger und Magazinverwalter (= Torhüter). Die Sänger und Torwächter, die der Chron noch zu den Leviten zählt, werden überall peinlichst von diesen unterschieden (7 1. 72 10 29 12 42b. 45 13 5aβb. 10bβ) und erhalten ihren bestimmten Platz im hierarchischen Gefüge. Diese hierarchische Ordnung führt der Redaktor auf David zurück (12 24. 46). Er macht sich zu ihrem Anwalt, wo immer er kann.

2. Die nachchron Einfügungen in Esr 7—10 verraten nach dem Ergebnis des literarkritischen Exkurses[374] die gleichen Eigenarten.

---

[372] KAPELRUD, S. 95—97, nimmt eine vorchron Esratradition an, die im chron Wortlaut wiedergegeben wird.

[373] So auch BOUSSET, Die Religion des Judentums, 1903, S. 139; MOWINCKEL, Esra, S. 62ff.; Rudolphfestschrift, S. 232f.; HÖLSCHER, S. 494; AHLEMANN a. a. O. S. 97f.

[374] Vgl. zur Klassifizierung des Klerus Esr 7 24, zu den Leviten Esr 8 18-20. 24. 33, zur Erwähnung Davids Esr 8 20.

3. Auffallenderweise zeigen nun auch die von RUDOLPH[375] und
NOTH[376] fast übereinstimmend herausgearbeiteten großen Einschübe
in I + II Chr die gleiche Struktur.

Es handelt sich um den größten Teil von I Chr 2—9, bes. 5 27-41 (Hohen-
priesterliste), 6 10-13 (Samuel Levit), 6 16-32 (Levitische Sänger Davids), 6 39-66 (Leviten-
städte), 9 18ff. (Torhüter, Leviten, Sänger); 12 1-23 (Davids Helden); 15 4-10 (Leviten);
15 16-24 (Kultpersonal bei der Lade); 16 5b-38. 42 (levitische Kultmusik); 23 3—27 34,
bes. 23 (Zählung, Einteilung und Pflichten der Leviten), 24 1-19 (24 Priesterklassen),
24 20-31 (spätere Einteilung der in 23 6b-24 genannten Leviten), 25 (24 Sängerklassen),
26 (Torhüter, levitische Schatzmeister, Amtleute), 27 (weltliche Organisation unter
David).

Die sekundären Stücke in I + II Chr zeigen in großer Zahl ebenso
eine Vorliebe für Bevölkerungslisten, für nach Klassen gegliederte
Klerikerlisten, für das levitische Element und für die Erwähnung
Davids als Kultreformer. Sicherlich muß man gerade für I + II Chr
(bes. I Chr 2—9) mit Wucherungen verschiedenen Alters[377] rechnen,
aber der Tatbestand einer Gesamtredaktion des chron Werkes durch
den nachchron Ergänzer im Nehemiabuch ist doch sehr wahrscheinlich[378]. Es zeichnet sich bei solchem flüchtigen Zusehen, dem im
Rahmen dieser Arbeit über das Nehemiabuch nicht weiter nachge-
gangen werden soll, eine Konzentration der Einschübe im chron Werk
an den drei historischen Fixpunkten David, Esra, Nehemia ab. Die
Gründungsgeschichte der Jerusalemer Kultgemeinde verankert der
nachchron Redaktor so in drei »heilsgeschichtlichen Größen«. Vom
Chron unterscheidet er sich dadurch, daß er neben David und Esra
eben auch Nehemia zu ihnen zählt. Genauere Angaben zur Person
und Zeit des Redaktors lassen sich erst machen, wenn das von ihm im
Nehemiabuch beigebrachte Material analysiert ist. An dieser Stelle
wäre jede zeitliche Näherbestimmung verfrüht.

2. Die Entstehung des Nehemiabuches

Die Frage nach der Geschichte der Entstehung des kanonischen
Nehemiabuches aus der NQ, Esratexten, chron Bestand und nachchron
Interpolationen gehört mit zu den meist umstrittenen Fragen zur
nachexilischen Zeit. Einige der unterschiedlichen Hypothesen seien
im folgenden genannt.

Nach TORREY[379] hat der Chron an Esr 1—6 die von ihm geschaf-
fene Esrageschichte Esr 7+8 Neh 7 70—8 18 Esr 9+10 Neh 9 +10 als sein

---

[375] Chronikbücher, 1955, S. 1—5.
[376] ÜSt., S. 110ff.
[377] Vgl. bspw. NOTH, ÜSt., S. 122; RUDOLPH, Chronikbücher, S. 93.
[378] Vgl. MOWINCKEL, Studien I, S. 60f.

»Meisterstück«[380] angeschlossen. Daran fügte er die NQ (Grundbestand von Neh 1—6), die er mit 2 7-9a 3 1-32. 34aα 5 13bα 11 1—13 31 ergänzte. Die jetzige Textordnung ist nach TORREY dadurch zustande gekommen, daß der ursprüngliche Zusammenhang wegen der »close resemblance« von Neh 7 70—8 1 zu Esr 2 68—3 1 nachträglich aufgelöst worden ist. Neh 7 70—8 18 ist dann an die Liste Neh 7 6-69 angeschlossen worden, »where it was supposed to belong«. Diese Umstellung machte die weitere Umordnung von Neh 9 + 10 notwendig.

MOWINCKEL[381] meint, daß der Chron nach Esr 1—6 zunächst nur die anonyme EQ (Grundbestand von Esr 7—10 Neh 8) aufgenommen habe. Die Esrageschichte ist nach MOWINCKEL der Abschluß des chron Werkes. Die ursprünglich selbständige NQ wird mit Anlehnung an Josephus rekonstruiert. Sie umfaßt von kleineren Glossen abgesehen Neh 1 1-4 2 1ff. 3 33-38 4 2b. 4. 10. 12b-17 5 6 7 1. 3a 12 30f. 37-40 7 4f. 13 10-14. 4f. 7-9. 15-31. Der nachchron Redaktor hat nicht nur die NQ angefügt und ausgestaltet (Neh 1 5-11a 2 1b. 6. 10 3 1-32 4 11. 12a (?) 13. 15bα. 16b (?) 5 13 6 1b. 9a (?) 16aβ 7 3b. 5b 8 3. 7 11 3-20. 25-3, 12 1-26. 28f. 41-47 13 1-3. 5aβb. 6. 7a. 18aβb. 22a. 24b. 30a[382]), sondern auch Neh 8 aus dem Esrateil umgestellt und das Kapitel durch Konzipierung von Neh 9 mit dem ursprünglich selbständigen Dokument Neh 10 verbunden. Mit der Arbeit des nachchron Redaktors ist nicht nur »das große Chaos in Neh 7—12«[383] geschaffen worden, sondern auch nach MOWINCKEL die unhistorische Verbindung zwischen Esra und Nehemia.

HÖLSCHER[384] folgt weitgehend den Lösungen MOWINCKELS. Er schreibt jedoch Esr 7—10 Neh 8 dem Chron zu, hält Neh 10 für eine Konstruktion des nachchron Redaktors, weist auch auf jüngere Bearbeiter hin und lehnt die Rekonstruktion der NQ nach dem Josephustext ab.

H. H. SCHAEDER[385] nimmt eine zweifache Gestaltung des kanonischen Esra-Nehemiabuches durch den Chron an. Dieser hat zuerst nur die NQ ausgearbeitet, wobei er in Neh 7 5a das Geschlechtsregister (Neh 7 6ff.) der EQ aufgegriffen und die Fortsetzung der EQ (Neh 8+9) mitüberliefert hat, weil er das ihm vorliegende Dokument Neh 10 mit der Gesetzesverlesung Esras in Verbindung brachte und gut anfügen

[379] Comp., S. 34; ES, S. 257f.; The Chronicler's History of Israel, 1954.

[380] Comp., S. 57.

[381] Statholderen Nehemia, 1916; Ezra den skriftlaerde, 1916; Erwägungen zum chronistischen Geschichtswerk, ThLZ 85 (1960), Sp. 1—8; »Ich« und »Er« in der Ezrageschichte, Rudolphfestschrift, 1961, S. 211—233; Studien zu dem Buche Ezra-Nehemia I, 1964, S. 29ff.

[382] Vgl. Studien I, S. 50.

[383] Studien I, S. 47.

[384] Die Bücher Esra und Nehemia, HSAT II, ⁴1923, S. 491—562.

[385] Esra der Schreiber, 1930.

konnte. So entstand eine Nehemiageschichte, die auch den Bericht über die Gesetzesverkündigung Esras (Neh 7 6—10 40) enthielt. Bei einer (zweiten) Abfassung des Geschichtswerkes von Adam bis Nehemia hat der Chron an der historisch richtigen Stelle (Esr 2) schon das Golaregister (Neh 7) gebracht, ohne es im Nehemiabuch zu streichen. Er fügte u. a. die sog. Tab'el-Denkschrift (Esr 4 8—6 15), den Rest der EQ und das bearbeitete Nehemiabuch an.

Noch komplizierter ist die Lösung GRANILDS[386]. Er arbeitet sehr stark die nachchron Redaktion heraus. Das chron Werk endete mit der Esrageschichte, deren Bestand in Esr 7+8 Neh 8+9 vorliegt. Der Schluß der chron Esrageschichte ist nicht mehr erhalten. Der nachchron Redaktor hat die NQ angehängt und zahlreiche Veränderungen getroffen. Die Einleitung in den Esrateil Esr 7 1-10 hat er stark überarbeitet (Genealogie!). Das Artaxerxesreskript Esr 7 12-26, das der Chron hebräisch wiedergegeben und ausgeweitet habe, wurde von ihm wie auch Esr 4 24—6 18 ins Aramäische zurückübersetzt. Für den folgenden Esrateil Esr 8—10 lagen zwei Quellen vor: die EQ (Esr 9) und die chron Darstellung der Esrageschichte (Esr 8 35f. Neh 8+9). Der Redaktor hat mit Esr 7 27—8 36 die beiden Quellen zusammengearbeitet. Die EQ gab die Grundlage ab für das mit Esr 9 in gutem Zusammenhang stehende Dokument Esr 10 (von der Hand eines vorchron Gewährsmannes). An Esr 10 hat der Redaktor die NQ angehängt. Der Einschub Neh 3 1-32 geht auf ihn zurück; Neh 7—10 hat er aus mehreren Quellen zu einer Trilogie komponiert, um Serubbabel, Esra und Nehemia als eine Einheit vorzuführen. Neh 11 und 12 1-26 sind stark von ihm überarbeitete Einschübe. Auch in den Bericht der Mauerweihe hat nach GRANILD der Redaktor eingegriffen.

GALLING[387] schreibt dem nachchron Gestalter (Chron**) unter allen Forschern den größten Teil des sekundären Bestandes im chron Geschichtswerk zu. Das Werk des Chron enthielt zunächst nur die Esrageschichte im Grundbestand von Esr 7—10 Neh 8. Chron** bearbeitete die NQ und verzahnte sie mit der Esrageschichte durch Umstellung von Neh 8 und Interpolation von Neh 9+10.

Ähnlich wie TORREY sieht auch RUDOLPH[388] die Entstehungsgeschichte des Esra-Nehemiateils, nur daß er dabei an einer vorchron Esrageschichte festhält. Der Chron habe zunächst die EQ aufgegriffen und mit Neh 9 2 abgebrochen. Er fügte anstelle des negativen Ausgangs der Esrageschichte mit Neh 9 die Urkunde Neh 10 an. Für den Schlußteil seines Werkes hat der Chron die NQ ausgestaltet. Neh 10 2-28 12 1-26 sind neben vielen Glossen nachchron Einschübe. Die

---

[386] Ezrabogens literaere genesis, 1949.
[387] Die Bücher der Chronik, Esra, Nehemia, ATD 12, 1954.
[388] Esra und Nehemia samt 3. Esra, HAT I/20, 1949, bes. S. 155. 167f.

Ordnung des kanonischen Textes stammt von einem nachchron Bearbeiter, der mit Neh 7 72 8 1ff. auch Neh 9+10 umstellte.

Alle diese Erklärungsversuche sind sehr kompliziert und bleiben
in rein literarkritischen Ansätzen stecken, ohne theologische Gründe
einer späteren Umordnung oder einer ursprünglichen Einrahmung der
Nehemiageschichte durch den Esrabericht in Erwägung zu ziehen. Eine
Ausnahme bildet in der Forschung NOTH, mit dessen Ergebnissen ich
weitgehend übereinstimme. Wie NOTH sehe ich in der Verklammerung
der Esra- und Nehemiageschichte eine originale Komposition des
Chron aus theologischen Gründen[389]. Vom Chron stammt der Grundbestand von Neh 8 1—11 36 und 12 44—13 3, während er sonst nur
noch bei Neh 12 27-43 in stärkerem Maße in die NQ eingegriffen hat.
Der Bestand der Glossen und nachträglich eingebauten Listen geht
fast ausschließlich auf den nachchron Redaktor des chron Werkes
zurück.

Ich stelle den Erklärungsversuchen der bisherigen Forschung
meine an NOTH sich anlehnende Sicht entgegen, die den Vorteil hat,
ohne Umstellungshypothesen auszukommen und die Ordnung der
Texte mit der Theologie des Chron und des späteren Redaktors zu
begründen. Der überlieferungsgeschichtliche Teil dieser Studie wird
diese These explizieren und sichern müssen.

---

[389] Dazu s. u. S. 89ff.

2. Kapitel: Literarische Untersuchung der Nehemiaquelle

I. UMFANG, VOLLSTÄNDIGKEIT UND REIHENFOLGE

In der literarkritischen Analyse konnten drei inhaltlich und literarisch geschlossene Blöcke der NQ herausgearbeitet werden:

I. 1₁—7 5 abα

II. 12 27 aα. 31f. 37-40

III. 13 4. 5 aα. 6 a. 7 abα. 8-10 bα. 11-21. 22 b. 23 a. 24 a. 25-31.

Im ersten Abschnitt geht es um die Durchführung des Mauerbaues. Das auffallende Fehlen größerer chron und nachchron Ergänzungen belegt ebenfalls die Einheitlichkeit und Vollständigkeit dieses Komplexes. Lediglich in der Liste 3 1-32 muß mit geringen Textausfällen gerechnet werden[1]. Der zweite Block zeigt am Anfang und Ende fragmentarischen Charakter (12 27. 43). Da der letzte Teil wieder inhaltliche und thematische Geschlossenheit verrät, steht lediglich der mittlere Komplex unverbunden und lückenhaft im literarischen Gefüge.

Mit 13 31 liegt der echte Schluß der NQ vor. Die Formel זָכְרָה־לִּי אֱלֹהַי לְטוֹבָה ohne Angabe eines Objektes ist stil- und sachgerechter Abschluß, wie auch die drängende Kürze im Abschnitt 13 29-31 zeigt.

Schwierigkeiten bereitet dagegen die Rekonstruktion des Kopfes der Denkschrift. 1 1 verrät als fragmentarischer Text den Eingriff der Redaktion. 1 1 a ist als Einleitungssatz denkbar und wohl kaum chron Quellenverweis[2], zumal die Angabe des Monatsnamens (Kislew) der NQ eignet und nicht zum chron Stil paßt. Die Auslassung von לְאַרְתַּחְשַׁסְתְּא הַמֶּלֶךְ wird nicht auf mechanische Art geschehen sein[3], sondern vom Chron selbst stammen, der auch in der Esrageschichte Esr 7—10 am Anfang (Esr 7 1. 11) den Königsnamen erwähnt und dann nur noch einfache Datierungen wie in Neh 1 1 gibt (Esr 7 8 8 31 10 9. 16. 17). Durch diese Kürzung wird m. E. die Nehemiageschichte enger mit der Esrageschichte verzahnt. Der Chron wird dann auch den zum Kopf gehörenden Vers 1 11 b umgestellt haben. — Bei dieser Rekonstruktion bleibt immer noch die Crux des Datums von 1 1. »20. Jahr« steht im Widerspruch zu 2 1, falls man nicht mit einer für die Nehemia-

---

[1] S. o. S. 15.

[2] Nach MOWINCKEL, Studien II, S. 14f. sekundär.

[3] So bspw. RUDOLPH, S. 102 Note zu 1.

zeit unwahrscheinlichen[4] Datierung nach dem Herbstkalender rechnet. Die Jahresangabe 11 dürfte Korrektur eines Überarbeiters sein, der nach dem Herbstkalender rechnete. Der Chron kommt hierfür nicht in Frage[5]; gut denkbar ist ein solcher Eingriff in der Seleukidenzeit[6], die wahrscheinlich auch die Zeit des nachchron Redaktors ist[7].

Für eine überzeugende Rekonstruktion des Kopfes der NQ fehlen Form- und Gattungsparallelen[8]. Aus dem Textbestand läßt sich folgende Einleitung rekonstruieren:

(1a)   דִּבְרֵי נְחֶמְיָה בֶּן־חֲכַלְיָה

(11b)   אֲנִי הָיִיתִי מַשְׁקֶה לְ(אַרְתַּחְשַׁסְתְּא הַ)מֶּלֶךְ

(1b)   וַיְהִי בְחֹדֶשׁ־כִּסְלֵו שְׁנַת (תְּשַׁע עֶשְׂרֵה לַמֶּלֶךְ)
וַאֲנִי הָיִיתִי בְּשׁוּשַׁן הַבִּירָה

Mit einer Umordnung der Textfolge durch die Bearbeiter rechne ich nicht[9]. Lediglich den Mauerweihbericht könnte man schon nach 6 16 erwarten. Doch ist zu beachten, daß Neh 6 nicht chronologisch, sondern thematisch zusammengehalten wird und die Maßnahmen zur Sicherung der Hauptstadt (7 1-4a) noch zum eigentlichen Wiederaufbau gehören. Ebenso gehören zur Restauration der Provinz Juda die Neuorganisation und Kontrolle der Geschlechter (7 4b-5abα). Erst mit diesen Maßnahmen ist das Wiederaufbauwerk Nehemias, das ja mit der Neugründung der Hauptstadt wohl die Reorganisation der ganzen Provinz umfassen sollte, abgeschlossen. Die Stellung des Berichtes wird auch literarische Gründe haben. Mit dem Mauerweihbericht wird der Hauptteil abgeschlossen; in 13 4ff. folgen sachliche Nachträge unter anderem Thema.

Man kann damit rechnen, daß die NQ so gut erhalten ist wie kaum ein anderes historisches Dokument des Alten Testamentes.

---

[4] Hierauf schließt bspw. GOTTHARD, Der Text des Buches Nehemia, ²1958, S. 3, von Ez 40 1 Lev 25 9 her. Er hält sich aber ebenso die Möglichkeit offen, mit MEYER, Entst., S. 92 Anm. 2, an eine Datierung nach Königsjahren zu denken. — Gegen letzteres s. RUDOLPH, S. 41. 102 Note zu 1. Ez 40 1 Lev 25 9, auf die GOTTHARD verweist, gehören in ein frühes Stadium der Exilszeit und stehen als Abweichungen vom Normalfall in einer besonderen priesterlichen und kultischen Tradition (vgl. NOTH, ATD 6, 1962, S. 150. 162). Vgl. zur Datierungsfrage bes. SCHNEIDER, S. 162f.

[5] Vgl. Esr 3 1 10 9. 16f. Neh 7 72 8 2.

[6] Vgl. SCHAUMBERGER, Bibl 36 (1955), S. 423—435; SCHNEIDER, S. 163. Die Seleukidenära beginnt im Herbst. I Macc verwendet bspw. für die rein politischen Daten den syrisch-makedonischen Herbstkalender.

[7] Dazu s. u. S. 110f.

[8] Vgl. die weisheitliche Stiltradition im Anfang des Aḥikarromans, Cowley, S. 212; Koh 1 1. 12; MOWINCKEL, Studien II, S. 15, weist auf die ähnliche Selbstpräsentation der altorientalischen Inschriften hin.

[9] Umstellungen bspw. bei BATTEN, S. 279 (7 3 12 27-43 7 4-5a 11 1f.); MOWINCKEL, Nehemia, S. 78f. (4 1. 2a. 5f. 7b-9. 2b. 4. 10), S. 83f. (6 1-14. 17-19. 15f.), S. 86f. (13 10-14.

II. ERWÄGUNGEN ZUR FRAGE NACH DER GATTUNG
DER NEHEMIAQUELLE

1. Die Thesen der bisherigen Forschung und die literarischen Eigenarten der Nehemiaquelle

Beachtet man den Formzwang, unter dem die NQ steht, so liegt die Frage nach der Gattung nahe. Die Quelle erwies sich als ein Tatenbericht in Ich-Form, durch den die Gottheit mit der זָכְרָה-Formel um Rechtshilfe angerufen wird. Neben dieser Formel fallen weitere Formelemente der vorgerichtlichen Auseinandersetzung auf. Typisch ist auch der stereotype Blick auf die Gegner mit einer festen Einleitungsformel. Die Abfassung in hebräischer Sprache und die Adressierung der »Denkschrift« an die Gottheit lassen an eine Art Appellationsverfahren im Tempel als historischen Ort denken.

Die Erwägungen zur Gattung müssen von der ungünstigen Voraussetzung ausgehen, daß man bis jetzt noch keinen völlig parallelen Text beibringen kann, der das Reden von einer Gattung mit einem festen Sitz im Leben rechtfertigen würde. Es bleibt kein anderer Weg, als bei einzelnen Formelementen anzusetzen und von hieraus die Gattungsfrage zu erwägen. Über die bisherigen Versuche der Forschung muß, sofern man sich überhaupt um das Problem der Gattung bei der NQ bemüht hat, das Urteil gefällt werden, daß sie entweder zu einseitig von der Form und einzelnen Formelementen oder zu einseitig vom Inhalt der Denkschrift ausgingen.

a) Die Nehemiaquelle und die Monumentalinschriften der vorderasiatischen Fürsten und Könige

Das Gattungsproblem der NQ hat in aller Deutlichkeit zuerst[10] MOWINCKEL (1916)[11] gesehen und in verschiedenen Veröffentlichungen vorgetragen und gelöst[12]. Er geht mit Recht von der Einzigartig-

---

4-9. 15ff.), s. auch o. S. 71; HÖLSCHER, S. 497 (6 1-14. 17-19. 15f. 12 31f. 37-40 7 1-5 a); SELLIN, S. 153. 155 (6 1-14. 17-19. 15f. 7 1-3 12 21ff. 7 4ff. 11 1f. 13 10-14. 4-9); RUDOLPH, S. 195 (12 27ff. hinter 6 16 oder 7 1-3).

10 Man könnte höchstens noch auf SCHMIDT, Die Geschichtschreibung im Alten Testament, 1911, S. 44ff., verweisen. SCHMIDT sieht die Wurzel dieser Form in Tagebuchaufzeichnungen der Schriftpropheten »über die Stunden ihres Gotterlebens« (S. 45) und in den biographischen Fremdberichten ihrer Schüler. Die Gattung der NQ sei »eine Tochter prophetischen Geistes« (S. 44). — Zur Kritik vgl. schon MOWINCKEL, Nehemia, S. 115ff.; Studien II, S. 87ff.

11 Statholderen Nehemia, S. 89ff., bes. S. 124—159.

12 Die vorderasiatischen Königs- und Fürsteninschriften, in: Eucharisterion, Gunkelfestschrift, 1923, S. 278—322; »Ich« und »Er« in der Ezrageschichte, in: Verbannung

keit der NQ unter den alttestamentlichen Literaturformen aus und sucht nach Analogien in der »gemeinorientalischen Stiltradition«. Er bestimmt die Quelle als »Schriftstück, nach Stil und Art der vorderasiatischen Königsinschriften«[13]. Die Parallelen, die MOWINCKEL aufzeigt, sind sehr gewichtig. Es handelt sich bei dem vergleichbaren Typ der babylonischen Bauinschriften um einen Bericht in Ich-Form, der mit einer hymnischen Präsentation der Person des Ich einsetzt, kurz die früheren Taten berichtet und dann die Beschreibung des Hauptwerkes in den Mittelpunkt stellt, um mit dem Schlußgebet um Segen und Glück und ewiges Gedächtnis zu enden[14]. Die berichteten Fakten sind häufig in chronologischer Ordnung unverbunden[15] aneinandergereiht. Genau datiert wird nur gelegentlich bei Bauarbeiten und Einweihungsfeiern[16]. Die Grundform dieser Dokumentationen ist nicht die Erzählung, sondern die Schilderung der verdienstvollen Taten im Aufzählungsstil. Der Stil ist monumental, lapidar und zugleich hymnisch. Die Ich-Form steht im Dienst der Tendenz einer Selbstverherrlichung. Alles Interesse ist auf die Person des Ich gerichtet. Für andere besteht in positiver Hinsicht kein Platz. Der Held tut alles selbst, auch dort, wo es deutlich ist, daß er selbst nicht handelt[17]. Die Vorgänger der Könige werden möglichst wenig und fast immer in Verbindung mit einem herabsetzenden Urteil erwähnt[18]. Die Gegner findet man so schwarz wie möglich, oft unter Einfügung von Schimpfworten[19] gezeichnet. Rachegebete und die Erwähnung der Spottworte später zuschanden gewordener Feinde fehlen nicht in den Inschriften über Kriegstaten[20]. Die einzelnen Werke werden als Verdienste vor der Gottheit erwähnt[21] und auf göttliche Eingebungen zurückgeführt[22]; Gottesfurcht ist ihre Ursache[23]. Die Tendenz solcher Inschriften liegt darin, Selbstverherrlichung und unvergänglichen Nachruf anzustreben. Der Held betet mit ihnen um den wohlverdienten Lohn[24].

---

und Heimkehr, Rudolphfestschrift, 1961, S. 211—233; Det Gamle Testamente V/2, 1963, S. 181—183; Studien zu dem Buche Ezra-Nehemia II, Die Nehemia-Denkschrift, 1964, S. 50—104.

[13] Gunkelfestschrift, S. 278.

[14] Gunkelfestschrift, S. 284; Studien II, S. 96 ff.

[15] Vgl. Neh 6 17 13 4. 15. 23.

[16] Vgl. Neh 6 15.

[17] Gunkelfestschrift, S. 298 f.; vgl. Neh 13 8. 25.

[18] Gunkelfestschrift, S. 306; vgl. Neh 5 15.

[19] Gunkelfestschrift, S. 307 f.; vgl. Neh 2 10. 19 f. 3 33 ff. 6 1 ff.

[20] Gunkelfestschrift, S. 308; vgl. Neh 3 33 ff.

[21] Gunkelfestschrift, S. 310; vgl. Neh 5 19 13 14. 22. 31.

[22] Gunkelfestschrift, S. 308 f.; vgl. Neh 2 12 7 5.

[23] Gunkelfestschrift, S. 309, vgl. Neh 5 9. 15.

[24] S. o. Anm. 21.

Auf Grund der starken Übereinstimmungen mit der NQ kommt MOWINCKEL zu dem Schluß: »So ist auch die Denkschrift des Neh. dazu bestimmt, ihm einen ewigen Namen zu sichern, seinen Nachruf lebendig zu erhalten, damit auch die Nachwelt wissen soll, ‚was ich alles für dies Volk getan habe' (5 19)«[25]. Wie die Könige und Fürsten hat nach MOWINCKEL Nehemia dieses Dokument durch seinen Kanzleischreiber abfassen[26] und im Tempel in Stein veröffentlichen lassen[27].

Der geschlossene Entwurf MOWINCKELS wurde in der deutschen Forschung nie recht gewürdigt. Soweit ich sehe, hat nur HÖLSCHER (1923)[28] sich dieser Sicht voll angeschlossen. Nach HÖLSCHER hat Nehemia ein offizielles Journal benutzt, wie es am Königshof und in den Statthalterkanzleien geführt wurde. Über MOWINCKEL hinaus fragt HÖLSCHER auch vom Inhalt der Schrift her nach der Gattung und bestimmt sie in dieser Hinsicht als Rechtfertigungsschrift[29].

Bei einer Kritik der These MOWINCKELS ist zunächst auf die zahlreichen Abweichungen der NQ von dieser Form zu verweisen. MOWINCKEL sieht sie zum größten Teil selbst. Er erklärt sie vor allem durch den Einfluß der jüdischen Religion[30] und der achämenidischen Inschriftenform, der die schrankenlose Selbstverherrlichung des Menschen vor Gott unmöglich mache. Abweichungen vom Aufzählungsstil führt MOWINCKEL auf die Tradition des israelitischen Erzählstils zurück[31]. Schon die Komposition stimmt nicht völlig überein. Die lange hymnische Präsentation fehlt, der Verweis auf die übrigen Taten ist dem Hauptteil nicht vorgeschaltet, sondern entweder eingeschoben oder angehängt[32]. Die Länge der NQ und die der Monumentalinschriften stehen in keinem Verhältnis zueinander. Die Aufzählung von Tatsachen ist in der NQ nicht aufgelockert durch kurze Erzählungen; man müßte geradezu die These auf den Kopf stellen. Die lebendige Erzählung beherrscht zumindest den Hauptteil Neh 1—12, während der Anhang ein wenig an die dokumentarische Schilderung heranreicht. Aber grundsätzlich erzählt Nehemia, er beschreibt nicht. Seine Schrift ist keine Ruhmesschrift. Sie stellt nicht die eigene Person zum Zwecke des unvergänglichen Nachrufs und der Belohnung durch die Gottheit maßlos zur Schau. Gelegentliche Anklänge sollten hier nicht

---

[25] Studien II, S. 80.
[26] Studien II, S. 85.
[27] Möglicherweise als Stein- (Studien II, S. 81 mit Anm. 4) oder Bronzestele, wahrscheinlicher aber auf Pergament oder Papyrus (Nehemia, S. 155f., mit Verweis auf Jes 56 5 II Macc 14 48).
[28] HÖLSCHER, S. 497f.
[29] HÖLSCHER, S. 497f.
[30] Gunkelfestschrift, S. 278; Studien II, S. 100ff.
[31] Studien II, S. 97.
[32] Vgl. dazu die Erklärung MOWINCKELS, Studien II, S. 96.

verabsolutiert werden. MOWINCKEL trägt dem Inhalt der Schrift zu
wenig Rechnung. Dieser verrät nicht »Pathos und stolzes Selbst-
bewußtsein«[33], sondern macht den Eindruck der Appellationsschrift
eines Angeklagten an die Gottheit, dem die menschliche Umwelt
die Gerechtigkeit versagt. Die juristisch geprägte Topik des Textes,
wie vor allem die זָכְרָה-Formel, hat in den Königsinschriften keine
Entsprechung. Fraglich ist mir schon der Ansatz MOWINCKELS, nach
dem im Alten Testament auch grundsätzlich keine Voraussetzungen
für die Form der NQ liegen[34].

Trotz dieser Abstriche läßt sich jedoch, besonders für Neh 13,
eine Reihe einzelner Stilparallelen nicht leugnen. Es besteht nur die
Frage, ob man diesen Stil ausschließlich für die Monumentalinschriften
in Beschlag nehmen darf. HÖLSCHER und KITTEL weisen mit Recht
auf die Einrichtung der persischen Kanzleitagebücher[35]. »Schon die
assyrischen und babylonischen Königsinschriften, die der Verherrlichung der Taten des Herrschers gelten, setzen als Unterlage Berichte
voraus, in denen der König durch seine Schreiber seine Taten erzählt«
(KITTEL)[36]. MOWINCKEL selbst sieht eine stilistische Parallele in den
»dienstlichen Berichten an den König oder einen höheren Vorgesetzten
über ausgeführte Reisen und Aufträge«[37], ohne dem weiter nachzu-
gehen. Die ohne Zweifel festzuhaltende Gemeinsamkeit im Stil zwischen
der NQ und den Monumentalinschriften trägt nicht unbedingt zur
Lösung der Gattungsfrage bei.

b) Die Nehemiaquelle und die Votivinschriften

Schon MOWINCKEL weist bei der Frage nach dem Ursprung des
Stils auf die Votivinschriften[38]. SELLIN (1932)[39] ordnet vom Terminus זכר her die NQ dieser Literaturform zu. Die Schrift ist bei ihm
»eine Weiheinschrift, sie vertritt ein Weihegeschenk, wie solche das
nachexilische Judentum in weitem Umfange gekannt hat«. Diese These
ist in der Folgezeit immer wieder vertreten worden[40]. Zuletzt hat vor
allem SCHOTTROFF (1964) im Anschluß an GALLING die Nähe zu den

---

[33] Studien II, S. 67.
[34] Studien II, S. 86.
[35] HÖLSCHER, S. 497; KITTEL, Gesch. III, S. 610.
[36] Ebd.
[37] Vgl. Nehemia, S. 156f.; Rudolphfestschrift, S. 227.
[38] Nehemia, S. 155f.; Gunkelfestschrift, S. 313; ThLZ 85 (1960), Sp. 7.
[39] SELLIN, Gesch. II, S. 159.
[40] Vgl. BAYER, Die Memoiren des Statthalters Nehemia, Sonderdruck Diss. Heidelberg
1937, bes. S. 3; RUDOLPH, S. 212; GALLING, bspw. S. 227. 253; KUHL, Die Entstehung des Alten Testaments, ²1960, S. 312; GELIN, S. 14f.; WEISER, Einl., ⁵1963,
S. 280; FOHRER, Einl., 1965, S. 262.

Stifterinschriften betont[41]. SCHOTTROFF fragt, ob man wegen der abschließenden Stifterformel in 13 31 nicht das ganze Nehemiabuch als »Stifterinschrift« zu verstehen habe[42].

Auch diese These hat ihre Mängel. Sie verabsolutiert den זָכְרָה-Ruf und schaut nicht auf den Inhalt und die Gesamtform. Die Länge der NQ, ihr apologetischer Charakter und ihre erzählende Art sind mit dem Schema der Votivinschriften nicht vereinbar. Die Entsprechungen der Stifterinschriften zur זכר-Formel zeigen eine andere Struktur. Es handelt sich um eine kurze Notiz mit der Wurzel זכר in passiver oder nominaler Form ohne direkte Anrufung der Gottheit[43]. Der Name des Stifters und seine Stiftung werden jeweils genau angegeben. Es geht dabei normalerweise um materielle Zuwendungen, meist um Ausstattungsstücke eines Heiligtums[44]. Das Eingeständnis SCHOTTROFFS für die NQ »Freilich geht es um Stiftungen...nur in einem übertragenen Sinne«[45] zeigt schon die Schwäche der These an. Vor allem aber darf die negative Formulierung des זָכְרָה-Rufs in 6 14 13 29 nicht übersehen werden. Hält man sie für echt, so verweist die NQ als ganze in den Bereich des Rechts und nicht des Votivwesens. SCHOTTROFF spricht in unbefriedigender Weise bei diesen beiden Formeln von einem negativen Korrelat zu den Segenswünschen des Stifters[46].

c) Die Nehemiaquelle und die Grab- und Denkinschriften der Großen

In der Literatur wird schon bspw. bei BERTHOLET[47] und immer wieder[48] auf die Gedenkstelen der Großen, besonders auf die Inschrift des Udjahorresnet von Sais hingewiesen. Unlängst hat v. RAD in einem Aufsatz »Die Nehemia-Denkschrift«[49] nun das umfangreiche Material der biographischen Inschriften der ägyptischen Spätzeit zum Vergleich herangezogen[50]. Die Untersuchung wird sehr behutsam und vorsichtig durchgeführt. Sie überzeugt an vielen Stellen, führt mich in meiner eigentlichen Fragestellung nach der Gattung aber nicht

---

[41] SCHOTTROFF, »Gedenken« im Alten Orient und im Alten Testament, 1964, bes. S. 218—222.

[42] A. a. O. S. 221.

[43] Bspw. דכרון טוב / דכיר בטב / דכיר לטב. Eine Zusammenstellung des Materials bei SCHOTTROFF a. a. O. S. 47—65. 68—89.

[44] SCHOTTROFF a. a. O. S. 222.

[45] Ebd.

[46] Ebd.

[47] BERTHOLET, S. 91.

[48] Vgl. bspw. JOHANNESEN, S. 209; SNAITH, in: The Old Testament and Modern Studies (ed. ROWLEY), ²1952, S. 112f.; BOWMAN, IntB 3, S. 555f.

[49] v. RAD, Die Nehemia-Denkschrift, ZAW 76 (1964), S. 176—187.

[50] Mit Rückgriff auf OTTO, Die biographischen Inschriften der ägyptischen Spätzeit, Probleme der Ägyptologie 2, 1954.

weiter. Die Inschriften fallen in die zeitliche Nähe zu Nehemia und
stammen von Leuten der oberen Stände; hierin sind sie mit der NQ
vergleichbar. Sie sind ebenfalls »autobiographisch« gehalten, und es
ergibt sich schon eine Reihe sachlicher Berührungen, die aber meistens
allgemeiner Art sind. Schon in der Überlieferungsform stimmen die
NQ und die biographischen Texte nicht voll überein. Es handelt sich
dort um Inschriften auf Statuen im Tempel und Totenstelen in Gräbern. Die Abfassung der NQ ist in dieser Weise — schon wegen ihrer
Länge — unvorstellbar. Während in den Inschriften der kurze, all-
gemeines kultisches und soziales Wohlverhalten darstellende Beteue-
rungssatz vorherrscht und fast jeder Satz einen Sinnabschnitt in sich
darstellt, zeichnet sich die NQ durch lebendige und detaillierte Erzählung aus. Neben der Anrede an die Gottheit steht in den Inschriften
gleichrangig die Anrede an den Leser, »sich den vorbildlichen Lebens-
wandel des aus der Stele Redenden zur Lehre dienen«[51] zu lassen;
dieser pädagogische Zug fehlt der NQ völlig. Die von mir herausge-
stellten Besonderheiten der NQ wie der Blick auf die Gegner und die
Beendigung von Sinnabschnitten mit der זָכְרָה-Formel fehlen. Während
in den Inschriften zunächst ausführlich von den »Haupttugenden des
ägyptischen Beamten«[52] die Rede ist und man erst am Ende von allgemeinen Beteuerungen zum Konkreten übergeht, verhält es sich bei
der NQ umgekehrt. Hier liegt nicht in der Hauptsache ein Katalog
guter Werke vor, sondern ein genauer Tätigkeitsbericht, in dem
kultisches und soziales Wohlverhalten am Rande und am Ende ange-
merkt sind. Die meisten Parallelen zu den Inschriften ergeben sich
deshalb in den Einschüben 5 14ff. und im Anhang 13 4ff. (besonders
13 30f.). Es erscheint mir methodisch gefährlich, allein von Neh 13 her
die Frage nach dem literarischen Vorbild klären zu wollen. Die eigentliche »Votivformel« (זָכְרָה) kommt nicht sehr häufig in den Inschriften
vor[53] und hat mit Ausnahme der möglicherweise apologetisch orientierten[54] Inschrift des Udjahorresnet nie apologetischen Charakter.
Es fehlt die Formulierung *ad malam partem*. Die anders strukturierte
Formel richtet sich in gleicher Weise auch an den Menschen[55].

In der Wendung »Gott hat mir ins Herz gegeben« (2 12 7 5) vermutet v. RAD
nach Vergleich mit den Inschriften und den übrigen Stellen des Alten Testaments einen
Ägyptizismus[56]. Auch zu der 4 16f. erwähnten Nachtarbeit findet sich eine sachliche

---

[51] v. RAD a. a. O. S. 177.
[52] v. RAD a. a. O. S. 178.
[53] Vgl. OTTO a. a. O. Nr. 19 I i (S. 158); 25a (S. 163); 28 (S. 166. 168); 30 (S. 173);
    75 (S. 198f.).
[54] Vgl. dazu NYBERG, Das Reich der Achämeniden, in: Historia Mundi 3, 1954, S. 72f.
[55] Vgl. OTTO a. a. O. Nr. 19 I i (S. 158); 28 (S. 166f.); 75 (S. 199).
[56] v. RAD a. a. O. S. 183—185.

Parallele[57]. Jedoch besagt die gelegentliche Übereinstimmung im Stil und in der Phraseologie nichts für die nähere Bestimmung der Gattung und ihres literarischen Vorbildes.

v. RAD selbst sieht die Unterschiede zwischen den Inschriften und der NQ deutlich[58], so daß er vorsichtig resümiert: »Das Ergebnis unserer Vergleichung kann freilich nicht auf die Behauptung hinauslaufen, daß die ägyptischen Beamtenstelen das unmittelbare Vorbild der ND waren. Es könnte ja noch nähere Modelle gegeben haben, die wir nicht kennen. Nur dies kann behauptet werden, daß sie z. Zt. das nächste Vergleichsmaterial darstellen, das uns die Abhängigkeit der ND vor allem von ägyptischen Vorbildern erkennen läßt«[59]. M. E. läßt sich vieles durch die Annahme eines einheitlichen Kanzleistils im persischen Großreich und seiner Nachfolger erklären.

Die biographische Parallelität zwischen Udjahorresnet von Sais und Nehemia, auf die v. RAD mit Nachdruck hinweist[60], ist augenfällig. Auch findet sich in der Inschrift von Sais eine Gedenkformel, die als Schlußwendung dem Abschluß der NQ sehr nahe kommt: »O ihr großen Götter, die ihr in Sais seid! Gedenkt alles Nützlichen, das der Oberarzt Udjahorresnet getan hat!«[61]. Sonst sehe ich aber eine so geringe Übereinstimmung in der Form und im Stil, daß ich nicht an ein literarisches Vorbild der NQ denken kann. Vor allem steht der Verdienstgedanke bei dieser Inschrift, der bei Nehemia m. E. fehlt, zu stark im Vordergrund.

d) Die Nehemiaquelle als Rechtfertigungsschrift

Vom Inhalt der NQ her ist nun auch immer wieder auf den Charakter einer Rechtfertigungsschrift hingewiesen worden. So versteht bspw. schon ERBT (1909)[62] die Denkschrift Nehemias als seine »Verteidigungsschrift in dem Prozesse, der ihm am Hofe gemacht wurde«. Die Überschrift 1 1 דִּבְרֵי נְחֶמְיָה sei zu übersetzen mit »Rechtshandel« oder »Klagesache Nehemias«. Ähnlich urteilt HALLER (1914)[63] bei der Frage nach der Tendenz: »Nehemia kam als königlicher Gesandter nach Jerusalem mit dem bestimmtesten Auftrag, Jerusalems Mauern zu bauen. Er mußte sein Werk gegen den Willen der Landesbewohner durchsetzen. Zweifellos hatte er auch mit der Gegnerschaft persischer Provinzialbeamter zu rechnen. Da mußte es

---

[57] Vgl. OTTO a. a. O. Nr. 27a (S. 164).

[58] v. RAD a. a. O. S. 185f.

[59] A. a. O. S. 186.

[60] A. a. O. S. 179f.; Text bei OTTO a. a. O. Nr. 30 (S. 169—173).

[61] OTTO a. a. O. S. 173.

[62] ERBT, Esra und Nehemia, OLZ 12 (1909), (Sp. 154—161) Sp. 155.

[63] HALLER, SAT II/3, 1914, S. 149.

ihm wertvoll sein, dem König, seinem Auftraggeber, einen genauen Rapport über seine Tätigkeit abzugeben, vielleicht auch, um sich gegen eventuelle Denunziationen zu rechtfertigen. Diesen Bericht finden wir in seinen Denkwürdigkeiten«. Später (1925) schränkt HALLER ein: »Allerdings möchte man vermuten, daß ein solches hochamtliches Schreiben eines persischen Statthalters an den Hof in Susa..... in der aramäischen Reichssprache abgefaßt wäre. Vielleicht hat Nehemia eine hebräische Übersetzung als Abschrift davon in Jerusalem niedergelegt«[64]. BUHL bringt in der Besprechung von MOWINCKELS Statholderen Nehemia[65] den Begriff der Apologie zur Kennzeichnung der Tendenz. HÖLSCHER (1923) formuliert den zweideutigen Charakter der NQ, den HALLER erkannte, sehr deutlich: »Man hat den Eindruck, daß die Gegner, die den Nehemia nach 2 19 6 6 f. in den Verdacht des Hochverrats zu bringen suchten, auch am Hofe gegen ihn intrigiert haben mögen, und daß als Motiv bei Abfassung der Denkschrift auch der Gedanke der Rechtfertigung gegenüber solchen Verleumdungen mitgespielt haben mag; doch ist die Denkschrift nicht aufzufassen als eine an den Hof eingereichte Verteidigungsschrift«[66]. Auch KITTEL (1929) äußert sich in ähnlicher Weise[67]. Zuletzt ist auf eine Notiz in der Einleitung PFEIFFERS (1941) aufmerksam zu machen. Er spricht von einer »*apologia pro domo sua*«[68] und zieht den Bericht des Hethiterkönigs Hattušiliš III. als enge Parallele heran[69]. Der apologetische[70] Bericht dieses der Rebellion gegen den Souverän schuldigen Mannes über seine Thronbesteigung ist ein umfangreiches Erzählstück biographischer Art in der Ich-Form abgefaßt[71]. In ihm wird besonders auf den Schutz der Gottheit bei diesem Unternehmen hingewiesen. Die Gottheit garantiert dem König den Erfolg. Aber appelliert wird mit dieser Apologie nicht an die Gottheit, sondern an den Pankus, den Rat der Edlen, und nach einer Analogie zur זָכְרָה-Formel sucht man vergeblich.

Die Schwäche der These von der Rechtfertigungsschrift, die mir von meinen stilistischen und formalen Vorüberlegungen her sehr zusagt, sehe ich darin, daß man nur vom Inhalt her den Charakter der NQ bestimmt, ohne die Frage nach der Form und den Formelementen

---

[64] HALLER, SAT II/3, ²1925, S. 163.
[65] ThLZ 41 (1916), Sp. 484f.
[66] HÖLSCHER, S. 498.
[67] KITTEL, Gesch. III, S. 610.
[68] PFEIFFER, Introduction to the Old Testament, ⁵1941, S. 838.
[69] Text bei STURTEVANT-BECHTEL, A Hittite Chrestomathy, William Dwight Whitney Linguistic Series, 1935, S. 42—99.
[70] Vgl. dazu STURTEVANT-BECHTEL a. a. O. Überschrift und S. 84.
[71] Vgl. den Anlaß der Apologie mit dem wahrscheinlichen Anlaß der NQ (dazu s. u. S. 85 f).

zu stellen. Man müßte versuchen, durch Beobachtungen zur Form zu einem sichereren Ergebnis zu kommen.

2. Versuch einer Lösung der Gattungsfrage

Der Formzwang, der in der NQ vorherrscht, läßt kaum einen anderen Schluß zu, als daß Nehemia sich an ein Schema mit einem festen Sitz im Leben anlehnt. Da direkte literarische Parallelen bis jetzt nicht beizubringen sind, könnte man damit rechnen, daß dieses Schema auf Grund des einmaligen Falles, wie er in der Nehemiageschichte vorliegt, eine freie Abwandlung erfahren hat. Aus der Anlehnung Nehemias an Formelemente des Rechtslebens, wie ich sie schon im einzelnen aufgezeigt habe[72], ist zu schließen, daß die NQ einen juristischen Sitz im Leben hat. Die Appellation an die Gottheit als Rechtshelfer und die Abfassung der Schrift in hebräischer Sprache weisen nun gleichzeitig auf den Tempel hin. Gehört die NQ einer kultisch-juristischen Gattung an?

a) Die Nehemiaquelle und das »Gebet der Angeklagten«

Die זָכְרָה-Formel ist unbeschadet ihrer juristischen Verwendung ein typisches Element des Klageliedes, das in Aufriß und Form auch weitere Gemeinsamkeiten mit der NQ zeigt. So bilden die NQ und das Klagelied nicht nur die Appellationsformel mit זָכְרָה[73], sondern haben auch die Darstellungsform in der 1. pers. des Sprechers, den Blick auf die Feinde in der 3. pers. mit der Bitte um ihre Bestrafung[74] und den Rückblick auf das rechtschaffene Vorleben des Beters[75] gemeinsam. Eine Nähe zur juristischen Bedeutung der זָכְרָה-Formel Nehemias zeigen Jes 38 3 = II Reg 20 3 Ps 109 14 132 1 137 7. H. SCHMIDT hat nun für eine Fülle von Klagepsalmen einen kultisch-juristischen Sitz im Leben wahrscheinlich gemacht[76], wie ich ihn für die NQ vermute. Er bezeichnet diese als »Gebet der Angeklagten« und ordnet dieser Gattung das Verfahren der kultischen Rechtsfindung im Heiligtum bei unklaren Rechtsfällen als Sitz im Leben zu[77]. Wird es auch kaum möglich sein, die gesamte Fülle des von SCHMIDT herangezogenen Materials zu dieser Gattung zu rechnen, so kann ihre Existenz für eine

---

[72] S. o. S. 6—8.

[73] Vgl. Jer 14 21 15 15 18 20 Jes 38 3 = II Reg 20 3 Ps 25 6f. 74 2. 18. 22 79 8 89 48. 51 106 4 119 49 132 1 137 6 Hi 7 7 10 9 Thr 5 1 Neh 1 8.

[74] Vgl. Jer 15 15 18 21 Ps 74 22f. 79 10-12 137 7-9 mit Neh 3 36f. 6 14 13 29.

[75] Vgl. Jes 38 3 = II Reg 20 3 Jer 18 20.

[76] SCHMIDT, Das Gebet der Angeklagten im Alten Testament, BZAW 49, 1928.

[77] Zu den Belegen und zur Institution vgl. SCHMIDT a. a. O. S. 1—8; KÖHLER, Der hebräische Mensch, 1953, S. 158f.

Reihe von Klagepsalmen nicht bestritten werden[78]. Das Gebet der Angeklagten steht nach SCHMIDT mit der Einleitung des Gottesgerichtsverfahrens in Zusammenhang. Es ist Appellation des Beklagten an die Gottheit um Rechtshilfe und Erweis der Unschuld[79]. In Num 5 15 wird das zu diesem Akt gehörende Opfer als מִנְחַת זִכָּרוֹן מַזְכֶּרֶת עָוֹן bezeichnet. Es kann kein Zweifel darüber bestehen, daß in מַזְכֶּרֶת עָוֹן die technische Bedeutung zugrunde liegt, die ich auch für die NQ herausgestellt habe. Innerhalb der von SCHMIDT behandelten Gebete findet sich die זָכְרָה-Formel als Terminus technicus allerdings nur in Ps 109 14. Da jedoch die Gebete der Angeklagten allgemein sachlich gleiche Appellationen aufweisen[80], dürfte das Fehlen der sonst für die Klagelieder und -gebete typischen זָכְרָה-Formel nicht weiter ernst zu nehmen sein. Auch in der besonderen Gattung der Angeklagtengebete findet sich die Unschuldserklärung als Rückblick auf das Vorleben in der Ich-Form[81] und das Gebet um Rache und gerechte Bestrafung der Rechtsgegner[82].

An der Position SCHMIDTS möchte ich jedoch eine kleine Korrektur anbringen. Es leuchtet mir nicht ein, daß das Gebet der Angeklagten nur beim Gottesgericht seinen Sitz im Leben haben soll. Es ist m. E. auch mit dem Gebet eines Beklagten zu rechnen, der auf Grund erdrückender falscher Zeugenaussagen im Tor sein Recht nicht bekommt und dem deshalb als letzter Weg nur das Zetergeschrei vor Gott, d. h. die Anrufung Gottes als Rechtshelfer bleibt. Jedenfalls läßt sich die Erwähnung der falschen Zeugen in den Gebeten der Angeklagten kaum anders verstehen[83].

Nun liegt m. E. neben der formalen Nähe der NQ zu den Gebeten der Angeklagten auch die sachliche deutlich zutage. Als Rechtsgegner und Belastungszeugen nennt Nehemia in den Appellationen Priesterschaft und Adel Judäas (13 28f. 6 18f.) und die Führung der samaritanischen Nachbarprovinz (3 36f. 13 28). In 5 19 bezeichnet Nehemia das ganze Volk von Judäa (הָעָם הַזֶּה) mit der Formel des Rechtswidersachers[84]. Der Vorwurf der Gegner Nehemias lautet in der Anklageformulierung von 2 19 und 6 6f. auf Hochverrat und Abfall vom persischen Großkönig durch nationalistische und monarchistische Umtriebe. Eine richterliche Instanz, vor die die Anklage zu bringen wäre, könnte nur der Perserkönig selbst sein. Und so setzt es nicht in Erstaunen, wenn

---

[78] Vgl. bspw. KRAUS, Psalmen, BK XV, 1960, S. XLIX. 55f. 57. 215; EISSFELDT, Einl.[3], S. 160.

[79] Vgl. RICHTER, Studien zu Hiob, ThA XI, 1959, S. 50ff.

[80] Vgl. bspw. Ps 5 2ff. 7 2 17 1f. 6ff. 26 1-2. 9-11 35 1. 17. 22-24 54 3f. 109 26.

[81] Ps 7 4-6 17 3-5 26 1. 3-8 Pap Cowley 7, 8—10.

[82] Vgl. Ps 5 11 7 7 17 13f. 54 7 109 14.

[83] Vgl. Ps 5 10 7 2ff. 12 4 27 12 35 11. 19ff.

[84] Dazu s. o. S. 8.

Nehemia in 1 11 auch ihn mit der Formel des Rechtswidersachers (הָאִישׁ הַזֶּה) benennt. Daß der Statthalter angesichts der bedrückenden Menge der Gegner und der Gefährlichkeit ihrer Aussagen in einem solchen für ihn ungünstigen Fall an die Gottheit appelliert, ist nur allzu verständlich.

Von formalen und sachlichen Erwägungen her möchte ich die These wagen, daß Nehemia mit seiner Rechtfertigungsschrift an die Gattung des Gebetes der Angeklagten anknüpft und diese für seinen besonderen Fall abwandelt.

b) Die Abwandlung des Gebetes der Angeklagten in der Nehemiaquelle

Gegen eine direkte Identifizierung der NQ mit dieser Gattung sprechen die Länge der Schrift in Gestalt eines ausführlichen Dienstberichtes und die schriftliche Fixierung der Appellation. Beide Abwandlungen lassen sich aus der Einmaligkeit der Situation heraus verstehen. Gegenüber einer Anklage auf Überschreitung der amtlichen Vollmachten muß es Nehemia daran liegen, die Vorgeschichte des Unternehmens (Neh 1), die königliche Einsetzung und Beauftragung (2 1-8) und die genaue Durchführung des königlichen Auftrags (2 9— 12 43) in allen Einzelheiten zu schildern und für alle weiteren Reformen (13 4ff.) auf das in Juda als Reichsgesetz geltende Jahwegesetz[85] zu verweisen. Gegen die schriftliche Fixierung der Appellation läßt sich zwar geltend machen, daß das Rechtsleben in Israel sich in der mündlichen Form vollzog[86]. Berücksichtigt man aber, daß die Priesterschaft als die berufsmäßigen Vermittler der Appellation in diesem Fall auf Seiten der Ankläger steht, so bedeutet die schriftliche Fixierung des Berichtes und seine wahrscheinliche Deponierung im Tempel oder Tempelarchiv die einzigmögliche Form der Appellation für Nehemia. Zu erwägen wäre ferner, ob er einen ähnlich lautenden Bericht ohne זָכְרָה-Formeln und Gebete als Dienstbericht mit zum königlichen Hof genommen hat, zumal im außerjüdischen Bereich eine schriftliche Dokumentation beim Gerichtsverfahren üblich war[87].

Auf der anderen Seite kann aber auch gefragt werden, ob nicht die schriftliche Fixierung des Gebetes der Angeklagten und die Ausweitung der Unschuldserklärung zu einer Lebensbeichte auch in Israel

---

[85] Vgl. Esr 7 12-26 (Esra ist m. E. vor Nehemia zu datieren; dazu vgl. meine demnächst in der ZAW erscheinenden Erwägungen zu Esraproblemen).

[86] So bspw. RICHTER a. a. O. S. 109; BOECKER, Redeformen des Rechtslebens, S. 13 f.

[87] Vgl. LAUTNER, Die richterliche Entscheidung und die Streitbeendigung im altbabylonischen Prozeßrechte, Leipziger rechtswissenschaftliche Studien 3, 1922; SEIDL-SCHARFF, Einführung in die ägyptische Rechtsgeschichte bis zum Ende des Neuen Reiches, Ägyptologische Forschungen 10, 1939; ein zusammenfassender Überblick bei RICHTER a. a. O. S. 20—32. 38. 90. 109.

bei besonderen Fällen üblich war. Mit der Nehemiazeit steht man ja
in einer Periode der Abwandlung, Ausweitung, Auflösung und Ver-
mischung von Gattungen und muß ebenso mit Einflüssen aus Ägypten
und dem Osten durch die Vermittlung des Diasporajudentums rechnen.
So wurden bspw. in Ägypten und im Zweistromland die Gebete der
Angeklagten zur Auslösung eines Gottesurteils schriftlich fixiert[88].
Vielleicht ist Nehemia mehr ein Kind des unter den Einflüssen der
Umwelt stehenden Diasporajudentums gewesen, als man annimmt.

Vor allem aber muß auf Hi 19 23-25 und 29—31, besonders 31 35,
verwiesen werden. Das Buch Hiob lehnt sich nicht nur an die Formen
des Rechtslebens an[89], sondern zeigt auch, daß der Verfasser die Ausweitung der Unschuldserklärung zu einer Art Lebensbeichte und
schriftliches Prozeß- und Appellationsverfahren in besonderen Fällen
kannte. Hi 31 35 setzt ein schriftliches Prozeßverfahren voraus[90]. Der
Klageschrift des Gegners (סֵפֶר Hi 31 35) entspricht auch eine Verteidigungsschrift des Beklagten, unter die Hiob sein Hand- oder Haus-
zeichen[91] setzt, wie es bspw. auch zur Siegelung ägyptischer Rechts-
urkunden üblich ist[92]. Der Ausruf שַׁדַּי יַעֲנֵנִי besagt, daß Hiob seine
Schrift als Zwangsmittel zur Auslösung eines Gottesurteils benutzen
will[93]. Das geplante Schriftstück dürfte die »Entgegnungsrede Hiobs
mit dem Reinigungseide als Beweis seiner Unschuld«[94] Hi 29—31
enthalten. Die Unschuldserklärung ist am Anfang (Hi 29f.) in Gestalt
eines Lebensberichtes abgefaßt.

In Hi 19 23f. wünscht Hiob eine Aufzeichnung seiner Verteidi-
gungsrede. Sie ist bestimmt für die Gottheit als Rechtshelfer (Hi
19 25f.)[95]. Hiob erhofft nach gewaltsamem Abschluß seines Falles durch
den Tod (Hi 19 26) eine Wiederaufnahme des Verfahrens vor dem Tribunal seiner Freunde, in dem Gott selbst Rechtswahrer[96] dessen wird,
der nicht zu seinem Recht gekommen ist.

Die Parallelität der Situation zu Nehemia kann kaum übersehen
werden. Welche Dokumentationsart ist nun hinter חָקַק בַּסֵּפֶר zu suchen?
Von Hi 31 35 her liegt es nahe, an eine Verteidigungs- bzw. Appellationsschrift zu denken, für die RICHTER in seinen Studien zu Hiob
auf eine Analogie im ägyptischen Gottesurteilsverfahren hinweist[97].

---

[88] SEIDL a. a. O. S. 20. 25ff. 52f.; RICHTER a. a. O. S. 28. 52. 90.
[89] Dazu vgl. die Studie RICHTERS, ferner die Hiobkommentare, bes. FOHRER, KAT²,
XVI, 1963, S. 50ff.   [90] RICHTER a. a. O. S. 109.
[91] RICHTER a. a. O. S. 110; FOHRER a. a. O. S. 430.
[92] Vgl. SEIDL a. a. O. S. 22f.
[93] RICHTER a. a. O. S. 108f.
[94] RICHTER a. a. O. S. 104 (gesperrt).
[95] Vgl. RICHTER a. a. O. S. 92.
[96] Vgl. שׁדין Hi 19 29; zu גֹּאֵל vgl. bes. Prov 23 10f., dazu FOHRER a. a. O. S. 321f.
[97] S. o. Anm. 88.

Die Schriftlichkeit ist dort wie im Hiobbuch als Zwangsmittel gedacht, um Recht zu bekommen[98]. Da das Buch Hiob auch an anderen Stellen unter ägyptischem Einfluß steht[99], sollte man bei חקק בַּסֵּפֶר an diese prozeßeinleitende schriftliche Klage denken.

Natürlich reicht das Hiobbuch nicht aus, um die Institution einer schriftlichen Appellation um Rechtsbeistand an die Gottheit in Israel für die Spätzeit zu belegen, dafür steht es zu sehr unter ägyptischem Einfluß[100]. Aber es bezeugt doch immerhin die Bekanntschaft Israels mit der schriftlichen Fixierung als Zwangsmittel des Beklagten. Ich sehe mich deshalb darin bestärkt, in der NQ die Abwandlung eines Angeklagtengebetes zu sehen.

III. ZUR FRAGE DER HISTORISCHEN ZUVERLÄSSIGKEIT DER NEHEMIA-QUELLE

Auf Grund des Einblicks in Zweck, Eigenart und Gattung der NQ ist es nicht mehr möglich, sie als erstklassiges Quellendokument für die Nehemiazeit so unkritisch auszuwerten, wie es bisher oft geschah. In ihren Aussagen sind diese Texte zunächst einmal nur Ausdruck dafür, wie Nehemia sein Werk versteht und in der Öffentlichkeit und vor Gott verstanden wissen will. So bildet eigentlich die NQ auch die älteste Stufe in der Überlieferungsgeschichte Nehemias.

Für die historische Erforschung Nehemias und seines Werkes wird die Methode der Tendenzkritik unerläßlich. Man muß bei allen Aussagen die Einseitigkeit und Parteihaftigkeit berücksichtigen. Fast ebenso wichtig wie das, was Nehemia schreibt, wäre eigentlich das, was er aus apologetischen Gründen verschweigt. Man kann vielleicht damit rechnen, daß alles, was Nehemia in der Anrufung Gottes vorträgt, wahr und historisch ist; aber man muß ebenso damit rechnen, daß er nicht alles berichtet, was geschehen ist. Das Auswahlprinzip ist von der apologetischen Frontstellung her bestimmt. So bleibt alles Nehemia belastende Material unerwähnt und werden die Akzente des historischen Geschehens verschoben. Dies wäre um so mehr zu erwarten, wenn Nehemia eine um die Appellationsformeln verminderte Kopie zum Königshof mitgenommen haben sollte. Der Historiker muß sich davor hüten, zu schnell die Partei Nehemias zu ergreifen und mit ihm seine Gegner zu verdammen. Damit entspräche er zwar der Tendenz der NQ, möglicherweise aber nicht den *bruta facta* und der historischen Wahrheit, um die er sich mühen soll.

---

[98] Vgl. Richter a. a. O. S. 91. 108 f.

[99] Vgl. Richter a. a. O. S. 19; v. Rad, Hiob 38 und die altägyptische Weisheit, Suppl. VT 3, 1955, S. 293—301 = Ges. Stud., S. 262—271; Kuhl, RGG³ III, Sp. 358.

[100] Boecker a. a. O. S. 14.

3. Kapitel: Die Überlieferungsgeschichte der Nehemiaquelle und der Nehemiagestalt

I. DIE CHRON BEARBEITUNG DER NEHEMIAQUELLE

1. Die Nehemiaquelle im chron Werk

Der literarische Anteil des Chron an der Geschichte Nehemias beschränkt sich — abgesehen von den Glossen in 6 10-13 — auf die zwei großen Einschübe 8 1—11 36 12 44—13 3 (im Grundbestand) und die Überarbeitung des Mauerweihberichtes in 12 27-43. Sonst wird die NQ von ihm neben der Aramäischen Chronik als Hauptquelle für die nachexilische Geschichte der Jerusalemer Kultgemeinde unkommentiert übernommen. Dazu veranlaßt ihn wohl einmal das Fehlen von weiteren Quellen, wie schon der Entwurf der Esrageschichte zeigt, zum anderen kommt ihm die antisamaritanische Tendenz der NQ sehr gelegen. Seinem Werk eignet ja eine doppelte Tendenz[1]: Es richtet sich nach außen gegen den samaritanischen Kult auf dem Garizim und will die Erwählung Jerusalems und des Tempels auf dem Zion als alleinigem Sitz der Theokratie historisch nachweisen[2]; zum anderen richtet sich sein Protest nach innen gegen gewisse eschatologische Strömungen innerhalb der Kultgemeinde[3]. Dem ersten Anliegen entspricht die NQ mit ihrer Notiz vom Ausschluß der Samaritaner aus Jerusalem (2 20) und ihrem Haß gegen alles Samaritanische (2 10. 19f. 3 33ff. 4 1ff. 6 1ff.). Vor allem bietet sich der Schluß der NQ 13 28f. für ein antisamaritanisches Werk als Ende an. Der Klerus von Samaria kann sich höchstens von einem untauglichen Glied des Jerusalemer Hohenpriesterhauses herleiten. Möglicherweise haben die Samaritaner einen direkten verwandtschaftlichen Sukzessionszusammenhang mit dem Jerusalemer Hohenpriesterhaus behauptet[4]. Die Notiz von der Vertreibung des Hohenpriestersohnes oder -enkels wäre die hohnvolle Antwort des Chron auf solche Ansprüche[5].

---

[1] So vor allem PLÖGER, Theokratie und Eschatologie, 1959, S. 52ff.; WILDA, Das Königsbild des Chronistischen Geschichtswerkes, Diss. Bonn, 1959, S. 17ff.

[2] Vgl. NOTH, ÜSt., S. 164—166. 174ff.; RUDOLPH, Zur Theologie des Chronisten, ThLZ 79 (1954), Sp. 285f.; Chronikbücher, S. VIIIf.; PLÖGER a. a. O. S. 52ff.; WILDA a. a. O. S. 17ff.   [3] PLÖGER und WILDA, s. o. Anm. 1.

[4] S. u. S. 144 Anm. 217.

[5] Es ist zu erwarten, daß das antisamaritanische Werk des Chron auch mit einem antisamaritanischen Ausblick endet.

Von vornherein fallen zwei Züge im chron Erzählungskomplex
auf. Die Gestalten Esras und Nehemias werden in einer historisch
unvorstellbaren Weise synchronisiert, ohne daß sie dabei am Wiederaufbauwerk zusammenarbeiten. Die großen Einschübe macht der
Chron dort, wo Nehemias Wirksamkeit in den Bereich der Kultgemeinde gehört. So dienen ihm die Stammbaumkontrolle Nehemias
(7 4f.) als Anknüpfungspunkt für die Gesetzesverlesung Esras (8—10)
und der Bericht von der Mauerweihe als Gelegenheit, den kultischen
Eifer der Gemeinde zu zeigen (12 44—13 3). Auch die chron Überarbeitung des Mauerweihberichtes weist in die Richtung der zweiten
Beobachtung.

2. Eigenart und Anliegen der chron Interpolationen

Neh 8—10

Das Geschehen von Neh 8—10 steht in einem Sachzusammenhang,
aus dem kein Glied herausgebrochen werden kann. Nach der Konsolidierung der Provinz Juda mit der Hauptstadt Jerusalem unter persi-
schem Schutz kann endlich Esra seine Mission erfüllen. Die Verlesung
des Gesetzes vor der Gemeinde durch den priesterlichen Schriftgelehrten und die anschließende Unterweisung durch die Leviten lösen beim
Volk eine spontane Bußstimmung und Reaktion aus. Man führt die
Feier des Laubhüttenfestes in der gesetzesgemäßen Form durch und
beschließt die Ausscheidung alles fremden Blutes aus der Gemeinde.
Die Leviten sprechen daraufhin das große Bußgebet, das am Faden
des heilsgeschichtlichen Credos das Nebeneinander von ständigem
Gesetzesungehorsam Israels und immer neuen Gnadenerweisen Jahwes
aufzeigt. Auf dieses Bußgebet hin erfolgt die erneute Verpflichtung
des Volkes auf das Gesetz, d. h. ein neuer Bundesschluß.

Dieses Schema der Handlungsfolge in 8—10 (Gesetzesverlesung—
Bußgebet—Neuverpflichtung auf das Gesetz mit Grundsatzerklärung
und Einzelbestimmungen) läßt sich auch in anderen chron Texten
aufzeigen. Esr 9+10, II Chr 15 1-18 29—31 und 34 29—35 19 haben
die gleiche Struktur. Wie sich auch an außerchronistischen Parallelen
zeigen ließe, liegt damit das Bundeserneuerungszeremoniell der nachexilischen Gemeinde vor[6]. Die formgeschichtliche Betrachtung gibt
zu erkennen, daß der Chron Neh 8—10 als Gründungsurkunde der
nachexilischen, von allen fremden Elementen gereinigten Jerusalemer
Kultgemeinde verstehen will. Zur Ausgestaltung dieses Gründungs-
aktes historiert er das Bundeserneuerungszeremoniell mit den Datierungen in 8 2. 13. 18 9 1 und dehnt so das Geschehen auf einen Zeitraum
von fast vier Wochen aus, in dem mehrere Gesetzesverlesungen (8 3.

---

[6] BALTZER, Das Bundesformular, S. 48ff.

14. 18, auch 13 1-3) stattfinden. Der chronologische Kontext der NQ kommt hier einer »technischen« Notwendigkeit entgegen: Die Theokratie muß auf das gesamte Mosegesetz verpflichtet werden. Dazu bedarf es einer ungewöhnlich langen Lesung. Entsprechend der chron Anschauung von einer durch fremde Machthaber politisch gesicherten Theokratie in der völlig wiederaufgebauten Tempelstadt[7] kann die Gründung erst nach Abschluß des Mauerbaues stattfinden. Daß diese Konstituierung wie alle chron Bundeserneuerungen[8] in die Nähe eines Festtages fallen muß, ist naheliegend. Nach der Fertigstellung der Mauer am 25. 6. bietet sich der Neumond des alten 7. Festmonats, der mit seinen vielen Festtagen zur Gesetzesverlesung genug Gelegenheit gibt. Das Laubhüttenfest vom 15.—22.[9] ist eine weitere Möglichkeit[10], die Gesetzesverlesung fortzusetzen. Vom Datum her wird verständlich, wenn der Chron gerade die Aufforderung zur rechten Feier dieses Festes dem Gesetz entnimmt (8 14). Für den 24. 7. fehlt ein Festtagsdatum als Beleg. Er ist »ein Tag im weiteren Zusammenhang des Laubhüttenfestes, aber doch deutlich von ihm getrennt« (BALTZER)[11]. Dem Chron erscheint wohl der zweite Tag nach der fröhlichen Festwoche als der früheste Termin, an dem die mit Bußhaltung verbundene Bundeserneuerung stattfinden kann.

In der literarkritischen Analyse wies ich schon darauf hin, daß der Chron die Begebenheit im einzelnen an den Institutionen und Gebräuchen der Kultgemeinde seiner Zeit orientiert; zu einer antisamaritanisch ausgerichteten Gründungsurkunde gehört dies ja unbedingt hinzu. Schon bei ihrer Gründung hatte nach der Vorstellung des Chron die Jerusalemer Kultgemeinde die rechten Schriftgelehrten in Gestalt ihres Prototyps Esra (8 3f.), die levitischen Gesetzeslehrer (8 7f.) und Vorsänger bzw. -beter (9 5ff.) in ihrer Mitte. Schon damals wurde die sich allmählich festigende Form des Synagogalgottesdienstes mit der Gesetzesunterweisung von der Kanzel her (8 4) gefeiert. Schon damals hatte die Gemeinde die Fundamente, auf denen sie zur Zeit des Chron ruht: den abgeschlossenen Pentateuch[12] und die blutsmäßige und vom Gesetz geforderte Reinheit und Heiligkeit. Der Chron zeichnet alle diese Züge nicht aus rein historischem Interesse

---

[7] Vgl. WILDA a. a. O. S. 120ff.

[8] II Chr 15 10 Wochenfest (vgl. Targum; dazu RUDOLPH, Chronikbücher, S. 245f.; KRAUS, Gottesdienst in Israel, ²1962, S. 76 mit Anm. 86); II Chr 30 2. 13-15 Passafeier (dazu vgl. KRAUS a. a. O. S. 71f.); II Chr 35 1 Passafeier; Esr 10 17 1. Tag des 1. Monats.

[9] Vgl. Lev 23 33-43 Dtn 16 13-15.

[10] Zum Fehlen des Versöhnungsfestes (am 10. 7.) vgl. RUDOLPH, S. 153; KRAUS a. a. O. S. 88.

[11] BALTZER a. a. O. S. 68.

[12] Vgl. RUDOLPH, Chronikbücher, S. XIVf.

ein. Was ihn leitet, ist der Wille, gottesdienstliches Handeln und kultische Institutionen seiner Tage durch die Rückführung auf die kanonische Zeit des Anfangs zu legitimieren[13].

Man darf jedoch bei allem ätiologischen Interesse des Chron nicht das historische Bild, insbesondere das des Statthalters Nehemia, aus dem Auge verlieren. Nach der Beendigung des Mauerbaues durch den Vertreter der persischen Regierung sind die äußeren Bedingungen für die Proklamation der Theokratie gegeben. Durch den Einschub des Gründungsberichtes 8—10 wird die Neubegründung und Stammbaumkontrolle der Geschlechter durch Nehemia (7 4f.) zu einer Hilfsmaßnahme vorbereitenden Charakters und einem zeitlichen Anlaß degradiert. Nehemia ist der Vertreter der weltlichen Gewalt, der die Bevölkerung für das Werk Esras nur zusammenrufen darf; die Theokratie wird von Esra konstituiert. Alle weiteren Maßnahmen Nehemias sind in ihrer historischen Bedeutsamkeit dadurch entwertet. Mit der grundsätzlichen Verpflichtung der Gemeinde in Neh 10 werden die in 13 4ff. von Nehemia berichteten Reformen zu einer »Nachlese«[14] und rein »polizeilichen« Aktion.

So ist 8—10 nicht nur die chron Gründungsurkunde der Jerusalemer Kultgemeinde, sondern chron Korrektiv[15] an der NQ und ihrer Aussage über die Bedeutung Nehemias. Das Reformwerk der großen judäischen Könige Asa (II Chr 15 1-18), Hiskia (II Chr 29—31) und Josia (II Chr 34 29—35 19) mit ihren vorbildlichen Bundesschlüssen wird nach dem Chron für die Theokratie durch den Priester Esra, nicht durch den Statthalter Nehemia vollendet.

Neh 11 1f. 20. 25 a. 36

Der chron Bericht vom Synoikismos schließt sich an 8—10 an. Er zählt noch zur Folge der Bundeserneuerung unter Esra und erwähnt die Beteiligung Nehemias in keiner Weise, so daß die Konsolidierung der Hauptstadt durch Zuzug von Einwohnern aus der Landschaft eine Aktion der Kultgemeinde selbst und nicht ein Werk Nehemias ist. Das in 11 1f. geschilderte Geschehen hat gottesdienstliches Gepräge; es geht um die Erstellung einer zahlenmäßig ausreichenden Kultgemeinde am Sitz der Theokratie selbst. Mir scheint in der Auslassung der Nehemiagestalt bei dieser Maßnahme eine weitere Reduktion der Verdienste Nehemias um die Erneuerung Jerusalems vorzuliegen. Den Ruhm des Mauerbaues läßt ihm der Chron, die Sorge für die Bevölkerung des Thronsitzes Jahwes in der Theokratie steht ihm jedoch nicht zu.

---

[13] Vgl. Noth, ÜSt., S. 174ff.
[14] Vgl. Noth, ÜSt., S. 170.
[15] Vgl. Noth, ebd.

Für den Bericht vom Synoikismos hat der Chron keine literarischen Quellen benutzt. Entweder fußt der Bericht auf einer ernstzunehmenden mündlichen Überlieferung von einem Synoikismos Nehemias, oder er ist freie Kombination nach 7 1-5. Der erste Fall wird kaum zutreffen, da ein Synoikismos außerhalb der chron Nehemiaüberlieferung nicht bekannt ist[16]. Ich halte den Bericht für eine exegetische Folgerung aus dem Text 7 1-5 a der NQ.

Der Anlaß dazu ist im mißverstandenen Vers 4 zu suchen: »Und die Stadt war weit ausgedehnt und groß, aber die Bevölkerung darin war nur gering. Es waren auch noch keine Häuser gebaut«. Bei einer solchen Auffassung des überlieferten Textes liegt es natürlich nahe, in 7 5 die Vorbereitungsaktion zu einem Synoikismos zu finden. Das Verbum יחשׂ im *hitp.* bezeichnet hier jedoch die selbständige Aktion der Stammbaumkontrolle[17], deren Zusammenhang mit einer Bevölkerungsmaßnahme mir nicht ohne weiteres sicher ist. Ich schlage vor, auch die Wendung וְאֵין בָּתִּים בְּנוּיִם in 7 4 b auf diese Aktion zu beziehen, da sie sonst völlig zusammenhanglos im Kontext stehen würde. Sie teilt mit, daß es in Juda im Unterschied zum Exil noch nicht zu Geschlechterbildungen gekommen ist. Für den im Lande verbliebenen Bevölkerungsteil bestand ja keine Notwendigkeit zur Reinerhaltung des Glaubens durch Aufstellung von Stammbäumen und Familien- und Geschlechterbildung, auf die mit dem Terminus technicus[18] בנה בָּתִּים angespielt wird. Wie bei den sozialpolitischen Maßnahmen von Neh 5 muß Nehemia auch hier die Initiative ergreifen, um die auf niederer sozialer Stufe stehende Bevölkerungsschicht der im Lande Verbliebenen in die neue Provinz zu integrieren. Die Notiz 7 4 b gehört also sachlich zu 7 5 a. 7 4 a ist dann als Kausalsatz zu 7 3 zu verstehen. Die Ausmaße der Stadt im Gegensatz zu ihrer geringen Bevölkerungszahl stellen ihre Verteidigungsfähigkeit in Frage. Nehemia sieht sich deshalb gezwungen, an unbebauten Stellen über die beruflichen Torwächter (7 1) hinaus die Mauer mit einer Bürgerwache zu besetzen, um ein nächtliches Eindringen der Feinde in die Stadt zu verhindern[19].

Der Synoikismos in 11 1f. ist chron Exegese von 7 4f. Er geht gemäß der Intention des Chron auf die Initiative der Kultgemeinde selbst, nicht auf Nehemia zurück.

Neh 12 27 aβb. 30. 33-36. 41. 42 a. 43

Die chron Einschübe in den Bericht der Mauerweihe machen aus der Inbesitznahme der neuen Provinzhauptstadt durch den Statthalter und die Provinzialverwaltung eine gottesdienstliche Einweihungsfeier des Sitzes der Theokratie. Priester und Leviten führen zusammen die Reinigung von Klerus, Volk und Bauwerk vor der eigentlichen Weihe durch (12 30). Beim rituellen Einweihungsumgang

---

[16] Zu Sir 49 13 s. u. S. 114; zu Jos Ant XI 181 s. u. S. 141f.

[17] Vgl. Esr 2 62 = Neh 7 64; Esr 8 1. 3 I Chr 7 9 II Chr 31 16f. 19.

[18] Vgl. Dtn 25 9 II Sam 7 11 (I Chr 17 10) I Reg 11 38 Ez 11 3 Prov 24 27 Ruth 4 11.

[19] Bei dieser Abgrenzung ist auch die exegetische Crux Neh 7 3 bβ וְאִישׁ נֶגֶד בֵּיתוֹ am besten, d. h. unter Erhaltung des überlieferten Textbestandes, zu lösen. Die Einteilung der Mauerwachen erfolgt so, daß von einem Teil der Jerusalemer jeweils der einzelne gegenüber seinem Haus, das an der Mauer steht (vgl. 3 10. 20. 29), Posten beziehen kann.

(12 33-36) spielen die Kleriker die Hauptrolle. Als ihr Leiter tritt Esra auf, der Nehemia zur Seite gestellt wird. Nehemia darf sich unter ihnen bewegen, eine aktive Mitwirkung ist besonders beim abschließenden Opfer unmöglich.

Neh 12 44f. 13 1-3

Das Verbindungsstück 12 44—13 3 schildert einmal die vorbildliche Erfüllung der Verpflichtung von 10 30ff. in der Kultgemeinde und stellt zum anderen die nach 13 4ff. später eingerissenen Mißstände in ein bestimmtes Licht. Der Gesetzesgehorsam der ganzen Gemeinde steht außer Zweifel. Grundsätzlich ist der Klerus intakt und nimmt sorgsam seine Aufgaben wahr (12 45). Grundsätzlich hat Juda »Freude an den amtierenden Priestern und Leviten« und kommt seinen Verpflichtungen zu kultischen Abgaben nach (12 44). Grundsätzlich ist das Problem der Mischehen beseitigt, wenn Nehemia zu seinen Reformen schreitet (13 1-3). Die Mißstände von 13 4ff. erscheinen so als harmlose partielle Verirrungen. Nehemia selbst, dessen Name in der Darstellung keinen Platz findet, dient nur in Ausnahmefällen als der ausführende polizeiliche Arm einer an sich intakten Kultgemeinde.

Anzumerken ist noch, daß 13 3 mit 9 2 und Esr 9f. eine Klimax bilden. In der ersten Periode seiner Wirksamkeit scheidet Esra die Mischehen (Esr 9f.), in der zweiten entfernt er die Fremdstämmigen aus der Gemeinde (9 2). Sein Werk wird gekrönt durch die Ausscheidung des Mischblutes, d. h. der Abkömmlinge aus Mischehen in der Kultgemeinde. Am Ende des chron Geschichtswerkes ist die reine Gemeinde hergestellt. Der für alle diese Maßnahmen Verantwortliche ist nach chron Auffassung allein der Priester und Schriftgelehrte Esra.

Das Nehemiabild des Chron liegt nach diesem Durchgang durch die Texte klar zutage. Wie sehr der Chron dem Statthalter die politischen Verdienste um die Provinz zugesteht, wie die fast geschlossene Übernahme von Neh 1 1—7 5 zeigt, so sehr spricht er ihm auf der anderen Seite die Bedeutung eines Reformers der Kultgemeinde ab. Der Arm der weltlichen Gewalt darf nur bei der Exekutive in Sonderfällen eingreifen. Die Leitung und das *ius reformandi* in der Theokratie fällt allein dem Priester zu[20]. So werden die Bedeutung und das Recht Nehemias durch die Gestalt des Priesters Esra deutlich herabgesetzt. Das chron Nehemiabild ist auf dem Hintergrund der chron Esrageschichte zu sehen.

3. Die chron Esrageschichte Esr 7—10

Die stärkste Korrektur des nehemianischen Werkes stellt die Esrageschichte des Chron dar. Sie rahmt die Wirksamkeit des Provinz-

---

[20] Vgl. dazu WILDA a. a. O. S. 103ff.

gründers und Mauerbauers (Neh 1 1—7 5 a) in den beiden sehr parallel
gebauten Komplexen Esr 7—10 und Neh 8 1—13 3 und macht sie
damit zu einem für die Existenz der Theokratie »leider notwendigen«
Zwischenspiel. Die Esrageschichte in Esr 7—10 ist literarisch und
inhaltlich an der NQ als Vorbild orientiert und überbietet diese inhaltlich so stark, daß Nehemia nur noch als eine »Miniatur« des großen
Reformators der Kultgemeinde Esra im politisch-staatlichen Bereich
erscheint. Daß diese Art Geschichtsschreibung nicht einfach nur auf
Mangel an Quellenmaterial beruht, sondern auf eine theologische
Absicht des Chron zurückgeht, dürfte die bisherige Untersuchung
gezeigt haben.

Auch Esra nimmt eine hohe Stellung bei Hofe ein (Esr 7 11f.).
Auch über ihm waltet die gütige Hand Jahwes (Esr 7 6. 9 8 22. 31),
wobei ihm in viel stärkerem Maße die Gunst des gleichen Perserkönigs
zuteil wird, wie der Erlaß Esr 7 12-26 zeigt. Er kann eine Gola mit-
bringen (Esr 7 13 8 15ff.). Er hat im Unterschied zu Nehemia die königliche Legitimation zur Erzwingung der strengen Gesetzesobservanz
(Esr 7 14), zu der er als Priester und Staatssekretär für jüdische
Religionsangelegenheiten (Esr 7 11) weitaus besser qualifiziert ist. Er
wird mit Spenden des Königs, seiner Räte und der Exilsjudenschaft
ausgestattet (Esr 7 15-18). Er erhält die Anweisung an die persischen
Beamten von Ebirnari, für den laufenden Bedarf des Opferkultes auf-
zukommen (Esr 7 20-23. 26). Dies alles kann Nehemia nicht aufweisen.

Im Unterschied zu diesem verzichtet Esra auf eine militärische
Eskorte und zeigt damit ein stärkeres Vertrauen auf den Schutz
Jahwes (Esr 8 22). Wie Nehemia rastet er drei Tage nach seiner Ankunft
in Jerusalem (Esr 8 32) und übergibt den Beamten der Satrapie die
königlichen Schreiben. Aber im Unterschied zu Nehemia erfährt er
deren Beistand (Esr 8 36). Die Mischehenfrage löst Esra grundsätzlich
(Esr 9f.). Dabei hat er mit erheblich größeren Schwierigkeiten zu
kämpfen und zeigt eine viel größere Leidenschaft (Esr 9 3), die verbunden ist mit tiefem Gebetsglauben (Esr 9 6-15). So kommt es zu
einer grundsätzlichen Scheidung der Mischehen. Nehemia begnügt
sich demgegenüber mit einer Vermahnung der Betroffenen und dem
Verbot weiterer Mischehen. Esra findet noch größere Mißstände im
Hause des Hohenpriesters vor (Esr 10 18), doch die Bereitschaft zur
Scheidung ist dort größer als in Nehemias Zeit (Esr 10 19).

Die gesamte Esrageschichte macht damit den Eindruck einer
bewußten Desavouierung Nehemias. Der Sitz der Theokratie hat im
Grunde den Schutz des nehemianischen Mauerwalles nicht nötig. Die
Perserkönige garantieren als »Schutzwehr« die Sicherheit von Stadt
und Land (Esr 9 9).

4. Das Motiv der Nehemiainterpretation des Chron

Der politische Statthalter und Stellvertreter des persischen Königs wird hinsichtlich seiner Rechte in der Theokratie durch den Priester Esra in die Schranken gewiesen[21]. Wie sehr der Chron dem Statthalter Nehemia eine besondere Stellung in der Kultgemeinde abspricht und ihn als Laien verstehen möchte, zeigt die chron Glossierung und Uminterpretation von 6 10-13[22]. Es geht ihm in der Nehemiageschichte offenbar um eine peinliche Trennung der beiden Bereiche. Die Vermischung von Eifer für die Kultgemeinde und politischer Aktivität bedeutet eine Auflösung der Theokratie. So wird Nehemia in das chron Bild der Perserkönige eingezwängt, deren Vertreter er ja ist. Sie haben die materielle Existenz der Kultgemeinde zu ermöglichen und sie von der Politik freizuhalten[23]. Die Kultgemeinde ihrerseits verzichtet auf jede politische Aktivität und lebt ihrer Frömmigkeit. Die persische Krone wird als Nachfolgerin der Daviddynastie zum vornehmsten Stifter des Heiligtums. Nach Anschauung des Chron hat Nehemia wohl diese Grenzziehung durchbrochen. In seinem Eifer für Provinz und Kultgemeinde, d. h. in der Kombination von Streben nach möglicher politischer Autonomie und Reinheit der Gemeinde, erscheint Nehemia als die politische Ausprägung jener eschatologisch-prophetischen Tradition, die der Chron schärfstens ablehnt, nämlich als Zionist. Im Phänomen des Zionismus wird m. E. der letzte Grund zu sehen sein, der den Chron zu einer durchgreifenden Korrektur des Nehemiabildes veranlaßt.

In der Darstellung der Serubbabelgestalt in Esr 1—6 durch den Chron ist ein ähnlicher Fall zu finden, der meine Vermutung bestärkt. Daß auf Grund der Zeugnisse Haggais und Sacharjas der historische Serubbabel, Enkel des letzten legitimen vorexilischen Königs, in Juda als Messiasprätendent angesehen worden ist, kann als sicher gelten. Was aber hat der Chron aus Serubbabel gemacht! Schon in seiner Vorlage, der Aramäischen Chronik, die ganz seinen Tendenzen entspricht, sind alle messianisch-eschatologischen Züge trotz der Bezugnahme auf Haggai und Sacharja (Esr 5 1f.) von Serubbabel ferngehalten. Er verschwindet hinter dem Ältestenkollegium als einer ihresgleichen (Esr 5 5 6 8. 14f.). Es erscheint fragwürdig, daß פַּחַת יְהוּדָיֵא in Esr 6 7 ursprünglich ist und auf Serubbabel bezogen werden kann[24]. Der Chron setzt diese

---

[21] ROBINSON, Was Ezra Nehemiah?, AThR 37 (1955), S. 177—189, sieht ein anderes Motiv. Nehemia sei Eunuch gewesen. Nach der Meinung des Chron durfte kein Verschnittener eine führende Position in der jüdischen Geschichte einnehmen. Da nun Nehemia in der Überlieferung als Wiedererbauer der Mauern schon seinen festen Platz einnahm, habe für den Chron nur noch die Möglichkeit bestanden, Nehemias religiöse Reformen an einen körperlich untadeligen Priester und Schreiber abzutreten.

[22] Dazu s. o. S. 22f.

[23] WILDA a. a. O. S. 120ff.

[24] Vgl. RUDOLPH, S. 56 Note zu 7.

Linie der »Entpolitisierung« Serubbabels fort: Das Amt des nun einmal notwendigen Politikers und פֶּחָה von Juda übernimmt der »Fürst« Scheschbazzar (Esr 1 8. 11 2 63 5 14-16)[25]. Serubbabel aber wird zu einer Art »priesterlicher« Persönlichkeit neben dem Hohenpriester Josua (Esr 3 2-8), die beide für die Konstituierung des Kultus sorgen. Dieses Serubbabelbild rundet sich ab, wenn man den Schluß von II Chr berücksichtigt. Hier wird gegen die dtr Vorlage die Begnadigung Jojachins, des letzten legitimen Davididen und Großvaters Serubbabels[26], ausgelassen. Das Motiv kann nur eine anti-messianische Tendenz sein, denn an der Gestalt Jojachins haben die zionistisch-restaurativen Erwartungen des Exiljudentums gehangen, wie bspw. die Datierung nach der Ära Jojachin im Hesekielbuch zeigt[27]. Auch die Erwartungen des dtr Geschichtsschreibers in II Reg 25 27-30 werden in diese Richtung gegangen sein. An diese Stelle dieses Berichtes tritt beim Chron der Cyruserlaß II Chr 36 22f. (Esr 1 2-4), nach dem (II Chr 36 23) die Legitimation zur politischen Weltherrschaft von den Davididen auf den Perser Cyrus übergeht[28]. Er garantiert nun den Schutz der Kultgemeinde in Jerusalem. Es gibt für den Chron in der nachexilischen Theokratie keinen legitimen Messianismus und keinen monarchischen Davididen mehr.

Die Serubbabelinterpretation des Chron ist ein Parallelfall zu seiner Nehemiainterpretation. Macht er den Messiasprätendenten und zionistischen Vorkämpfer Serubbabel zu einem Priester, so wird aus dem Reformer Nehemia der rein politische Statthalter. Eine Vermischung beider Bereiche ist nicht zulässig. Wenn der Chron bei Serubbabel anders als bei der Nehemiagestalt vorgeht, so hängt dies mit der historischen Bedeutung Serubbabels zusammen, die der Theologe der Theokratie nicht mehr aus der Geschichte eliminieren, sondern nur noch modifizieren kann. Das Phänomen des restaurativen Zionismus wird aber bei beiden Gestalten aufgelöst. Ob der Chron sich gegen ein Nehemiabild wendet, das den Statthalter in den Konturen Serubbabels sieht, und auf Grund der Abstammung Nehemias ein Recht dazu hat? Man wird dieser Frage weiter nachgehen müssen.

II. DIE NACHCHRON REDAKTION DES NEHEMIABUCHES

Nach der Sicht des Redaktors bilden David, Esra und Nehemia die Fundamente der Jerusalemer Kultgemeinde. Was veranlaßt ihn, Nehemia gegen die Tendenz des Chron solch große Bedeutung beizumessen? Eine Analyse der Texte erweist sich zur Beantwortung dieser Frage als unumgänglich.

---

[25] Vgl. auch Noth, ÜSt., S. 124 Anm. 4.

[26] Zum Stammbaum Serubbabels vgl. Rudolph, S. 18f.

[27] Dazu vgl. Baltzer, Das Ende des Staates Juda und die Messias-Frage, in: Studien zur Theologie der alttestamentlichen Überlieferungen, 1961, (S. 33—43) S. 39; Zimmerli, Ezechiel, BK XIII, S. 43f.

[28] Vgl. Baltzer a. a. O. S. 40.

1. Analyse des eingearbeiteten Listenmaterials

Neh 7 5 bβ—8 1 a

Bei der Bestimmung der vom nachchron Redaktor aus Esr 2 übernommenen Liste müssen Tradition und Redaktion klar voneinander geschieden werden. Die Notiz 7 5 bβ ist redaktionelle Überleitung. Es folgen dann mit 7 6. 7 a und 7 7 b zwei Überschriften[29]. Der im Erzählstil gehaltene Anfang der Liste 7 6. 7 a rekapituliert in Esr 2 1 ein Stück nachexilischer Geschichte. Er ist nach Esr 2 1 kaum Bestandteil einer amtlichen Liste gewesen und läßt sich sicherlich auf die Hand des Chron zurückführen, wie die Wendungen לִירוּשָׁלַם וְלִיהוּדָה und הָעֹלִים מִשְּׁבִי הַגּוֹלָה[30] zeigen. Vor allem entspricht אִישׁ לְעִירוֹ der Anschauung des Chron, nach der das Land während des Exils öde und einwohnerlos war[31]. Das Pendant zu 7 6 (Esr 2 1) stellt der erzählende Vers 7 72 (Esr 2 70 3 1) dar. Nach Kontext und Rahmung im Esrabuch soll das Dokument Neh 7 7b-71 (Esr 2 2b-69) als Rückwandererliste der Cyrusgola vor Niederlassung der Heimkehrer in ihren Ortschaften abgefaßt sein. Sieht man von der historischen Unwahrscheinlichkeit einer Gola unter Cyrus einmal ab (sie verrät den Chron!), so steht schon das Verständnis des Rahmens zum Inhalt des Dokuments im Widerspruch, nach dem (7 26-32. 36f. = Esr 2 21-28. 33f.) die Rückkehrer sich bereits in ihren Ortschaften angesiedelt haben. Auch scheint mir von der Größe der angegebenen Zahlen her der Charakter als Liste der ersten Gola äußerst fraglich zu sein, denn die Gesamtzahl der ins Exil Deportierten macht nach der besten Überlieferung Jer 52 28-30[32] nur etwa den zehnten Teil der in 7 66 (Esr 2 64) angegebenen Summe aus. Während die Liste an dieser Stelle von der »Gemeinde« (קָהָל) spricht, ist im Rahmen von den Einwohnern der מְדִינָה die Rede. Beide Größen decken sich nur in der Vorstellung des Chron. — Der chron Rahmen zeigt m. E. Überarbeitung. So scheint 7 7 a (Esr 2 2a) sekundär zu sein. Der Vers ist mit הַבָּאִים bzw. אֲשֶׁר־בָּאוּ (Esr 2 2) eine syntaktisch ungeschickte Erläuterung[33], die auch nicht dem chron Bericht von Esr 1 und 3 ff. entspricht. Dieser kennt nur Josua und Serubbabel als Führer der Heimkehrer. Die Ergänzung zu einem Zwölferkollegium fällt leicht unter den Verdacht einer späteren nachchron dogmatischen und unhistorischen Konstruktion. Die Partner der beiden bekannten Anführer werden ohne Erläuterung aufgezählt, so daß man sie eben-

---

[29] Vgl. MOWINCKEL, Studien I, S. 63f.

[30] Vgl. Esr 3 8 8 35; ferner die chron Gleichsetzung von Gola und nachexilischer Gemeinde (bspw. 4 1 6 19f. 10 8).

[31] Vgl. II Chr 36 17-21 Esr 1 3f.; JANSSEN, Juda in der Exilszeit, FRLANT 69, 1956, S. 118ff.

[32] Vgl. JANSSEN a. a. O. S. 28—39.

[33] Glosse auch bei JAHN, S. 9; HÖLSCHER, S. 504; AHLEMANN, ZAW 59 (1942/43), S. 84.

falls als gut bekannte Gestalten verstehen muß; jeder weiß wohl beim Lesen, wer gemeint ist. Es liegt deshalb m. E. nahe, bei נְחֶמְיָה an den Statthalter Nehemia zu denken[34], eine Auffassung, die III Esr 5 8. 40 bestätigt. Daß mit עֲזַרְיָה auf Esra angespielt wird, ist immerhin möglich[35], und מָרְדְּכַי könnte mit der gleichnamigen Gestalt des Estherbuches identisch sein[36]. In diesem Fall wären also halb sagenhafte Gestalten auch späterer Zeit zu Karawanenführern der ersten Heimkehrergruppen gemacht, um »die heilige Zahl des Auszuges zu erreichen« (AHLEMANN)[37]. Eine solche Datierung paßt frühestens in die nachchron Zeit des 3. und 2. Jahrhunderts, in der die historischen Abstände zusammengezogen werden. Der Einschub in Esr 2 2 a geht entweder auf eine Hand vor dem nachchron Redaktor zurück, oder aber dieser hat an beiden Stellen Esr 2 2 a und Neh 7 7 a eingegriffen. Der Interpolator verrät mit der Erweiterung sein Verständnis der Liste. Er faßt sie als Gesamtliste aller Heimkehrerzüge auf. — Der levitenfreundliche Ergänzer hat auch in den Schluß 7 72 = Esr 2 70 durch Umstellungen eingegriffen, die seiner Neigung, nach Rangstufen in der Kultgemeinde zu schematisieren, entsprechen. וּמִן־הָעָם wird an den Schluß hinter den »niederen« Klerus gestellt; die Sänger und Torhüter vertauscht er in der Reihenfolge. Die Tempelsklaven erscheinen so im soziologischen Gefüge der Kultgemeinde an letzter Stelle.

Nach dem richtigen Verständnis des Redaktors endet die Gemeindeliste mit 7 68 (Esr 2 67). Der erzählende Text 7 69-72 (Esr 2 68—3 1a) ist nun von ihm geschickt zu einem Stück Nehemiageschichte umgestaltet worden[38]. Die Abänderung der Spender- und Zahlenangaben von Esr 2 68f. erklärt sich m. E. so am besten. Den Schlüssel zu dieser Deutung bieten die zurückverweisende Glosse נְחֶמְיָה הוּא הַתִּרְשָׁתָא in 8 9 und die Erläuterung הַתִּרְשָׁתָא in 10 2. Danach ist mit der Exzellenz in 7 69 Nehemia gemeint. Durch solche Änderungen wird ein Stück Geschichte der Zeit Serubbabels für Nehemia wiederholt. Auch die sachliche Nähe zur Esrageschichte Esr 8 24-30. 33f. fällt auf. Stiftungen für den Kultschatz (7 69-71) und die Rückkehr der Judäer zu ihren Orten (7 72) bilden nun das Ende von Nehemias Stammbaumkontrolle. Mit dieser Uminterpretation wird im Gegensatz zur chron Darstellung Nehemias Verdienst um die Kultgemeinde hervorgehoben.

---

[34] Vgl. JAHN, S. 10; MOWINCKEL, Nehemia, S. 17; Studien I, S. 65. Zu III Esr s. u. 128ff.

[35] Vgl. KOSTERS, Die Wiederherstellung Israels in der persischen Periode, 1895, S. 37. 38 mit Anm. 1; JAHN, S. 10; MOWINCKEL, Nehemia, S. 17; Studien I, S. 65.

[36] Vgl. JAHN, S. 10; KOSTERS a. a. O. S. 38 Anm. 1; MOWINCKEL, Nehemia, S. 17; AHLEMANN, ZAW 59 (1942/43), S. 84.

[37] ZAW 59 (1942/43), S. 84; ähnlich KOSTERS a. a. O. S. 36f.; JAHN, S. 9; MOWINCKEL, Nehemia, S. 17; HÖLSCHER, S. 504.   [38] Dazu s. o. S. 26 und u. S. 110.

Die nähere Bestimmung des nach der Eliminierung des sekundären Rahmens und der nachchron Einschübe verbleibenden Überlieferungskernes Esr 2 2b-69 interessiert bei meiner Fragestellung nicht besonders. Ich folge hier mit Modifikationen der Deutung Gallings[39]. Danach ist die Liste das Gründungsprotokoll der nachexilischen Kultgemeinde unter Serubbabel in der Zeit um 518 v. Chr., das von der persischen Behörde nach der großen Heimkehrerbewegung unter Kambyses angefordert und aufgestellt wurde. Galling bringt sie speziell mit der Visitation des Satrapen Tatnai (Esr 5 3ff.) zusammen. Das Dokument enthält genaue Angaben über den Personen- und Vermögensstand der Kultgemeinde, die nun einmal zum Wiederaufbau des Tempels notwendig erschienen. Zum anderen brauchte die persische Kanzlei der Satrapie Ebirnari eine neue Übersicht, nachdem sich durch die Heimkehr jüdischer Gruppen und ihre Ansiedlung unter den im Lande Verbliebenen große soziologische und soziale Umschichtungen ergeben hatten.

Mit dem Einbau dieser Gründungsurkunde als Modell Nehemias betont der nachchron Redaktor m. E. die Parallelität zwischen Serubbabel und Nehemia, um damit die Bedeutung des Werkes Nehemias zu steigern. Wahrscheinlich liegt in der Redaktionsarbeit an Neh 7 eine bewußte Korrektur am Nehemiabild des Chron.

Neh 10 2-28

Die durch redaktionelle Überleitung gut im Kontext verklammerte Namenliste stellt mit der Erwähnung Nehemias an der Spitze den Anspruch auf Historizität für die Nehemiazeit. Der Interpolator könnte immerhin auf eine echte Namenliste der Nehemiazeit zurückgegriffen haben. Einem Vergleich mit der amtlichen Liste Neh 3 hält diese Vermutung jedoch nicht stand; es fehlen ausreichende Übereinstimmungen. Verdächtig ist von vornherein auch die Anzahl der Namen, die mit 84 als einem Vielfachen von 12 an die dogmatische Konstruktion in 7 7 erinnert[40]. Gegen die Echtheit der Liste spricht ferner die überwiegende Anführung von Geschlechternamen, bei denen zumindest die Angabe des Personennamens für den jeweils unterzeichnenden Geschlechtsältesten zu erwarten wäre[41]. Bei welcher Gelegenheit sollte eine solche Unterzeichnung mit Geschlechternamen stattgefunden haben? Dem Kontext nach sind Personennamen zu erwarten. Eine genaue Analyse der Liste dürfte wegen der teilweise schlechten Textüberlieferung sehr schwierig sein; einige Hinweise mögen genügen, um die historische Frage mit Sicherheit zu entscheiden.

10 2: Bei Sidkijja kann es sich kaum um einen Vertreter der Priesterschaft handeln, da in 10 3 mit Seraja das hohepriesterliche Geschlecht als erstes unterzeichnet. Sidkijja muß demnach ein Ver-

---

[39] »Die Liste der aus dem Exil Heimgekehrten«, Studien, S. 89—108; zuerst als The »Gola-list« according to Ezra 2/Nehemia 7, JBL 70 (1951), S. 149—158.

[40] Torrey, ES, S. 284.

[41] Vgl. Jepsen, Nehemia 10, ZAW 66 (1954), (S. 87—106) S. 89.

treter der Staatsgewalt neben Nehemia sein[42], der möglicherweise mit
dem Kanzleibeamten Zadok von 13 13 identisch ist[43] und aus 13 13 ab-
geleitet wurde.

10 3-9: Die Priesterliste wird mit Abweichungen in Textform und
Reihenfolge auch in 12 1-6 und 12 12-18 mitgeteilt. Man muß deshalb
mit einer literarischen Abhängigkeit aller drei Listen von einem amtlichen Dokument rechnen, wobei 12 12ff. diesem wohl am nächsten
kommt. JEPSEN hat in seiner Studie über »Nehemia 10«[44] eine
Analyse des Priesterabschnittes vorgelegt, mit deren Ergebnis und
Textrekonstruktion ich im allgemeinen übereinstimme. Nach JEPSEN
enthält Neh 10 über Neh 12 hinaus nur die fünf Namen Paschchur
(10 4), Malluch (10 5), Daniel, Baruch (10 7) und Meschullam (10 8).
Malluch läßt sich mit JEPSEN als Kurzform und an falscher Stelle
eingedrungene Variante zu Malkijja (10 4) auffassen. Paschchur findet
sich als altes Priestergeschlecht in der Liste Esr 2 38 (Neh 7 41). Daniel
begegnet schon Esr 8 2. Alle Namen kommen auch sonst im Esra-
Nehemiabuch vor[45]. Es liegt der Verdacht nahe, daß es sich in 10 3-9
um eine nach den Zeitverhältnissen des Redaktors verbesserte Aufstellung in Anlehnung an das Dokument handelt, das in Neh 12 besser
zu greifen ist.

10 10-14: HÖLSCHER[46] bezeichnet mit Recht die Liste als eine
»Blütenlese der üblichen Levitennamen«. Eine geschlossene literarische
Vorlage ist nicht auszumachen. Die ersten drei und der fünfte Leviten-
name verweisen auf die ältesten Levitengruppen der nachexilischen
Zeit nach Esr 2 40 (Neh 7 43). Die drei ersten Namen werden durch das
nachfolgende וַאֲחֵיהֶם in ihrer Bedeutung hervorgehoben. Diese Notiz
zeigt m. E. zugleich, daß der Verfasser sich nun anderem Quellenmaterial zuwendet[47]. Hier lassen sich vor allem Parallelen in 8 7 9 4f.
und 12 8 zeigen. So kann man die ersten Namen auch in 12 8 finden;
eine Anlehnung ist doch sehr wahrscheinlich. Parallelen fehlen lediglich zu Micha, Rechob, Sakkur und Beninu (10 12-14). Ich rechne hier
mit einer Angleichung an die Verhältnisse der Zeit des Redaktors.

10 15-28: Der erste Teil der Laienliste 10 15-21 stimmt mit der Liste
der Laiengeschlechter in Esr 2 = Neh 7 von Parosch bis Magpiasch
(10 21) in Namenform und Reihenfolge fast völlig überein, wenn man

---

[42] MEYER, Entst., S. 135: Repräsentant der Volksgemeinde; RUDOLPH, S. 174: Nehemias Sekretär?; MOWINCKEL, Studien I, S. 145: Vorsitzender des Stadtrates.

[43] So auch MOWINCKEL, Studien I, S. 145; der Wechsel von Kurz- und Normalform
ist nicht ungewöhnlich.

[44] ZAW 66 (1954), (S. 87—106) S. 87—89.

[45] Vgl. bspw. zu Malluch Esr 10 29. 32; zu Daniel Esr 8 2; zu Baruch Neh 3 20; zu
Meschullam Esr 8 16 10 15. 29 Neh 3 4 6 18 12 33.

[46] HÖLSCHER, S. 545.

[47] Vgl. SCHNEIDER, S. 221: Eingriff des levit. Gestalters des chron Werkes.

vom Fehlen der Geschlechter Schefatja, Arach und Sakkai (Esr 2 4f. 9) absieht. Für den zweiten Teil der Liste 10 21-28 ab Meschullam finden sich, wie auch bei der Levitenliste, keine durchgehenden Parallelen. 8 4 kennt nur die Namen Meschullam (10 21), Anaja (10 23) und Maaseja (10 26). Aber diese Übereinstimmung dürfte wohl zufällig sein. Das gleiche gilt für Gleichheiten mit Personennamen in den Genealogien der Bauliste von Neh 3[48]. Auch hier wird der Redaktor Geschlechterneubildungen und Verhältnissen seiner Zeit Rechnung getragen haben.

Das verschwommene Bild der Namenliste 10 2-28 läßt sich wohl am ehesten klären, wenn man diese als eine Schöpfung zur Stelle[49] aus

---

[48] Vgl. RUDOLPH, S. 175, gegen HÖLSCHER, S. 545 (= MOWINCKEL, Studien I, S. 144).

[49] Geschichtlich wertlose Interpolation nach MOWINCKEL, Esra, S. 159—163; Studien I, S. 135 ff.; HÖLSCHER, S. 545; BENTZEN, TT 4/2 (1921), S. 18; vgl. JOHANNESEN, S. 266.

Den Versuch, die Namenliste historisch einzuordnen, macht JEPSEN, ZAW 66 (1954), S. 87—106. JEPSEN hält 12 12ff. für von Neh 10 abhängig und greift deshalb Neh 12 zur Rekonstruktion des Dokumentes auf. Die Liste ist nach JEPSEN ein Torso eines ursprünglich zweikolumnigen Dokumentes aus der Esrazeit, das Geschlechternamen und Personennamen mit ל verbunden nebeneinander enthielt und nach dem Schema gebaut war: »Für Geschlecht (unterzeichnet) Person«. Bei der Priesterliste 10 3-9 ist nach JEPSEN die Spalte der Individualnamen, die 12 12ff. voraussetzt, durch einen technischen Zufall ausgefallen, was die Auslassung des ל vor den Geschlechternamen nach sich zog. 12 12-18 bietet dann den alten Text von 10 3-9. Bei der Levitenliste 10 10-14 vermutet JEPSEN eine nachträgliche Umstellung. In der ursprünglichen Liste sind Kelita, Pelaja, Chanan, Micha und Rechob (10 11f.) Personennamen, mit denen für die Geschlechter Kadmiel, Schebanja, Hodija, Bani und Beninu (= Kenani nach 9 4) unterzeichnet wird. In der Liste der Laiengeschlechter 10 15-28 ist nach JEPSEN 10 21-28 die Kolumne der Individualnamen, mit denen für die in 10 15-21 aufgeführten Laiengeschlechter unterzeichnet worden ist. Diese rekonstruierte Liste ordnet JEPSEN der Zeit vor Nehemias Mauerbau zu. Die Gleichheit weniger Namen der Laienliste mit Namen in den Genealogien der Liste Neh 3 führt ihn zu der Folgerung, daß die Söhne der Unterzeichner von Neh 10 die Mauer Jerusalems unter Nehemia bauten. In dieser Datierung bestärkt ihn auch seine Einordnung des anschließenden Teiles 10 29ff. in die Esrazeit (vor Nehemia!). Zu einer solchen Bestimmung paßt die Erwähnung Nehemias in 10 2 nicht. Der Vers wird mit Rückgriff auf die syrische Version und die Datierung von 12 12ff. zu יויקים בן ישוע בן יוצדק הכהן הראש verändert. Die Liste ist nach JEPSEN für den Chron und den Redaktor zu einer Fundgrube ersten Ranges geworden, aus der die Priesterliste 12 (1ff.) 12ff. und die Levitennamen in Neh 8+9 entnommen sind (S. 92 Anm. 1; S. 94).

Ich vermag diesem Versuch JEPSENS aus mehreren Gründen nicht zu folgen. Es ist nicht einleuchtend zu machen, wie der angenommene Torso von Neh 10 entstanden sein soll. Im ersten Teil der Liste soll die Personennamenkolumne zufällig ausgefallen sein, in den beiden anderen Teilen aber umgestellt und nachträglich zu einer Reihe von Geschlechternamen gemacht worden sein. Die These wird fragwürdig etwa an der Levitenliste 10 10-14. Die beiden ersten Namen muß JEPSEN im Wortlaut stehenlassen; sie sprengen aber das Schema der Liste. Zu drei Perder Feder des nachchron Redaktors versteht. Er hat dazu vor allem auf die grundlegende Gemeindeliste Esr 2 = Neh 7, auf eine Priesterliste aus den Anfängen der nachexilischen Gemeinde, die noch in 12 12ff. erhalten ist, und auf den Bestand an Namen im chron Kontext zurückgegriffen. Das überlieferte Material wird er ferner nach den Verhältnissen seiner Zeit korrigiert und aufgefüllt haben. Ein Licht auf das Nehemiabild des Redaktors wirft diese Liste höchstens insofern, als Nehemia an der Spitze der Unterzeichner genannt wird. Die politische Führung Judas steht in der Rangfolge vor dem hohenpriesterlichen Geschlecht; der neue Bundesschluß bei der Konstituierung der nachexilischen Provinz Juda geht maßgeblich mit auf Nehemias Initiative zurück, wie auch 8 9 zeigt. Wenn Esra nicht in der Namenliste erscheint, so weiß ihn der Redaktor wohl als königlichen »Kirchenkommissar« der Gemeinde gegenübergestellt; die Neuverpflichtung auf das Gesetz geht wie in Esr 9+10 auf seinen Vorschlag zurück.

Neh 11 3-19. 21-24. 25 b-35

In Neh 11 hat der Redaktor vorgefundenes Listenmaterial in die chron Grundschicht eingearbeitet. Auf seine redigierende und glossierende Hand gehen zurück: die Überschriften in 11 3. 4a, die Wendung הַיֹּשְׁבִים בִּירוּשָׁלַם in 11 6, die Verse 11 16f. und der Nachtrag 11 21-23. Während die Eingriffe 11 3. 4a. 6 den Charakter der Liste als Bevölkerungsaufstellung sichern sollen, verraten 11 16f. 21-23 die Vorliebe des Redaktors für Mitteilungen über den Klerus, besonders über die Leviten und ihre Dienste. Außerdem hat der Interpolator mit der Glosse יוֹיָרִיב יָכִין in den Textbestand von 11 10 eingegriffen.

Zur Analyse und Bestimmung des verarbeiteten Listenmaterials verweise ich wegen der gebotenen Kürze auf meine Erwägungen »Die Listen in Neh 11 eine Dokumentation aus den letzten Jahren des Reiches Juda?«[50]. An dieser Stelle seien lediglich die Ergebnisse dieser Studie zusammengefaßt. Die Dokumentation besteht aus den zwei Teilen 11 4b-19(24) und 11 25b-35.

1. Die Liste 11 4-19(24), von der I Chr 9 1b-18a literarisch abhängig ist, verrät sich in der Terminologie nicht als eine Jerusalemer Einwohnerliste, sondern als eine Aufstellung, die den Jerusalemer Heer-

---

sonen fehlt, wie JEPSEN selbst sieht, die entsprechende Geschlechterangabe. Bei den Laiennamen decken sich die Zahlen nicht (22 Geschlechter-, 23 Personennamen), wie JEPSEN zugibt. Die Namengleichheiten zwischen Neh 3 und Neh 10 scheinen eher zufällig zu sein, denn es handelt sich nicht um singuläre Namen. JEPSEN setzt sich außerdem über allgemein anerkannte Ergebnisse der literarkritischen Forschung hinweg, wenn er die Verbindung zwischen Liste und Verpflichtungsurkunde für ursprünglich hält und daraus seine Schlüsse zieht. Auch in der Voraussetzung der Historizität des vom Chron entworfenen Esrabildes kann ich ihm nicht folgen.

[50] ZDPV 82 (1966), S. 209—227.

bann betrifft[51]. In Petachja 11 24 kann man den direkt dem König
unterstellten Oberbefehlshaber des Aufgebots sehen. Schon von dieser
Bestimmung der Liste her ist nur eine Datierung in vorexilische Zeit
möglich. Einen Anhaltspunkt dazu gibt 11 10f. mit der Erwähnung
Jedajas ben Seraja[52] aus dem Hohenpriesterhause. Danach gehört die
Aufstellung in die Zeit des letzten vorexilischen Hohenpriesters Seraja.

2. Bei der Ortsliste 11 25b-35 handelt es sich um eine Zusammenstellung von Ortschaften, die sonst in der Mehrzahl als befestigte
Städte und Stützpunkte in strategisch wichtiger Lage Judas nachgewiesen werden können. Vor allem auch 11 30b »Und sie (sc. die Be-
satzungen dieser Städte) lagerten sich schützend (sc. vor Jerusalem)
von Beerseba bis zum Hinnomtal« weist darauf hin, daß diese Liste
als eine Zusammenstellung strategisch wichtiger Punkte des Reiches
Juda zum Schutze der Hauptstadt Jerusalem betrachtet werden kann.
Für die Datierung weist die Ausdehnung des umrissenen Gebietes im
Süden (Beerseba, Hebron!), Norden (Bethel, Geba, Rama!) und Nord-
westen (Lod, Chadid, Ono!) die Richtung. Als Terminus a quo ergibt
sich die Zeit Josias. Den Terminus ante quem bildet die Abtrennung
des Südens von Juda 597 oder 587 v. Chr.

3. Beide Listen stehen sachlich in einem Ergänzungsverhältnis
zueinander; sie sind auch nach dem gleichen Einteilungsschema Juda-
Benjamin aufgebaut. Da die Aufführung von 11 25b-35 im chron Kontext der Nehemiageschichte nicht sehr glücklich und gezwungen erscheint, halte ich es für sicher, daß beide Listen von Haus aus zusammengehören. Die Vorlage des Redaktors ist eine Dokumentation über
das letzte Kräfteaufgebot Judas gegen den babylonischen Oberherrn,
das zur Sicherung der bedrohten Hauptstadt vorhanden ist.

Der Redaktor hat diese Liste sehr geschickt in den chron Text
verzahnt. Die für modernes, historisch-kritisches Denken unvorstell-
bare Aufnahme und historisch falsche Uminterpretation eines solchen
Dokuments erscheint nach der Untersuchung von Neh 7 5ff. und 10 2ff.
durchaus als möglich. Man muß dabei die historisch falsche Annahme
des Interpolators voraussetzen, daß die stammesmäßige Gliederung
und der Gebietsumfang im vorexilischen Juda mit den Verhältnissen
der nachexilischen Zeit im wesentlichen übereinstimmen. Die »Ge-
schichtsklitterung« läßt sich besonders gut in einer Zeit verstehen, in
der die mit Neh 11 umrissenen Gebiete zu Juda gehörten. Diese Aus-

---

[51] Entsprechend werden in der von 11 3-19 abhängigen Jerusalemer Bevölkerungsliste
I Chr 9 1b-18a alle »militärischen« Begriffe ausgelassen. Es handelt sich um die
Termini technici: פָּקִיד 11 9; עַל־הָעִיר מִשְׁנֶה 11 8. 14; גִּבּוֹרֵי חַיִל 11 8. 14; אַנְשֵׁי־חַיִל 11 6;
עֲלֵיהֶם 11 9. 14.

[52] Zur Glosse s. u. S. 105. Zur hohenpriesterlichen Familie Serajas als Hort der anti-
babylonischen Reaktion vgl. II Reg 25 18-21; zum hohenpriesterlichen Haus Jedaja
vgl. den ursprünglichen Text von Esr 2 36 = Neh 7 39 (s. RUDOLPH, S. 22).

dehnung hat Juda erst wieder unter den Hasmonäern in der zweiten Hälfte des 2. Jahrhunderts erhalten[53]. Nach der bisherigen Untersuchung spricht nichts gegen eine solche Datierung des nachchron Redaktors.

In diesem Zusammenhang wird die Glosse in 11 10 interessant. Man könnte mit RUDOLPH[54] יוֹיָרִיב יָכִין für einen Schreibfehler aus יוֹיָרִיב בֶּן־ halten. Aber auch der Text »Jedaja ben Jojarib ben Seraja« kann nach der Überzeugung der meisten Kommentatoren nicht ursprünglich sein[55]. In der Forschung setzt sich immer mehr die Anschauung durch, daß mit יוֹיָרִיב יָכִין eine Glosse aus der Makkabäerzeit vorliegt[56], die dem makkabäisch-hasmonäischen Hohenpriesterhaus in seinem Ahnherrn Jojarib[57] die Reverenz und damit seinen Nachkommen die stets umstrittene Legitimation erweisen soll[58]. Stammt die Glosse vom nachchron Redaktor — ich hege keine Bedenken dagegen —, so wäre der Terminus a quo für die Datierung der nachchron Redaktion genauer anzugeben; man müßte mit der Zeit 152/142 v. Chr.[59] rechnen.

Durch die Einarbeitung der Liste in das chron Werk wird die geschichtliche Leistung Nehemias in das rechte Licht gerückt. Unter ihm konstituierte sich eine Provinz Juda in den Ausmaßen des vorexilischen Königreiches Juda. Nehemias »Staatswesen« ist im Umfang zugleich Typos der makkabäisch-hasmonäischen Herrschaft.

Neh 12 1-26

An die Übersicht über die Bevölkerung der nehemianischen Provinz schließt der listenfreudige Ergänzer eine Aufstellung über den Stand des Klerus in der nachexilischen Zeit (12 26) an. Sie zeigt in ihren

---

[53] Unter Jonatan wurden das philistäische Gebiet Ekron (I Macc 10 89) und die drei samaritanischen Bezirke Aphairema, Ramathaim und Lydda (I Macc 11 34) erworben. Unter Simon kamen Gazer (I Macc 13 43ff.) und Joppe (I Macc 14 5) hinzu. Johannes Hyrkan weitete das Herrschaftsgebiet auf Distrikte des südlichen Ostjordanlandes, Samariens und Idumäas aus (Jos Ant XIII 249ff.). Unter Aristobul ist Galiläa zu erwähnen (Jos Ant XIII 318f.). Unter Alexander Jannai wurde nach Jos Ant XIII 395—397 die Gebietsausdehnung des Salomoreiches erreicht. Vgl. zum ganzen NOTH, Gesch., S. 343ff.

[54] RUDOLPH, S. 184 Note zu 10.

[55] Vgl. MOWINCKEL, Nehemia, S. 48 Anm. 1; HÖLSCHER, S. 554 Anm. b; RUDOLPH, S. 184 Note zu 10; SCHNEIDER, S. 233.

[56] Vgl. dazu die Hervorhebung der Priesterklasse Jojarib in I Chr 24 7 durch den (gleichen?) Interpolator der Makkabäerzeit; dazu s. RUDOLPH, Chronikbücher, S. 161f. In I Chr 24 17 findet sich auch die Priesterabteilung Jachin.

[57] I Macc 2 1 14 29.

[58] Dazu s. u. S. 118 Anm. 117.

[59] Nach I Macc 10 20 ist Jonatan um 152 v. Chr. erster Hoherpriester; die Gründung der Dynastie erfolgte erst mit Simon (I Macc 13 41f.) um 142/141 v. Chr.

Teilen 12 1-9 (Serubbabelzeit) und 12 10-26 (Nehemiazeit) die gleiche
Zuordnung wie die Listen Neh 7 5ff. (Serubbabelzeit) und 11 3ff. (Nehemiazeit). Der Text gliedert sich in folgende kleine Einheiten:

12 1-9:   Priester und Leviten aus der Zeit des Hohenpriesters Josua
12 10f.:   Hoherpriesterlicher Stammbaum von Josua bis Jaddua
12 12-21: Priester aus der Zeit des Hohenpriesters Jojakim
12 22f.:   Quellenverweise für die Zeit nach Jojakim
12 24f.:   Leviten aus der Zeit des Hohenpriesters Jojakim
12 26:   Abschlußnotiz.

12 1-9: Wie der entsprechende Teil in Neh 10 ist die Priesterliste
12 1-7 ein Auszug aus 12 12ff.[60]. Der Redaktor hat im Widerspruch zu
den Angaben von Esr 2 36-39 die Liste der zur Zeit Jojakims amtierenden Priesterhäupter ausgeschrieben und so die Priestergeschlechter
der Zeit Jojakims — und nach 12 26 der Zeit Nehemias — auf gleichnamige Personen der Serubbabelzeit zurückgeführt. Wenn er an dieser
Stelle nicht sein »Lieblingsdokument« Esr 2 aufgreift, muß darin eine
bestimmte Tendenz gesucht werden. Offenbar wollte er dem priesterlichen Klerus der Zeit Nehemias — und damit auch indirekt dem Werk
Nehemias — durch Hinaufdatierung seiner Gliederung in die Zeit der
Gemeindegründung eine besondere Würde zusprechen[61]. In 12 6 steht
vor Jojarib das einzige »und« der Aufzählung. Die mit »und« ange-
schlossenen Namen fehlen im Paralleltext 10 3-9. Die gleiche Beiordnung zeigt sich auch in 12 19 und soll im Zusammenhang mit der Besprechung dieser Stelle geklärt werden. Die redaktionelle Rahmen-
notiz 12 7b ist in ihrer Stellung umstritten. Wegen ihres schlechten
Zusammenhanges mit dem Kontext stellen sie RUDOLPH und GAL-
LING[62] hinter 12 9. Mir erscheint die überlieferte Textfolge sinnvoll,
wenn man וַאֲחֵיהֶם in 12 7b als Anfang eines neuen Satzes auffaßt,
wobei וְהַלְוִיִּם in 12 8 explikativ zu verstehen ist: »Diese waren die Geschlechtshäupter der Priesterschaft. Und ihre Brüder in den Tagen
Josuas, und zwar die Leviten, waren folgende: ...« (12 7b. 8a). Die
Namen in den den nüchternen Listenstil durchbrechenden[63] Bemerkungen über die levitischen Gesangsleiter 12 8f. decken sich fast mit
denen in 12 24f., so daß auch hier eine Parallelität beabsichtigt zu sein
scheint[64]. Es erstaunt, daß sämtliche Häupter der Jojakimzeit die
gleichen Namen gehabt haben sollen wie ihre Vorväter in der Josua-

---

[60] So die meisten Komm. und Monographien.
[61] RUDOLPH, S. 191.
[62] RUDOLPH, S. 190 Note b zu 7; GALLING, S. 246.
[63] Vgl. 11 16f. 22f.
[64] Nach MOWINCKEL, Studien I, S. 152; HÖLSCHER, S. 553; RUDOLPH, S. 192; SCHNEI-
DER, S. 45, ist 11 8f. sekundär.

zeit[65]. Der Teil 12 1-9 kommt als bewußte Parallelkonstruktion auf das Konto des nachchron Redaktors und hat keinen Quellenwert.

12 10f.: Die Genealogie der Hohenpriester ist m. E. in Fortsetzung von I Chr 5 27-41 auf Grund des nach der Angabe von 12 22f. vorliegenden Urkundenmaterials in der Annahme konstruiert[66], daß sich das Hohepriesteramt regelmäßig vom Vater auf den Sohn vererbte[67]. Zwischen dem ersten nachexilischen Hohenpriester Josua und dem Nehemiazeitgenossen Eljaschib (3 1) liegt ein historischer Zeitraum, der mit der Gestalt Jojakims nicht recht ausgefüllt erscheint[68]. Dem Redaktor fehlte wohl nicht nur das Material, diese Spanne auszufüllen[69], sondern im Geschichtsbild des 3. und 2. Jahrhunderts von der frühen nachexilischen Zeit rücken die Zeiträume auch zusammen. In 12 10f. 22 fällt die Ausdehnung der Folge bis auf den Hohenpriester Jaddua, der unter Darius II. zwischen 408 und 405 v. Chr. sein Amt antrat[70], auf. Rudolph hält Jaddua für einen Zeitgenossen des Redaktors[71]. Eine solche genealogische Reihe über die Nehemiazeit hinaus bis in die Gegenwart des Bearbeiters erscheint mir im Nehemiakontext sinnlos und schwer verständlich, zumal der nachchron Redaktor entsprechend den bisherigen Beobachtungen und der allgemeinen Datierung des Chron um 300 v. Chr.[72] zeitlich viel später anzusetzen ist. M. E. stellt sich der nachchron Verfasser von 12 1-26 vor, daß Nehemia noch eine ganze Generation lang bis zum Amtsantritt Jadduas unter Darius II. in Jerusalem amtierte, da das Statthalteramt im Perserreich im allgemeinen für lebenslänglich galt. Allein bei dieser Auffassung halte ich die Quellenverweise für sinnvoll. Die Berechtigung dieser Annahme zeigt 13 5f. Hier konstruiert der nachchron Redaktor durch Interpolation einen zweiten Aufenthalt Nehemias in Jerusalem bzw. eine Unterbrechung der Amtszeit durch einen Zwischenaufenthalt bei Hof. Von einem Ende der Statthalterschaft nach zwölf Jahren (5 14) will er nichts wissen.

12 12-21: Bei der Datierung der Priesterliste wäre eigentlich Eljaschib zu erwarten. Offenbar stand dem Interpolator nur eine Liste für die Zeit Jojakims, dem vermeintlichen Amtsvorgänger Eljaschibs, zur Verfügung. Das Recht zu einer Synchronisierung mit Nehemia,

---

[65] Zur Textkritik vgl. Mowinckel, Studien I, S. 152.

[66] Hölscher, S. 553.   [67] Hölscher, S. 553.

[68] Vgl. bspw. Hölscher, S. 553; Kittel, Gesch. III, S. 649; Mowinckel, Studien I, S. 158; Rudolph, S. 192f.

[69] So die meisten; vgl. o. Anm. 68. Rudolph erwägt daneben noch die Möglichkeit einer unverhältnismäßig langen Amtszeit Jojakims.

[70] Zum Problem der Identifizierung Darius' des Persers (12 22) = Darius II (424—405) vgl. Hölscher, S. 553; Rudolph, S. 192f.

[71] Rudolph, S. 191. 193. Zur Kritik vgl. auch Mowinckel, Studien I, S. 157.

[72] Vgl. Noth, ÜSt., S. 154; Eissfeldt, Einl.³, S. 733; Fohrer, Einl., S. 259.

wie sie in 12 26 deutlich vorgenommen wird, gab ihm die Esragestalt des chron Berichtes, nach dem Esra schon lange vor Nehemia in Jerusalem wirkte und damit noch die Amtszeit Jojakims erlebt haben konnte.

In 12 12ff. begegnet man wahrscheinlich authentischem Material der Jojakimzeit[73], da dieses wie die Gemeindeliste Esr 2 wiederholt vom Redaktor ausgewertet wird. Das Dokument zeigt mit 12 19-21 wie 12 6 gegenüber 10 3-9 einen Überschuß von sechs Namen. Wie schon in 12 6 wird auch in 12 19 das Schema der asyndetischen Beiordnung durch die Kopula *waw* vor Jojarib durchbrochen. Dieser Stilbruch ist, wie die Parallele zeigt, kein Zufall, sondern ein Zeuge für die sekundäre Beifügung der Sechserkette zur amtlichen Liste[74]. Die Voranstellung Jojaribs verrät wie die Glosse in 11 10 den Ergänzer der Makkabäerzeit[75]. Ob die Auffüllung schon in der Vorlage enthalten war[76] oder auf den Redaktor zurückgeht, läßt sich nicht sicher entscheiden. M. E. trifft letzteres zu.

Eine genauere Datierung der Liste und damit auch der Amtszeit Jojakims ergäbe sich, wenn Sacharja aus dem Geschlecht Iddo (12 16) mit dem Propheten Sacharja (ben Berechia) ben Iddo (Sach 1 1. 7 Esr 5 1 6 14[77]) identisch wäre, wie allgemein angenommen wird[78].

12 22f.: Auf die Aufzählung der Priesterschaft unter den Nachfolgern Jojakims verzichtet der Redaktor mit einem Verweis auf die ihm vorliegende offizielle Tempelchronik[79]. In der Bezeichnung Darius II. als des Persers[80] schlägt sich m. E. die Anschauung des 2. Jahrhunderts niedei, die nach Dan 6 1 nur Darius den Meder und Darius den Perser unterscheidet.

Zu den Leviten wird umgekehrt wie bei den Priestern mit 12 23 zunächst der Gesamtüberblick über das zur Verfügung stehende Quellenmaterial gegeben. Der Vers enthält eine Crux, wenn man Jochanan (12 22f.) mit Jonatan (12 11) identifiziert[81]. Entweder be-

---

[73] So auch Hölscher, S. 554; Rudolph, S. 193; Schneider, S. 44. Nach Mowinckel, Studien I, S. 155, ist die Liste konstruiert.

[74] So auch Meyer, Entst., S. 173; Hölscher, S. 553f.; Kittel, Gesch. III, S. 685; Johannesen, S. 197; Rudolph, S. 192; Schneider, S. 44, u. a.

[75] Hölscher, S. 553; Rudolph, S. 192.

[76] Vgl. Mowinckel, Studien I, S. 156.

[77] Zur Genealogie vgl. Rudolph, S. 46 Note d zu 1; Horst, Die Zwölf Kleinen Propheten, HAT I/14, ³1964, S. 216f.

[78] Horst a. a. O. S. 216f.; Elliger, Das Buch der zwölf Kleinen Propheten 2, ATD 25, ⁴1959, S. 99; Rudolph, S. 193; Schneider, S. 244.

[79] Zur Textrekonstruktion von 12 22 vgl. Rudolph, S. 194 Note zu 22.

[80] Vgl. Mowinckel, Studien I, S. 161f.

[81] So mit Recht die meisten Komm.; vgl. bspw. Rudolph, S. 190 Note zu 11. Bei einer Unterscheidung von Jochanan und Jonatan kommt es zur These einer komplizierten und unregelmäßigen Sukzession im hohenpriesterlichen Amt; so etwa Mowinckel, Studien I, S. 158ff.; Schneider, S. 242f.

deutet dann בֶּן in 12 23 »Enkel«[82], und es wird gegen alle Regel der Name des Großvaters angegeben, oder aber die Genealogie in 12 11 ist konstruiert und trifft historisch nur die Amtsnachfolge. Ich halte mit vielen anderen[83] 12 23 für richtig, d. h. Jochanan muß ein Bruder Jojadas sein[84].

12 24f.: Die Levitenliste[85] scheint auf den ersten Blick ein Florilegium aus Esr 2 40. 42 8 18f. 24 Neh 11 17. 19 zu sein. Bei dieser Annahme ergibt sich eine Fülle von Schwierigkeiten[86]. Im Unterschied zur sonstigen Gewohnheit des Redaktors werden hier die Sänger und Torhüter mit zu den Leviten gezählt. Dieser Tatbestand, das Faktum eines allgemeinen Quellenverweises in 12 23 und der teilweise Auszug dieser Verse in 12 8f., der die Dreiteilung der Leviten verschleiert und die Torhüter überhaupt nicht bringt, scheinen mir doch eher für die Echtheit des Kerns dieses Dokumentes zu sprechen. Wahrscheinlich lagen dem Redaktor levitische Geschlechternamen in Verbindung mit der Liste 12 12-18 vor[86]. Die Konzipierung des Wortlauts von 12 24f. geht sicher auf seine Hand zurück.

12 26: 12 26 ist die Unterschrift des Bearbeiters, durch die er die Verzahnung mit der Esra-Nehemiageschichte vornimmt und die in Entsprechung zu 12 1 steht.

Ich halte 12 1-26 für eine Konstruktion des listenfreudigen Ergänzers, die für die Nehemiazeit keinerlei Quellenwert besitzt. Er hat vorliegendes Urkundenmaterial (12 12-18. 24f.) herangezogen und für die Nehemiazeit ausgewertet und ergänzt. Ich sehe als Grund dieser Komposition 12 1-26 nicht nur die Freude des nachchron Interpolators an Klerikerlisten. Vielmehr verrät die Parallelisierung zwischen Serubbabelzeit und Nehemiazeit eine bestimmte Tendenz, die auch schon für Neh 7 festzustellen war. Nehemia soll sozusagen zu einem Antityp Serubbabels gemacht werden. Seine Verdienste erschöpfen sich nicht in der Konstituierung der Provinz, sondern unter seiner Leitung kam es im Zusammenwirken mit Esra auch zu einer Konsolidierung der Kultgemeinde in strenger Entsprechung zu den Anfängen. Der Interpolator nutzt dabei die Gelegenheit, späteren Priesterklassen ihre

---

[82] Vgl. dazu die Widerlegung MOWINCKELS, Studien I, S. 158 ff.

[83] Bspw. HÖLSCHER, S. 553; RUDOLPH, S. 192f.; MOWINCKEL, Studien I, S. 160. 162.

[84] M. E. folgt daraus nicht, daß beide Stellen 12 11 und 12 22 auf verschiedene Hände zurückgehen (so bspw. RUDOLPH, S. 193) und die Genealogie in 12 11 sekundär ist. Die Arbeitsweise des nachchron Redaktors läßt diesen historischen Fehler durchaus denkbar erscheinen.

[85] Zum Text vgl. RUDOLPH, S. 194; MOWINCKEL, Studien I, S. 156 Anm. 4.

[86] MOWINCKEL, Studien I, S. 157, denkt an eine Liste aus der Zeit des Redaktors, da Esr 2 aus der frühen nachexilischen Zeit Sänger, Torhüter und Leviten trennt. M. E. hat es zur gleichen Zeit verschiedene Auffassungen über den Zugehörigkeitsbereich der Leviten gegeben. Eine deutliche historische Entwicklung sehe ich nicht.

Legitimation zu verschaffen, und erweist durch die Voranstellung des Geschlechtes Jojarib in den Ergänzungen dem makkabäisch-hasmonäischen Hohenpriesterhaus seine besondere Reverenz[87].

2. Die Glossen zu Person und Werk Nehemias

In 7 7a wird Nehemia zur heiligen Zahl der Golaführer gerechnet, der wie Serubbabel und andere durch Leitung eines Heimkehrerzugs an der Gründung der nachexilischen Gemeinde beteiligt war. Nach 7 69-71 wiederholt der Tirschata Nehemia die Stiftung der Serubbabelzeit für den Tempel, bei der er persönlich in besonderem Maße beteiligt ist (7 69b). In 8 9 wird Nehemia als Amtsperson und Reformer neben Esra erwähnt. In 10 2 steht er an der Spitze der Unterzeichner in der Bundesverpflichtung. Besonders der Einschub in 12 46f. zeigt Nehemia als vorbildlichen Hüter und Förderer der kultischen Ordnung. Er wird in seiner Bedeutung wieder mit Serubbabel parallelgesetzt. Ich sehe in all diesen Glossen eine Korrektur an der chron Degradierung Nehemias. Der Interpolator will Nehemias grundlegende Bedeutung für die nachexilische Kultgemeinde festhalten. Der Statthalter ist nach seinem Verständnis Vollender und Erneuerer des Serubbabelwerkes.

Die wichtigste Änderung der Vorlage geschieht durch den Eingriff in 13 6. Durch eine Umdatierung der Ereignisse in 13 4ff. wird ein Zwischenbesuch Nehemias beim Königshof konstruiert und so Nehemia von der Verantwortung für die eingerissenen Mißstände freigesprochen. Nur während der Abwesenheit des gesetzestreuen Reformers konnten sich in Jerusalem und Juda die »schlechten Elemente« durchsetzen.

3. Zur Person und Zeit des Interpolators

Es ist nun möglich, ein abschließendes Bild des nachchron Redaktors zu entwerfen. Man hat ihn sich als einen Leviten[88] des ausgehenden 2. Jahrhunderts v. Chr. vorzustellen, dessen Sympathien den hasmonäischen Hohenpriestern und Königen gelten. Mehrfach ist er darauf bedacht, dieser Dynastie die fehlende rechte Legitimation zu verschaffen durch Einreihung ihres Ahnherrn in den Klerus der frühen nachexilischen Zeit[89]. Oft scheint auch sein Bestreben zu sein, den Klerikergruppen seiner Zeit durch Auffüllung alten Listenmaterials ihre Bedeutung zu sichern. Er ist dabei vor allem ein eifriger Verfechter und eifersüchtiger Sachwalter levitischer Ansprüche[90], indem

---

[87] Die Zahl der Priesterklassen (nach Rudolph, S. 192: 23; nach Mowinckel, Studien I, S. 154—156: 24) zeigt eine gewisse Nähe zu den 24 Abteilungen von I Chr 24.

[88] Vgl. Mowinckel, Esra, S. 164. Auch Schneider spricht in seinem Kommentar von einem levitischen Bearbeiter.

[89] Vgl. auch Esr 8 16.   [90] Vgl. noch Esr 8 18b-20. 24b.

er darauf achtet, ihnen durch genaue Differenzierung in der Hierarchie
den Platz direkt hinter den Priestern und vor den Sängern und Tor-
wächtern zu sichern. Der Redaktor scheint Zugang zum Tempelarchiv
zu haben und versteht es meisterhaft, mit Dokumenten umzugehen,
d. h. nötigenfalls neue Listen zu konstruieren oder vorhandene umzu-
datieren[91]. Man geht deshalb wohl kaum fehl, ihn als Verwalter des
Tempelarchivs zu betrachten. Mit II Macc 2 13, einem Text, der in die
gleiche Zeit gehört[92], läßt sich sogar seine Interpolationsfreudigkeit
verstehen. Nach dieser Stelle hat Nehemia selbst das Tempelarchiv
durch Sammlung von Urkundenmaterial gegründet. Es lag dann wohl
nahe, seinem und dem gesamten chron Werk von diesem Material soviel wie möglich hinzuzufügen.

4. Das Motiv der Nehemiainterpretation des nachchron Redaktors

Die Mehrzahl der großen Interpolationen ist auf drei Gestalten
der Geschichte Israels konzentriert: David, Esra und Nehemia. Esra
und Nehemia gehören nach dem Vorbild des chron Werkes (Neh 8—12)
zeitlich zusammen (12 26). Der Redaktor interpretiert diese Zusammengehörigkeit sachlich: beide arbeiten miteinander und füreinander.
Nehemia bekommt damit eine Bedeutung für die Jerusalemer Kultgemeinde, die der Chron ihm durch die Korrektivgestalt Esra gerade
absprechen wollte. Der Redaktor erreicht eine klare Aufwertung der
Gestalt und des Werkes Nehemias. Mit Esra zusammen bildet er den
Antityp zum Werke Davids. Ich sehe darin eine bewußte Korrektur
des chron Bildes. Der Charakter einer Korrektur wird besonders daran
deutlich, daß der Redaktor am Bilde des Mauerbauers Nehemia wie
der Chron nichts ändert, dagegen den großen chron Einschub 8 1—13 3
an mehreren Stellen unterbricht und durch Interpolation von Listen

---

[91] Beispiele aus dem Esrateil sind Esr 8 1-14 und 10 20-43. Beide Listen sind m. E.
konstruiert; so auch MOWINCKEL, Esra, S. 2—6. 9—11. 23; Studien I, S. 118—122.
124—135 (mit Modifikationen S. 122f.); HÖLSCHER, S. 517f. 522; KAPELRUD, S. 10.
45f. 79f.; JOHANNESEN, S. 255ff. (nur für Esr 8 1-14).
Zu Esr 8 1-14: Die Zwölfzahl der Laiengeschlechter macht den Eindruck einer
Idealisierung und Angleichung an den ägyptischen Exodus. Die gleiche Idealisierung
liegt bei den Priestergeschlechtern Ithamar und Pinehas vor, die m. E. niemals
den Namen für nachexilische Priesterhäuser abgegeben haben. Die Namen der
Laiengeschlechter sind z. T. mit dem Vorbild des listenfreudigen Ergänzers Esr 2
= Neh 7 auch in der Abfolge identisch und wohl von hierher entlehnt. Die Zahlen
weisen größtenteils eine verdächtige Abrundung auf Zehner auf.
Zu Esr 10 20-43: Die Liste zeigt die gleiche Schematisierung. Mit Konjekturen in
10 38. 40 nach LXX (vgl. SCHNEIDER, S. 159) zähle ich 12 Laiengeschlechter. Die
Aufzählungskategorien, sämtliche Namen der Priester- und Laiengeschlechter finden
sich in der Liste Esr 2 = Neh 7 wieder.
[92] S. u. S. 115ff., bes. S. 123.

und Glossen Nehemias konstitutive Bedeutung für die nachexilische Kultgemeinde unterstreicht. Er zeichnet Nehemia dabei in den Konturen des Davididen Serubbabel; sein Werk ist nach dem Maßstab jener Zeit ausgerichtet. Nehemia erscheint als zweiter Serubbabel. M. E. ist hinter dieser Uminterpretation mehr als eine »historische« Leidenschaft des Redaktors zu sehen, die verkannte Tatbestände ins rechte Licht rücken will. Der Redaktor arbeitet bewußt den antinehemianischen und d.h. den rein theokratischen Tendenzen des Chron entgegen. Hängt dieser Tatbestand mit seiner Parteinahme für das Hasmonäerhaus zusammen, dessen Verkopplung von Hohenpriesteramt und Königtum nicht dem theokratischen Ideal des Chron entspricht? Wird die Verbindung von Leitung der Kultgemeinde und Regierung der Provinz Juda bei Nehemia in Hinblick auf das hasmonäische Königpriestertum betont?

III. SIRACH 49 13

1. Der Rahmen des Nehemiabildes

Im Preis der Väter (44 1—49 16), zu dem als Anhang auch das Lob Simons II. (50 1-21) und der Abschluß 50 22-24 gehören, erwähnt Jesus Sirach am Ende des nachexilischen Abschnittes (49 11-13) auch Nehemia und sein Werk[93]:

נחמיה יאדר זכרו   המקים את חרבתינו

וירפא את הריסתנו   ויצב דלתים ובריח

Nehemia — sein Gedächtnis sei in Ehren!
Er, der unsere Ruinen wieder aufrichtete
und unsere Trümmerstätten wiederherstellte
und Tore und Riegel einsetzte (49 13).

Jesus Sirach gehört mit den hinter ihm stehenden Kreisen in die Vorgeschichte der makkabäischen Bewegung und in die Front gegen den in Juda eindringenden Hellenismus am Anfang des 2. Jahrhunderts. Sein Werk ist apologetisch und paränetisch zugleich ausgerichtet. Im Preis der Väter tritt er einmal den Beweis dafür an, daß die Väter Israels bis in die Gegenwart hinein (50 24) sich und das Gesetz, dem sie gehorsam sind, mit der Weisheit[94] des Hellenismus messen können. Gleichzeitig wird durch die Vorbilder[95] der Gesetzesfrömmig-

---

[93] Text nach LEVI, The Hebrew Text of the Book of Ecclesiasticus, Semitic Studies Series III, ²1951.

[94] Vgl. 44 3ff. 15 50 23.

[95] Auswahlprinzip dieser »pedagogy of examples« (SIEBENECK, May their Bones Return to Life: — Sirach's Praise of the Fathers, CBQ 21, 1959, S. 411—428, S. 414) ist ein doppeltes: der Gesetzesgehorsam (44 12. 19ff. 45 5 46 11 49 4. 9) und die praktische Weisheit, die sich aus dem Gesetzesgehorsam ergibt (44 3-9. 15 47 13ff.).

keit zum antihellenistischen Widerstand[96] ermuntert. Das Ideal dieser
Kreise besteht in einer Kultgemeinde, die unter der Führung von
priesterlichen Königen oder königlichen Priestern auch politisch aktiv
ist[97]. Als letzter Vertreter einer solchen Führerschaft wird der Hohepriester Simon II. (etwa um 190 v. Chr.) gepriesen. Für ihn schlägt
das Herz Jesus Sirachs. In der Gegenwart fehlt es an einem solchen
Mann; das hohepriesterliche Haus hat unter den Nachfolgern Simons
II. versagt. Anlaß zu Abfassung des Preises der Väter werden die
Wirren unter dem Simonnachfolger Onias III. sein. Ihm gegenüber
betont Jesus Sirach die Erscheinung seines Vaters und »schwelgt in
der Erinnerung an ihn, da gegenwärtig die Verhältnisse in der Hiero-
kratie nicht mehr so erfreulich sind« (WELLHAUSEN)[98]. Man hofft
in den Wirren der Zeit um 173 v. Chr.[99] in geduldigem Durchhalten
auf den Sieg des gesetzestreuen Hohenpriestertums[100]. Jesus Sirach
ist mit seiner Hoffnung auf Restauration nicht Anhänger der chron
Idee einer unpolitischen Theokratie. Seine Vorbilder stellen auch
politische Größen dar, und er erwartet die politische Autonomie, wie
sie Simon II. wahrnahm[101].

Er überliefert im Unterschied zum Chron eine »messianische« Serubbabelgestalt
(49 11). Seine Priester sind fürstliche Erscheinungen (45 7ff. 45 23ff. 50 1ff.). Alle Verdienste der Väter um die Befestigung Jerusalems werden hervorgehoben (48 17ff. 49 13
50 1-4). Jesus Sirach hängt auch literarisch im Preis der Väter nicht vom chron Werk
ab. Er lehnt sich vielmehr in seinem haggadischen Midrasch der heiligen Schriften vor
allem an die Tora, das dtr Werk und den späteren Prophetenkanon an[102].

---

[96] Vgl. dazu SIEBENECK a. a. O. S. 411 ff.; vor allem aber MAERTENS, L'Eloge des
Pères, Lumière et Vie, Supplément biblique de »Paroisse et Liturgie«, 26 (1955),
S. 1—6; 27 (1956), S. 1—12; 28 (1956), S. 1—5; 29 (1956), S. 1—8; 30 (1956),
S. 1—10; 31 (1956), S. 1—11; 32 (1957), S. 1—10; 33 (1957), S. 1—10; 34 (1957),
S. 1—8; 35 (1957), S. 1—11; 36 (1957), S. 1—8; 37 (1958), S. 1—11; 38 (1958),
S. 1—8.

[97] Priesterliche Könige bspw.: David 47 1ff.; Josia 49 1ff.; königliche Priester bspw.:
Aaron 45 6ff.; Pinehas 45 23ff.; Simon II 50 1ff. Vgl. auch FICHTNER, Zum Problem
Glaube und Geschichte in der israelitisch-jüdischen Weisheitsliteratur, ThLZ 76
(1951), (Sp. 145—150) Sp. 150 = Gottes Weisheit, 1965, (S. 9—17) S. 16.

[98] WELLHAUSEN, Israelitische und Jüdische Geschichte, ⁹1958, S. 229 Anm. 1.

[99] Vgl. EISSFELDT, Einl.³, S. 809.   [100] Vgl. bspw. SCHÜRER, Gesch.⁴, III, S. 215.

[101] Vgl. auch Josua (46 1ff.), Samuel (46 13ff.) und Hiskia (48 17ff.).

[102] Vgl. den Begriff Dodekapropheton in 49 10 und die Anspielungen in 49 11 auf die
messianische Stelle Hag 2 23, in 49 12 auf Hag 1 (s. GALLING, Studien, S. 129
Anm. 1. 2). Die Benutzung des dtr Werkes zeigt sich in der Erwähnung der Schuld
Salomos (47 19ff.), der Anspielung auf die Eliageschichten (48 4ff.) und in der dtr
Bewertung der judäischen Könige (49 4f.). Der Chron hat diese Züge nicht. Zu der
These einer chron Vorlage bei BENTZEN (Sirach, der Chronist und Nehemia, StTh 3,
1949, S. 158—161) für 47 9 48 17 vgl. NOTH, ÜSt., S. 155 Anm. 1, und MOWINCKEL,
Studien I, S. 45. Zuletzt wurde der Rückgriff auf das chron Werk für 47 9f. bei

Er ist Glied der Theokratie, wahrt aber angesichts der Bedrängung durch die Schutzmacht der Theokratie das »zionistische« Erbe. Das unpolitische Ziel der chron Theokratie ist unter den Nachfolgern der Perser, insbesondere unter den Seleukiden, zum Scheitern verurteilt.

2. Das Nehemiabild

Das Nehemiabild Jesus Sirachs — soweit man auf Grund eines Verses überhaupt davon sprechen kann —, fügt sich gut in den aufgezeigten Rahmen ein. Nehemia erscheint neben den priesterlich-kultischen Restauratoren Serubbabel und Josua (49 12) als das vorbildliche Beispiel eines politischen Reformers unter den Gesetzestreuen. Die Trennung der Funktionen, wie sie der Chron zwischen Esra und Nehemia vornahm, geschieht hier zwischen Serubbabel — Josua einerseits und Nehemia andererseits (49 11ff.). Aber alle drei Gestalten sind nur Typoi des großen Simon (Sir 50)[103], der sowohl den Tempel als auch die Stadt Jerusalem neu befestigt (50 1-4). Schon aus dieser Funktionenteilung wird ersichtlich, daß Jesus Sirach Nehemia an den Anfang der nachexilischen Zeit datiert und ihn als Zeitgenossen Serubbabels versteht. Diese Vordatierung belegt auch der Kontext Sir 49 5ff., nach dem Nehemia die durch die babylonische Zerstörung verbrannte Stadt wieder aufbaut[104]. Das Nehemiabild entspricht sonst der Selbstdarstellung der NQ: Nehemia wird als Wiedererbauer der Stadt und politischer Reformer gewürdigt. Da an eine Benutzung des chron Werkes im Preis der Väter nicht zu denken ist, legt sich die Annahme nahe, daß Jesus Sirach noch die selbständige NQ vorliegen hat[105]. Daß er mit dieser literarischen Vorlage arbeitet, zeigt sich in einigen Anspielungen. So erinnert die Wendung ויצב דלתים ובריח an ähnliche Formulierungen in Neh 3[106]. המקים את חרבתינו ist eine Fehlinterpretation von Neh 7 4, die auch Josephus Ant XI 181f. vornimmt und die nur bei einer schriftlichen Vorlage verständlich wird. In der Wendung יאדר זכרו könnte man eine Antwort auf Nehemias זָכְרָה-Ruf vermuten. Daß Jesus Sirach sich allein an der NQ orientiert, verraten das Fehlen des chron Synoikismos und vor allem die Auslassung der Esragestalt. Als großer priesterlicher Reformer und Schriftgelehrter wäre Esra im Preis der Väter durchaus am Platze. Die Auslassung dieser Gestalt kann aber nicht nur literarische Gründe haben, denn es

---

KOOLE, Die Bibel des Ben Sira, OTSt 14 (1965), (S. 374—396) S. 378 Anm. 2 und S. 382 f. behauptet.

[103] Ähnlich auch SCHNEIDER, S. 16.

[104] So auch SMEND, Die Weisheit des Jesus Sirach, 1906, S. 474.

[105] So auch bspw. NOTH, ÜSt., S. 155 Anm. 1; MOWINCKEL, Studien I, S. 45.

[106] So auch SCHNEIDER, S. 16.

ist unvorstellbar, daß der Schriftgelehrte Jesus Sirach das ältere, ebenfalls im Jerusalemer Raum verfaßte und überlieferte chron Werk nicht gekannt hat, wenn dies auch noch um sein »kanonisches« Ansehen ringen mußte. Die Auslassung Esras und die Vernachlässigung des chron Werkes kann kontroverstheologische Gründe haben[107]. Der Siracide hat an der Gestalt des Onias III. die Folgen gesehen, die mit der priesterschriftlich-chron Theologie und ihrer politischen Ethik zwangsläufig verbunden waren. Die völlig introvertierte Haltung theokratischer Kreise hatte die Widerstandskraft gelähmt und dem Hellenismus erheblich Vorschub geleistet. Jesus Sirach rechnet m. E. den Kronzeugen dieser Haltung, den Schriftgelehrten Esra, nicht zu den Vorbildern Israels.

IV. II MACC 1₁₀—2₁₈

1. Eigenart und Anliegen

Der Chanukkafestbrief II Macc 1₁₀—2₁₈ enthält nach dem chron Werk und neben Josephus' Ant das umfangreichste Zeugnis über Nehemia. Er gehört zum Briefkomplex 1₁—2₁₈, der um die Zeitenwende[108] durch einen Bearbeiter der Epitome des Jason von Kyrene II Macc 2₁₉ff. vorgeschaltet wurde[109], weil es in ihm um die gleiche Thematik geht: die Entstehungsgeschichte makkabäischer Feste[110].

---

[107] Nach SMEND a. a. O. S. 474, ist für Sirach die Gesetzeseinführung Esras bedeutungslos, da er nicht über die Einführung des Kanons reflektiert; ferner sei ihm die Scheidung der Mischehen gleichgültig, da seine Zeit Mischehen duldete. In der Forschung ist wiederholt die Auslassung Esras mit seinem radikalen Vorgehen in der Mischehenfrage zusammengebracht worden. In einer Zeit, in der man die Proselytenehe billigte und förderte, habe dieses Werk Esras eine große Verlegenheit hervorgerufen; vgl. bspw. SELLIN, Gesch. II, S. 136; RUDOLPH, S. 168; GALLING, Studien, S. 129 Anm. 3, u. a. — M. E. darf man nicht übersehen, daß das Hauptverdienst Esras in der Durchsetzung der Tora als Lebensgesetz Israels gesehen wurde. Hier wäre nun doch eine Notiz zu erwarten. Zudem hätte in der gespannten Situation von 173 v. Chr. Esras Kompromißlosigkeit gegenüber äußeren Einflüssen eine starke paränetische Wirkung gehabt.
TORREY, JAOS 70 (1950), S. 118, legt Maßstäbe modernen historisch-kritischen Denkens an, wenn er vermutet, daß Sirach von der Fiktivität der chron Esragestalt gewußt und sie deshalb ausgelassen habe.
Nach MOWINCKEL, Studien I, S. 59f., ist das chron Werk möglicherweise erst nach 200 v. Chr. abgefaßt worden, so daß Sirach die Esrageschichte nicht kennen konnte. — Diese Spätdatierung des chron Werkes halte ich für unwahrscheinlich.

[108] Vgl. SCHUNCK, Die Quellen des I. und II. Makkabäerbuches, 1954, S. 101 Anm. 2. S. 127.   [109] Näheres dazu bei SCHUNCK a. a. O. S. 98ff.

[110] Vgl. den inhaltlichen Einschnitt nach II Macc 10₉. Im ersten Teil geht es um die Vorgeschichte des Chanukkafestes (I Macc 10₁-₉), im zweiten um die des Nikanor-

Die Frage nach der Echtheit des ersten Briefes 1 1-9 aus dem Jahre
124 v. Chr.[111] kann außerhalb der Diskussion bleiben; bei dem inter-
essierenden Schreiben 1 10—2 18 handelt es sich um eine Fälschung[112]
aus der Zeit zwischen 103 und 60 v. Chr.[113] im Jerusalemer Raum.

festes (II Macc 15 25-36); so schon EWALD, Geschichte des Volkes Israel[3], IV,
S. 605 ff.; KAMPHAUSEN bei KAUTZSCH, Die Apokryphen und Pseudepigraphen des
Alten Testaments I, S. 82; HOCHFELD, Die Entstehung des Ḥanukkafestes, ZAW
22 (1902), (S. 264—284) S. 272.

[111] Vgl. dazu BICKERMANN, Ein jüdischer Festbrief vom Jahre 124 v. Chr. (II Macc
1 1-9), ZNW 32 (1933), S. 233—254. Die meisten Kommentare nehmen die Echtheit
an. Zu der umstrittenen Abgrenzung vgl. die Übersicht bei SCHUNCK a. a. O. S.100.

[112] So die meisten Komm. und Monographien. Vgl. bspw. LAQUEUR, Kritische
Untersuchungen zum Zweiten Makkabäerbuch, 1904, S. 64; BEER, Zur israelitisch-
jüdischen Briefliteratur, Festschrift Kittel, 1913, (S. 20—41) S. 39; MEYER, Ursprung und Anfänge des Christentums II, 1921, S. 210. 221 Anm. 1. S. 455; WILL-
RICH, Urkundenfälschung in der hellenistisch-jüdischen Literatur, FRLANT 38,
1924, S. 16; KOLBE, Beiträge zur syrischen und jüdischen Geschichte, BWAT 35,
1926, S. 221 f.; BICKERMANN a. a. O. S. 234f.; ZEITLIN, The Second Book of Maccabees, engl. Übers. v. S. Tedesche, Dropsie College Edition, Jewish Apocryphal
Literature 5, 1954, S. 32; SCHUNCK a. a. O. S. 100; EISSFELDT, Einl.[3], S. 787.
Schon der Anfang 1 10 erscheint verdächtig. Die Grußformel χαίρειν καὶ ὑγιαίνειν
ist erst in der zweiten Hälfte des 1. Jh. v. Chr. belegt (vgl. EXLER, The Form
of Ancient Greek Letters, 1923, S. 22 f. 64. 110; BICKERMANN a. a. O. S. 234 mit
Anm. 1). Die Aufführung der Absender ist ungewöhnlich plerophorisch und entspricht nicht der offiziellen Reihenfolge (vgl. I Macc 12 6 13 36 14 20. 28 II Macc
11 27). Der Begriff γερουσία erfordert eigentlich einen erläuternden Genitiv (wie
»der Juden« oder ähnlich) bei sich (vgl. I Macc 12 6). Am Ende des Briefes fällt
das Fehlen eines Datums auf (vgl. 1 9 11 21. 33. 38). Verdächtig ist auch der Umfang
des Briefes in Vergleich mit sonstigen Briefen des I. und II. Makkabäerbuches.
In 2 14 spricht der Brief von Judas Makkabäus in der 3. pers. sing. so, als ob er
in die vergangene Geschichte gehörte; in 1 10 nennt er ihn aber gleichzeitig als
einen der Mitabsender. 2 17 setzt die Existenz des hasmonäischen Königs- und
Priesterhauses voraus, obwohl der Brief nach 1 18 kurz vor der erstmaligen Feier
der Tempelreinigung, d. h. vor dem 25. Kislew des Jahres 164 v. Chr., verfaßt
sein will (zur Interpretation von 1 18 vgl. LAQUEUR a. a. O. S. 56—58; BICKER-
MANN, ZNW 32, S. 234; ABEL, Les livres des Maccabées, [2]1949, S. 292; SCHUNCK
a. a. O. S. 100 Anm. 7).
Fordert der Brief zur Mitfeier der Tempelweihe auf, so setzt er gegen den historischen Tatbestand (vgl. I Macc 4 52 mit I Macc 6 16) den Tod des Antiochos
chronologisch vor die Tempelweihe (zu II Macc 9+10 vgl. SCHUNCK a. a. O. S.101).
Die Entstehung von Festlegenden in der Fülle, wie sie der Brief bietet, ist für das
Jahr 164 v. Chr. undenkbar. Man steht mit dem Brief traditionsgeschichtlich am
Abschluß einer theologischen Legitimierung und kultischen Ausgestaltung des
makkabäischen Festes, dessen Anfänge nach I Macc 4 52-59 und II Macc 10 1-8
viel bescheidener waren.
Historisch unwahrscheinlich ist auch, daß Judas Makkabäus schon eine Gerusie
gehabt haben soll. Judas ist nicht das anerkannte Haupt der Juden gewesen,

Die an die Einrichtung der Festbriefe[114] sich anschließende Schrift
hat eine doppelte Tendenz. Sie will einmal die Festlegende zum makkabäischen Tempelweihfest in Jerusalem zusammenstellen, zum anderen
stellt sie eine Huldigung an das makkabäisch-hasmonäische Priester-
und Königshaus dar, zu dessen Legitimation sie durch die Verherrlichung seines Heros eponymos Judas Makkabäus (2 14) ebenfalls
ihren Beitrag liefert. Das kleine Werk erweist sich damit als Parallel-
unternehmen zum I. Makkabäerbuch und zur Epitome des Jason von
Kyrene. Durch Typologie, die im folgenden noch näher aufzuzeigen
sein wird, ersetzt es der nichtdavidischen Königs- und nichtzako-
kidischen Priesterdynastie die fehlende Sukzession[115] und sichert ihr
den Platz in der heiligen Geschichte[116]. Zwei Taten des Judas Makkabäus bekommen so ihren heilsgeschichtlichen Rang. Mit der Reinigung
des Altarfeuers und der Einrichtung des neuen Tempeldienstes nach
der Entweihung durch Antiochus IV. Epiphanes steht Judas auf der
gleichen Stufe wie Nehemia (1 18ff.), Mose (2 11) und Salomo (2 12); er
wird zum Begründer der vierten Periode in der Geschichte des Jahwe-
heiligtums. Er steht ferner in seinen Bemühungen um die Sammlung
verlorengegangener Schriften des Tempelarchivs in antitypischem
Verhältnis zu Nehemia (2 13f.). In 2 17f. wird die Begründung des
hasmonäischen Königpriestertums als Erfüllung von Ex 19 6 dargestellt.

---

sondern Anführer einer Partei. Hier werden insgesamt deutlich Zustände späterer
Zeit projiziert.

[113] Als Terminus a quo ist zunächst das Datum des Schreibens 1 1-9, dem die Fälschung
angeglichen und beigefügt worden ist, zu nennen, d. h. das Jahr 124 v. Chr. Nach
2 17 ist die Einsetzung des hasmonäischen Königtums schon geschehen (vgl. BEVE-
NOT, Die beiden Makkabäerbücher, HSchAT IV/4, 1931, S. 178). Die offizielle
Annahme des Königstitels wird für Johannes Hyrkan (Hieron. ad. Ez 21 30f.),
Aristobulos I (Jos Ant XIII 301ff.; XX 235ff.) und Alexander Jannai (Strabo
Geograph. XVI 2. 40) bezeugt. Die Münzprägung spricht am meisten für Alexander
Jannai (103—77 v. Chr.); vgl. dazu NOTH, Gesch., S. 348 Anm. 1; SCHOEPS, Die
Opposition gegen die Hasmonäer, ThLZ 81 (1956), (Sp. 663—670) Sp. 665f. Der
Terminus ante quem ist m. E. dadurch festgelegt, daß man noch um die Gegner zu
werben scheint. Das setzt einen frühen Termin und keineswegs die Nähe der
zadokidischen Galut nach dem Überfall durch den »bösen Priester« (vgl. 1QpHab;
Jos Ant XIII 379ff.; Ps Sal 17 15-23) = Alexander Jannai voraus.
Im allgemeinen wird in Anschluß an BICKERMANN a. a. O. S. 234, in die Zeit um
60 v. Chr. datiert. Mir erscheint eine ältere Datierung geratener. Der Brief ver-
wertet noch nicht die jüdische Version vom Tode des Antiochus (II Macc 9
I Macc 2 62) und scheint die bei Josephus überlieferte Tradition vom Hohenpriestertum des Judas Makkabäus (Jos Ant XII 414. 434) noch nicht im vollen Umfang zu
kennen; vgl. BICKERMANN ebd. und SCHUNCK a. a. O. S. 100).

[114] Vgl. dazu BICKERMANN a. a. O. S. 241—246.   [115] Dazu s. u. Anm. 117.

[116] Vgl. TORREY, Die Briefe 2 Makk. 1, 1—2, 18, ZAW 20 (1900), (S. 225—242) S. 234.

Es liegt nahe, die wahren Adressaten der Schrift nicht nur nach 1 10 in der ägyptischen Judenschaft, sondern auch in den Gegnern des hasmonäischen Priesterkönigtums[117] in Palästina zu suchen. Darauf läßt auch die Betonung des Aristobulos »aus dem Geschlecht der gesalbten Priester« im Präskript schließen. Sie stellt die enge freundschaftliche, historisch aber unmögliche Verbindung des Judas Makkabäus mit dem durch seine Verteidigung der Tora vor der hellenistischen, philosophisch gebildeten Welt Alexandriens bekannten Exegeten und Philosophen Aristobulos aus dem 2. Jahrhundert[118] sicher. Wenn der Verfasser des Briefes ihn zum Angehörigen des zadokidischen Hochadels macht, dann wird dies aus dem Tatbestand erschlossen sein, daß die Führer der alexandrinischen Judenschaft Oniaden waren[119]. Aristobulos, der wahrscheinlich unter Ptolemaios Philometor (180—145) gewirkt hat[120], ohne daß er Lehrer dieses Königs gewesen sein muß[121], besitzt das, was die hasmonäischen Hohenpriester entbehren. Die Botmäßigkeit der Zadokiden unter die Kultoberhoheit des Makkabäers, die man aus dem Präskript herauslesen soll, bedeutet die Legitimation des Judas bzw. seines Hauses auf dem hohenpriesterlichen Thron. Mit den Ausführungen der Schrift sollen zadokidentreue Kreise, über die auch die Qumranliteratur unterrichtet, zur Anerkennung der Hasmonäer bewogen werden. Die kanonischen Gestalten Mose, Salomo und Nehemia, aber auch der Zadokide Aristobulos werden zu hasmonäischen Parteigängern gemacht. Die Traditionen des alten Laubhüttenfestes und des damit verbundenen Altarfeuerfestes[122] nimmt der Verfasser für das Fest der neuen Dynastie in Anspruch.

---

[117] Vgl. dazu SCHOEPS, Urgemeinde, Judenchristentum, Gnosis, 1956, S. 76f.; ferner ThLZ 81 (1956), Sp. 663—670.

Das Horrendum für die Oppositionspartei ist die Verbindung von Hoherpriesterwürde und Königtum in den Vertretern eines depravierten niederen Priestergeschlechts (dazu vgl. auch STAUFFER, Probleme der Priestertradition, ThLZ 81, 1956, [Sp. 135—150] Sp. 140), das nicht zum aaronidischen, geschweige denn zum zadokidischen Hochadel gehörte. Diese Personalunion von Hohepriesteramt und Königsamt beansprucht messianischen Rang, der auch dem Hasmonäerhaus von seiner Hofpartei eingeräumt wurde (vgl. I Macc 14 6-15 für Simon; zu Hyrkan vgl. MEYER, Der Prophet aus Galiläa. 1940, S. 66ff.; vgl. ferner SCHOEPS, ThLZ 81, Sp. 668f.).

[118] SCHÜRER, Gesch. III, S. 512ff.; DALBERT, Die Theologie der hellenistisch-jüdischen Missionsliteratur, 1954, S. 102—106; WALTER, Der Thoraausleger Aristobulos, TU 86, 1964 (Quellen auf S. 9).

[119] Vgl. WALTER a. a. O. S. 17 mit Anm. 3.

[120] Zur Datierung vgl. DALBERT a. a. O. S. 103.

[121] Vgl. TCHERIKOVER, CP Jud I, 1957, S. 20; SCHÜRER, Gesch. III, S. 520.

[122] 1 18 setzt die Existenz eines Festes voraus, das mit der Wiederanzündung des Altarfeuers im zweiten Tempel zusammenhängt, denn der Ausdruck καὶ (ἡμέραν) τοῦ πυρός ist σκηνοπηγίας gleichgeordnet (so schon KEIL, Commentar über die

2. Überlieferung und Redaktion

Zur Erfassung des Nehemiabildes bei dem hasmonäischen Parteigänger ist es notwendig, zwischen dem vom Verfasser aufgegriffenen Quellenmaterial und seiner Gestaltung zu unterscheiden, denn er hat nach seinen eigenen und hierin wohl zuverlässigen Angaben in 2 1. 4. 13. 15 schriftliche Quellen benutzt. In 2 1 werden die Apographai angeführt, die mit der 2 4 erwähnten »Schrift« identisch sind[123]. In 2 13 unterscheidet der Verfasser von dieser Quelle die Anagraphai. Diese müssen nach 2 13b eine Nehemiageschichten-Quelle sein. Im gleichen Vers 2 13 werden die »Denkwürdigkeiten Nehemias« angeführt. Es besteht nun die Frage, ob man es mit zwei oder drei Quellen zu tun hat. Eine Entscheidung für die in 2 13 durch καί verbundenen erwähnten Quellen ist schwierig. Man kann das zweite καί dieses Satzes als *kai explicativum* auffassen[124]. Damit wäre eine Identität der beiden Quellen behauptet.

Ich halte dies für richtig, obwohl von dem ersten korrespondierenden καί des Satzes her eine Auffassung von καί — καί in der Bedeutung von »sowohl — als auch« naheliegt. Das erste καί kann aber auch in Beziehung zu τὰ αὐτά gesetzt werden, so daß δὲ καί in 2 13 mit »aber auch« zu übersetzen ist. Dafür sprechen mehrere Gründe. Das in 2 13 nachgestellte τὰ αὐτά und die Fortsetzung καὶ ὡς κτλ. beziehen sich auf beide Quellenangaben. Die Überlieferung des gleichen apokryphen Stoffes in zwei verschiedenen und sonst nirgends erwähnten Schriften ist unvorstellbar. Der Begriff ἀναγραφαί hat im Unterschied zu ὑπομνηματισμοί keinen erläuternden Genitiv bei sich, so daß mit καὶ ἐν τοῖς ὑπομνηματισμοῖς τοῖς κατὰ τὸν Νεεμίαν der vorangehende Quellenverweis ἐν ταῖς ἀναγραφαῖς näher erläutert wird[125]. Beide Begriffe sind manchmal synonym gebraucht zur Bezeichnung amtlicher Aufzeichnungen[126]. Die Erläuterung

---

Bücher der Makkabäer, 1875, S. 289). Man hat sich den Stoff von 1 19ff. und 2 1ff., in dem es eben um die Kontinuität des Altarfeuers über das Exil hinweg geht, als Festlegende dieses Festes innerhalb der Laubhüttentage vorzustellen. Die Mischna Suk V 1—4 kennt das Fest בית השואבה, das in Verbindung mit dem Feuer steht (dazu vgl. Zeitlin a. a. O. S. 40—43; ders. The Bet Ha-Shoebah and the Sacred Fire, JQR 43, 1953, S. 217—223). Dieses Fest wurde wohl am ersten Tag des Laubhüttenfestes begangen; 1 18 setzt die enge Verbindung beider Feste voraus. — Auch in der ältesten Tradition gehören Laubhüttenfest, Altar- und Tempelweihe zusammen, wie I Reg 8 65 Esr 3 1-4 und II Chr 7 1-9 zeigen. II Chr 7 1 kennt schon (im Unterschied zur Parallele I Reg 8 62f.) die Verbindung des Feuerwunders mit der Tempelweihe, die der Chron in II Chr 7 9b als »Einweihung des Altars« bezeichnet; vgl. auch I Chr 21 26.

[123] So auch Herkenne, Die Briefe zu Beginn des 2. Makkabäerbuches, Biblische Studien 8/4, 1904, S. 86; Abel a. a. O. S. 304.

[124] Abel a. a. O. S. 307.

[125] So auch Keil a. a. O. S. 299.

[126] Vgl. Preisigke, Wörterbuch der griechischen Papyrusurkunden I, Sp. 81f.; Liddell-Scott, A Greek-English Lexicon I, S. 101f.; Wilcken, Hypomnämatismoi, Philologus 53 (1894), (S. 80—126) S. 111f.; Kittel, Gesch. III, S. 610.

καὶ ἐν τοῖς ὑπομνηματισμοῖς τοῖς κτλ. will wohl die apokryphe Quelle als Amtstage-buch Nehemias[127] einführen.

Der Verfasser von 1 10—2 18 hat zwei apokryphe Quellen ausge-wertet. In 2 1-12 wird Material aus den heute unbekannten ἀπογραφαί aufgenommen, in denen es um die Kontinuität zwischen dem ersten und zweiten Tempel geht[128]. Dieser Stoff wird nach 2 13 (τὰ αὐτὰ) ebenfalls in der apokryphen Nehemiaschrift überliefert und bietet die Vorgeschichte und Voraussetzung zum Bericht 1 19ff.[129]. Die in 1 19-36 überlieferte Legende von der Wiederauffindung des Altarfeuers unter Nehemia gehörte wohl sicher zur Nehemiaschrift. In 2 13 gibt die Notiz über die Gründung eines Archivs und der Sammlung von Schriften deren weiteren Inhalt an. Vom erwähnten Inhalt her kann die apo-kryphe Nehemiaschrift als Ergänzungswerk zur Nehemiadenkschrift verstanden werden. Sie steht mit ihrem Titel ὑπομνηματισμοί in literarischer Parallelität zu der als Amtstagebuch aufgefaßten Appel-lationsschrift des Statthalters. Wie diese war die apokryphe Schrift wahrscheinlich ursprünglich in hebräischer Sprache abgefaßt, die auch noch an einigen Stellen durchschimmert[130]. In 1 20 belegt ἡμῖν die ursprüngliche Abfassung in der 1. pers. pl.[131]. Danach will das Tage-buch von einem Zeitgenossen und Augenzeugen Nehemias geführt worden sein.

Beide apokryphen Quellen werden zur Legitimation des Chanukka-festes und der hasmonäischen Dynastie herangezogen. Es ist nicht schwer, literarkritisch zwischen Tradition und Bearbeitung durch den prohasmonäischen Schreiber zu unterscheiden. Auf sein Konto fallen die durch die Intention des Briefes bedingten Sätze, mit denen der Überlieferungsstoff gerahmt wird, und der Schlußteil mit der offenen Huldigung der Hasmonäer. Für die Antiochuslegende in 1 12-16 wird auf keine schriftliche Quelle verwiesen. Ebenfalls stammt vom Bear-beiter der Quellenhinweis und das zusammenfassende Referat in 2 13.

---

[127] κατὰ bezeichnet in der Koine den Verfasser.

[128] Eine inhaltlich genauere Bestimmung der Apographai kann an dieser Stelle nicht vorgenommen werden. Man vermutet die Existenz einer apokryphen Jeremia-schrift, die schon Origenes erwähnt; vgl. ABEL a. a. O. S. 303f. Es geht in dem Abschnitt um die Frage der Legitimität des zweiten Tempels. Das vorläufige Fehlen des Räucheraltars, der Lade und des Zeltes im zweiten Heiligtum (2 4f.) wird erklärt (2 7f.); daneben zeigt der Text Gesetz und Altarfeuer als legitimieren-des Kontinuum auf.

[129] Vgl. die redaktionelle Notiz ὡς σεσήμανται in 2 1.

[130] Näheres dazu bei HERKENNE a. a. O. S. 75 (zu 1 23), S. 78 (zu 1 31), S. 81 (zu 1 35); ferner TORREY, ZAW 20 (1900), S. 236ff.

[131] 1 19 ἡμῶν οἱ πατέρες läßt sich zur Not noch vom Briefstil her erklären, διεσάφη-σαν ἡμῖν in 1 20 aber nicht mehr. Hier redet einer, der Zeitgenosse und Augen-zeuge sein will (vgl. ABEL a. a. O. S. 294).

Es ist darüber hinaus nicht anzunehmen, daß der Verfasser in den
übrigen Teilen nur zitiert, sondern er eliminiert auch fast völlig den
Wir-Stil in 1 19ff. und richtet den überlieferten Text nach seinen Tendenzen aus. Besonders in 1 36 rechne ich mit einem Eingriff. Hier weist
neben οἱ περὶ τὸν Νεεμιαν wohl auch die unverständliche Glosse ὃ
διερμηνεύεται καθαρισμός auf seine Hand, denn der Begriff καθαρισμός,
der mit dem Begriff νεφθαρ — νεφθαι noch nicht philologisch zu-
friedenstellend in einen Zusammenhang zu bringen ist[132], dürfte Stichwort des Verfassers sein, wie 1 18 2 16. 18 zeigen. Das Motiv der Reinigung entstammt nicht der überlieferten Nehemialegende; dieser geht
es um die wunderbare Bewahrung des Altarfeuers über die Exilsperiode
hinweg und damit um die Legitimität des zweiten Tempels. — Auch
für 2 9-11 ist die Anlehnung an eine Quelle fraglich. 2 9 ist als über-
leitender Vers ohne Zweifel vom Bearbeiter formuliert, zumal man die
Ausdrücke διασαφεῖσθαι und ἀναφέρειν θυσίαν bei ihm schon in 1 18
findet. Auch steht der Vers in keinem logischen Verhältnis zu 2 8, da
2 10 erst 2 8 fortsetzt. Hier wird das Nebeneinander von Mose und
Salomo wieder aufgegriffen, während in 2 9 der Bearbeiter eine impli-
zite Entsprechung zwischen Judas Makkabäus und Salomo durch
die Erwähnung des Einweihungsopfers schafft. 2 11 setzt die Altar-
feuerüberlieferung von 2 10 fort, während 2 12 mit der Erwähnung der
achttägigen Tempelweihe und der Bezugnahme auf Salomo wieder
wie auch 2 9 einen impliziten Bezug zu der achttägigen makkabäischen
Tempelweihe herstellt.

Die Stellen 1 19-35 2 1b-3. 4b-8. 10f. lehnen sich an vorliegende
Quellen an, 1 10-18. 36 2 1a. 4a. 9. 12-18 sind vom Bearbeiter in freier
Weise konzipiert.

3. Das Nehemiabild des Verfassers von II Macc 1 10—2 18

Das Nehemiabild des Verfassers von II Macc 1 10—2 18 ist durch
typologische Tendenz geprägt. In 1 18 schließt er das hasmonäische
Chanukkafest an die Tradition des Laubhütten- und besonders des
Altarfeuerfestes an, wobei der Akzent auf dem letzteren liegt. Als

---

[132] Zur uneinsichtigen Etymologie von νέφθαρ, das auf das leicht brennbare medische
Erdöl Naphtha (Strabo, Geogr. XVI 1. 4) zu beziehen ist, vgl. HERKENNE a. a. O.
S. 81—84; KAMPHAUSEN a. a. O. S. 88 Anm. b; ZEITLIN a. a. O. S. 109f.; ABEL
a. a. O. S. 298f. Am einleuchtendsten erscheinen mir KLOSTERMANN, Art. Nehemia,
RE³ XIII, 1903, (S. 700—705) S. 705, der die Beziehung von νέφθαρ zu griechisch
νίπτρον, νίπτρα »Reinigungsbad« vermutet, und der bei ABEL a. a. O. S. 298,
notierte Vorschlag, νέφθαρ von nephta-atar abzuleiten. Das Feuer (persisch atar)
gilt als reinigende Kraft. In jedem Falle hat der Bearbeiter an die reinigende
Kraft des Feuers gedacht, um eine Beziehung der Altarfeuerlegende zur Tempelreinigung des Judas Makkabäus herzustellen.

Initiator dieses Festes am Anfang der nachexilischen Kultgemeinde erscheint Nehemia[133]. Er wird damit indirekt zum Stifter des hasmonäischen Tempelweihfestes gemacht. Betont die Legende 1 19ff. die wunderbare Auffindung des Altarfeuers, so zieht der Redaktor das Resümee auf eine analoge Situation zur Tat des Judas Makkabäus hin aus, d. h. der Wiederaufbau von Heiligtum und Brandopferaltar und vor allem die erste Darbringung des Brandopfers werden akzentuiert. Die Struktur des Satzes 1 18b läßt noch weitere Schlüsse zu. Mit der Partizipialkonstruktion ὁ οἰκοδομήσας τό τε ἱερὸν καὶ τὸ θυσιαστήριον spielt der Verfasser nur auf allgemein anerkannte Voraussetzungen an. Sein besonderer Aspekt, den er der Legende entnimmt und im Verb des Satzes ausdrückt, ist das priesterliche Handeln Nehemias (ἀνήνεγκεν θυσίας). Hier werden durch Typologie priesterliche Ansprüche der Hasmonäer legitimiert, und man sieht auf die Anfänge einer Traditionsbildung von Judas Makkabäus als Hohempriester[134]. In 1 36 wird implizit durch eine kaum nachzuvollziehende Etymologie die Reinigung des Heiligtums unter Nehemia, die sich von der wunderbaren Herkunft des Altarfeuers ableiten läßt, zur Chanukka des Judas Makkabäus in Beziehung gesetzt. Die Verse 2 13f. bringen eine zweite, nun direkte typologische Entsprechung zwischen Nehemia und Judas. Das Tertium comparationis liegt im Sammeln gewisser Bücher. Verschiedene Forscher sehen hierin die Zusammenstellung späterer kanonischer Schriften[135]. Diese Deutung muß am Text geprüft werden. Das Fehlen von βιβλία in 2 14 weist auf den vorangehenden Vers 2 13 hin; τὰ διαπεπτωκότα ... πάντα hat sein Beziehungswort βιβλία in 2 13. Es geht in 2 14 um die von Nehemia gegründete Bibliothek, die während der Wirren unter Antiochus IV. (διὰ τὸν γεγονότα πόλεμον) entweder vor dessen Zugriff gerettet oder durch seinen Eingriff zerstreut wurde[136]. Daß diese Bibliothek nicht nur die heiligen und später kanonischen Schriften enthielt, zeigt die Einladung an die ägyptische Judenschaft zur Einsichtnahme in 2 15, denn der Fälscher muß damit rechnen, daß diese in gleicher Weise in Ägypten, der Heimat der Septuaginta, vorhanden sind. Auch der Begriff βιβλιοθήκη legt es nahe, an eine Sammlung auch anderer Schriften zu denken; er ist

---

[133] Zum Verständnis des elliptischen Satzes vgl. die lateinische Version (ZEITLIN a. a. O. S. 105. 107). Es wäre zu paraphrasieren: (18) » . . . damit auch Ihr selbst (die Tempelreinigung) feiert (wie) die Laubhüttenfesttage und zwar besonders den Tag des Feuers, (das gegeben wurde) als Nehemia, der Erbauer des Tempels und Brandopferaltars, Opfer darbrachte. (19) (Und zwar ging es folgendermaßen zu:) Als . . .«.

[134] Vgl. Jos Ant XII 414. 434.

[135] Vgl. bspw. BEVENOT a. a. O. S. 177; ZEITLIN a. a. O. S. 113; ABEL a. a. O. S. VI f. 307 f.

[136] Die hier angedeuteten historischen Ereignisse sind nicht klar; vgl. dazu I Macc 1 56f.

Terminus technicus zur Bezeichnung des Staatsarchivs[137]. Nehemia gilt als Begründer des nachexilischen Tempelarchivs von Jerusalem, das er durch die Sammlung zerstreuter wichtiger Dokumente gründete. Hierin ist er der Typos des Judas Makkabäus.

Die Identifizierung der in 2₁₃ angeführten Schriften ist nicht ganz einfach. Es handelt sich nicht um vier, sondern um drei verschiedene Gattungen, da τὰ περὶ τῶν βασιλέων βιβλία καὶ προφητῶν zusammengehört, wie aus dem Fehlen eines zweiten τὰ oder βιβλία hervorgeht. Mit diesem Titel ist m. E. das redigierte dtr Geschichtswerk gemeint, das ja im Jerusalemer Bereich während des Exils verfaßt wurde und auch Jesus Sirach vorgelegen hat. In diesem Buch ist das besondere Gegenüber von König und Prophet, das der Titel andeutet, konstitutiv. Τὰ τοῦ Δαυιδ weist auf eine Psalmensammlung unter dem Davidnamen hin[138], ἐπιστολὰς βασιλέων περὶ ἀναθεμάτων auf die Stiftungsurkunden der persischen Könige zu den Weihgeschenken für den Jerusalemer Tempel. Es muß betont werden, daß es sich in allen drei Fällen nicht so sehr um »Heilige Schriften«, sondern um wichtige Dokumentationen für Provinz und Kultgemeinde Juda handelt. Das dtr Werk ist die einzige umfassende Chronik des vorexilischen Reiches, dessen Rechtsnachfolger die persische Provinz Juda ist. Der Davidpsalter mag als das offizielle Gesangbuch der Kultgemeinde gelten. Die königlichen Stiftungsurkunden, deren Aufbewahrung im Tempelarchiv am einleuchtendsten ist, sichern die materielle Durchführung des Opferkultes.

Wenn in solchen Verdiensten um das Tempel- und Staatsarchiv Nehemia und Judas einander gegenübergestellt werden, so tritt dabei auch ein priesterlicher Aspekt zutage, denn die Pflege des Tempelarchivs und der für die Theokratie wichtigen Dokumentationen ist nach Ausweis der Redaktion des chron Werkes die Aufgabe der Priesterschaft bzw. des levitischen Klerus.

Die in der Tradition als Begründer des nachexilischen Tempelkultes vorgegebene Nehemiagestalt stellt mit der Darbringung des ersten Brandopfers auf dem gereinigten Altar und mit der Sammlung der für die Existenz der nachexilischen Provinz Juda wichtigen Schriften den Typos des Judas Makkabäus dar und legitimiert so die Ansprüche des Hasmonäerhauses in der Kultgemeinde. Nehemia tritt in dem Bilde des hasmonäischen Parteigängers wie schon in der voraufgehenden Tradition an die Stelle Serubbabels einerseits und an die

---

[137] Vgl. LXX Esr 6₁ Est 2₂₃; PREISIGKE a. a. O. III Sp. 97; LIDDELL-SCOTT a. a. O. I, S. 315; WILCKEN, Aegyptische Urkunden aus dem Königlichen Museum zu Berlin, V, 1892, Nr. 112 (δημοσία βιβλιοθήκη).

[138] Vgl. BEVENOT a. a. O. S. 177; ABEL a. a. O. S. 308.

Stelle Esras im chron Geschichtswerk andererseits[139]. Diese außergewöhnliche Verlagerung wird um so deutlicher, wenn man beachtet, daß spätere Traditionen wie Josippon in der Überlieferung wieder Esra an Nehemias Stelle setzen. Es ist kaum auffällig, daß nicht die chron Idealgestalt Esra zur Legitimierung hasmonäischer Ansprüche herangezogen wird. Wenn man ihn im 2. Jahrhundert zu den Zadokiden zählt (Esr 7 1b ff.!), kann er nicht den antizadokidischen Tendenzen der hasmonäischen Dynastie dienen; die Theokratie, die Esra beim Chron vertritt, hatte es ja zur politischen Katastrophe unter Antiochus IV. kommen lassen. Nicht der Zadokide Esra, sondern der priesterlich handelnde Statthalter Nehemia gibt das Vorbild für eine politisch selbständige Nation unter den hasmonäischen Priesterkönigen ab.

Viermal wird im Chanukkafestbrief (2 8-12) typologisch der Bezug zu Salomo hergestellt. Offenbar ist der davidische Herrscher in seiner Funktion als Tempelherr und König Israels das eigentliche Vorbild der hasmonäischen Herrscher und ihrer Ansprüche. Andere Texte bestätigen es, daß die Hasmonäer sich als Nachfolger der Davididen verstanden[140] und die davidisch-messianischen Hoffnungen an sich geheftet haben. Wird nun Nehemia im Chanukkafestbrief mit Serubbabel identifiziert, so liegt der Verdacht sehr nahe, daß man in der Hasmonäerzeit den Statthalter Nehemia auch für einen Davididen gehalten hat.

V. DIE APOKRYPHE NEHEMIASCHRIFT

Die literarische Gestalt und der faßbare Inhalt der apokryphen Nehemiaschrift wurden im vorhergehenden Abschnitt schon herausgearbeitet. Man könnte dieses Werk als geschichtserzählende Erbauungsliteratur oder Geschichtsnovelle bezeichnen. Der Überlieferungsbereich dieser Schrift und ihrer vorliterarischen Stufe ist bei den Kreisen zu suchen, die die Nehemiatradition pflegten.

---

[139] So wird die Frage BEVENOTS a. a. O. S. 177, zu 2 13 »Darf vielleicht hierin der Beweis für die Tätigkeit des Esdras gesehen werden, der den Text der hl. Bücher gerettet und sie wieder ausgeschrieben haben soll?« verständlich. Zu 1 19 ff. bemerkt BEVENOT: »Trotz alledem wird dies wohl ursprünglich eine Esdras-, und nicht eine Nehemiasgeschichte gewesen sein« (S. 173 f.). Vgl. auch LOISY, Histoire du Canon de l'Ancien Testament, 1890, S. 45 f.: »Tout porte à croire que la bibliothèque de Néhémie a été organisée par Esdras et ses compagnons, mais l'honneur de l'entreprise est rapporté au gouverneur qui l'a prescrite et favorisée, non aux fonctionnaires plus modestes qui ont exécuté ses ordres« (S. 46).

[140] Vgl. o. S. 118 Anm. 117.

1. Alter und Tendenz der Schrift

Für die Datierung kann als Terminus ante quem die Abfassung von II Macc 1 10—2 18 am Ende des 2. Jahrhunderts v. Chr. angegeben werden. Die Identifizierung Nehemias mit Serubbabel und seine Vordatierung an den Anfang der nachexilischen Zeit setzen einen gewissen Abstand von der Nehemiazeit voraus. Aus der Altarfeuerlegende sind nur zweifelhafte Schlüsse zu ziehen, da ihre Überlieferungsgeschichte bis zur literarischen Fixierung sehr verwickelt zu sein scheint[141]. Der Verfasser kennt den Brauch der Feuerverehrung in Persien[142], die Zuständigkeit des persischen Königs für den Feuerkult[143], besonders seine Aufgabe, die Naphthaquellen als heilige Stätten einzufrieden[144]. Als Gewährsmann der Überlieferung wird in 1 23 Jonatan angeführt. Dieser könnte nach der Vorstellung der Schrift mit dem in Neh 12 11 (= Jochanan Neh 12 22) erwähnten gleichnamigen Hohenpriester identisch sein[145]. Für die Verwaltung des Hohenpriesteramtes durch Jonatan spricht einmal das Fehlen jeder weiteren Kennzeichnung; Jonatan ist also eine allgemein bekannte Gestalt. Vor allem legt der Textzusammenhang von 1 23 diese Auffassung nahe: Die legitimen Sprecher des Opfergebetes sind nach 1 23 die Priester. Wenn nun Jonatan unter ihnen anstimmt, dann ist er ihr vornehmster Vertreter. Er bringt hier mit Nehemia das erste Opfer im nachexilischen Kult dar wie im chron Bericht Josua mit Serubbabel. Man hat Grund anzunehmen, daß der Hohepriestertitel Jonatans erst durch die makkabäische Redaktion gestrichen wurde, um zadokidisch-antihasmonäische Ansprüche von vornherein auszuschalten. Der Terminus a quo für die Schrift liegt dann nach dem Hohenpriestertum Jonatans. Der Elephantinepapyrus Cowley 30, 18 zeigt beim Vergleich mit Neh 12 11, daß Jonatan zwischen 411—408 in Jerusalem amtiert hat. Das Ende seiner Amtszeit ist unbekannt. Auch sonst spricht alles für die Datierung der Schrift in die Zeit zwischen dem 4. und 2. Jahrhundert.

In der apokryphen Schrift nehmen Nehemia und Jonatan die Stelle ein, die Serubbabel und Josua im chron Werk innehaben. Die Parallelgestaltung zu Esr 3 1-6 fällt auf. Wird Nehemia ferner als Sammler von für die Kultgemeinde wichtigen Schriften, zu denen wahrscheinlich das dtr Geschichtswerk und der Davidpsalter gehören, dargestellt, so drängt sich der Gedanke an das Werk Esras in der chron Geschichte als Parallele auf. Das apokryphe Werk spricht mit beiden Zügen dem Statthalter Judas die grundlegende Bedeutung für die

---

[141] Dazu s. u. S. 126.
[142] Vgl. im einzelnen ABEL a. a. O. S. 297—299.
[143] Vgl. ABEL a. a. O. S. 297f.
[144] Vgl. Diodor XXXIV 10.
[145] So auch BEVENOT a. a. O. S. 174; ZEITLIN a. a. O. S. 106.

Jerusalemer Kultgemeinde zu, die der Chron bestreitet. Ich folgere daraus, daß die apokryphe Nehemiaschrift die Reaktion bestimmter Kreise auf die chron Nehemiainterpretation darstellt.

2. Vermutungen zur Überlieferungsgeschichte des Stoffes und zu seinen historischen Grundlagen

Es ist damit zu rechen, daß der Legendenstoff vom Altarfeuerwunder von Haus aus gar nicht mit der Person Nehemias zusammengehört. Es liegt ihm wie der apokryphen Jeremiageschichte am Aufweis der Kontinuität zwischen dem ersten und zweiten Jerusalemer Tempel. Die Verbindung mit der Gestalt Nehemias ist m. E. erst von den zionistischen Kreisen hergestellt worden, nachdem man ihn mit Serubbabel identifiziert und an den Anfang der nachexilischen Zeit datiert hat. Der Ursprung der Altarfeuerlegende muß wohl in der Diasporajudenschaft gesucht werden[146]. Die Legende ist von Haus aus ein Hieros Logos für den zweiten Jerusalemer Tempel, der die Heiligkeit dieser Stätte nach persischen »Maßstäben« erweisen will. Man hat wohl eine ganz allgemeine persische Feuerlegende, wie sie für jede heilige Stätte an einer Naphthaquelle erzählt worden sein mag, aufgegriffen[147] und nach dem Schema jüdischer Feuerlegenden als Festlegende zum Altarfeuerfest ausgestaltet. Die Ähnlichkeit mit Lev 9 24 II Chr 7 1 und vor allem mit der Eliageschichte in I Reg 18 32ff. liegt auf der Hand.

Glaubwürdiger als ursprünglicher Nehemiastoff erscheint dagegen die Notiz 2 13. Zwar ist das Motiv von der Sammlung wichtiger Schriften in Antithese zur chron Esragestalt geformt und deshalb wohl kaum historisch. Historisch möglich jedoch erscheint die Gründung des Archivs in Jerusalem durch Nehemia, da die Führung eines Amtstagebuches und die Ablage wichtiger Dokumente und Protokolle zu den Pflichten des persischen Statthalters gehörte; Neh 3 belegt die Existenz eines solchen Archivs zur Nehemiazeit. Allerdings kann die Tradition auch an den Tatbestand anknüpfen, daß Nehemia seine Denkschrift im Tempelarchiv deponierte.

3. Das Nehemiabild der apokryphen Nehemiaschrift

Nehemia wird in der apokryphen Schrift zum Initiator des Altarfeuerfestes in der nachexilischen Gemeinde. Er ist der Begründer des

---

[146] KEIL a. a. O. S. 295.

[147] BÜCHLER, Das Sendschreiben der Jerusalemer an die Juden in Ägypten in II Makkab. 1, 11—2, 18, MGWJ 41 (1897), (S. 481—500. 529—554) S. 533f., vermutet, daß der Verfasser von II Macc 1 10ff. den Stoff einer Quelle über persische Naphthaquellen und dazugehörigen Tempelgeschichten entlehnt hat. Auch der Ablauf der Zeremonie entspreche dem Festablauf, der in dieser Quelle berichtet würde.

nachexilischen Jahwekultes und wird in seiner heilsgeschichtlichen
Stellung durch das göttliche Feuerwunder legitimiert und mit Mose
und Aaron (Lev 9 23f.), den Begründern des ältesten Jahwekultes,
und Salomo (II Chr 7 1), dem Erbauer des ersten Tempels, auf eine
Stufe gestellt. Er ist mitbeteiligt am priesterlichen Geheimwissen (1 21),
übt Funktionen des Hohenpriesters aus (1 20ff.) und steht wie Serubbabel neben dem Hohenpriester (1 23). Nehemia ist zugleich auch im
Schema des Propheten Elia gesehen; die Ähnlichkeit mit den einzelnen
Zügen der Eliageschichte in I Reg 18 fällt auf. Es geht der Wiederaufbau des Altars nach seiner Entheiligung voraus (1 18 I Reg 18 30).
Nach der Zubereitung (1 21 I Reg 18 33) wird auf Befehl des Restau-
rators Holz und Brandopfer mit Wasser begossen (1 21 I Reg 18 34).
Es fällt Feuer vom Himmel (1 22 I Reg 18 38) und verzehrt das Opfer
(1 23 I Reg 18 38). Nach der Verwunderung des Volkes (1 22 I Reg 18 39)
erfolgt das Jahwebekenntnis (1 24ff. I Reg 18 39), bei Nehemia in
Gestalt eines Opfergebetes. Die Fortsetzung des Wunderberichtes in
1 30ff. hat ebenfalls ihre Entsprechung im Eliabericht. Der Wasserguß
wird wiederholt (1 31 I Reg 18 34), und auch die Steine brennen (1 31f.
I Reg 18 38). Die ganze Nehemiageschichte mutet wie eine »rationa-
listische« Neuerzählung der Elialegende an, bei der man sich das
himmlische Wunder mit der leichten Entzündbarkeit des medischen
Öles[148] durch Sonnenstrahlen erklärt. Wie Elia in I Reg 18 dem nordisraelitischen Synkretismus absagt, so vollzieht Nehemia die Absage
an den Synkretismus der Exilszeit Judas.

In der Absage an den Synkretismus sind sich chron Werk und
Nehemiaapokryphon einig. In der Legitimierung der nachexilischen
Gemeinde gehen sie verschiedene Wege. Zionistisches und theokrati-
sches Israel stehen sich hier gegenüber. Dies wird noch einmal deutlich
am Motiv 2 13: Ist Esra, der Schriftgelehrte und Priester, beim Chron
der Vollender der Theokratie durch die Überlieferung des Mosegesetzes,
so ist Nehemia in den antichron Kreisen der Begründer des nachexilischen Staatswesens, der an die Tradition der vorexilischen Könige,
vor allem an die Davidstradition, anknüpft und in dem sich könig-
liches und priesterliches Amt verbinden.

Zuletzt sei noch eine Frage gestellt, deren Beantwortung ich
offenlassen muß. In Kreisen des prophetisch-eschatologischen Judentums, gegen das sich das chron Werk richtet, gilt nach dem Anhang
des Maleachibuches Mal 3 23f. Elia als der Vorbote des eschatologischen Kommens Gottes. Sir 48 10f. bezeugt die Kenntnis dieser Tradition schon für die Wende vom 3. zum 2. Jahrhundert. Was bedeutet
es angesichts dieses Eschatologumenons, wenn Nehemia als Elia

---

[148] Vgl. Strabo XVI 1. 15; Dioscorides, De mat. med. I 99—101; Plutarch, Alex. 35;
Plinius, Hist. nat. II 235; XXXV 180.

redivivus nach der apokryphen Schrift die Ordnung des heiligen
Volkes wiederherstellt?

VI. DAS III. ESRABUCH UND DIE NEHEMIAÜBERLIEFERUNG

1. Der Traditionszusammenhang

III Esr nennt Nehemia in 5 8. 40 als einen Zeitgenossen Serubbabels. Das Buch stellt mit Ausnahme der Pagengeschichte 3 1—5 6[149]
und der Notiz 1 21f. ein inhaltlich und thematisch geschlossenes[150]

---

[149] Zu diesem Komplex, dessen Einschaltung die Umstellung von Esr 4 7-24 = III
Esr 2 12-26 notwendig machte, und allen Einleitungsfragen zum III. Esrabuch s.
RUDOLPH, S. IV—XIX.

[150] Das Buch macht, wenn man vom Anfangs- und Endvers absieht, den Eindruck
einer planvollen Komposition. Es setzt mit dem Passafest der josianischen Reform
ein und schließt mit der Gesetzesreform Esras. Es behandelt die drei für den
nachexilischen Kultus wichtigsten Reformen und Restaurationen, die mit den
Gestalten Josia, Serubbabel und Esra verbunden sind. Der Verfasser gestaltet
diesen geschichtlichen Abriß am Leitfaden der Feste: 1 1ff. Passafest; 3 1—5 6
babylon. Neujahrsfest; 5 50 Laubhüttenfest; 7 10ff. Passafest; 9 37ff. israel. Neujahrsfest. Wie die Unterschrift des lateinischen Codex Colbertinus (de templi resti-
tutione) andeutet, will der Verfasser »eine Geschichte des Tempels von der letzten
Epoche des legalen Kultus an bis zur Wiederaufbauung desselben und zur Wieder-
einrichtung des vorgeschriebenen Gottesdienstes darinnen aus älteren Werken zu-
sammensetzen« (BERTHOLDT, Historisch-kritische Einleitung in die sämmtlichen
kanonischen und apokryphischen Schriften des Alten und des Neuen Testaments,
1812—1819, III, S. 1011); so auch BAYER, Das dritte Buch Esdras und sein
Verhältnis zu den Büchern Esra-Nehemia, 1911, S. 87; WALDE, Die Esdrasbücher
der Septuaginta, 1913, S. 158. 159 Anm. 1; SCHÜRER, Gesch. III, S. 446; JOHAN-
NESEN, S. 311; RUDOLPH, S. XIVf.; SCHNEIDER, S. 19, u. a. Diese Tendenz wird
schon an der Auswahl des Stoffes, am Schluß und Einsatz der Darstellung deutlich.
Auch die große Interpolation 3 1—5 6 hat letztlich die Restauration von Tempel
und Tempelkult im Auge, denn die Hälfte der Serubbabel verliehenen Privilegien
(4 51-55. 57) betrifft Tempel und Kultus. Auffallend ist eine genaue Datierung der
Grundsteinlegung 5 55, während das Esrabuch nur den Baubeginn datiert (Esr 3 8).
9 38 wird die Abschlußszene von einem der Stadttore (Neh 8 1) an ein Tempeltor
verlegt und damit in Beziehung zum Tempel gebracht (vgl. dazu BAYER a. a. O.
S. 88f. 94f.).
Diese Deutung ist in der Forschung keineswegs unbestritten. Mit größerem Nachdruck als die Buchhypothese wird die Fragmentenhypothese vertreten; vgl. die
Diskussion bei RUDOLPH, S. XIIIff.; MOWINCKEL, Studien I, S. 13ff. Mit Nachdruck halten am III. Esrabuch als Fragment TORREY, ES, S. 14; MOWINCKEL,
Nehemia, S. 19—22; Studien I, S. 15ff.; HÖLSCHER, S. 496; KITTEL, Gesch. III,
S. 546, fest. Wichtiger als der Verweis auf einzelne Abschnitte, die durch das Thema
nicht gedeckt werden (dazu s. RUDOLPH, S. XV), erscheint mir hier der Hinweis
auf den Anfang und Schluß des jetzigen III. Esrabuches. MOWINCKEL, Studien I,

griechisches[151] Exzerpt des hebräisch-aramäischen chron Werkes in überarbeiteter Fassung[152] dar, das den Teil II Chr 35 1—Neh 8 12 bzw. 8 13 aα[153] umfaßt. Vom Nehemiabuch wird nur Neh 8 1-12 (13 aα) übernommen, d. h. die Nehemiageschichte ist ausgelassen, obwohl das Dokument historisch bis in die Nehemiazeit hinabreicht. Hat es für das Werk Nehemias im Rahmen der Neukonstituierung der nachexilischen Gemeinde keinen Platz[154]? Diese Auslassung könnte thematisch bedingt sein, denn das Buch ist nicht einfach eine verkürzte Wiedergabe des chron Werkes, sondern hat bei seiner Verkürzung eine bestimmte Tendenz. Es will die Wiederherstellung des Jerusalemer Kultus und die Reorganisation der Kultgemeinde darstellen[155] und dabei die nachexilische Gemeinde mit der »letzten Epoche des legalen

---

S. 15—18, wundert sich, daß der Verfasser nicht mit II Chr 34 einsetzt. Vielleicht gibt hier der oben angeführte Verweis auf den Leitfaden der Feste eine Antwort. Es erstaunt ferner in einer griechischen Darstellung der Einsatz mit καί (1 1), der nicht der hebräischen Einführungsformel וַיְהִי entspricht (MOWINCKEL, Studien I, S. 18). Am Ende in 9 55 bricht der Text mit dem Anfang von Neh 8 13a καὶ ἐπισυνήχθησαν ab. Der stilistisch schlechte Anfang kann kaum wegdiskutiert werden. Aber er reicht mit dem abrupten Schluß angesichts der sonstigen inhaltlichen und thematischen Geschlossenheit des Werkes kaum aus, um die These vom fragmentarischen Charakter des Buches überzeugend zu machen. Es liegt nahe, bei καὶ ἐπισυνήχθησαν an eine schriftgelehrte Glosse zu denken, die auf die historische Fortsetzung des Berichtes in Neh 8 13ff. verweist (RUDOLPH, S. XV, EISSFELDT, Einl.³, S. 778f.). Ein Hinweis auf den Abschluß von III Esr mit Neh 8 12 ist der Bericht des Josephus Ant XI 157, der III Esr als Quelle benutzt (dazu s. u. S. 135) und den Esrateil an dieser Stelle mit einem kurzen Ausblick auf Esras Ende beschließt. Die Erwähnung des Laubhüttenfestes in Ant XI 157 weist nicht auf eine Entsprechung zu Neh 8 13ff. in III Esr hin, sondern liegt für Josephus bzw. seine Tradition aufgrund der engen Verbindung von Gesetzesverlesung und Laubhüttenfest nahe (so auch BATTEN, S. 10), wie auch die Notiz XI 154 und das Fehlen von Anspielungen auf Neh 9 und 10 zeigen; Josephus stellt sich die Gesetzesproklamation des Esra im Rahmen des Laubhüttenfestes vor. Außer dem abrupten Anfang sehe ich kein ernsthaftes stilistisches Argument gegen die Buchhypothese, die mir vom Inhalt des III. Esrabuches her unbedingt einleuchtet.

[151] Die Frage nach der Originalsprache des III. Esrabuches ist strittig an der Pagengeschichte. MOWINCKEL, Studien I, S. 11f., setzt schon die Erweiterung mit dem apokryphen Stück der Pagengeschichte im hebräischen chron Werk voraus, kennt also ein hebräisches III. Esrabuch, während bspw. RUDOLPH, S. VIII—X, an einer originalen griechischen Konzeption der Pagengeschichte und damit des III. Esrabuches festhält.

[152] Vgl. die Entsprechungen zwischen 8 2-5 und Esr 7 1b-5. 7 (8), 8 28-40 und Esr 8 1-14 8 47-49 und Esr 8 18b-20a, 8 54 und Esr 8 24, 9 21-36 und Esr 10 20-44, 9 49 und Neh 8 9.

[153] Zur Zusammenstellung der Paralleltexte vgl. die Komm. und Monographien, bspw. RUDOLPH, S. IV; MOWINCKEL, Studien I, S. 12.

[154] Vgl. die ähnliche Frage MOWINCKELS, Studien I, S. 15, nach Neh 13.

[155] S. o. Anm. 150.

Kellermann 9

Kultus« (BERTHOLDT)[156] unter Josia verbinden und so durch die Anknüpfung an die dt Reformen legitimieren. Die chron Herabsetzung der Bedeutung Nehemias für die Kultgemeinde wäre unter Ablehnung der nachchron Deutung im chron Werk mit III Esr auf die Spitze getrieben. Als Terminus a quo für die Abfassung ist an das ausgehende 2. Jahrhundert zu denken[157]. Der Terminus ante quem ergibt sich daraus, daß die in den Ant des Josephus verarbeitete jüdisch-alexandrinische Schultradition III Esr als Quelle benutzt hat. Von diesem Traditionszusammenhang und vom Tatbestand der griechischen Konzipierung her liegt es nahe, an Ägypten[158] als Raum der Abfassung zu denken. Das III. Esrabuch ist ein Werk des schriftgelehrten alexandrinischen Judentums[159]. Die Kreise, in denen das Werk entstanden ist und propagiert wurde, stehen theologisch im Gefolge des Chron.

2. Serubbabel und Nehemia im III. Esrabuch

Mit Verweis auf den Traditionszusammenhang wäre an sich das Fehlen der Nehemiageschichte in III Esr hinreichend erklärt. In einem Werk über Entstehung und Legitimität der Tempelgemeinde hat der Erbauer der Stadtmauern keinen Platz; hierin erweist sich der Verfasser als getreuer Schüler des Chron. Nun ist aber zu bedenken, daß zur Abfassungszeit des III. Esrabuches Traditionen über Nehemias entscheidende Funktion bei der Wiedererrichtung des Tempels und der Restauration des Kultus existierten. Vor allem muß sich in der gleichen Zeit das chron Werk die erweiternde Redaktion eines prohasmonäisch orientierten Klerikers gefallen lassen, die die

---

[156] BERTHOLDT a. a. O. S. 1101.

[157] Der Terminus a quo ist durch die Redaktion des chron Werkes gegeben, die der Verfasser von III Esr gekannt hat. Ferner muß man die gedankliche und literarische Nähe zu Teilen des Danielbuches beachten. Besonders die Pagengeschichte ist mit Farben aus dem Danielbuch ausgemalt; vgl. BAYER a. a. O. S. 110ff.; WALDE a. a. O. S. 136; RUDOLPH, S. VII. Vgl. bspw. 3 1 mit Dan 3 2, 4 40f. mit Dan 2 37, 4 59f. mit Dan 2 20. 23. FISCHER, Das apokryphe und das kanonische Esrabuch, BZ 2 (1904), (S. 351—364) S. 356f., betont die Nähe zum II. Makkabäerbuch.

Der griechische Wortschatz in den Büchern Sir, Jdt, Est, Macc und Dan der LXX deckt sich mit dem von III Esr zum großen Teil; vgl. FISCHER a. a. O. S. 354—357; WALDE a. a. O. S. 43—49; RUDOLPH, S. XVII; SCHNEIDER, S. 20.

An Datierungen werden vorgeschlagen: FISCHER a. a. O. S. 359: um 125 v. Chr.; BAYER a. a. O. S. 155: »um die Wende des 1. vorchristlichen Jahrhunderts«; RUDOLPH, S. X. XVII: nach 160 v. Chr.; WALDE a. a. O. S. 159 und SCHNEIDER, S. 20: 2. Hälfte des 2. Jh.

[158] So bspw. WALDE a. a. O. S. 159.

[159] Vgl. HÖLSCHER, S. 496.

Bedeutung der Nehemiagestalt in Hinblick auf die Hasmonäer für die Kultgemeinde wesentlich aufwertet. Und eben dieses Werk hatte der Verfasser des III. Esrabuches vorliegen. Er macht sich auch die allgemeine Vordatierung Nehemias in die Serubbabelzeit zu eigen. Aber er lehnt eine priesterliche Funktion Nehemias entschieden ab, indem er die Nehemiagestalt aus dem Bericht über Esras Gesetzesverkündigung eliminiert und dafür Esra zum zadokidischen amtierenden Hohenpriester (9 40. 49) macht, der die endgültige Restauration der Kultgemeinde vornimmt. Was die außerchron Tradition für Nehemia in Anspruch nimmt, schreibt der Verfasser wieder Esra und Serubbabel zu. Vor allem läßt sich zeigen, daß die Gestalt Serubbabels in ihrer Bedeutung für die nachexilische Kultgemeinde gesteigert wird, um damit Nehemia zu degradieren.

Nehemia ist einer unter vielen Anführern der Serubbabelgola (5 8). Er steht als solcher zwar in gehobener Stellung (5 40), übt aber keine allzu wichtigen Funktionen aus, wie die Umdeutung des Tirschatatitels zu einem Eigennamen in 5 40 9 49 und die Auslassung Nehemias in 9 49 zeigen. Nehemia soll wohl neben einem Perser Attharja = Attharat als persischer Regierungskommissar im Hintergrund stehen. Interessant erscheint die Erklärung MOWINCKELS[160], der Νεεμίας καὶ auf Grund der 3. pers. sing. εἶπεν in 5 40 für einen späteren Zusatz hält. Die Eliminierung Nehemias wäre dann noch radikaler vorgenommen worden. Die entscheidende Rolle in der nachexilischen Gemeinde spielt zunächst Serubbabel. Seine Bedeutung wird schon durch den Einschub der Pagengeschichte als einer auf ihn zugeschnittenen Personallegende[161] gesteigert. Er ist im Gegensatz zum hasmonäischen Nehemiabild der Erbauer von Tempel und Brandopferaltar und somit Begründer des nachexilischen Tempels (4 47ff.). Er ist im Unterschied zur NQ und zum chron Werk auch der Wiedererbauer der Stadt Jerusalem (4 43. 47f. 53).

Das Serubbabelbild, das der Verfasser in 4 42ff. entwirft[162], macht den Eindruck einer bis ins Detail gehenden Antithese und Überbietung der Nehemiageschichte. Wie bei Nehemia ist das königliche Festmahl zur Neujahrsfeier am 1. Nisan (5 6) der äußere Anlaß, an den Großkönig mit einer Bitte heranzutreten. Wie bei Nehemia scheint der König von einer Nebenfrau abhängig zu sein (4 29-32). Serubbabel bedarf keiner Tränen und keines schlechten Aussehens, um sein Ziel zu erreichen. Ihm gelingt es auf Grund seiner größeren Weisheit. Er übertrifft in seiner Stellung auf dem zweiten Platz im Reich Nehemia, der nur neben anderen das Mundschenkenamt versieht (4 42). Wie

---

[160] Studien I, S. 21 Anm. 2.

[161] Zur Überlieferungsgeschichte vgl. RUDOLPH, S. Vff.; MOWINCKEL, Studien I, S. 10f.

[162] 4 43—5 6 gehören zur jüngsten Überlieferungsschicht (vgl. RUDOLPH, S. VIf.). In diesem Teil ist das Serubbabelbild des Verfassers am besten zu erkennen.

Nehemia erhält Serubbabel das Recht der freien Bitte (4 42) und erbittet den Wiederaufbau der Stadt (4 43) — ein Motiv, das nicht in der Linie des III. Esrabuches liegt und dessen Ausführung auch nicht berichtet wird. Hier gestaltet die Polemik. Serubbabel erhält eine größere Anzahl von Schutzbriefen (4 47), auch die zugesprochenen Holzlieferungen, die zum Wiederaufbau der Stadt benötigt werden, haben ein größeres Ausmaß (4 48). Die Privilegien, die Serubbabel erhält, kann Nehemia nicht aufweisen. Er bringt eine Gola mit heim, die mit großen Rechten ausgestattet ist (4 47. 53 5 2). Er kann ein Ehrengeleit von eintausend Reitern in Anspruch nehmen (5 2), während Nehemia nur eine Polizeitruppe zur Verfügung steht. Die Belästigung des Wiederaufbauunternehmens durch feindliche Nachbarvölker, wie sie Nehemia kaum abwehren kann, wird von vornherein durch königliche Schutzbriefe ausgeschaltet (4 49). Die wirtschaftlichen Mißstände, die Nehemia durch einen allgemeinen Schuldenerlaß beseitigt, werden durch Abgabenfreiheit von vornherein vermieden (4 50). Auch Schuldsklaverei[163] gibt es in der neuen Stadt nicht, da vom König die Freilassung verfügt und die Freiheit der Bürger Jerusalems garantiert wird (4 53). Die Gebiete im Süden, die Nehemia beim Wiederaufbau der Stadtmauern wegen ihrer edomitischen Oberschicht nicht zum Wiederaufbau zwingen kann[164], müssen nun den Heimkehrern geräumt werden (4 50). Die Anspielung von 4 49f. auf Neh 4+6 ist offenkundig. Ferner wird der Unterhalt der Priester und Leviten durch königlichen Erlaß von vornherein geregelt (4 54f.), so daß es unter Serubbabel nicht zu den Mißständen bei den Leviten wie in der Nehemiazeit (Neh 13 10-14) kommen kann (4 55). Die königliche Fürsorge reicht hin bis zur finanziellen Sicherung des Brandopfers (4 52) und zur Versorgung der Stadtwächter (4 56). Auch diese Motive haben wiederum bei Nehemia ihre Entsprechung[165]. Wenn der Verfasser bei der Privilegienliste Serubabbels sich auch am Esraerlaß Esr 7 12-26 orientiert, so ist doch für Einzelheiten antinehemianische Polemik inhaltlich bestimmend. Serubbabel und nicht Nehemia gilt als der Wiedererbauer der Stadt und Begründer des nachexilischen Staatswesens. Neben diesem großen kultischen[166] und politischen Erneuerer spielt Nehemia als einer der persischen Kommissare nur eine unbedeutende Rolle. Die Vollendung des Reformwerkes und die endgültige Konstituierung der Theokratie wird auf Esra zurückgeführt. Der

---

[163] Vgl. Neh 5 1-13.

[164] Nach HÖLSCHER, Palästina in der persischen und hellenistischen Zeit, 1903, S. 22 Anm. 3, ist 4 50 eine Kombination des Verfassers, die durch Neh 11 25-35 veranlaßt worden sei. Es liegt jedoch näher, an eine Antithese zu Neh 3 5 und 2 19 41 6 1. 6 zu denken.

[165] Zu den Brandopfern vgl. Neh 13 31, zu den Wächtern Neh 7 1f.

[166] Nach 5 5 gilt Serubbabel als der Vater des Priesters Jojakim!

Hohepriester und Schriftgelehrte erreicht als Antityp Josias das Ziel der dt Bewegung.

Hatte einst der Chron durch Esra die Degradierung Nehemias vorgenommen, so folgt der Verfasser von III Esr auf Grund der inzwischen erfolgten Frühdatierung Nehemias diesem mit der Gestalt Serubbabels. Es bleibt nur der Schluß, daß die Kreise, die hinter III Esr stehen, in Treue zum chron Werk sich in die prozadokidische Front[167] gegen die hasmonäischen Königspriesteransprüche einreihen. Begründete sich deren Anspruch auf Nehemia als Typos des Judas Makkabäus, so nehmen die zadokidentreuen alexandrinischen Schriftgelehrten eine polemische, historische Korrektur vor: In die Gründungszeit der Kultgemeinde gehört Nehemia nicht als bedeutende Gestalt hinein. Bringen Anhänger des Hasmonäerhauses eine hasmonäerfreundliche Erweiterung und Redaktion des chron Werkes zustande, so antwortet das theokratische Judentum mit einer Reduktion des chron Esra-Nehemiateils auf das Wichtigste. Ich könnte mir das III. Esrabuch als Antwort des alexandrinischen Schriftgelehrtentums auf den hasmonäischen Anspruch, der mit II Macc 1 ₁₀—2 ₁₈ an sie ergeht, vorstellen. Die Berufung der hasmonäischen Partei auf Nehemia wird durch diese Geschichtsdarstellung, in der Serubbabel die Funktionen Nehemias mitübernimmt, für nichtig erklärt.

VII. ÄTH HEN 89 ₇₂f. UND DIE NEHEMIAGESTALT

Einen knappen Hinweis auf das Nehemiabild der Hasmonäerzeit kann man auch Hen 89 ₇₂f. entnehmen. Die Stelle gehört zur Tier- oder Siebzig-Hirten-Vision (Hen 85—90) des Geschichtsbuches (Hen 83—90) der Henochapokalypse. Das Geschichtsbuch entwirft die Geschichte von Adam bis zur Aufrichtung des messianischen Reiches und führt mit 90 ₉ff. in die Regierungszeit Johannes Hyrkans' I (134—104 v. Chr.) oder Alexander Jannais' (103—77 v. Chr.)[168]. Es verrät die prohasmonäische Einstellung des sonst unbekannten Verfassers[169]. In dem inter-

---

[167] Vgl. 9 40. 49.

[168] Die Deutung des »großen Horns« von Hen 90 ₉ff. ist nicht klar. Meint der Text Johannes Hyrkan (so in Alternative mit Judas Makkabäus die meisten; vgl. bspw. BEER in KAUTZSCH, Die Apokryphen und Pseudepigraphen des Alten Testaments, II, ²1962, S. 230. 296 Anm. h; SCHÜRER, Gesch. III, S. 278) oder spielt er auf Alexander Jannai an (vgl. bspw. TORREY, Alexander Jannaeus and the Archangel Michael, VT 4, 1954, S. 208—211)? Vgl. zum Problem EISSFELDT, Einl.³, S. 838f.; PLÖGER, Art. Henochbücher, RGG³, III, 1959 (Sp. 222—225) Sp. 223). In jedem Fall bezieht sich Hen 90 ₉ff. auf die Makkabäer; weiteres s. u. Anm. 169.

[169] Vgl. die negative Darstellung der nachexilischen Theokratie Hen 89 ₇₄-₇₇. Der Verfasser aus den Kreisen der Altfrommen Judas sympathisiert mit den Makkabäern, d. h. er muß noch vor dem Bruch Johannes Hyrkans mit den Pharisäern geschrieben haben; vgl. BEER a. a. O. S. 230.

essierenden Teil der Vision 89 72f. sieht Henoch drei Schafe zurück-
kehren, die die Ruinen des Hauses wieder aufbauen. Sie werden hieran
zunächst von den Wildschweinen gehindert, können dann aber den
Bau des Hauses wieder aufnehmen und den Turm aufführen, der den
Namen »Hoher Turm« erhält. Es wird wieder der Tisch vor den Turm
gestellt, doch alles Brot auf ihm ist befleckt und unrein. Die Ent-
schlüsselung der Bildersprache ist einfach. In der nachexilischen persischen Periode (89 72-77) kehren drei Führer des Volkes Israel zurück
und beginnen den Wiederaufbau der Stadt Jerusalem[170] gegen den
Widerstand der Samaritaner[171]. Sie vollenden nach Unterbrechung
durch Erfolge der Samaritaner auch den Tempel[172] und errichten den
neuen Brandopferaltar[173]. Der Opferkultus hat jedoch nicht seine
gesetzesmäßige Reinheit. Zu denken ist bei diesem letzten Zug an die
Zustände, die das Buch Maleachi und Neh 13 erkennen lassen[174].
Schwierig erscheint die Identifizierung der drei Führergestalten. Es
liegen m. E. drei Kombinationen nahe:

1. Serubbabel—Josua—Nehemia[175]
2. Serubbabel—Josua—Esra[176]
3. Serubbabel—Esra—Nehemia[177].

Ich halte die erste Kombination für die wahrscheinlichste. Esra
gilt in der Überlieferung bis zur Makkabäerzeit nicht als Wiedererbauer des Brandopferaltars und der Stadt Jerusalem. Sir 49 13 und
III Esr bestätigen mit ihrer Bezeugung des Nebeneinanderwirkens von
Serubbabel, Josua und Nehemia die erste Möglichkeit. Die Vorlage
von II Macc 1 10—2 18 und die Texte der Hasmonäerzeit (II Macc
1 10—2 18 III Esr 5 8. 40 Neh 7 7a) zeigen die gleiche Datierung Nehemias in der Serubbabelzeit. Zuletzt ist zu beachten, daß die überlieferten Texte nur für Serubbabel-Josua (Esr 4—6) und Nehemia
ausdrücklich die Gegnerschaft der Samaritaner erwähnen.

Hen 89 72f. darf deshalb als ein weiteres Zeugnis für das Nehemiabild der Hasmonäerzeit und der Hasmonäerpartei gelten.

---

[170] »Haus« = Jerusalem; Hen 89 50. 54. 66 Test Lev 10; dazu BEER a. a. O. S. 293
Anm. q; RIESSLER, Altjüdisches Schrifttum, 1928, S. 1296.

[171] Vgl. BEER a. a. O. S. 295 Anm. i.

[172] »Turm« = Tempel; Hen 89 50. 54. 66; dazu BEER a. a. O. S. 293 Anm. q; RIESSLER
a. a. O. S. 1296.

[173] »Tisch« ist Chiffre für Brandopferaltar, Opfergaben, Opferkult; Hen 89 50; vgl.
BEER a. a. O. S. 293 Anm. s; RIESSLER a. a. O. S. 1296.

[174] BEER a. a. O. S. 295 Anm. k, verweist auf Mal 1 7.

[175] Vgl. BEER a. a. O. S. 295 Anm. h.

[176] Vgl. BEER ebd.; RIESSLER a. a. O. S. 1296; RIESSLER hält auch Nehemia-Josua-
Esra für möglich.

[177] Vgl. SCHÜRER, Gesch. III, S. 277.

VIII. DER NEHEMIABERICHT DES JOSEPHUS ANT XI 159—183

1. Vorbemerkungen

Der Nehemiabericht des Josephus spiegelt nicht nur das Bild des Verfassers zur Zeit der Abfassung der Ant um 93/94 n. Chr. wider, sondern einen wesentlich früheren Überlieferungsstand, wenn HÖL-SCHER[178] darin rechtzugeben ist, »daß die gesamte Darstellung der biblischen Geschichte ... nicht auf einer selbständigen Benutzung der biblischen Quellen durch den Verfasser beruht«, sondern Josephus durchweg »Mittelquellen« referiert, die die jüdisch-alexandrinische Schulüberlieferung im Augusteischen Zeitalter darstellen[179].

Im Unterschied zum Esrabericht Ant XI 120—158, für den nach einhelliger Forschungsmeinung das III. Esrabuch als einzige schrift-liche Quelle vorgelegen hat, kann die Frage der ernstzunehmenden Traditionen des Nehemiateils nicht so einfach beantwortet werden. Soviel läßt sich vorweg sagen, daß für den Nehemiateil eine Haupt-quelle vorlag und diese wohl wie das III. Esrabuch griechisch abgefaßt war[180]. Sie entspricht in der Darstellung der Geschichte des Mauer-baues XI 159—180, d. h. fast im gesamten Bericht des Josephus, der Erzählung der NQ von Neh 1 1—7 4 (13 10-14), so daß die Vorlage einer anderen schriftlichen Quelle als der griechisch übersetzten NQ, »durch allerlei weiteres apokryphes Material und eine Fülle weltgeschichtlicher Gelehrsamkeit«[181] bereichert, unwahrscheinlich ist. Eine wichtige Auf-gabe der folgenden Analyse, die den Josephusbericht mit den übrigen Nehemiatraditionen vergleichen soll, wird darin bestehen, dem apo-kryphen Stoff auf die Spur zu kommen und dabei echte Traditionen und schriftstellerische Kombination nach Möglichkeit zu unterschei-den.

2. Analyse

Die Nehemiageschichte spielt unter der Regierung Xerxes' I. (XI 159) vom 25. Jahr seiner Regierung (XI 168) bis über das 28. Jahr (XI 179) hinaus. Diese Daten können auf keine ernstzunehmende zeitgenössische Quelle zurückgehen, da Xerxes I. nur zwanzig Jahre (486—465 v. Chr.) lang regiert hat und die Wirksamkeit Nehemias unter Artaxerxes I. historisch gesichert ist. Die gleiche Herrscher-gestalt ist schon in XI 135 für Esra angegeben, den die Ant im Unter-

---

[178] HÖLSCHER, Sp. 496, und Art. »Josephus«, PW IX/2, (Sp. 1934—2000) Sp. 1959 ff.; vgl. auch MOWINCKEL, Studien II, S. 7 f.; THACKERAY, Josephus the Man and the Historian, 1929, S. 91; JOHANNESEN, S. 127.

[179] HÖLSCHER, S. 496.

[180] HÖLSCHER, S. 496.

[181] HÖLSCHER, S. 496.

schied zum chron Werk in seiner Wirksamkeit streng von der Zeit Nehemias trennen. Da Josephus in seiner Schrift Contra Apionem (I 40) wenige Jahre später eine Wirksamkeit Nehemias unter Artaxerxes I. zu kennen scheint und die Meinung erkennen läßt, daß das Esra-Nehemiabuch auch noch in dieser Zeit abgefaßt worden ist, dürfte die Datierung in den Ant auf die jüdisch-alexandrinische Schultradition zurückgehen[182]. M. E. hängt die Identifizierung der Artaxerxesgestalt der Esra-Nehemiageschichten mit der des Xerxes von der Folge der Bücher in der LXX, dem Kanon des alexandrinischen Judentums, ab. Man wußte wohl, daß auf Darius I. Xerxes folgte, der als gottesfürchtig und fromm wie sein Vater galt (XI 120). Ich sehe nun zwei Möglichkeiten der Erklärung: In diese Schablone des Xerxes paßte der Ahasveros = Xerxes des Estherbuches, das nach der Reihenfolge der LXX zeitlich später als das Esra-Nehemiabuch spielt, kaum, wohl aber der Artaxerxes der Esra-Nehemiageschichten[183]; oder aber man identifizierte von vornherein nach der LXX den Ahasveros des Estherbuches mit Artaxerxes. Dann spielt nach Ant XI 186 (= Est 1 3) die Esthergeschichte im 3. Jahr des Artaxerxes, der als Nachfolger des Xerxes gilt (XI 184). Es wird nun eine Vordatierung Esras und Nehemias erforderlich, da nach Neh 2 1 Nehemias Werk erst im 20. Jahre (Ant XI 168; 25. Jahr) des Artaxerxes begann. Die letzte Erklärung ist mir am wahrscheinlichsten. Zu den übrigen Daten möge man die Analyse zur Stelle vergleichen.

XI 159—162

Gleich zu Beginn des Berichtes (159) wird Nehemia als königlicher Mundschenk vorgestellt. Dies entspricht wohl dem ursprünglichen Aufbau der NQ[184]. Im Unterschied zur kurzen Einführung in Neh 1 wird eine idyllische Szene entworfen, in der Nehemia sich vor den Toren von Susa ergeht und auf fremde Reisende trifft, die ihre hebräische Sprache als Volksgenossen verrät. Von ihnen erfährt Nehemia die Lage in Juda und Jerusalem, die weit schlimmer als in Neh 1 3 dargestellt wird (160f.): Die Mauern Jerusalems sind dem Erdboden gleichgemacht, die Übergriffe der Nachbarn, die im Nehemiabuch erst Nehemia erfährt, finden hier schon vor seiner Wirksamkeit statt. Judäer und sogar Jerusalemer werden verschleppt, und Leichen auf den Straßen kennzeichnen die Stätten des Grauens. An der Stelle des im historischen Kontext der NQ nicht passenden Gebetes Neh 1 5-11 findet man ein kurzes Stoßgebet (162), das ganz konkret (Raub und

---

[182] MOWINCKEL, Studien II, S. 43, läßt diese Frage (mit Recht) als nebensächlich offen.
[183] Zur gekürzten Königsreihe der Ant in Blick auf die Esra-Nehemia-Esthergeschichte vgl. MOWINCKEL, Studien I, S. 26. 162 mit Anm. 1; II, S. 42 f.
[184] S. o. S. 9. 75.

Beute) auf die geschilderte Lage in Jerusalem Bezug nimmt[185]. Die
von MOWINCKEL betonte rhythmische Form der Qinastrophe XI 162,
deren hebräischer Sprachcharakter noch zu erkennen ist, legt den
Gedanken nahe, daß als Gebet Nehemias eine alte nachexilische Klage-
strophe des Judentums zitiert wird. Aus diesem Vers heraus hat man
wohl in Anlehnung an Züge der prophetischen Gerichtsbotschaft[186]
die Lageschilderung XI 161 gestaltet.

Die ganze Szene ist eine erbauliche Personallegende, für die keine
Sonderquellen anzunehmen sind. Es liegt vielmehr eine haggadische
Ausgestaltung der NQ vor. Selbst MOWINCKEL, der den Ant großes
Vertrauen entgegenbringt, spricht neuerdings von einer hellenistisch-
sentimentalen, romantischen Erweiterung der NQ[187].

XI 163—167

Die folgende Szene entspricht Neh 2 1-8. Sie spielt im Unterschied
zu Neh 2 1 noch am gleichen Tag (163): Ein Bote befiehlt den Mundschenk zur königlichen Tafel. Damit ist die schwer zu fassende
zeitliche Differenz zwischen Neh 1 1 und 2 1 ausgeschaltet. Man versteht offenbar nicht mehr, daß Nehemia auf den günstigen Augenblick
des königlichen Neujahrsfestes am 1. Nisan warten will. Nicht die
Gunst des Termins, sondern die besondere königliche Laune nach dem
Mahl bietet die Gelegenheit für Nehemias Bitte (164f.). Ohne sich die
Tränen abwischen zu können, begibt sich der Mundschenk zur königlichen Tafel. Dieser Zug in der Erzählung wird dadurch notwendig,
daß durch die Änderung der Szene von Neh 1 die lange, zehrende
Fasten- und Trauerzeit entfällt. Er ist wohl aus 2 1 וְלֹא־הָיִיתִי רַע לְפָנָיו[188]
heraus gestaltet. Entsprechend der Situation fehlt die Nebenfrau des
Königs (Neh 2 6). Sie hat bei einer gewöhnlichen Mahlzeit an der Seite
des Königs keinen Platz. Wie Serubabbel (XI 58) fordert Nehemia die
Erlaubnis zum Wiederaufbau der Mauern und des Tempels. Τὸ τεῖχος
ἀνεγεῖραι (165) entspricht der in XI 161 vorausgesetzten Lage, καὶ
τοῦ ἱεροῦ τὸ λεῖπον προσοικοδομῆσαι hat keine Entsprechung in der
NQ. Entweder hat das alexandrinische Schriftgelehrtentum הַבִּירָה in
Neh 2 8 als Tempel aufgefaßt[189] und an die Serubbabelgeschichte angeglichen, so daß für Nehemia die Vollendung des Tempelbaues bleibt,

---

[185] MOWINCKEL, Nehemia, S. 31; Studien II, S. 18f., hält das Gebet der Ant für die
griechische Übersetzung des Urtextes der NQ mit Verweis auf den hebräischen
Sprachcharakter und die rhythmische Form. M. E. ist der *lectio difficilior* immer
noch der Vorzug zu geben; der hebräische Sprachcharakter wäre hinreichend mit
der Abfassung durch das jüdisch-alexandrinische Schriftgelehrtentum erklärt.

[186] Vgl. bspw. zum Motiv der unbestatteten Toten Jer 7 33f. 19 7 33 4-7.

[187] Studien II, S. 8f. 16f., im Unterschied zu Nehemia, S. 29ff.

[188] Zur Textkritik vgl. RUDOLPH, S. 106 Note zu 1.

[189] Vgl. I Chr 29 1. 19; TORREY, Comp., S. 36.

oder aber es liegt hier eine Angleichung und Korrektur der Überlieferung vom Tempelerbauer Nehemia (II Macc 1 10—2 18) vor[190]. Wie
bei Serubbabel (XI 65 III Esr 4 58ff.) und Esra (XI 131; III Esr 8 25ff.)
folgt bei Nehemia auf den königlichen Gunsterweis die Anbetung (167).

Aus dem königlichen Forstverwalter Asaf von Neh 2 8 wird
Addaios, der Satrap von Syrien, Phönikien und Samaria (167). Diese
ausführliche Länderformel findet sich auch III Esr 2 19 als Erläuterung
von Esr 4 17. Die Form ΑΔΔΑΙΟΣ weist wohl auf eine Textverderbnis
in der griechischen Übersetzung der NQ hin und ist aus ΑΣΑΦΟΣ entstanden[191]. Nach III Esr 4 48 und XI 60 unterstehen den Länderbeamten von Koilesyrien und Phönikien die königlichen Forste. Aus
den Satrapen von Neh 2 7, deren Gebiet Nehemia durchreist, werden
Beamte der westlichen Satrapie, zu der Jerusalem gehört. Sie sollen
Nehemia alles Erforderliche liefern. Die Ausführung des Versprechens
von XI 166 wird XI 167 nur im Blick auf Addaios berichtet. Man hält
offensichtlich Asaf (Neh 2 8) = Addaios für die Spitze der Beamten
von Transeuphratene. Dem entspricht auch XI 168. Der Text setzt
voraus, daß Addaios und seine Beamten in Jerusalem wohnen. Hier
werden wohl spätere Zustände, wie sie die Bagoasgeschichte (XI 297ff,
bes. 300) voraussetzt, in die Nehemiazeit vorverlegt. Eine Notiz über
die Reaktion der Gegner Nehemias (Neh 2 10), d. h. Sanballats und
seiner Gesinnungsgenossen, fehlt. Dies stimmt überein mit der Darstellung im gesamten Nehemiabericht. An allen Stellen, an denen in
der NQ Sanballat und seine Freunde gegen Nehemia operieren, treten
in den Ant führungslose, anonyme Volksmassen auf. Die Gestalt des
Sanballat wird ausgespart und findet sich erst in den Legenden von
Alexander und dem samaritanischen Tempelbau mit ihrer Vorgeschichte (Ant XI 297ff.).

Auch der zweite Abschnitt zeigt starke Anlehnung an die NQ und
läßt an keiner Stelle die Benutzung einer Sonderquelle vermuten.

XI 168—173

Der Notiz von der Übergabe des Legitimationsschreibens an
Addaios ist eine Bemerkung über die Reise Nehemias vorgeschaltet
(168). Wie Serubbabel (XI 65ff. III Esr 4 61ff.) und Esra (XI 131 III
Esr 8 5f.) zieht Nehemia über Babel und nimmt eine Gola mit in die
Heimat. Hier wird der Nehemiabericht wie auch in XI 167 nach dem
Vorbild der Serubbabel- und Esrageschichte gestaltet[192]. Die Notiz
über die Entsendung einer Eskorte in Neh 2 9 entfällt im Josephusbericht.

---

[190] So auch Mowinckel, Studien II, S. 44.
[191] Bewer, Josephus' Account of Nehemiah, JBL 43 (1924), (S. 224—226) S. 225f.;
    ebenso Rudolph, S. 107 Anm. 3; Mowinckel, Studien II, S. 12.
[192] Ähnlich Mowinckel, Studien II, S. 13.

XI 168 nennt als Zeitangabe das 25. Jahr des Xerxes. Die NQ spricht in 2 1 vom 20. Jahr des Königs. BEWER rechnet mit einem Schreibfehler im Griechischen[193]. MOWINCKEL hält die Angabe für möglicherweise ursprünglich und den Text von Neh 1 1 für verderbt[194]. M. E. hat Josephus oder seine Tradition nur die Zwischenzeit zwischen Esra und Nehemia auf 25 Jahre[195], d. h. auf eine runde Zeit, vergrößern wollen.

Der Bericht über das Inkognito und den Erkundigungsritt Nehemias Neh 2 11-15 bringt Josephus nicht. Daß er die Notiz gekannt hat, verrät möglicherweise XI 178 mit der Erwähnung wiederholter nächtlicher Inspektionen[196]. Man muß diese Auslassung auf die apologetische Tendenz der Ant zurückführen, die ein günstiges Bild des Judentums entwerfen wollen. Auch wäre die detaillierte Beschreibung Jerusalemer Örtlichkeiten für die griechischen Leser nicht von Interesse[197]. Nach der Legitimierung vor der Behörde beruft Nehemia sogleich die קְהִלָּה גְדוֹלָה (= ἐκκλησία XI 172) im Heiligtum zusammen. Die NQ kennt an dieser Stelle nur eine Versammlung der Führungsschicht. Dieser Zug mag entweder aus Neh 5 1-13 entlehnt sein, einer Szene, die Josephus nicht bringt, aber gekannt hat[198], oder aber auf eine Fehlinterpretation von וּלְיֶתֶר עֹשֵׂה הַמְּלָאכָה in Neh 2 16 als Bezug auf den Wiederaufbau Jerusalems zurückgehen[199]. Wie bei Esra (XI 147. 154ff. III Esr 9 1. 38ff.) finden die wichtigen Versammlungen im Tempelbezirk statt. Die gesamte Volksmenge wird durch eine lange Rede (169—172), die als eine Ausgestaltung von Neh 2 17f. unter Vorwegnahme der Ereignisse von Neh 3—6 anzusprechen ist, zum Bau angefeuert. In XI 169 wird der Doppelauftrag Nehemias (Mauer und Tempel) eingearbeitet, in XI 170 auf Neh 3 33—6 19 angespielt. Der an die Rede anschließende Befehl (XI 172), die Mauer abzustecken und die Arbeit auf Städte und Ortschaften gleichmäßig zu verteilen, belegt die Kenntnis der Liste Neh 3 1-32[200]. Die Erwähnung der Beteiligung von Nehemias eigenen Leuten beim Bau dürfte Neh 5 16 entnommen sein[201]. Die Notiz καὶ οἱ Ἰουδαῖοι πρὸς τὸ ἔργον παρεσκευάζοντο lehnt sich an Neh 2 18b oder 3 33 an. Der Exkurs über den Ἰουδαῖος-Namen

---

[193] BEWER a. a. O. S. 224, Dittographie von κ′ ἔτος zu κέ ἔτος.

[194] Studien II, S. 43—45; Ausfall von וְחָמֵשׁ in 1 1.

[195] Vgl. XI 120.   [196] So auch MOWINCKEL, Studien II, S. 10.

[197] So auch MOWINCKEL, Studien II, S. 10.   [198] S. u. S. 140f. zu XI 172 (Neh 5 16).

[199] MOWINCKEL, Studien I, S. 112; II, S. 22, nimmt eine Lücke im überlieferten Text der NQ an, während Josephus den ursprünglichen Text gelesen habe.

[200] MOWINCKEL, Studien I, S. 113f.; II, S. 9. 23, hält die Angaben bei Josephus für viel zu bestimmt, als daß sie aus Neh 3 erschlossen worden sind. Josephus rede von Fronarbeit, die Liste mache ohne den Kontext den Eindruck der Freiwilligkeit; Josephus notiere sonst die Auslassung einer Liste ausdrücklich.

[201] So auch MOWINCKEL, Studien II, S. 10f.

(173) trägt das Kolorit der Gelehrsamkeit und hat bspw. in XI 133 eine formale Parallele, eine Stelle, die ebenfalls auf keine Quelle zurückgeht.

Im ganzen zeigt auch der dritte Abschnitt enge Anlehnung an die NQ und das Bestreben, mit Rückgriff auf die Serubbabel-Esrageschichten zu gestalten.

XI 174—178

In dem Abschnitt XI 174—178 wird zunächst der Inhalt von Neh 3 33—6 14 in knapper Zusammenfassung geboten. Die Darstellung lehnt sich dabei besonders an Neh 4 an. Wieder sind einige Steigerungen und Änderungen zu notieren: XI 174 spielt auf Neh 4 1 an. Aus den Samaritanern, Arabern, Ammonitern und Asdoditern sind »Ammoniter, Moabiter, Samaritaner und alle Bewohner Koilesyriens« geworden; die Tendenz zur Steigerung ist offenkundig. An Stelle der persönlichen Gegner stehen Nationalitäten, wie es überall im Josephusbericht der Fall ist. Bei den Angriffen der Gegner lassen viele Juden ihr Leben (174); ein Zug, der schon in XI 161 vorkommt, dem Stil der Erbauungsliteratur entspricht und wohl aus den Anschlägen auf Nehemia (Neh 6) herausgesponnen ist. Gegen Nehemia selbst werden nach XI 174 ausländische Meuchelmörder gedungen. Hier steht Neh 6 im Hintergrund, wobei τινὰς τῶν ἀλλοφύλων aus apologetischen Gründen nötig ist: Juda soll in der Vorstellung des griechischen Lesers geschlossen auf Nehemias Seite stehen. In XI 176 wird die Fürsorge Nehemias für sein Leben historisch zutreffend kommentiert mit der Überzeugung, daß bei einem Tode Nehemias der Mauerbau nicht zu Ende gebracht worden wäre. Aus dem fliegenden Kommando von Neh 4 wird eine Leibwache (176), aus dem einen Signaltrompeter ein ganzer Ring von Bläsern, die auf der Stadtmauer verteilt sind (177).

Neh 5 hat an dieser Stelle im Josephusbericht keine Entsprechung; daß Josephus das Kapitel gekannt hat, zeigt XI 172 (= Neh 5 16). Das Motiv für die Auslassung von Neh 5 und 4 4 ist wiederum in apologetischen Gründen zu suchen. Die hier geschilderten Verhältnisse lieferten keinen Beitrag zum Ruhm des jüdischen Volkes[202].

XI 179—183

Der abschließende Bericht über die Verhältnisse seit dem Ende des Mauerbaues ist sehr knapp gehalten. Man hat mit Nehemias Mauerbau das Verdienst seines Lebens angeführt und seinen Platz in der jüdischen Geschichte gesichert. Die Notiz über die Zeitdauer des Mauerbaues von 2 Jahren und 4 Monaten (179) ist eine notwendige Änderung gegenüber Neh 6 15, da nach dem Ant die Mauern von Grund auf wieder gebaut werden müssen (161. 169). Ein weiteres Motiv mag

---

[202] Dazu s. bspw. MOWINCKEL, Studien II, S. 11.

darin liegen, daß die jüdisch-alexandrinische Schriftgelehrsamkeit die
Angabe von 52 Tagen in Neh 6 15 am Umfang der Stadt Jerusalem zu
ihrer Zeit bewertete oder den Eindruck vermeiden wollte, daß die
Hauptstadt des Weltjudentums eine unbedeutende Kleinstadt sein
könnte[203]. In keinem Fall ist die Angabe historisch ernst zu nehmen[204, 205]. Interessant erscheint nun das Bauabschlußdatum. Die
Jahreszahl kann von XI 168 aus errechnet werden sein, wenn man eine
genügend lange Vorbereitungszeit einkalkuliert. Auffallend sind im
Vergleich mit der NQ die Datierung im 9. Monat und die Notiz über
das achttägige Opferfest bei der Einweihung (180), wozu es weder eine
Parallele in der NQ noch in der chron Bearbeitung von Neh 12 43 gibt.
Beachtet man dazu, daß Nehemia selbst das Opfer darbringt, dann
liegt die Übereinstimmung mit dem Nehemiabild der makkabäischen
Tempelweihfesttradition auf der Hand. Die Ant greifen hier nicht auf
die NQ, sondern auf die Überlieferungen des Chanukkafestes[206] zurück[207]. Der Anlaß zu dieser Assoziation liegt wohl nicht nur in der
hasmonäischen Nehemiatradition, sondern auch im überlieferten Ne-
hemiatext von Neh 12 27 וּבַחֲנֻכַּת selbst. Wie es historisch sinnvoller
erscheint, wird diese Anspielung auf das Mauerweihfest chronologisch
zwischen Neh 6 15 und 6 16 eingeordnet.

Der zweite Satz in XI 180 entspricht ebenfalls nicht der NQ. Es
entsinkt den feindlichen Völkerschaften nicht der Mut (Neh 6 16),
sondern sie geraten in große Aufregung. Damit ist die Überleitung
zum Text XI 181f. geschaffen. Die kurze Behandlung von Neh 6 10-19
geht wohl wiederum auf apologetisches Interesse zurück. Aus natio-
nalistischen Gründen können die Ant nicht berichten, daß die Spitzen
des Volkes mit den Gegnern Nehemias konspirierten.

XI 181f. erscheint als eine freie Kombination von Neh 7 4 mit
dem nach Vorverlegung der Mauerweihe anschließenden Text 13 10-14.
30b. 31[208]. Nehemia verstärkt danach die Verteidigungskraft der Stadt
durch Ansiedlung der Priester und Leviten in Jerusalem. Er läßt ihnen
auf seine eigenen Kosten Häuser bauen und sorgt für die Ablieferung
des Zehnten. Drei neue Züge kommen durch diese Kombination in
das Nehemiabild hinein. Einmal wird die Maßnahme von Neh 13 10-14
auch auf die Priester ausgedehnt, was von Neh 13 13. 30b her naheliegt;
zum andern ermöglicht Nehemia die Umsiedlung und den Anfang in
Jerusalem durch eine großherzige Spende; dieses Motiv kann aus Neh 5

[203] SCHNEIDER, S. 199.
[204] So mit Nachdruck MOWINCKEL, Nehemia, S. 60f. 84; Studien II, S. 45f., für die
    Jahreszahl. Bei der nachchron Redaktion der NQ sei ein »2 Jahre und« ausgefallen.
[205] BEWER a. a. O. S. 224f., denkt an einen möglichen Schreibfehler in der griechischen
    Vorlage des Josephus.
[206] So auch MOWINCKEL, Studien II, S. 44; JOHANNESEN, S. 199. 214.
[207] Vgl. I Macc 4 52. 56.   [208] Vgl. jedoch auch MOWINCKEL, Studien II, S. 9. 32f.

herausgelesen worden sein. Als drittes wird vom Bau der Häuser berichtet. Das Motiv des Häuserbaues kann auf eine Kombination von
Neh 7 4 וְאֵין בָּתִּים בְּנוּיִם mit der Tradition von Sir 49 13 הַמֵּקִים אֶת חָרְבֹתֵינוּ
zurückgehen.

Durch die Uminterpretation wird aus der Stammbaumkontrolle[209]
und der Reorganisation des kultischen Abgabewesens eine wehr-
politische Maßnahme. Diese Kombination ist nur denkbar, wenn die
Tradition des Josephus nicht den Text Neh 7 6—12 26, bes. 11 1f. vorliegen hatte. Die Änderung ist typisch für das Nehemiabild der Ant;
Nehemia erscheint lediglich als der Neugründer der Stadt Jerusalem,
Reformmaßnahmen im Innern werden nicht berichtet.

Dieses Bild ergibt sich besonders aus der Abschlußnotiz XI 183.
Die Wendung πολλὰ δὲ καὶ ἄλλα zeigt, daß nur ein Ausschnitt des
zur Verfügung stehenden Materials ausgeschöpft worden ist. Diese
Auswahl steht unter dem Gesichtspunkt des Mauerbaues Nehemias.
In dem Urteil μνημεῖον αἰώνιον αὐτῷ καταλιπὼν τὰ τῶν Ἱεροσολύμων
τείχη ist αὐτῷ reflexiv zu verstehen[210]. Der Satz spielt deutlich
auf die זִכְרָה-Formel der NQ, bes. auf die Abschlußformel Neh 13 31
זָכְרָה־לִּי אֱלֹהַי לְטוֹבָה an. Der Satz ist Antwort der jüdisch-alexandrini-
schen Schule auf die Appellation Nehemias. Man sichert ihm den Platz
in der Geschichte Gottes und des jüdischen Volkes zu, der ihm gebührt.
Die Sterbenotiz (183) ist eine Parallele zum Abschluß der Esrageschichte XI 158 und trägt die Züge der Erbauungsliteratur.

Wenn die Ant in XI 183 Kenntnis weiteren Materials bezeugen,
so ist dabei am ehesten an den nicht ausgeschöpften Rest der NQ zu
denken, d. h. die Stücke Neh 4 4 5 1-13 13 4-9. 15-22. 23-30a. Neben dem
Tatbestand, daß sie bis auf die Notiz 4 4 zur Geschichte des Mauerbaues keinen direkten Beitrag leisten, werden vor allem apologetische
Gründe für die Auslassung vorliegen. Man will heidnischen Lesern
gegenüber ein vorbildliches Judentum schildern[211]. Nach dem gelun-
genen Reformwerk Esras (XI 120ff.), besonders der Scheidung von
den Fremden (XI 153), erscheinen die Mißstände von 13 15-22. 23-29
in jedem Falle deplaziert.

Die Stelle Neh 13 28f. wird in der Geschichte vom Tempelbau auf
dem Garizim XI 302ff. aufgegriffen. Diese Nachdatierung muß man
im Zusammenhang mit dem Tatbestand sehen, daß dort auch die
Gestalt des Sanballat auftaucht, den die Ant wie seine Gesinnungsgenossen Tobia und Geschem im Nehemiateil konsequent eliminieren.
Daß der Sanballat der Ant bei solchem Tatbestand und angesichts

---

[209] Dazu s. o. S. 93 und u. S. 201f.
[210] Beachte den syntaktischen Zusammenhang. Worauf sollte sich αὐτῷ beziehen?
Vgl. die Lesart des Codex Ambrosianus F 128 (αὐτωι) und die lateinische Wiedergabe (*sui*).
[211] So auch MOWINCKEL, Nehemia, S. 65; Studien II, S. 11.

großer Übereinstimmungen in den persönlichen Verhältnissen[212] mit dem Sanballat der NQ für Josephus und seine Lehrer identisch sein soll, bedarf keiner Frage. Die Sanballatgeschichte der NQ ist nach der Königsreihe der Ant[213] um 3 Könige nachdatiert worden. Wie kommt man dazu? Die Beantwortung dieser Frage hängt natürlich mit der Frage nach echten historischen Traditionen in XI 302—345 zusammen. Eine detaillierte Analyse dieses Abschnittes kann an dieser Stelle nicht vorgenommen werden, da sie keinen weiteren Beitrag zur Nehemia-geschichte liefert. Mit Verweis auf die Untersuchungen von BÜCH-LER, MONTGOMERY und MOWINCKEL[214] halte ich daran fest, daß der Bericht der Ant über die Entstehung des Tempels auf dem Garizim traditionsgeschichtlich gesehen aus zwei Geschichten besteht: der Alexander-Jaddua-Legende und der Sanballat-Tempelbau-Ge-schichtserzählung. Nur die letztere interessiert im Zusammenhang dieser Arbeit. Sie läßt sich als ein Midrasch zu Neh 13 28f. verstehen[215], wird aber doch einen historischen Kern darin haben, daß der Tempel auf dem Garizim zur Zeit des Herrschaftswechsels von dem letzten

---

[212] Bei einer Unterscheidung beider Gestalten ergäbe sich das Kuriosum, daß die Sanballattochter der Ant als Großnichte der Sanballattochter der NQ die Erfah-rungen ihrer Großtante mit den gleichen Folgen für ihren Gatten wiederholen würde. »For so exact a repetition of history at an interval of a century, at a dis-tance of two generations on the wife's side ... we should need stronger evidence than Josephus's account can supply«; so ROWLEY, Sanballat and the Samaritan Temple, BJRL 38 (1955), (S. 166—198) S. 172f.; vgl. auch MONTGOMERY, The Samaritans, 1907, S. 67f.   [213] Dazu s. o. S. 136 Anm. 183.

[214] BÜCHLER, La relation de Josèphe concernant Alexandre le Grand, REJ 36 (1898), S. 1—26, bes. S. 10. 25f.; MONTGOMERY a. a. O. S. 68f.; MOWINCKEL, Nehemia, S. 208ff.; Studien II, S. 104ff.; vgl. auch JOHANNESEN, S. 243.

[215] Zur Sanballat-Tempelbaulegende gehören XI 302f. 306—312. 321—324.
XI 302f.: Zur Hohenpriesterfolge vgl. Neh 12 10f. Schon die nachchron Redaktion hielt Jaddua noch für einen Zeitgenossen Nehemias, d. h. mit dem Text Neh 13 28 in etwa synchron. Zum Motiv in 303 vgl. Esr 4 15. 19f. III Esr 2 17. 20f. Ant XI 24. 27. Alles andere dürfte gelehrte Interpretation von Neh 13 28 sein. Höchstens bei den Namen Manasse und Nikaso könnte man an eine Sondertradition denken. Der Name Manasse ist bis jetzt allerdings in keiner samaritanischen Hohenpriester-liste zu finden (ROWLEY a. a. O. S. 177). HÖLSCHER, S. 561, macht darauf auf-merksam, daß die Erfindung von Namen zu den Eigenarten der jüngeren Legende gehört. Hat vielleicht der Name des gottlosen Königs Manasse (II Reg 21) den Anstoß gegeben? Ist die Korrektur von Mose zu Manasse durch Nun suspensum in Jdc 18 30 mit dieser Gestalt des samaritanischen Hohenpriesters zusammen-zubringen (vgl. MOORE, Judges, ICC, ²1898, S. 402)?
In XI 306f. ersetze man die Ältesten durch die Gestalt Nehemias, und es läge eine ausgezeichnete, historisch zutreffende Interpretation von Neh 13 28f. vor.
XI 308 läßt sich als geschichtstheologische Reflexion dtr Art, wie sie etwa auch in Neh 13 26f. vorliegt, erklären. Jüdisch-alexandrinische Schriftgelehrsamkeit kann dieser Stelle die Anregung zu einem solchen Theologumenon entnommen haben.

Darius auf Alexander unter einem samaritanischen Statthalter mit dem gebräuchlichen Namen Sanballat[216] erbaut worden ist und die samaritanische Kultgemeinde späterer Zeit behauptete, nicht nur Gesetz und Kultus in der legitimen Jerusalemer Weise zu besitzen, sondern auch eine Priesterschaft, die sich in direkter Sukzession von dem Jerusalemer Klerus ableiten kann[217]. Man mag sogar die Namen Manasse und Nikaso (XI 302f.) dabei genannt haben. Unter solchen Umständen wäre die Nachdatierung Sanballats in den Ant als Korrektur an der NQ und die Ausgestaltung von Neh 13 28f. zu einer Geschichte unter Aufgreifen historischer Tatbestände sehr verständlich.

3. Der Stand der Nehemiaüberlieferung in der Tradition des Josephus

Die Frage der Quellen für den Nehemiateil der Ant kann nach diesem Durchgang durch die Texte ziemlich sicher beantwortet werden. Es spricht alles für die Benutzung der ursprünglichen NQ. Schon die Gestaltung nach dem III. Esrabuch im Esrateil legt diese Antwort

---

Die Alternative der ehelichen Trennung oder Aufgabe des Priesteramts ist historisch zutreffender Midrasch von Neh 13 28f.

Die Fortsetzung XI 309 ff. liegt auf der Linie des einmal vorgenommenen Ansatzes und läßt sich verstehen als Ausschmückung von Neh 13 28f. in Kombination mit einer Nachricht von der Tempelgründung auf dem Garizim zu Anfang der Alexanderzeit durch eine Sanballatgestalt.

Für XI 312 war m. E. der Plural in Neh 13 29 und der Vers 13 30a anregend; es mag ferner die Erfahrung zugrunde liegen, daß die jüdischen Apostaten sich in das samaritanische Gebiet abzusetzen pflegten (vgl. XI 340. 346).

Der ganze Mischehenfall ist ein negatives Gegenstück singulärer Art zur Esrageschichte XI 139—153. Hier erklären sich die Angehörigen des Hohenpriesterhauses und der Priesterschaft sogleich zur Scheidung bereit. Das Steigerungsmotiv von XI 152 klingt auch in der Manassegeschichte an.

XI 321—324 ist stark von der Kombination mit der Alexander-Legende her geprägt. Der in XI 321 berichtete Abfall Sanballats zu Alexander steht im Gegensatz zur treuen Haltung des Jerusalemer Hohenpriesters zu den Perserkönigen (XI 318); hier gestaltet antisamaritanische Polemik. Zum Motiv in XI 323 s. o. zu XI 303. Über den Ansatz von Neh 13 28f. hinaus muß hier eine Nachricht über den Tempelbau auf dem Garizim zu Anfang der Alexanderzeit aufgegriffen worden sein. Diese Datierung der Tempelgründung, die auch Ant XIII 256 vorgenommen wird, könnte historisch zutreffend sein; dazu vgl.: KITTEL, Gesch. III, S. 680; SELLIN, Gesch. II, S. 170; ALT II, S. 357f.; NOTH, Gesch., S. 319f.; RUDOLPH, S. 210f.

[216] Dazu s. u. S. 166.

[217] Zur Möglichkeit eines solchen Sukzessionsanspruches, der das Enden des chron Geschichtswerkes mit Neh 13 28ff. besonders gut verständlich machen würde, vgl. RICCIOTTI, Geschichte Israels II, 1955, S. 187; BOWMAN, Ezekiel and the Zadokite Priesthood, Transactions of the Glasgow University Oriental Society 16 (1955/56), 1957, (S. 1—14) S. 6; ROWLEY, The Samaritan Schism, in: Festschrift Muilenburg, 1962, (S. 208—222) S. 221.

nahe; das chron Geschichtswerk ist für die nachexilische Geschichte nicht benutzt worden[218]. Für die Vorlage der NQ sprechen auch das Fehlen des Abschnittes Neh 7 5—13 3 im Nehemiateil, das Fehlen jeglicher Anspielung auf Neh 8 13ff. 9+10 in der Esrageschichte der Ant und die zeitliche Trennung zwischen Esra und Nehemia. Der Nehemiabericht des Josephus ist ein Midrasch jüdisch-alexandrinischer Schriftgelehrsamkeit aus der NQ. Was sich in diesem Midrasch nicht aus der Tendenz der synagogalen Erbauung und aus der grundlegenden Umdatierung und der Parallelgestaltung zur Serubbabel-Esrageschichte erklären läßt, hat seinen Ort in der Nehemiaüberlieferung von II Macc 1 10—2 18. Die Kenntnis dieses Schreibens in der gelehrten Judenschaft Alexandriens und ihrer Schüler ist mir sehr wahrscheinlich[219]. Der Nehemiabericht der Ant geht auf die NQ und die Traditionen des makkabäischen Tempelweihfestes zurück[220].

Neues Material zur historischen Nehemiageschichte läßt sich nicht aufzeigen[221]. Nehemia wird noch konsequenter als im chron Geschichtswerk als der Mauerbauer Jerusalems dargestellt, ohne daß sich dabei ein theologisches Motiv für diese Verkürzung abzeichnet.

IX. AUSBLICK IN DAS SPÄTERE JUDENTUM

In der Überlieferungsgeschichte Nehemias zeichnen sich bestimmte Tendenzen ab, die auch die spätere jüdische Exegese und Geschichtsschreibung bezeugt. Insgesamt fließt hier der Überlieferungsstrom von Nehemia sehr spärlich im Unterschied zu einer starken Ausweitung der Esratradition[222]. M. E. hängt dies mit dem Ende des jüdischen

---

[218] Vgl. dazu HÖLSCHER, PW IX/2, Sp. 1951 (nur sporadische Benutzung für die Königszeit).   [219] Vgl. SCHUNCK a. a. O. S. 101.

[220] BÜCHLER, MGWJ 41 (1897), S. 531ff., denkt bei der Übereinstimmung an eine gemeinsame hellenistische Vorlage für II Macc 1 10—2 18 und den Bericht des Josephus. Diese Quelle kann nach BÜCHLER »als Bestandtheil einer die Gewaltthaten der Samaritaner behandelnde Schrift angesehen werden, in welcher besonders der Ruhm Nehemias', die Zustimmung Gottes zu seinem gegen die Ränke der Samaritaner gerichteten Vorgehen und die Anerkennung des jerusalemischen Tempels von Seiten der persischen Könige nachdrücklich betont wurde« (S. 533).

[221] Wesentlich unkritischer beurteilt MOWINCKEL in den meisten seiner Schriften zu Nehemia den Wert des Josephusberichtes. Er hält den Nehemiabericht der Ant für den angeblich verlorengegangenen Nehemiateil des III Esr. Das vollständige III. Esrabuch enthielt nach MOWINCKEL die ursprüngliche Gestalt des chron Werkes in den meisten Stücken, während der masoretische Text erst auf der Synode von Jamnia kanonisiert worden sei; vgl. bes. Nehemia, S. 1—72, davon vor allem S. 69—72.

[222] Vgl. bspw. ROSENZWEIG, Zur Einleitung in die Bücher »Esra und Nehemia«, 1880, S. 140ff.; MUNK, Esra ha sofer, 1933; GINZBERG, The Legends of the Jews IV, 1947, S. 354—361; JOHANNESEN, S. 304—307.

Staatswesens zusammen. Das nach 70 n. Chr. entstehende Judentum bedurfte zunächst nicht mehr der politisch-zionistischen Vorbilder, sondern der Toralehrer.

An Tendenzen, die sich in der Überlieferung gehalten haben, sind vor allem die Vordatierung Nehemias und seine Identifizierung mit Serubbabel zu nennen. So wird bspw. in Sanh 38ᵃ die Identifizierung mit Serubbabel vorgenommen: »Serubbabel, er der in Babel gepflanzt ist, sein wirklicher Name ist Nehemia Sohn des Chakalja«. Im Seder 'Olam Zuṭa (um 804 n. Chr.) wird eine alte Lesart angegeben: »Im 36. Jahr der Mederherrschaft kam Nehemia herauf und baute Jerusalems Mauern und stellte den Tempel wieder her. Dann kehrte Serubbabel nach Babel zurück und starb dort«[223]. Eine Variante zur Tradition von II Macc 1 10—2 18 findet sich Josippon I 3, 11d—12a[224]. Hier werden Esra, Nehemia, Mardochai, Josua und Serubbabel zu Begründern des nachexilischen Kultus, wobei die führende Rolle von Nehemia auf Esra übergegangen ist. Auch Jalquṭ 2 § 234 (13. Jh.) datiert Esra, Serubbabel, Josua und Nehemia an den Anfang der nachexilischen Zeit.

Im Sefer Juḥasin (um 1504) wird der als Davidide geltende Hillel in seiner Abstammung auf Nehemia zurückgeführt[225]. Notiert werden kann in diesem Zusammenhang auch die sehr viel ältere Stelle in der Chronographie des Johannes Malalas, einer christlich-byzantinischen Weltgeschichte des 5. Jahrhunderts: Νεεμίας ὁ ἱερεὺς ὁ ὢν ἐκ τοῦ σπέρματος Δαβίδ[226].

Eine alte Überlieferung in jKid IV 65ᵇ 30f. erklärt den הַתִּרְשָׁתָא-Titel Nehemias aus Neh 8 9 damit, daß Nehemia durch die Autoritäten von dem Verbot befreit wurde (התיר), den Wein der Heiden zu trinken (שתא).

In den Ausführungen des Jalquṭ 2 § 234, die aus Pirke Rabbi Elieser 38 geschöpft sind, werden die Stellen Neh 2 20 6 2ff. mit der Abweisung der Samaritaner beim Tempelbau zusammengebracht:

»Damals verbannte man sie und verbat, einen von ihnen aufzunehmen. Später versuchten sie, Nehemia durch List zu ermorden, wie es heißt . . . . . Was taten da Esra, Serubbabel und Josua b. J. ? Sie versammelten die ganze Gemeinde in das Heiligtum Gottes: brachten 300 Priester, 300 Kinder und 300 Torarollen. Die 300 Priester hatten Instrumente in ihren Händen und bliesen darauf, auch die Leviten taten so. Sie verbannten die Kutäer . . . durch das Tetragrammaton und durch die Schrift der

---

[223] Gelbhaus, Nehemias und seine social-politischen Bestrebungen, 1902, S. 46, nach der Ausgabe des Juda Löb ben Menachem, 1874, S. 45.

[224] Eine französische Übersetzung des Abschnittes aus der Mantuaausgabe von 1470 (P. 52f.) jetzt leicht zugänglich bei Del Medico, Le cadre historique des fêtes de hanukkah et de purîm, VT 15 (1965), (S. 238—270) S. 242f.

[225] Vgl. Gelbhaus a. a. O. S. 17.

[226] Iohannis Malalas chronographia, hrsg. v. L. Dindorf, in: Corpus scriptorum historiae Byzantinae 14, 1831, S. 160.

Gesetzestafeln und durch den Bannspruch des Gerichtshofes. Es wurde verboten, das Brot eines Kutäers zu essen und einen von ihnen aufzunehmen; ferner wurde bestimmt, daß sie keinen Anteil an der Wiedererstehung der Toten hätten und überhaupt jeder Gedanke an sie in Israel schwinden solle. Diesen Bannspruch schickte man zu den Juden nach Babylon, die ihrerseits noch weitere Verbote hinzufügten«[227].

R. Ḥanina führt nach Schab 123[b] auf Nehemias Zeit das Verbot zurück, gewisse Gebrauchsgegenstände am Sabbat in die Hand zu nehmen.

Eine in Megillat Taanith 24, Halachoth Gedoloth 39b (8. Jh.) und Kol bo (15. Jh.)[228] bezeugte Tradition nennt für Esra und Nehemia einen gemeinsamen Sterbetag (9. Ṭebet)[229]. Zuletzt sei noch auf die Überlieferung von der Verfasserschaft des Esra-Nehemiabuches hingewiesen. Nach rabbinischer Tradition bilden in den Ketubim Nehemia und Esra eine Einheit, die den Namen Esras trägt (Bbat 15[a]; vgl. Jos contr Ap I 40):

»Êzra schrieb sein Buch und die Genealogie der Chronik bis auf seine eigne .... — Wer führte es zu Ende? — Neḥemja, der Sohn Ḥakaljas«[230].

In bSanh 93[b] wird das ganze Esrabuch Nehemia zugeschrieben:

»R. Tanḥum: .... Merke, das ganze Buch Êzra rührt ja von Neḥemja, dem Sohn Ḥakaljas her, weshalb nun trägt es nicht den Namen Neḥemjas, des Sohns Ḥakaljas!? R. Jirmeja b. Abba erwiderte: Weil er sich selbst Anerkennung zollte, denn es heißt: Gott gedenke es mir zum Besten .... R. Joseph erwiderte: Weil er die Schändlichkeiten der Ersten erzählt, denn es heißt: Und die früheren Statthalter ..... Und selbst über Daniél, der bedeutender als er war, redete er«[231].

X. ZUSAMMENFASSUNG: DIE NEHEMIAÜBERLIEFERUNG ZWISCHEN ZIONISTISCHEM UND THEOKRATISCHEM ISRAEL

Am Anfang der Überlieferungsgeschichte Nehemias steht seine Appellationsschrift an Gott, d. h. die NQ selbst, die ja kein historisches Protokoll, sondern eine tendenziöse Berichterstattung darstellt. Die NQ entwirft das Bild eines königlichen Kommissars, der auf das Bitten der Judäer hin und mit den Vollmachten des Großkönigs ausgestattet gegen den Widerstand der Samaritaner und anderer Nachbarvölker die Mauern Jerusalems wiedererbaut und so dem Lande seine Hauptstadt schenkt. Grundlos setzen ihn seine Feinde dem Verdacht des Aufruhrs und messianischer Umtriebe aus. Er hält sich streng an die königliche Weisung und beendet in feierlicher Einweihung

[227] Übersetzung nach MUNK a. a. O. S. 30.
[228] GELBHAUS a. a. O. S. 48 Anm.; MUNK a. a. O. S. 76.
[229] Vgl. noch die Anspielung auf Nehemia in Sanh 103[b].
[230] Übersetzung GOLDSCHMIDT, VI, S. 976f.
[231] Übersetzung GOLDSCHMIDT, VII, S. 401.

durch ein Mauerbegängnis das legitime Aufbauwerk. Am Schluß seiner Denkschrift verweist er noch auf einige Reformmaßnahmen im Sinn der strengen Toraobservanz.

Der Chron nimmt die NQ in seine Geschichte der Jerusalemer Theokratie auf. Nehemias Werk stellt die letzte Periode in der Geschichte der Hilfeleistungen der Perserkönige zur Konstituierung der Theokratie dar. Zur antisamaritanischen Tendenz des Chron paßt der Schluß der NQ so ausgezeichnet, daß er ihn unkommentiert übernehmen kann. Dafür bringt er aber sonst an Gestalt und Werk Nehemias seine Korrekturen an und paralysiert dessen Bedeutung für die Kultgemeinde durch die Gestalt des Schriftgelehrten Esra, die den Statthalter in seine Schranken weisen soll. Nehemia wird so in das dogmatische Bild der Perserkönige eingezwängt und zum Kronzeugen der theokratischen Idee gemacht. Wahrscheinlich weiß der Chron über die NQ hinaus etwas von einem messianisch-zionistischen Hintergrund der Nehemiabewegung. Er richtet sich mit seiner Nehemiadarstellung gegen eschatologisch-prophetisch orientierte Kreise mit ihrem restaurativen Programm für die politische Lebensform Judas.

Eine völlig andere Interpretation der Nehemiagestalt bietet die apokryphe Nehemiaquelle, die aus II Macc 1 10—2 18 erschlossen werden kann. Ich schreibe sie solchen Kreisen zu, die das prophetisch-eschatologische Erbe in seiner politischen Ausprägung bewahren. Die Schrift, wohl am Ende des 4. Jahrhunderts entstanden, ist als direkte Polemik gegen das chron Nehemiabild denkbar. In dieser Überlieferung wird Nehemia als Begründer des nachexilischen Jahwekultes dargestellt. Das göttliche Wunder des Altarfeuers bestätigt ihn in seiner heilsgeschichtlichen Stellung eines zweiten Mose, Aaron, Salomo und Elia. Ihm verdankt die Jahwegemeinde die Erhaltung des dtr Geschichtswerkes, des Davidspsalters und der Tempelstiftungsurkunden, die zum Bestand der Gemeinde ebenso notwendig erscheinen wie die von Esra proklamierte Tora.

Zwischen den Lagern sozusagen wird die Nehemiagestalt im Preis der Väter Sir 49 13 aufgegriffen. Auch hier ordnet man historisch den Statthalter an den Anfang der Kultgemeinde ein. Er wird der Begründer eines politisch autonomen und starken Jerusalemer Staatswesens, dessen ideale Führergestalt der Hohepriester Simon II. verkörpert. In Nehemia sieht der Verfasser die politische Seite dieser königlichen Hohenpriestergestalt präfiguriert.

Mit dem Zeugnis von Sir 49 13 ist man in das 2. Jahrhundert v. Chr. gelangt, für das die Gestalt Nehemias sehr bedeutsam wird, so daß man vielleicht von einer makkabäisch-hasmonäischen Nehemiarenaissance sprechen kann. Diese knüpft an das zionistische Nehemiabild an. Die Bedeutung der Nehemiagestalt für die hasmonäische Partei wird ersichtlich im Chanukkafestbrief II Macc

1 10—2 18, in der prohasmonäischen Redaktion des chron Werkes und im Äth Henochbuch 89 72f.

Äth Hen 89 72f. faßt Nehemia wie Sir 49 13 als Zeitgenossen Serubbabels auf. Er gilt neben Serubbabel und Josua als der Wiedererbauer von Stadt und Tempel und der Stifter des nachexilischen Kultus.

Ausgeprägter ist das Bild des Verfassers von II Macc 1 10—2 18. Er greift das Nehemiaapokryphon auf, um die priesterlichen Ansprüche der Hasmonäer durch Typologie zu legitimieren. Nehemia wird dabei zum Typos des Judas Makkabäus. Wie Nehemia der priesterliche Restaurator des zweiten Tempels wurde, so nimmt Judas diese Stellung für den dritten Tempel, d. h. für das gereinigte Heiligtum der Makkabäerzeit, ein. Beide entsprechen sich auch in ihren Verdiensten um das Staats- und Tempelarchiv. Wie im Apokryphon tritt auch hier Nehemia an die Stelle Serubbabels.

Die prohasmonäische Partei greift sogar die Schrift auf, die den Ansprüchen der Hasmonäer auf das Hohepriesteramt und Königtum am meisten entgegensteht. Bei der Redaktion des chron Werkes durch einen prohasmonäischen Leviten erfährt die Nehemiagestalt im chron Werk selbst ihre Rehabilitierung, ohne daß dabei freilich die Bedeutung Esras geschmälert würde. Durch Listeneinschübe und Glossen erhellt der Redaktor die grundlegende Bedeutung Nehemias für die Kultgemeinde und das spätere Staatswesen Juda. Die Parallelisierung mit Serubbabel ist sehr deutlich. Zusammen mit David und Esra gehört Nehemia zu den Fundamenten der Kultgemeinde.

Im III. Esrabuch findet man den treuesten Anwalt des chrontheokratischen und priesterlich-zadokidischen Erbes. Das Buch ist ein Auszug des redigierten chron Werkes und überbietet noch die rein politische Interpretation der Nehemiagestalt durch den Chron. In der Geschichte der Kultgemeinde hat Nehemia als ein unbedeutender Zeitgenosse Serubbabels und persischer Kommissar keinen Platz mehr. Serubbabel tritt an die Stelle Nehemias als Wiedererbauer der Stadt und des Tempels. So scheint alexandrinisches Schriftgelehrtentum das hasmonäische Nehemiabild zu korrigieren.

Mit dem III. Esrabuch liegt m. W. das letzte Zeugnis der Auseinandersetzung zwischen zionistischem und theokratischem Israel, in dem Nehemia eine Rolle spielt, vor. Die spätere Zeit scheint sich um ein »historisches« Nehemiabild bemüht zu haben und sich damit zu begnügen. In der späteren Tradition, die Josephus aufgreift, fehlt der polemische Akzent. Die Überlieferungsgeschichte ist zum Abschluß gekommen. Die hasmonäische Nehemiatradition wird dabei, soweit es historisch tragbar ist, mit übernommen.

Das spätere Judentum festigt die Züge der Tradition ohne wesentliche Neubildungen. Nehemia wird weiter an den Anfang der nachexilischen Zeit vordatiert und mit Serubbabel identifiziert. Politisch restaurative Kräfte stehen hinter diesem Nehemiabild nicht mehr. Nehemia hat keine Bedeutung mehr für ein Judentum, das nach 70 n. Chr. seiner politischen Gestalt beraubt ist. Esra überholt zunächst in der Überlieferung eines über die Auslegung der Tora meditierenden Judentums den Kronzeugen des Zionismus.

Mit der Überlieferung der Geschichte Nehemias läuft größtenteils die literarische Überlieferung der NQ parallel. Sie bleibt im palästinensischen wie im alexandrinischen Raum noch lange Zeit als selbständige literarische Quelle im Gebrauch. Die angefügte Skizze mag den Überlieferungsweg der NQ und ihrer Interpretation noch einmal veranschaulichen:

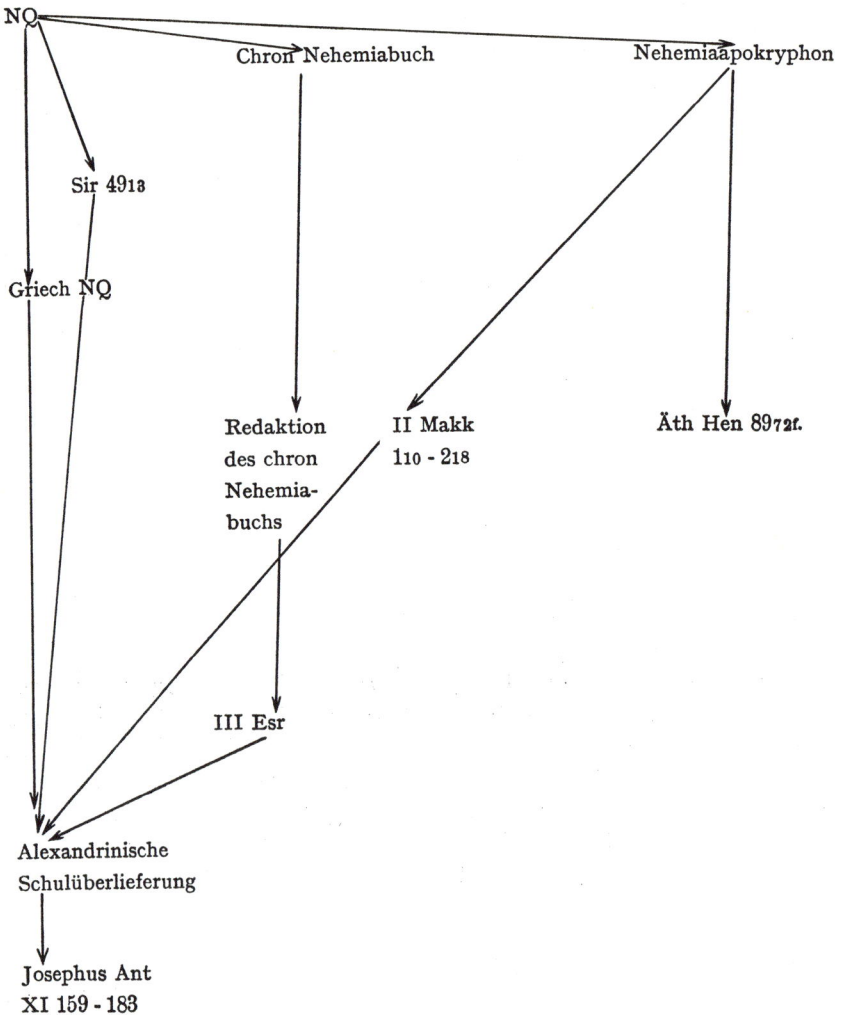

4. Kapitel: Historische Probleme der Nehemiageschichte

I. ZUR CHRONOLOGIE

Nach 2 1 erhält Nehemia die Erlaubnis zum Wiederaufbau der Stadtmauern Jerusalems im Nisan des 20. Jahres des Königs Artaxerxes. Dieser kann mit Hilfe des Elephantinepapyrus Cowley 30 aus dem 17. Jahr Darius' II. (408 v. Chr.) als Artaxerxes I. Longimanus (465—425) bestimmt werden, denn in Pap Cowley 30, 18 (= 31, 17) wird Jochanan erwähnt, der nach 12 (10f.) 22 als zweiter Hoherpriester nach dem Nehemiazeitgenossen Eljaschib (3 1 13 28) amtierte. Pap Cowley 30, 29 erwähnt ferner die Söhne des Sinuballiṭ (סנאבלט), des Statthalters von Samaria (פחת שמרין), der mit dem Erzfeind Nehemias identisch sein muß[1], da auch in der NQ Sanballat als führender Samaritaner (3 34 4 1) und »Kollege« Nehemias (6 1ff.) erscheint. Liegt der absolute chronologische Fixpunkt damit fest, so lassen sich die einzelnen Datenangaben der NQ mit Rückgriff auf die chronologischen Tabellen von PARKER-DUBBERSTEIN[2] genauer bestimmen.

1 1ff. im Kislew des 19. Jahres fällt in die Zeit zwischen dem 17. Dezember 446 v. Chr. und dem 17. Januar 445 v. Chr. Die Zeit von 2 1-8 kann noch genauer ermittelt werden. Die Darstellung setzt die Situation der königlichen Neujahrsfeier am 1. Nisan = 13. April 445 v. Chr. voraus[3]. An einem solchen Tage tafelte der persische Groß-

---

[1] TORREY, bspw. in: Sanballat »The Horonite«, JBL 47 (1928), S. 380—389, bestreitet dies. Da der Pap Cowley 30 (noch) keine Feindschaft zwischen Jerusalem und Samaria voraussetzt, wird Nehemia von TORREY unter Artaxerxes II. (Ankunft 384 v. Chr.) datiert. Den Sanballatbericht der Ant hält TORREY in vollem Umfang für historisch. Damit kommt es bei TORREY zu einer Existenz von zwei Sanballatgestalten, wobei Neh 13 28f. mit Ant synchron gesetzt wird. Sanballat I. lebte um 408 v. Chr. in freundschaftlichem Verhältnis mit den Juden, Sanballat II. zwei Generationen später als offener Feind der Juden und Nehemias. Letzterer war nach TORREY jedoch nicht Statthalter von Samaria, sondern Delaja (Pap Cowley 30, 29), der Sohn Sanballats I. Der Statthalter von Samaria konnte nach TORREY nicht von Amts wegen gegen Nehemia opponieren, so daß er seinen Sohn oder Neffen Sanballat II., der in Beth-Horon residierte, mit dieser Aufgabe betraute. — Zur Kritik vgl. bes. ROWLEY, BJRL 38 (1955), S. 172ff.

[2] PARKER-DUBBERSTEIN, Babylonian Chronology, 1956.

[3] So auch OLMSTEAD, History of the Persian Empire, [3]1960, S. 314; SCHNEIDER, S. 165f. Die Feier eines bedeutenden Festes erklärt am ehesten die Anwesenheit der königlichen Hauptfrau nach 2 6; vgl. Est 1 Dan 5 10.

könig entsprechend dem Hofzeremoniell nicht allein[4] und hatte nach alter Festmahlssitte großmütig auch unliebsamen Bitten stattzugeben[5]. So erklärt sich die sonst kaum verständliche Zwischenzeit von etwa 4 Monaten, die Nehemia ungenutzt verstreichen läßt, am besten. Erst das Neujahrsfest am 1. Nisan bietet eine geeignete Möglichkeit, dem König das schwierige Anliegen vorzutragen, ohne bei ihm Ressentiments gegen die kurz vorher[6] der Rebellion verdächtigte Stadt zu erwecken.

Der Abschluß des Mauerbaues nach 52 Tagen am 25. Elul (6 15) muß auf den 2. Oktober datiert werden; der Beginn fällt danach in das zweite Drittel des Monats August, falls Nehemia die Sabbattage mitgezählt hat.

> Die Bauzeit von 52 Tagen erscheint trotz Josephus' Ant XI 179 glaubwürdig[7]. Sie schließt nicht die Einsetzung der Tore (6 1 7 1) und wohl auch nicht den Aufbau der Türme und der Tempelburg ein. Man muß ferner berücksichtigen, daß es sich nicht um einen Neubau handelt, sondern um Ausfüllen einzelner Breschen und Wiederherstellung der Mauerkrone[8] mit Bruchsteinen und Trümmerschutt (3 34f.), was kein besonderes handwerkliches Geschick und keine großen Vorarbeiten erfordert. Die Liste 3 1-32 verrät, daß die Mauer Jerusalems streckenweise unversehrt war und der Zustand der Zerstörung nicht allzu schlimm vorgestellt werden darf. Man muß ferner bedenken, daß beim Unternehmen von Esr 4 12 wichtige Vorarbeit geleistet worden ist, die es nun nur noch zu vollenden gilt[9]. Nehemia scheint wegen der Behinderung durch die äußeren Feinde von Anfang an zur Eile zu drängen (3 34)[10]; das ganze Unternehmen, zu dem alle verfügbaren Kräfte aufgeboten werden, erscheint nach 3 1-32 gut organisiert. Zuletzt ist darauf hinzuweisen, wie sehr die Feinde und Nehemia selbst die Erstaunlichkeit des Unternehmens betonen (3 34 6 16). Hölscher[11] weist mit Recht auf den unter ähnlichen Umständen durchgeführten Mauerbau des Themistokles in Athen (Thukyd. I 89—93) hin.

Rechnet man eine Reisezeit von rund 1½ Monaten für Nehemia von Susa nach Jerusalem[12], so könnte Nehemia Anfang Juni in der

---

[4] Vgl. Meyer, Gesch. IV/1, S. 36; Olmstead a. a. O. S. 183.

[5] Dieser Brauch wird für den Geburtstag und das Thronbesteigungsfest bezeugt, ist aber wohl auch für das Neujahrsfest, den offiziellen Anfang eines neuen Regierungsjahres, anzunehmen; vgl. III Esr 3 1-3 4 42-46 5 6 Est 5 6 7 2; Plato Alkib. I 121 c, Herodot IX 110 f.

[6] Vgl. Esr 4 7ff.; dazu s. u. S. 186.

[7] Gegen Mowinckel, s. o. S. 141.

[8] Vgl. Hölscher, S. 537.

[9] Von einer Zerstörung der Mauer und der Neubauten ist in Esr 4 21. 23 nicht die Rede; m. E. setzt sie auch Neh 1 3 nicht unbedingt voraus.

[10] Vgl. Hölscher, S. 537.

[11] Ebd.

[12] Nach Esr 7 8 8 31 werden für die viel unbeweglichere Esrakarawane rund 100 Tage Reisezeit von Babylon nach Jerusalem vorausgesetzt. Nach Herodot V 53 brauchte man eine durchschnittliche Zeit von 90 Tagen, um von Susa nach Sardes zu ge-

Stadt angekommen sein. Für die Vorbereitung des Mauerbaues und die ersten statthalterlichen Maßnahmen verbliebe eine Zeit von zwei Monaten.

Nach 5 14 endet Nehemias Wirksamkeit in Judäa im 32. Jahr des Artaxerxes, d. h. 433/432.

Die Texte sind im Aufriß mit geringen Ausnahmen chronologisch am Leitfaden des Mauerbaues orientiert und gehören so meistens in das Jahr 445 v. Chr. Lediglich für die Exkurse und Nachträge muß die Frage der chronologischen Einordnung gestellt werden. 5 14-19 knüpft mit גַּם sachlich, nicht aber chronologisch an. Der Exkurs belegt die Großzügigkeit des Statthalters während seiner ganzen Amtszeit (5 14). 5 16 gehört in die Zeit des Mauerbaues. Das gleiche gilt wohl auch für die Angaben der freien Tafel in der Kanzlei von 5 17f., denn die Zahl von 150 täglichen Gästen überschreitet sicherlich die normale Finanzkraft des Jerusalemer Statthalters, der auf seine Amtsdiäten verzichtet (5 18b). 6 17-19 gibt mit גַּם בַּיָּמִים הָהֵם einen Nachtrag über die rege verschwörerische Korrespondenz zwischen dem Jerusalemer Adel und Tobia, die nach 6 19 (לְיִרְאֵנִי) ebenfalls in die Zeit des Mauerbaues fällt.

Die Maßnahmen zum Schutze der wiederaufgebauten Stadt 7 1-4 stehen chronologisch an der richtigen Stelle, und auch die Stammbaumkontrolle 7 5 erweist sich vor der Einweihung der neuen Hauptstadt als sinnvoll.

Die chronologische Einordnung des nach Sachthemen geordneten Kapitels 13 4ff. ist dagegen schwierig. Die in 13 4-9 vorausgesetzten Zustände gehören nach dem Hinweis וְלִפְנֵי מִזֶּה in 13 4 und der literarkritischen Analyse in die Zeit vor der Ankunft Nehemias in Jerusalem. Danach stellt 13 4-9 eine der ersten Amtshandlungen Nehemias dar. Die Maßnahmen von 13 10-14 zur geordneten Durchführung des Kultus sind ebenfalls am Anfang der Amtszeit noch vor dem Mauerbau denkbar. 13 15-27 setzt dagegen den Wiederaufbau und geordnete Verhältnisse in Juda voraus. 13 28-30 wird sachlich damit verknüpft, läßt sich aber nicht genauer datieren.

Chronologischer Überblick

Kislew 19. Jahr	17. Dez. 446	Neh 1	Delegation in Susa
des Artaxerxes I.	—17. Jan. 445		
1. Nisan 20. Jahr	13. Apr. 445	2 1-8	Genehmigung des Wiederaufbaues
	Anfang Juni	2 11	Ankunft in Jerusalem
	Juni—August	2 11ff.	Vorbereitung des Mauerbaues
		13 4-9	Vertreibung des Tobia
		13 10-14	Regelung der Leviteneinkünfte
	August	Neh 3	Beginn des Mauerbaues

langen. Für den berittenen leichten Zug Nehemias dürfte die Hälfte der Zeit anzusetzen sein.

25. Elul	2. Okt.	6 15	Vollendung der Mauer
	Oktober/	7 1-4	Maßnahmen zur Stadtverteidigung
	November		
		7 5	Stammbaumkontrolle
		12 27 ff.	Mauerweihe
	445/444	13 15 ff.	Weitere Reformmaßnahmen
	433/432	5 14	Ende der Statthalterschaft

II. NEHEMIAS AMT UND ABSTAMMUNG

Zu Beginn der Denkschrift (1 11 b) stellt sich Nehemia als einer der Mundschenken Artaxerxes' I. vor. Nach 2 1-6 steht er in hoher Gunst beim Großkönig und seiner Hauptfrau[13], die er wohl für seine Pläne gewinnen konnte[14]. Nehemias Selbstdarstellung entspricht dem, was man auch sonst über das Mundschenkamt am Perserhof weiß[15]. Dieses Amt war keine geringe Ehre[16] und beschränkte sich, wie auch Tob 1 22 zeigt, keineswegs nur auf den Dienst an der königlichen Tafel. Nicht zuletzt weist das Vorsprechen der judäischen Delegation bei Nehemia auf dessen Einfluß beim König hin.

Die leidige Frage, ob Nehemia als Palastbeamter Eunuch gewesen sein muß[17], ist m. E. bisher zu einseitig diskutiert und beantwortet

---

[13] Dazu vgl. RUDOLPH, S. 108 Note a zu 6; GOTTHARD, Der Text des Buches Nehemia, ²1958, S. 28 f.

[14] Die Erwähnung der Hauptfrau an der Seite des Königs geschieht nicht unmotiviert. Diese ist wohl in das klug geplante Unternehmen des Mundschenken eingeweiht, so daß Nehemia mit ihrer Fürsprache rechnen kann. Zum Einfluß der Frauen auf Artaxerxes I. vgl. bes. das Eintreten der Frauen in der Megabyzosaffaire (Ktesias, Persica 41, in: GILMORE, The Fragments of the Persika of Ktesias, 1888, S. 165).

[15] Vgl. Herodot III 34; Xenophon, Cyrop. I 3. 8 f. 11; ferner SCHNEIDER, S. 162.

[16] Herodot III 34.

[17] So fast ausnahmslos alle Komm. und Monographien. Man stützt sich dazu vor allem auf eine Notiz bei Ktesias, nach der zu seiner Zeit am Perserhofe die Mundschenken verschnitten waren. Man verweist ferner auf 2 6 und erschließt aus dieser Stelle den freien Zutritt Nehemias zum königlichen Harem, den er nur als Eunuch haben konnte. Die Auffassung wird bestätigt durch die Lesart εὐνοῦχος der LXX-Kodizes BSV, die auch Origenes kennt (Ed. Delarue III, S. 657). — Es ist fraglich, ob die Ktesiasnotiz exklusiv verstanden werden darf und historisch ernst zu nehmen ist. Man muß ferner bedenken, daß Nehemia ein Jude hoher Abkunft ist und die Achämeniden sich den Eigenarten jüdischer Religiosität gegenüber sonst sehr tolerant zeigen, so daß eine Respektierung des dt Gesetzes Dtn 23 2 durchaus möglich erscheint. Eine direkte Kontaktaufnahme Nehemias mit der königlichen Hauptfrau kann man aus 2 6 nicht herauslesen. Für einen geschickten Höfling, der Nehemia nach Art seines Vorgehens in 2 1 ff. unzweifelhaft ist, gibt es auch andere Möglichkeiten. Vgl. Est 4 4 f. (dazu BARDTKE, Das Buch Esther, KAT² XVII/5, S. 329 mit Anm. 6); Plutarch Alex. 5. Die LXX-Variante ist historisch

worden. Man muß von vornherein mit in Erwägung ziehen, daß es persischer Gepflogenheit entspricht, den Fürstengeschlechtern unterworfener Länder am Hof und in der Organisation des Reiches höhere Ämter einzuräumen, ohne doch wohl die Betreffenden dann zu Verschnittenen zu machen. Die »Eunuchenthese« kann nur solange ernsthaft aufrechterhalten werden, wie man die Frage nach Nehemias Abstammung offenläßt.

Über Nehemias neues Amt berichtet die NQ auf den ersten Blick zwiespältig. 2 5 setzt deutlich voraus, daß Nehemia um die Beauftragung als Jerusalemer »Mauerbaukommissar« gebeten hat, dessen Dienst — falls man den Textbestand von 2 6 ernst nimmt[18] — auf kurze Zeit befristet war. Die in 5 14 angedeutete zwölfjährige Tätigkeit Nehemias in Jerusalem und die von ihm vorgenommenen Reformen sind jedoch im Rahmen eines solchen Sonderkommissariats undenkbar. In 5 14 spricht nun Nehemia von seiner Amtstätigkeit als פֶּחָה בְּאֶרֶץ יְהוּדָה[19]. Aus dem Begriff פֶּחָה kann leider nicht viel erschlossen werden, da er jede höhere obrigkeitliche Funktion im persischen Reich zu bezeichnen scheint[20]. Jedoch zwingt die Erläuterung בְּאֶרֶץ יְהוּדָה dazu, an ein festes Verwaltungsamt in Juda zu denken[21]. Dem entspricht es, wenn Nehemia in 5 14f. von Vorgängern im Amt und von regelmäßigen Diäten (לֶחֶם הַפֶּחָה) redet. M. E. ist bei dieser Sachlage der allgemein getätigte Schluß sehr sinnvoll, daß Nehemia noch in der ersten Zeit in Einsicht der schwierigen Verhältnisse in Juda um die Ernennung

verständliche Interpretation; eine Änderung von ΟΙΝΟΧΟΟΣ in ΕΥΝΟΥΧΟΣ ist aus phonetischen, graphischen und sachlichen Gründen gut vorstellbar (vgl. GOTTHARD a. a. O. S. 18). Vor allem spricht gegen die These die Wirksamkeit Nehemias als Reformers von Gesetz und Kultus, da die Gültigkeit von Dtn 23 2 in dieser Zeit m. E. außer Frage steht. Der Text Jes 56 3-5, den man gerne als Gegenbeweis anführt, belegt nicht die Existenz einer »weitherzigen« Strömung in der Kultgemeinde; »es geht ihm vielmehr darum, an einem besonders anstößig gelagerten Fall die schrankenlose Güte Jahwes zu zeigen« (J. SCHNEIDER, ThW II, S. 764) und den Gesetzesgehorsam als alleiniges Kriterium für die Zugehörigkeit zur Jahwegemeinde aufzuweisen.

Zur These von ROBINSON, AThR 37 (1955), S. 177—189, s. o. S. 96 Anm. 21.

THEIS, Geschichtliche und literarkritische Fragen in Esra 1—6, 1910, S. 66, bringt den Tirschata-Titel Nehemias mit der Wurzel *taraš* zusammen, die im Neupersischen die Bedeutung »schneiden« habe; Tirschata sei der Verschnittene. Diese Ableitung ist überholt; vgl. SCHEFTELOWITZ, Arisches im Alten Testament, 1901, S. 93f.

[18] S. o. S. 12 Anm. 31.

[19] Statt פֶּחָם lies mit 1 MS, der lat. und syr. Version פֶּחָה; bei LXX[BAL] פֶּחָתָם ist das Suffix neben בְּאֶרֶץ יְהוּדָה überflüssig.

[20] Vgl. dazu ALT II, S. 333f. mit Anm. 2; LEUZE, Die Satrapieneinteilung in Syrien und im Zweistromlande von 520—320, 1935, S. 18ff.

[21] So auch ALT II, S. 332.

zum Statthalter nachgesucht hat[22]. Neh 4 setzt ihn in dieser Stellung voraus, wie RUDOLPH mit Recht betont[23].

Allerdings ist den Kritikern dieser These doch soweit recht zu geben, daß eigentlich schon 2 20 statthalterähnliche Vollmachten Nehemias voraussetzt, wenn dieser hier die kultische und politische Trennung[24] von Samaria vollziehen konnte. Natürlich kann diese Sicht Nehemias auf den Verhältnissen der späteren Jahre beruhen, aber m. E. besaß Nehemia auch als Wiederaufbaukommissar die Vollmachten eines Statthalters[25], ohne die das gewaltige Unternehmen ja kaum zu bewerkstelligen war. Eine Änderung ist später dadurch eingetreten, daß Nehemia sich wohl sehr bald zum Statthalter Judas auf Lebenszeit ernennen ließ und damit für immer die administrative Trennung von Samaria[26] herbeiführte. Es wird nicht deutlich, weshalb Nehemia davon nichts erwähnt. Vielleicht haben ihn die Schwierigkeiten im Innern, die er aus apologetischen Gründen nicht andeuten will, und die volle Einsicht in die unmöglichen Verwaltungsverhältnisse Judas[27] im Lande selbst erst dazu veranlaßt.

Als Vater Nehemias wird in 1 1 (und 10 2; nachchron) Chakalja erwähnt. Nach 2 3f. entstammt Nehemia einem alten Jerusalemer Geschlecht. Nach 1 2 5 10 und 7 2 hatte er leibliche Brüder oder Verwandte in Judäa, von denen mindestens Chanani (1 2 7 2) vor ihm nach Jerusalem gegangen war. Später unterstützten die Brüder den Statthalter beim Wiederaufbauwerk. Sie gehörten zu den zuverlässigen Leuten in der Krisensituation (4 17) und gaben mit Nehemia zusammen beim Schuldenerlaß das zwingende Vorbild ab (5 10). Chanani konnte den Posten eines militärischen Befehlshabers der Stadt Jerusalem bekleiden (7 2). 5 10. 14 zeigen, daß die Chakaljasippe zu der besitzenden Oberschicht Judas gehörte. Auch Nehemia selbst muß sehr reich gewesen sein, wenn er auf die ihm zustehenden Statthalterdiäten während seiner ganzen Amtszeit verzichten und trotzdem die offene Tafel in der Kanzlei bestreiten konnte (5 14. 17f.). Soviel darf nach den direkten Angaben des Textes als sicher gelten, daß Nehemia aus einer der reichsten alten Jerusalemer Adelsfamilien stammte, die in der Lage war, höchste Verwaltungsämter zu bekleiden.

M. E. enthält der Text der NQ aber noch weitere, indirekte Hinweise. Nehemia spricht in 2 3 (5) von dem »Haus der Gräber« seiner

---

[22] RUDOLPH, S. 107. 123; SCHNEIDER, S. 167. 194; GOTTHARD a. a. O. S. 30.

[23] RUDOLPH, S. 123.

[24] Zu 2 20 s. u. S. 163 Anm. 69.

[25] Vgl. SCHNEIDER, S. 194.

[26] S. u. S. 159ff.   [27] S. u. S. 159ff.

[28] So auch GELBHAUS a. a. O. S. 15ff.; KLOSTERMANN, Art. Nehemia, RE³ XIII, 1903, (S. 700—705) S. 700; RIESSLER, Über Nehemias und Esdras, BZ 1 (1903), (S. 232 —245) S. 240; BATTEN, S. 192.

Väter in Jerusalem. Der Tatbestand einer Familiengruft der Sippe Nehemias aus vorexilischer Zeit innerhalb Jerusalems legt den Gedanken nahe, daß Nehemia aus dem alten Königshaus stammt[28]; wer anders sollte sonst eine Familiengrabstätte innerhalb des Mauerringes besitzen[29] und ihre Erhaltung so sehr in den Vordergrund seines Handelns stellen? Das Hapax legomenon בֵּית־קִבְרוֹת hebt die Grabstätte der Vorfahren Nehemias von den gewöhnlichen Gräbern außerhalb der Stadtmauern[30] ab. GALLING[31] verweist bei dieser Stelle mit Recht auf die ein Haus nachbildenden persischen Königsgräber[32]. In diesem Bereich sucht Nehemia das Analogon. Er meint m. E. die Davidsgräber innerhalb des Jerusalemer Mauerringes (3 16).

Im Zusammenhang mit der Erwähnung der Gräber seiner Väter ist nun auch Nehemias Bekenntnis in 1 6 zu sehen. In diesem Bekenntnis der Kollektivschuld Israels und seiner eigenen Schuld fällt die Erwähnung der Sünde von Nehemias Vaterhaus (בֵּית־אָבִי) auf. Ein solcher Zusatz kann zwar zur Topik des Bußgebetes gehören[33], ist aber viel besser motiviert, wenn Nehemia aus dem Davidhaus stammt[34], von dessen besonderer Schuld die dtr Theologie, von der Nehemia abhängig ist, spricht. Auch die Erwähnung der Schuld Salomos in 13 26 als Kronbeispiel einer schuldhaften Mischehe wird von hierher besonders gut verständlich.

Ein entscheidendes Argument möchte ich der Stelle 6 6f. entnehmen. Man sollte hier den mitgeteilten Tatbestand nicht zu schnell als Erfindung Sanballats verharmlosen, wie es in der Forschung durchweg geschieht. Es berechtigt den historisch-kritischen Forscher nichts, diesen Vorwürfen des Nehemiagegners, der immerhin in amtlicher Eigenschaft und vor dem Forum der Öffentlichkeit spricht, von vornherein keinen Glauben zu schenken. Wenn die Verdächtigung Sanballats auf messianische Umtriebe Nehemias (6 6f.) überhaupt in der Öffentlichkeit, für die sie bestimmt ist (6 5), einen Widerhall finden soll, muß Nehemia von Haus aus Kronprätendent für Juda, d. h. aber Davidide, gewesen sein. Daß es in diesem Text nicht nur einfach um das Politikum einer Rebellion gegen Persien geht, zeigt die Erwähnung der Propheten, die zur Designation des messianischen Königs entsprechend der nachexilischen Theologie nötig sind[35]. Es kann m. E.

---

[29] Zur Bestattung der (judäischen) Könige innerhalb ihrer Residenzstadt vgl. bspw. NOTH, Die Welt des Alten Testaments, ⁴1962, S. 155.

[30] Vgl. NOTH, ebd.; GALLING, BRL, Sp. 237.   [31] GALLING, S. 218.

[32] Dazu vgl. v. D. OSTEN, Die Welt der Perser, 1956, Tafel 38. 39. 40. 44, bes. 40.

[33] Vgl. Tob 3 3.

[34] So auch GELBHAUS a. a. O. S. 16; OETTLI, Die Bücher der Chronik, Esra und Nehemia, 1889, S. 176; KLOSTERMANN a. a. O. S. 700; BATTEN, S. 186.

[35] Vgl. BALTZER, Das Ende des Staates Juda und die Messias-Frage, Studien zur Theologie der alttestamentlichen Überlieferungen, 1961, (S. 33—43) S. 42.

kein Zweifel bestehen, daß Nehemia aus einem alten judäischen Fürstengeschlecht und wahrscheinlich aus einer Seitenlinie des alten Davidhauses stammte.

Einen weiteren Hinweis auf die hohe Abstammung Nehemias gibt
m. E. seine Stellung am Hof und seine Betrauung mit einer politischen
Aufgabe in Juda. Es entspricht persischer Gepflogenheit, den ent-
thronten Fürstengeschlechtern, die man für zuverlässig hält, am Hof
und bei Neuorganisation des Reiches solche Stellungen einzuräumen[36].
So sind ja auch die beiden bekannten politischen Kommissare der ersten
nachexilischen Zeit in Juda wohl Davididen gewesen[37]. Nehemia könnte
neben Serubbabel und Scheschbazzar ein dritter Angehöriger des
Davidhauses gewesen sein, der am Hof der Achämeniden zu hohem
Einfluß gelangte und von dem das Exilsjudentum und eine Bevölke-
rungsgruppe Judas die politische Restauration erhofften.

Verständlich wird bei dieser Abstammung auch Nehemias Reich-
tum, der ihn auf die Statthalterdiäten verzichten lassen konnte. Er
lebte wohl nicht nur von dem Grundbesitz und Vermögen seiner
Brüder, sondern durfte vielleicht auf das der persischen Krone gehörende
Krongut der Davididen zurückgreifen, das ihm dann für seine Amtszeit zur Verfügung stand. Daß diese Vermutung nicht abwegig ist,
zeigt die auffällige Erwähnung von Mizpa und Gibeon in der Mauerbauliste 3 7[38] mit dem Sonderstatus לְכִסֵּא פַּחַת עֵבֶר הַנָּהָר (zur Herrschaft
des Statthalters von Ebirnari gehörig). Als Krongüter der Davididen[39]
unterstanden diese Güter direkt dem Satrapen. Konnte nun Nehemia
diese exemten Domänen zur Beteiligung am Mauerbau verpflichten,
so müssen sie ihm für seine Amtszeit unterstellt worden sein.

Mit der gewaltigen Unruhe, die die Nachbarvölker und vor allem
Samaria beim Erscheinen Nehemias in Jerusalem erfaßte (4 1 6 16),
werde ich mich noch befassen müssen. Nehemia führt sie in der NQ auf
den Wiederaufbau der Jerusalemer Stadtmauern zurück. Aber reicht
das in Anbetracht der königlichen Legitimation dieses Unternehmens
aus? Ob es nicht die Betrauung eines Davididen mit dieser Aufgabe
war, die besondere Erinnerungen und Verdächtigungen bei diesen
Völkern und den Widerstand bei dem politisch vorsichtigen Jerusalemer Klerus und manchem Angehörigen der Oberschicht gegen
Nehemia weckte?

---

[36] Vgl. Jes 39 7 Dan 1 3; Herodot III 15; vgl. noch MEYER, Gesch. IV/1, S. 50 ff.

[37] Die davidische Abkunft Serubbabels ist heute allgemein anerkannt. Zur höchst-
wahrscheinlichen Herkunft Scheschbazzars aus dem Davidhaus vgl. MEYER, Entst.,
S. 77—79; KITTEL, Gesch. III, S. 346 ff.; GALLING, zuletzt in Studien, S. 132, und
ROST, Rudolphfestschrift, S. 302.

[38] Dazu s. u. S. 165.

[39] ALT II, S. 335 Anm. 2; zu Mizpa vgl. die Bedeutung Mizpas in Jer 40 f., bes. Jer
41 10. 16.

Nach diesen Überlegungen fällt nun auch die Stimme der Überlieferungsgeschichte ins Gewicht. Die Tendenzen der Überlieferungsgeschichte liefen darauf hinaus, Nehemia mit Serubbabel zu identifizieren. Der nachchron Redaktor legte Nehemia den Titel des Tirschata (Exzellenz) in 8 9 10 2 bei, den er nach dem chron Kontext von Esr 2 63 als Titel Serubbabels oder Schechbazzars[40] vorfand. Stimmen der jüdischen Schriftauslegung haben *expressis verbis* die Abstammung Nehemias aus dem Davidhaus behauptet. Es ist allerdings kaum anzunehmen, daß diese Einzelstimmen auf eine alte Sonderüberlieferung zurückgehen; aber sie verweisen nun doch auf den Text der NQ, durch dessen Exegese sie zu solchen Erkenntnissen kamen. Vor allem wird die hasmonäische Nehemiatypologie bei der geäußerten Hypothese letztlich verständlich. Nehemia besaß nach außerchron Überlieferung das, was den Hasmonäern auf dem Königsthron fehlte: die Abstammung aus einer Seitenlinie des Davidhauses.

Ich kann mich nach diesen Überlegungen nicht der Überzeugung entziehen, daß Nehemia nicht nur aus einem alten Jerusalemer Fürstengeschlecht, sondern aus einer Seitenlinie der Davididen abstammte. Diese Vermutung ist in der älteren Forschung schon gelegentlich geäußert worden, konnte sich aber nicht durchsetzen[41]. Sie soll im folgenden als Arbeitshypothese benutzt werden und sich bewähren. Soviel sei vorweggenommen, daß es mit dieser Hypothese gelingt, viele dunkle Stellen in der Nehemiageschichte aufzulichten. Ihre Stringenz sollte deshalb am Ende außer Frage stehen.

III. NEHEMIA UND DIE KONSTITUIERUNG DER PROVINZ JUDA

Mit dem Werk Nehemias ist der Terminus ante quem für die Bildung der Provinz Juda innerhalb der persischen Satrapie Ebirnari[42] gegeben[43]. Nicht nur die NQ selbst läßt diesen Tatbestand erkennen. Man findet unter Darius II. in den Jahren 411—408 nach Pap Cowley 30—32 בגוהי, den auch Josephus Ant XI 300 erwähnt, als פחת יהוד (30, 1) in friedlicher Koexistenz mit dem פחת שמרין (30, 29). Seit etwa 400 v. Chr. lassen sich Münzen und Krughenkel mit dem Stempel יהוד nachweisen[44]. Zuletzt haben die Grabungen von Ramat Raḥel Stempel

---

[40] M. E. ist im Kontext und auch historisch Serubbabel gemeint. Vgl. auch GALLING, Studien, S. 57. 91. 135.

[41] GELBHAUS, KLOSTERMANN, BATTEN.

[42] Aram.: Abarnahara; vgl. Esr 4 10ff. 5 3. 6 6 8. 13 7 21. 25.

[43] Zur Geschichte der Satrapie vgl. LEUZE, Die Satrapieneinteilung in Syrien und im Zweistromlande von 520—320; GALLING, zuletzt in Studien, S. 42 ff.

[44] REIFENBERG, Ancient Jewish Coins, ²1947, Pl. I (1—3); KANAEL, BA 26 (1963), S. 40—42; GALLING, PJ 34 (1938), S. 75 ff.; vgl. NOTH, Gesch., S. 310.

mit der Aufschrift פחוא (יהוד) יהד = »(Provinz) Juda — der Statthalter«, יהוד יהועזר פחוא = »Juda, Statthalter Jehoazar« und לאחיו
פחוא = »Achijo, dem Statthalter« ans Tageslicht gebracht[45].

Es besteht nun die Frage, wieweit Nehemia selbst über den Wiederaufbau der Hauptstadt hinaus an der Gründung des nachexilischen
Staatswesens beteiligt war und wieweit er nur den Abschluß einer
längeren Entwicklung brachte. Die NQ äußert sich nicht *expressis
verbis* zu solchen Fragen. Man muß deshalb versuchen, im Vergleich
mit anderen Texten indirekte Hinweise auszuwerten.

Ist in 5 14 der Begriff פֶּחָה vom Kontext her festgelegt, so müssen
mit הַפַּחוֹת הָרִאשֹׁנִים אֲשֶׁר־לְפָנַי (5 15) persische Provinzialbeamte von Juda
mit statthalterlichen Funktionen gemeint sein, die im Unterschied zu
Nehemia nicht auf ihre statthalterlichen Einkünfte verzichteten. Der
Plural פַּחוֹת läßt dabei an ein sukzessives Amt denken. Eine ständige
Anwesenheit des Regierungsbeamten für Juda in Jerusalem macht
5 14f. nicht erforderlich. An keiner Stelle spricht Nehemia direkt von
einer solchen Amtsablösung; und wenn nach 2 8 der Statthalter Nehemia erst seine Amtswohnung einrichten mußte, so ist damit zu
rechnen, daß sein Vorgänger nicht in Jerusalem residiert hat.

Auch eine gewisse administrative Ordnung und Selbstverwaltung
darf man in Juda vor der Zeit Nehemias voraussetzen. So läßt in 1 3
der Ausdruck מְדִינָה an eine territoriale und verwaltungsmäßige Geschlossenheit Judas denken[46]. Nach der Liste 3 1-32 gliederte sich die
Provinz in Unterbezirke (פֶּלֶךְ), an deren Spitze jeweils ein Beamter
(שַׂר) stand. Bei der Mehrzahl der Bezirke wird für je zwei ein gemein-
samer Vorort angegeben, in dem wohl beide שָׂרִים residierten; diesen
Tatbestand darf man auf die Städtearmut der Provinz zurückführen.
Die Bezirke sind jeweils nach ihren Vororten benannt. So findet man
die Doppelbezirke Jerusalem (3 9. 12), Beth-Zur (3 16) und Kegila (3 17f.)
und die Bezirke Mizpa (3 15)[47] und Beth-Hakkerem (3 14). Diese in
der Nehemiazeit gültige Gaueinteilung muß älter sein. Einmal decken
sich die Bezirke mit der »josianischen« Gaueinteilung für Juda und
Benjamin in diesen Distrikten[48]. Zum anderen scheinen einige Bezirks-

---

[45] Vgl. AHARONI, Excavations at Ramat Rahel, BA 24 (1961), S. 109—112; IEJ 11
(1961), S. 194; GRINTZ, Jehoezer — unknown high Priest?, JQR 50 (1960), S.
338—345.

[46] So auch MOWINCKEL, Studien II, S. 49.

[47] In 3 15 erscheint Mizpa als Vollbezirk! RUDOLPH, S. 118 Note b zu 15 und Note
zu 19, ändert hier den Text unnötigerweise. Im Unterschied zu 3 15 erscheint in
3 19 nicht der Begriff פֶּלֶךְ. 3 19 verweist mit der Erwähnung der Zweitstrecke auf
3 7 zurück. Eser ist demnach in 3 19 der oberste Verwaltungsbeamte des Krongutes
Mizpa.

[48] Dazu vgl. ALT II, S. 291; die Frage der Datierung dieser Einteilung kann hier
unentschieden bleiben.

vorsteher aus nichtexilierten Geschlechtern[49] zu stammen, was bei der allgemeinen Vererbung der Ämter auf ihr Bestehen auch in der Exilszeit schließen läßt. Zuletzt dürfte der Begriff פֶּלֶךְ auf akkad. *pilku* zurückzuführen sein[50], so daß man mit der Einrichtung der Gaue noch in die babylonische Zeit hinaufkommen könnte[51].

In Jerusalem fand Nehemia eine verantwortliche Selbstverwaltung und Beamtenschaft vor[52]. So spricht er nach der NQ wiederholt von der Gruppe der חֹרִים und סְגָנִים[53] neben dem Klerus und dem Laienvolk. Beide Stände sind von MEYER u. a.[54] mit Unrecht identifiziert worden. Gegen die Gleichsetzung spricht schon der Tatbestand, daß חֹרִים סְגָנִים meistens nebeneinander vorkommt. Was sollte eine solche Plerophorie? Der Wechsel von חֹרִים und סְגָנִים geschieht in der NQ nicht willkürlich. Nach 6 17 13 17 bilden die חֹרִים die Führungsschicht der Kultgemeinde Judas, die Nehemia in der Stadt Jerusalem für den Sabbatbruch verantwortlich machen kann. Sie sind mit den Vornehmen Samarias verschwägert (6 17-19) und nehmen als Optimatenschicht weiten Einfluß auf die Verwaltung der Provinz und der Kultgemeinde. Sie entsprechen dem politisch aktiven Amhaarez vorexilischer Zeit. Stellen die חֹרִים die Repräsentanten einer gewissen Selbstverwaltung in Juda dar, so sind die סְגָנִים als Beamtenschaft im persischen Dienst aufzufassen. In 13 11 werden sie für die Ablieferung des Zehnten an das königliche Reichsheiligtum in Jerusalem verantwortlich gemacht. In 5 17 erwähnt sie Nehemia als ständige Gäste aus der Judenschaft[55] an seiner statthalterlichen Tafel, an der nach persischer Sitte die Beamten speisten[56]. So wird es verständlich, wenn Nehemia sie in 2 16 a gesondert vor dem Zusammentritt aller Organe der Selbst- und Reichsverwaltung (2 16 b) anführt; mit ihnen hatte er es zunächst und besonders zu tun. Zuletzt weist die Identität von סְגָנִים und שָׂרֵי יְהוּדָה, die sich aus 12 31 in Vergleich mit 12 40b erschließen läßt, auf die Beamtenstellung der סְגָנִים hin. Auch andere späte Texte wie Jer 51 23. 28 Ez 23 6. 12. 23, in denen die סְגָנִים untergeordnete Instanzen der פָּחוֹת sind, Dan 3 2f. 27, Pap Cowley 8, 13; 10, 13. 18[57] und ein Dokumentenabschluß unter den 1962 gefundenen Samaria-Papyri[58] weisen auf diese Beamtenstellung der סְגָנִים hin.

---

[49] MEYER, Entst., S. 119. 147f.; KITTEL, Gesch. III, S. 385—388.
[50] NOTH, Gesch., S. 294.   [51] NOTH, ebd.
[52] Vgl. zum folgenden auch MOWINCKEL, Studien I, S. 137ff.
[53] 2 16 4 8. 13 5 7 7 5.
[54] MEYER, Entst., S. 132.
[55] וְ bei וְהַסְּגָנִים ist explikativ zu verstehen; s. o. S. 21 Anm. 70.
[56] Dazu vgl. MEYER, Gesch. IV/1, S. 49.
[57] Höchster Beamter neben dem Richter.
[58] Vgl. CROSS, Jr., The Discovery of the Samaria Papyri, BA 26 (1963), (S. 110—121) S. 111.

Vor allem gibt 2 16b Einblick in die administrativen Verhältnisse, die Nehemia vorfand. Dem besonderen Status Judas und Jerusalems als einer in Angelegenheiten des Kultus relativ autonomen und direkt dem Großkönig zugeordneten Gemeinde[59], in politischen Angelegenheiten aber dem Statthalter und seinem Beamtenstab unterstellten Provinz entspricht die Zusammensetzung des Gremiums, dem Nehemia seinen Auftrag mitteilen mußte. Daß man es hier in 2 16b mit einer obrigkeitlichen Instanz zu tun hat, zeigt auch der Ausdruck וּלְיֶתֶר עֹשֵׂה הַמְּלָאכָה, wenn man zu מְלָאכָה Est 3 9 9 3 I Chr 29 6 vergleicht[60]. Ihr gehörten die Priesterschaft, die Optimatenschicht als die Repräsentanz der Selbstverwaltung und die Reichsbeamten in gleicher Weise an[61]. Ähnliche Verhältnisse lassen sich nach 3 34 für Samaria feststellen. Hier tritt der Statthalter Sanballat vor seinen Kollegen (אֶחָיו) und der Optimatenschicht der samarischen Provinz (חֵיל שֹׁמְרוֹן) auf, um politische Angelegenheiten zu beraten.

Es besteht nun die Frage, wo der höchste Beamte Judas, den Nehemia aus seinem Amt verdrängte, residiert hat. Man findet in der NQ dazu nur zwei Anhaltspunkte. Einmal ist eine ständige Agitation Samarias und der damit verbundene Anspruch einer Kontrolle über Juda zu beobachten. Ferner spricht in 2 20 Nehemia gleich zu Anfang seiner Amtstätigkeit seinen Gegnern, zu denen vornehmlich der Samaritaner Sanballat gehört, alle Rechte in Jerusalem ab. Ich schließe daraus, daß die Provinz Juda vor Nehemia Samarien provisorisch angegliedert war. Das besagt aber, daß Samaria sich mit gelegentlichen Kontrollen durch einen Beamten für Juda, der in Samaria residierte und nach 5 15 vor allem die Abgaben eintrieb, begnügte, während das faktische Regiment von den untergeordneten שָׂרִים und סְגָנִים neben den Organen der judäischen Selbstverwaltung wahrgenommen wurde.

Die Stringenz dieser These läßt sich durch einen Überblick über die Geschichte der Verwaltung der nachexilischen Provinz Juda erhärten. Für die Zeit vor dem Wiederaufbau des Tempels sind die Verhältnisse nicht klar durchschaubar. Die Einsetzung Gedaljas zum obersten Beamten der Provinz Juda in Mizpa[62] nach 587 v. Chr. und die damit verbundene Einordnung Judas ins babylonische Provinzialsystem ist der letzte historisch einigermaßen klare Tatbestand. Wie sich die Verhältnisse nach dem Usurpationsversuch des Davididen Ismael[63] und der Abwanderung weiter Kreise nach Ägypten[64] gestalteten, bleibt fraglich. Zu vermuten ist, daß das entvölkerte, seiner Oberschicht beraubte und territorial dezimierte Rumpfgebilde Juda provisorisch an die intakte Provinz Samaria angegliedert wurde[65]. Nur so sind die Konflikte der nach-

---

[59] Vgl. die königlichen Erlasse im Esrabuch.
[60] Vgl. KAUPEL, Der Sinn von עשה המלאכה in Neh 2 16, Bibl 21 (1940), S. 40—44.
[61] Vgl. für die Zeit um 408 v. Chr. Pap Cowley 30, 18f.
[62] II Reg 25 22-24 Jer 40 7-12.
[63] II Reg 25 25 Jer 40 13—41 15.   [64] II Reg 25 26 Jer 41 16—43 7.
[65] Vgl. ALT II, S. 328; NOTH, Gesch., S. 261.

exilischen Zeit recht zu verstehen. Diese Angliederung an Samaria bedeutete in jedem Fall ein Provisorium, da im Unterschied zur assyrischen Deportationspolitik, die auch in Samaria Anwendung fand, Judäas fehlende Oberschicht nicht ersetzt wurde[66] und so im Exil wie im Lande die Hoffnung auf Rückkehr und Restitution der Davidsherrschaft lebendig blieb.

Nach der Rückwanderung der ersten jüdischen Gruppen änderten sich die administrativen Verhältnisse in Juda nicht grundlegend. Die Urkunden der Aramäischen Chronik setzen noch deutlich das Provisorium einer relativen Selbständigkeit unter der Oberhoheit Samarias voraus. Einerseits unterstand die Kultgemeinde in ihren Aktionen nicht dem samaritanischen Statthalter, sondern dem Großkönig als dem Tempelherrn, wie die Abweisung der Samaritaner (Hag 2 10-14)[67], die Visitation des Satrapen Tatnai und dessen Bericht (Esr 5 3-17) und die königlichen Erlasse (Esr 6 1-12 7 12ff.) deutlich zeigen. Andererseits fand Tatnai zwischen 520 und 515 keinen Statthalter vor und mußte mit den Gemeindeältesten als verantwortlicher Gruppe an der Spitze der Bauenden verhandeln. Nach Esr 4 6-16 nahm unter Xerxes und Artaxerxes I.[68] Samaria als Behörde die Aufsichtspflicht in politischen Angelegenheiten wahr. Sie wurde durch das Reskript Artaxerxes' I. (Esr 4 17-22) darin bestätigt und erhielt — in Ermangelung entsprechender Behörden in Jerusalem doch wohl — die Exekutive beim Verbot des Mauerbaues (Esr 4 23). Für die Zeit zwischen dem Wiederaufbau des Tempels und Nehemias Wirksamkeit belegt Mal 1 8 die Zuständigkeit eines פֶּחָה für Juda. Erst unter Nehemia änderten sich die Verhältnisse, wie besonders der Text 2 20b andeutet[69]. Nehemia sagte die kultische und politische Gemeinschaft mit Samaria endgültig auf[70].

---

[66] Vgl. dazu ALT II, S. 318—327.

[67] Dazu vgl. die Komm. z. St., die auf ROTHSTEIN, Juden und Samaritaner, 1908, S. 5—41, zurückgreifen.

[68] Esr 4 6: Schreiben an Xerxes um 486/5 v. Chr.; Esr 4 7: Erstes Schreiben an Artaxerxes I.; Esr 4 8ff.: Zweites Schreiben an Artaxerxes I.; dazu vgl. RUDOLPH, S. 41—45; GALLING, S. 197f.

[69] Die Absage Nehemias an seine Gegner in 2 20b macht den Eindruck einer Formel. Der Satz steht in Antithese zu 2 20a und drückt deshalb aus, daß der Himmelsgott nicht auf Seiten der Gegner steht und diese nicht zu seinen »Knechten« zählen. »Jerusalem« ist dem Kontext nach Chiffre für den Wiederaufbau der Hauptstadt und die Neugründung der Provinz überhaupt. Es ist möglich, den festgeprägten Terminus חֵלֶק auf den Landanteil in der neuen Provinz zu beziehen (zu חֵלֶק als Anteil an der Bodennutzung und am Erbland vgl. Num 18 20 Dtn 10 9 12 12 14 27. 29 18 1 Jos 14 4 15 13 18 7). Er kann aber auch im übertragenen Sinne gebraucht sein, d. h. jeden Eigentumsanteil (vgl. Pap. Cowley 28, 14; 82, 7. 10. 12) oder die politische Gemeinschaft (vgl. II Sam 20 1 I Reg 12 16) bezeichnen. צְדָקָה drückt den Rechtsanspruch auf solche Gemeinschaft oder Landbesitz aus (vgl. II Sam 19 29); dazu vgl. HORST, Zwei Begriffe für Eigentum, Rudolphfestschrift, 1961, (S. 135—156) S. 148: Rechte und Pflichten im Gemeinschaftsverband. זִכָּרוֹן weist in den Bereich des Kultus (HORST a. a. O. S. 148: Anrecht am Kult; vgl. SCHOTTROFF, Gedenken im Alten Orient, 1964, S. 314), denn logisches Subjekt zu זִכָּרוֹן ist Jahwe (vgl. Ex 28 12 30 16 Num 10 10 31 54 Sach 6 14). Die Trennungsformel 2 20b umfaßt also die politische und kultische Gemeinschaft.

[70] In diesem Überblick haben die wichtigsten Gestalten am Anfang der nachexilischen Zeit, Scheschbazzar und Serubbabel, keinen Platz. Während Scheschbazzars Befug-

Der Umfang der unter Nehemia verselbständigten Provinz Juda wird aus der Mauerbauliste ersichtlich (3 1-32). Sie gibt direkt nichts für die Frage nach einer Neuregelung der Territorialverhältnisse unter Nehemia her. Der Widerstand aller Nachbarvölker jedoch, wie ihn Nehemia in 4 1 notiert, läßt unter anderem auch an Änderungen der Gebietsverhältnisse denken, die bei den davon Betroffenen größte Erbitterung hervorriefen. Eine amtliche Liste für den vornehemianischen Gebietsstand des samaritanischen Verwaltungsbezirks Juda fehlt. Man ist deshalb gezwungen, auf die Gemeindeliste Esr 2 = Neh 7 zurückzugreifen unter dem Vorbehalt, daß sich die Kultgemeinde Juda nach den Heimkehrerzügen und die Provinz Juda umfangmäßig nicht unbedingt decken müssen[71]. Das in Esr 2 umrissene Gebiet entspricht etwa dem letzten Territorialbestand des Reiches Juda mit einer auffallenden Gebietsverkürzung im Süden, so daß Bethlehem und Netofa (Esr 2 21f.) die südlichsten Orte bilden. Diese Grenzverhältnisse scheinen Jer 13 19 41 17 schon für 597 v. Chr. vorauszusetzen[72]. Die Westgrenze wird durch Kirjat-Jearim und Kefira (Esr 2 25) markiert, so daß die Schephela nicht mehr zu Juda gehört. Die zur nordwestlichen Küstenebene vorgeschobenen Orte Lod, Chadid und Ono (Esr 2 33) müssen als Reichsgüter der Satrapie Ebirnari, die sich zur Kultgemeinde hielten, gerechnet werden, denn die Liste 3 1-32 erwähnt sie nicht, und nach 6 2 ist mindestens Ono neutrales Gebiet[73] zwischen Juda, Asdod und Samaria gewesen. Die Nordgrenze wird in etwa durch Bethel, Ai (Esr 2 28) und Jericho (Esr 2 34) angedeutet.

---

nisse als פֶּחָה nicht die Befugnisse eines Kommissars für den Wiederaufbau des Tempels überschritten (Esr 5 14-16) und er unverrichteter Sache wieder zurückkehrte (dazu vgl. zuletzt GALLING, Studien, S. 132—134), besteht bei dem פֶּחָה Serubbabel m. E. schon die Frage, ob sein Auftrag als Repatriierungskommissar nicht gewisse statthalterliche Vollmachten auf Zeit einschloß. Wie soll man sich sonst die Integration der Heimkehrer in die judäische Bevölkerung, die ja mit großen eigentumsrechtlichen Schwierigkeiten verbunden war, vorstellen? Auch die messianischen Erwartungen, die man bei ihm hegte, lassen an solche Befugnisse denken. Bei Haggai wird er (im Unterschied zu Scheschbazzar in Esr 5 14) als פַּחַת יְהוּדָה bezeichnet (Hag 1 1. 14 2 2. 21). Auffällig bleibt dann, daß der syrische Satrap Tatnai bei seiner Inspektion die Tempelbaufrage lediglich mit dem Ältestengremium in Jerusalem bespricht und Serubbabel nicht besonders erwähnt wird; פַּחַת יְהוּדָיֵא in Esr 6 7 ist sekundär (vgl. RUDOLPH, S. 56 Note zu 7). Wäre Serubbabel Statthalter im Vollsinne gewesen, so hätte sich Tatnai bestimmt zunächst an ihn gewandt (vgl. RUDOLPH, S. 49; GALLING, Studien, S. 135). Ein unmittelbarer Amtsvorgänger des Statthalters Nehemia ist Serubbabel nicht gewesen.

[71] Vgl. ALT II, S. 335 Anm. 1.
[72] Vgl. ALT II, S. 249 Anm. 2; S. 328 Anm. 1. 2; S. 335 Anm. 2; NOTH, Gesch., S. 256, jedoch anders in: Die Einnahme von Jerusalem, ZDPV 74 (1958), (S. 133—157) S. 155f.
[73] BEYER, ZDPV 56 (1933), S. 237f.; ALT II, S. 343 Anm. 4; RUDOLPH, S. 135.

Die über einhundert Jahre jüngere Liste 3 1-32 läßt für die Nehemiazeit einen größeren Territorialbestand erkennen. Die Doppelgaue Beth-Zur (3 16) und Kegila (3 17f.) sprengen die in Esr 2 angedeuteten Grenzen im Süden und Südwesten. Vor allem aber fällt die Erwähnung von fünf Ortsverbänden neben den Gauen in der Liste auf: Jericho (3 2), Thekoa (3 5. 27), Gibeon (3 7), Mizpa (3 7. 19) und Sanoach (3 13). Außer Jericho haben diese Orte keine Entsprechung in Esr 2[74]. Da die Liste Neh 3 sonst nach Geschlechtern, Zünften und Bezirken gegliedert ist, können m. E. die Orte nicht von vornherein zu den alten Verwaltungsbezirken Judas gehört haben. Städte gab es noch mehr im Lande. Warum sollten nur diese als Städte zum Mauerbau verpflichtet worden sein? In der »josianischen« Gauliste[75] (Jos 15. 18), deren Einteilung Neh 3 entspricht, gehören einige der erwähnten Ortschaften zu Gauen, die 598 bzw. 587 v. Chr. an die Nachbarprovinzen angegliedert worden sind. So dürfte Sanoach mit dem Gau von Adullam (Jos 15 33-36) an die Philister (Asdod) und Thekoa mit dem Hebrongau (Jos 15 52-54) an die Edomiter gefallen sein, während für Jericho im Jerichogau (Jos 15 61f. 18 21-24) eine Abtrennung an Samaria immerhin denkbar ist. Mizpa und Gibeon לְכִסֵּא פַּחַת עֵבֶר הַנָּהָר (3 7. 19) nehmen in der Liste wohl einen Sonderstatus ein. Als ehemaliges Krongut der Davididen[76] unterstanden sie direkt dem Satrapen von Ebirnari. Die drei Orte Sanoach, Thekoa und Jericho liegen wie Gibeon und Mizpa an der Provinzgrenze. Distrikte mit Grenzlage sind auch die Doppelbezirke Beth-Zur und Kegila. Ich nehme an, daß bei der Konstituierung der nehemianischen Provinz diese Gebiete wieder an Juda angegliedert worden sind. Von daher versteht man den Sonderstatus der drei Städte am besten; sie sind zur Abfassungszeit der Liste noch nicht in das alte Bezirkssystem eingeordnet worden. Hatten der Südnachbar Judas den Gau Beth-Zur und die Stadt Thekoa, die Provinz Asdod den Gau Kegila und die Stadt Sanoach, Samarien die Stadt Jericho abtreten müssen, so erklärt sich der Widerstand der Nachbarvölker (4 1) recht gut. Einsichtig wird in diesem Falle auch der in 3 5b notierte Widerstand des Adels von Thekoa gegen den Mauerbau. Der Ausdruck אֲדֹנֵיהֶם weist auf eine Unterstellung dieses Gebietes unter die Jerusalemer hin. Die edomitische Oberschicht (אַדִּירִים) des annektierten Gebiets weigerte sich, den neuen Herren den Dienst zu leisten, während sich die judäischen Alteingesessenen eifrig am Bau beteiligten (3 5. 27)[77]. Auch für das Fehlen des zweiten Halbbezirks von Beth-Zur fände sich

---

[74] Zu Neh 7 25 בְּנֵי גִבְעוֹן vgl. Esr 2 20. Mit Esr 2 20 ist בְּנֵי גִבָּר zu lesen; vgl. RUDOLPH, S. 8 Note a zu 20.

[75] Dazu s. o. S. 160 Anm. 48.

[76] Dazu s. o. S. 158 Anm. 39.

[77] ALT II, S. 337 Anm. 3, rechnet ebenfalls mit einer Verschiebung der Südgrenze und einer möglichen Eingliederung des Gaues Kegila (spätestens) zur Nehemiazeit.

so eine historische Erklärung. Er schloß sich als südlichster Grenz-
bezirk dem Vorbild des thekoitischen Adels an. War Nehemia in der
Lage, auf seine Statthaltereinkünfte zu verzichten, so liegt der Gedanke nahe, daß ihm die Krongüter Gibeon und Mizpa als der Besitz
seiner Vorfahren während seiner Amtszeit für seinen persönlichen
Bedarf unterstellt worden sind. Ihre Beteiligung beim Mauerbau wird
so voll verständlich. Alle diese Beobachtungen sprechen doch stark
für eine Neuregelung der territorialen Verhältnisse bei der Konstituierung der Provinz Juda unter Nehemia.

IV. NEHEMIAS FEINDE

Die NQ zeigt an allen Stellen, daß Nehemia unter starkem Druck
der Feinde von außen sein Werk durchführen mußte. Aus der Schar
der Gegner treten in der NQ drei Einzelpersönlichkeiten[78] hervor, die
Nehemia schon gleich zu Anfang in 2 10. 19 als seine Widersacher ein-
führt: Sanballat, Tobia und Geschem. Über ihre Stellung und Herkunft
läßt die NQ den Leser im unklaren; Polemik bestimmt alle Stellen, an
denen von ihnen gesprochen wird.

1. Sanballat

An der Spitze der gegnerischen Koalition stand סַנְבַלַּט, der Führer
der besitzenden und wehrfähigen Oberschicht Samarias (חֵיל שֹׁמְרוֹן;
3 34), nach 6 2. 7 Nehemia gleichrangig. Er muß mit dem in Pap
Cowley 30, 29 aus dem Jahre 408 v. Chr. erwähnten סנאבלט פחת שמרין
identisch sein[79] und nahm also um 408 mindestens noch nominell das
Statthalteramt von Samaria wahr. Durch die Samaria-Papyri[80] aus
der Zeit um 375—335 fällt neues Licht auf den Namen des Statthalters. Einer der Siegelabdrücke, der um 354 v. Chr. datiert wird,
erwähnt »Chananja, Sohn Sanballats, Statthalter von Samaria«[81]. Bei
der Erblichkeit der Statthalterwürde hätte somit vor 354 v. Chr. ein
zweiter Sanballat noch als פֶּחָה regiert. Von hier aus erscheint der
Name Sanballat im Zusammenhang der Alexander-Tempelbauge-
schichte von Josephus Ant XI 302 zur Zeit Darius' III. um 336—330
v. Chr. in einem glaubwürdigeren Licht als bisher. Wahrscheinlich

---

[78] Interessant, aber vom Textbestand und Inhalt der NQ her völlig abzulehnen, ist
   die Annahme eines vierten Gegners bei ALBRIGHT, Dedan, Altfestschrift, 1953,
   (S. 1—12) S. 4 Anm. 5. Dieser sieht in וְטוֹבִיָּה הָעֶבֶד הָעַמֹּנִי 2 10. 19 eine Kor-
   ruption aus וְטוֹבִיָהוּ וְעֶבֶד הָעַמֹּנִי, wobei er vorschlägt, »Ebed den Ammoniter«
   mit dem Statthalter von Dedan in der Nuran-Inschrift (dazu s. u. S. 172 Anm. 114)
   zu identifizieren.   [79] Dazu s. o. S. 151 mit Anm. 1.
[80] Vgl. dazu CROSS, Jr., BA 26 (1963), S. 110—121; GALLING, Studien, S. 209 f.
[81] CROSS a. a. O. S. 111.

gehörte der Name Sanballat zu den bevorzugtesten im Statthalterhaus von Samaria[82].

Wenn Nehemia den Amtstitel seines Kollegen verschweigt, darf dies als ein Zeichen seiner Feindschaft gewertet werden. Die Bezeichnung הַחֹרֹנִי (2 10. 19) weist m. E. verächtlich auf die Herkunft der Sanballatsippe aus Choronaim in Moab hin[83]. Nicht einmal echte Samaritaner sollten Sanballats Geschlecht nach Nehemias Darstellung sein[84]. Das theophore Element in den Namen seiner Söhne Delaja (דליה) und Schelemja (שלמיה) nach Pap Cowley 30, 29 und die Einheirat seiner Tochter in die Familie des Hohenpriesters (13 28) lassen in Sanballat einen Jahweverehrer vermuten, wie auch die Scheidungsformel in 2 20 wahrscheinlich macht.

2. Tobia

Tobia wird in 2 10. 19 als הָעֶבֶד הָעַמֹּנִי eingeführt. Man deutet diesen Ausdruck gerne auf eine ammonitische Statthalterschaft Tobias[85]. Es handelt sich hier jedoch um zwei Beifügungen, die durchaus nicht zusammengehören müssen. Im Sinne der Statthalterhypothese wäre

---

[82] Vgl. CROSS a. a. O. S. 120 f.

[83] Jes 15 5 Jer 48 3; vgl. auch die Anspielung des Chron in Neh 13 1-3. Für die moabitische Herkunft entscheiden sich auch: WINCKLER, AOF II/II/1, S. 228 ff.; HÖLSCHER, S. 529; KITTEL, Gesch. III, S. 627; SELLIN, Gesch. II, S. 151 f.; RICCIOTTI, Gesch. II, S. 146 f.

Diese Deutung von הַחֹרֹנִי ist mir wahrscheinlicher als eine Anspielung auf das ephraemitische Beth-Horon. In diesem Falle wäre vielleicht eher ein בֵּית־הַחֹרֹנִי (so WINCKLER a. a. O. S. 229; KITTEL, Gesch. III, S. 627 Anm. 3) zu erwarten und würde dem ephraemitischen Ort ein uns unbekannter Schimpf anhaften. Die Betonung der ammonitischen Herkunft Tobias in 2 10. 19 läßt eher an Moab denken. KLOSTERMANN (Geschichte des Volkes Israel, 1896, S. 263; RE³XIII S. 702), FEIGIN (Etymological Notes, AJSL 43, 1926, [S. 53—60] S. 58 Anm. 1) und GALLING (Assyrische und persische Präfekten in Geser, PJ 31, 1935, [S. 75—93] S. 87 Anm. 1; ferner Kommentar, S. 219) denken an eine Anspielung auf die mesopotamische Stadt Haran, den Sitz der Verehrung des Mondgottes Sin. Jedoch wird die Vokalisation חָרָנִי von keiner der alten Übersetzungen bezeugt. KLOSTERMANN (RE XIII, S. 702) möchte darüber hinaus Sanballat als einen Oberpriester der Priesterfamilie zuordnen, die nach II Reg 17 28 »die religiöse Pflege der Samariter wahrzunehmen berufen war«. Nach GRAY, The Canaanite God Horon, JNES 8 (1949), S. 27—34, könnte der Name הַחֹרֹנִי auf die Benennung des Herkunftsortes nach der kanaanäischen Gottheit Horon anspielen. KRAELING, The Brooklyn Museum Aramaic Papyri, 1953, S. 107 Anm. 17, denkt an die Herkunft aus der Provinz Hauran östlich des Sees Genezareth.   [84] Vgl. KITTEL, Gesch. III, S. 627.

[85] ALT II, S. 341; GALLING, S. 219; Studien, S. 47; DE FRAINE, S. 78; v. SELMS, Ezra en Nehemia, 1935, S. 100; BOWMAN, S. 676; McCOWN, The 'Araq el Emir and the Tobiads, BA 20 (1957), (S. 63—76) S. 63; MAZAR, The Tobiads, IEJ 7 (1957), (S. 137—145. 229—238) S. 144.

eine Constructusverbindung zu erwarten. Das Beispiel Sanballats zeigt, daß Nehemia in der NQ offizielle Titel aus tendenziösen Gründen meidet. Nun kann der עֶבֶד-Titel auch nicht als Terminus technicus zur Bezeichnung des Statthalters belegt werden. In 3 35 wird Tobia in Entsprechung zu Sanballat als Ammoniter bezeichnet, womit also ganz deutlich auf die Herkunft Tobias angespielt ist. Dies dürfte bei הָעַמֹּנִי in 2 10. 19 auch der Fall sein. Auf Grund des theophoren Elements im Namen des Sohnes Jochanan (6 18) und von Tobias verwandtschaftlichen Beziehungen zu Jerusalemer Adelsfamilien (6 18 13 4) darf man in Tobia ebenfalls einen Jahweverehrer sehen; auch 2 20 deutet dies an. Das theophore Element in seinem eigenen Namen weist ihn vielleicht als einen Halbjuden[86] aus einer jüdisch-ammonitischen Mischehe mit jüdischer Mutter[87] aus. Einen halbjüdischen, jahwetreuen Statthalter der Provinz Ammon kann man sich nun schwer vorstellen. Dazu kommt noch die Unklarheit über die Existenz einer persischen Provinz Ammon im 5. Jahrhundert[88]. Welche Funktionen sollte außerdem ein ammonitischer Statthalter an der Seite Sanballats als Autorität (3 35) in Samaria ständig ausüben? Was hatte er vor allem in den Jerusalemer Tempelzellen zu betreiben (13 4-9)? Tobia kann kein ammonitischer Statthalter gewesen sein.

Sein Wirkungsbereich liegt vielmehr in Samaria an der Seite Sanballats. Man könnte seine Identität mit dem in Esr 4 7 genannten טָבְאֵל[89] vermuten, denn es handelt sich um den gleichen Namen eines samaritanischen Vornehmen aus der Zeit um 448 v. Chr.[90]. In diesem Falle wäre Tobia ein alter, erfahrener Unterbeamter des jüngeren Sanballat gewesen. Da der Name Tobia jedoch häufig ist, gehe ich dieser Vermutung nicht weiter nach. Auch der עֶבֶד-Titel weist auf die Stellung eines Unterbeamten hin[91], wobei darin eine Spitze Nehemias gegen die vornehme Jerusalemer Verwandtschaft des Tobia mitklingen mag: Er ist nur untergeordnete Instanz in der samaritanischen Provinzialverwaltung[92].

---

[86] So die meisten Komm. und Monographien.

[87] An eine ammonitische Mutter denken NOTH, Die israelitischen Personennamen, 1928, S. 110 Anm. 2, und RUDOLPH, S. 109.

[88] Vgl. auch ALT II, S. 341 Anm. 3.

[89] v. HOONACKER, Le sacerdoce lévitique, 1899, S. 375; SELLIN, Studien zur Entstehungsgeschichte der jüdischen Gemeinde nach dem babylonischen Exil, II, 1901, S. 33.

[90] Der Wechsel des theophoren Elementes יָה — und אֵל — dürfte auf die aramäische Abfassung zurückgehen.

[91] Zu עֶבֶד als militärischem oder höfischem Untergebenen vgl. Gen 40 20 II Sam 19 7 I Reg 1 47 9 22 II Reg 5 6.

[92] Häufig wird auch auf die Rolle der mächtigen Tobiaden während der Ptolemäer- und Seleukidenzeit im ammonitischen Gebiet verwiesen, um die Statthalterthese

Die Funktion Tobias kann vielleicht noch genauer angegeben werden. Auffällig sind seine zahlreichen verwandtschaftlichen und verschwörerischen[93] Verbindungen mit Jerusalemer Kreisen, die in einem solchen Ausmaß für Sanballat nicht berichtet werden. Tobia ist es gewesen, der nach 6 12. 14[94] von Nehemia verdächtigt werden konnte, die Jerusalemer Propheten bestochen zu haben[95]. Mit ihm haben die Jerusalemer einen regen, verschwörerischen Schriftverkehr entwickelt[96]. Vor allem aber zeigen 13 4-9, wie sehr Tobia in Jerusalem zu Hause ist.

Die Szene 13 4-9 fällt in die Anfangszeit Nehemias. Die Einräumung einer Tempelzelle für den Beamten Tobia hat in der Forschung ihre verschiedenen Deutungen und Motivierungen erhalten, die mich aber alle nicht befriedigen. Absteigequartier[97] für jemanden, der eine große Verwandtschaft in derselben Stadt hat und als Verwandter des Jerusalemer Klerus und Mitglied der Kultgemeinde vor einer solchen Profanierung zurückschrecken sollte, dürfte die freigegebene Tempelzelle kaum gewesen sein. Auch mit einer Vermietung des Raumes für die Privatopfermahlzeiten[98] kann man nicht rechnen, da dann die Neuweihe der Zelle durch Nehemia unnötig erscheint. Einleuchtender sind schon die Erklärungen KITTELS und RICCIOTTIS[99], die

---

zu begründen. So behaupten bspw. direkte verwandtschaftliche Zusammenhänge VINCENT, La Palestine dans les Papyrus Ptolémaiques de Gerza, RB 29 (1920), (S. 161—202) S. 187; WILLRICH, Zur Geschichte der Tobiaden, APF VII, 1924, (S. 61—64) S. 61; KITTEL, Gesch. III, S. 627f.; PARROT, Samaria, 1957, S. 76; RICCIOTTI, Gesch. II, S. 269. — Es bleibt m. E. bei der Häufigkeit des Namen Tobia offen, ob der Tobia der NQ Ahnherr dieses Geschlechts gewesen ist. Selbst wenn dies zutreffen sollte, erscheint ein direkter Rückschluß aus späteren Jahrhunderten auf die Stellung Tobias in der Nehemiazeit höchst zweifelhaft. Quellen zu den Tobiaden: I Macc 5 13; II Macc 3 11 12 17; Josephus Ant XII 154 —236; Kairoer Zenonpapyri (Nr. 3. 13 bei WILCKEN, APF VI, 1920, S. 449f.). Die archäologischen Belege sind zuletzt zusammengestellt bei McCOWN, BA 20 (1957), S. 63—76. Zur Auswertung der Quellen vgl. VINCENT a. a. O. S. 182ff.; GRESSMANN, Die ammonitischen Tobiaden, SAB 1921, S. 663—671; WILLRICH a. a. O. S. 61—64; RICCIOTTI, Gesch. II, S. 267—275; McCOWN a. a. O. S. 63—76; MAZAR, IEJ 7 (1957), S. 137—145. 229—238 (Lit. S. 137 Anm. 1); vgl. auch PLÖGER, Hyrkan im Ostjordanland, ZDPV 71 (1955), S. 70—81.

[93] בַּעֲלֵי שְׁבוּעָה in 6 18 bezeichnet die Teilnehmer und Teilhaber eines Schwurs (vgl. Gen 14 13 בַּעֲלֵי בְרִית), der dem Kontext nach gegen Nehemia gerichtet ist.

[94] Zur Textkritik von 6 12. 14 vgl. RUDOLPH, S. 136 Note zu 12. 14. In jedem Falle ist Tobia als erster erwähnt! [95] 6 12. 14.

[96] In 6 19 lese ich nach BERTHOLET, S. 66, anstelle von טוֹבִיָּה ein מְטוֹבִיָּה.

[97] So RUDOLPH, S. 204; SCHNEIDER, S. 254.

[98] So HÖLSCHER, S. 558; RUDOLPH, S. 204.

[99] KITTEL, Gesch. III, S. 646: Handelslokal für Kultgegenstände; RICCIOTTI, Gesch. II, S. 174: Bankfiliale des ammonitischen Unternehmens.

von Mißbrauch zu merkantilen Zwecken sprechen. Aber dagegen wäre die Jahwegläubigkeit Tobias zu halten, und man sollte auch nicht vom Jerusalemer Klerus von vornherein die größten Korruptionen erwarten. Es handelt sich bei der Tobiazelle um ein ehemaliges Tempelmagazin, das Tobia so regelmäßig benutzte, daß er es mit seinen persönlichen Ausrüstungsgegenständen eingerichtet hatte, wie כָּל־כְּלֵי בֵית־טוֹבִיָּה in 13 8 zeigt. Die Benutzung einer solchen Tempelzelle durch einen Jahwegläubigen mit Erlaubnis des Klerus erscheint mir am ehesten erklärbar, wenn sie zu behördlichen Zwecken geschah, denn dies fiel am wenigsten unter das Urteil eines Sakrilegs. Wenn die Aufhebung der Tobiazelle nun zu den ersten Amtshandlungen Nehemias in Jerusalem gehörte, liegt es nahe, Tobia für den samaritanischen Unterbeamten Sanballats in Juda zu halten, der im Rahmen der Selbstverwaltung der Kultgemeinde nur noch zur Durchführung von Amtsgeschäften und Entgegennahme der Abgaben in Jerusalem erschien. Auf einen solchen Vorgänger Nehemias weist auch 5 15 hin. Und die Tempelmagazine waren wohl der geeignetste Ort, um die behördlichen Abgaben zu speichern.

Ich sehe in Tobia den Vorgänger Nehemias in Jerusalem, d. h. den samaritanischen Beamten für Juda, dessen Amt mit der Gründung der Provinz Juda und der Einsetzung Nehemias als Statthalter aufgehoben worden ist. Nehemia sieht diese Amtsablösung in üblicher Polemik »theologisch«. Sie bedeutete für ihn gleichzeitig Tempelreinigung und Ausscheidung des synkretistischen Elements aus der Jahwegemeinde (2 20).

3. Geschem (Erwägungen)

Geschem, der Araber, (2 19) oder Gaschmu (6 6) bleibt während der Auseinandersetzungen Nehemias mit Sanballat und Tobia die große Gestalt im Hintergrund, mit der man dem Statthalter drohen konnte (6 6). Nach 2 19f. könnte er wie Tobia ein Unterbeamter Sanballats gewesen sein, doch sprechen dagegen das Fehlen des עֶבֶד-Titels und seine passive Rolle in der Nehemiageschichte. Geschem wird mit der Apposition הָעַרְבִי gekennzeichnet, die entsprechend dem Wortgebrauch Nehemias diesen Mann verächtlich machen, d. h. vielleicht als Beduine und Räuber bezeichnen soll[100]. Andererseits ist diese Angabe nach 4 1 ethnisch ernst zu nehmen, so daß man in Geschem einen Vertreter der nordarabischen Stämme, die im Süden die Edomiter im 5. Jahrhundert verdrängten[101], vermuten kann[102]. In 6 1-6 erscheint

---

[100] Vgl. Jer 3 2.

[101] Vgl. Jer 49 7ff. Ez 25 12-14 Mal 1 2-5 Obadja.

[102] Vgl. dazu GRIMME, Der Untergang Edoms, Die Welt als Geschichte 3 (1937), S. 452—463; Beziehungen zwischen dem Staate der Liḥjān und den Achämeniden-

er als Partner Sanballats[103]. Es läge nun nahe, ihn für den Statthalter einer Nachbarprovinz Arabien, die Edom mit einschloß, zu halten[104]. Allerdings ist die Existenz einer solchen Provinz zur Zeit Nehemias noch ungewiß[105]. Nach 6 2 haben Sanballat und Geschem ein Treffen mit Nehemia in Hakkefirim bei der persischen Domäne Ono[106] im Dreiländereck von Asdod, Samaria und Juda vorgeschlagen. Danach könnte zu Geschems Machtbereich auch die ehemalige philistäische Provinz gehört haben. Noch komplizierter wird der Sachverhalt, wenn man die Stelle 4 1 mit in Erwägung zieht. Nach der Struktur der Aufzählung in 4 1[107] müßte man im Vergleich mit dem Kontext die Völkerschaften der Araber, Ammoniter und Asdoditer der Führergestalt Geschem zuordnen.

Während die Vorherrschaft arabischer Stämme als ξεῖνοι der Perser (Herodot III 88) im edomitischen Gebiet sicher ist, bleiben für den ammonitischen und moabitischen Raum in nachexilischer Zeit viele Unklarheiten. Ez 25 1-14 läßt jedoch erkennen, daß es in diesen Gebieten nach dem Feldzug Nebukadnezars von 582 v. Chr.[108] nicht wieder zu einer staatlichen Selbständigkeit gekommen ist und nomadische Stämme aus dem Osten nachdrängten. Ich vermute, daß die Araber ihren Einfluß auch auf das philistäische Gebiet ausgedehnt haben. Bei den Ausgrabungen der Palastanlagen von Lachisch aus persischer Zeit hat man bspw. arabische Spuren (Räucheraltäre) gefunden[109] und in II Chr 17 11 21 16 26 7 werden Araber und Philister als zusammengehörige Völkerschaften erwähnt. WRIGHT hält die

---

reiche, OLZ 44 (1941), Sp. 337—343. GRIMME macht wahrscheinlich, daß das Edomiterreich im 5. Jh. von einer nordarabischen Koalition unter Führung des Stammes Lichjan überrannt worden ist, der danach von etwa 450—160 v. Chr. nicht nur das altedomitische, sondern auch das ganze Territorium des alten Königreiches Dedan und weitere Gebiete beherrschte. Das Reich war nach GRIMME in Bezirke mit einem פֶּחָה an der Spitze eingeteilt und lehnte sich stark an persische Zivilisation und Organisation an. GRIMME nimmt an, daß der Stamm Lichjan der Rechtsnachfolger der in der Bisutun-Inschrift des Darius erwähnten edomitischen Provinz Arabien ist, die nach Herodot III 88 nicht zu den unfreien Untertanen, sondern zu den ξεῖνοι der Perser gehörte.

[103] Vgl. die überzeugenden Folgerungen GRIMMES OLZ 44 (1941), Sp. 343, und in: Die Welt als Geschichte 3, S. 462.

[104] So etwa ALT II, S. 343f.; RUDOLPH, S. 112; GALLING, S. 220; SCHNEIDER, S. 172.

[105] Herodot III 88 spricht von den ξεῖνοι der Perser; vgl. aber auch GALLING, Denkmäler zur Geschichte Syriens und Palästinas unter der Herrschaft der Perser, PJ 34 (1938), (S. 59—79) S. 77f.; Studien, S. 47.

[106] Dazu s. o. S. 164 Anm. 73.

[107] Einzelpersönlichkeiten oder Nationalitäten!

[108] Vgl. Josephus Ant X 181f.; dazu NOTH, Gesch., S. 265.

[109] Vgl. WRIGHT, Judean Lachish, BA 18 (1955), (S. 9—17) S. 17.

ausgegrabenen Palastanlagen von Lachisch für eine der Residenzen Geschems[110].

Ich möchte Geschem für den Beherrscher einer edomitisch-philistäischen Provinz halten, der die Nachbarstämme im moabitischen und ammonitischen Gebiet hinter sich wußte. Seine Feindschaft zu Nehemia kann durch Abtretung von Gebieten im Süden und Südwesten Judas veranlaßt sein. Wenn er im Unterschied zu Sanballat sich nicht aktiv an dem Widerstand gegen Nehemia beteiligte, so ist dies wohl darauf zurückzuführen, daß Samaria eine ganze Provinz verlor, während es sich bei dem großen Herrschaftsbereich Geschems nur um ein paar Distrikte handelte und man sich die Grenzen der Araberherrschaft sowieso fließend vorstellen sollte.

Aus der Fülle des Inschriftenmaterials zum Namen Geschem werden in der Forschung gerne zwei Funde mit der Gestalt des Nehemiagegners in Verbindung gebracht. Es ist einmal ein silbernes Weihgefäß für die nordarabische Gottheit Han-'Ilat, gefunden in *tell el-maschuṭa* (= Sukkoth)[111]. Die Inschrift lautet: זי קינו בר גשם מלך קדר קרב להנאלת (»Dies brachte Qainu, der Sohn Geschems, des Königs von Qedar, Han-'Ilat dar«. Das Alter der Inschrift kann in die Zeit der Wende vom 5. zum 4. Jahrhundert datiert werden[112]. Da Geschem in der Nehemiageschichte ebenfalls eine mächtige Persönlichkeit ist, liegt für manche Archäologen die Gleichsetzung beider Gestalten nahe[113]. Mit dieser Inschrift wird gerne eine schon früher entdeckte Inschrift aus Dedan kombiniert[114], in der ein lichjanitischer Araber nach גשם בן שהר und פחת דדן עבד eine Datierung vornimmt. Nach dieser Kombination hätten die Qedar-Stämme die Führung der arabischen Umwelt Judas innegehabt[115]. »Geshem and Cain gained control of a confederation of Arabian tribes and established their rule over a wide territory of North Arabia, displacing Moab and Edom, east, west and south of the Dead Sea, and extending their power into the eastern reaches of Egypt« (F. M. CROSS)[116]. Ein Nachhall der

---

[110] WRIGHT a. a. O. S. 16f.; vgl. GALLING, Studien, S. 47.

[111] Dazu vgl. RABINOWITZ, Aramaic Inscriptions of the Fifth Century B. C. E from a North-Arab Shrine in Egypt, JNES 15 (1956), S. 1—9.

[112] Vgl. RABINOWITZ a. a. O. S. 6.

[113] So bspw. CROSS, Jr., Geshem the Arabian, BA 18 (1955), S. 46f.; WRIGHT a. a. O. S. 17; STARCKY, The Nabataeans: A Historical Sketch, BA 18 (1955), (S. 84—106) S. 86; RABINOWITZ a. a. O. S. 6f.; PARROT, Samaria, S. 76.

[114] »Nūrān b. Ḥāḍirū hat sich eingeschrieben in den Tagen (zur Zeit) des Gušam b. Šahr und des ʿAbd, des Statthalters von Dedan, unter der Regierung des . . .« (Übersetzung nach CASKEL, Lihyan und Lihyanisch, AFLNW Geisteswissenschaften 4, 1954, S. 102). Vgl. auch GRIMME, Neubearbeitung der wichtigeren dedanischen und liḥjanischen Inschriften, Muséon 50 (1937), (S. 269—322) S. 311. Den Zusammenhang behaupten: GRIMME a. a. O. S. 311; OLMSTEAD, History of the Persian Empire, ³1960, S. 295; ALBRIGHT, Altfestschrift, 1953, S. 4; CROSS a. a. O. S. 47; PARROT a. a. O. S. 76; RABINOWITZ a. a. O. S. 7, u. a.

[115] Vgl. auch RABINOWITZ a. a. O. S. 3 Anm. 19.

[116] CROSS a. a. O. S. 47.

Macht dieses Nehemiagegners könnte die LXX-Übersetzung von Gen 45 10 (καὶ κατοι-κήσεις ἐν γῇ Γεσεμ ᾿Αραβίας) und 46 34 (ἐν γῇ Γεσεμ ᾿Αραβίᾳ) sein[117].

Man muß sich über den hypothetischen Charakter solcher Identifizierungen klar sein. Der Name Geschem ist inschriftlich weit verbreitet, das Tertium comparationis der Macht dieses Namensträgers zwischen der NQ und den Inschriften reicht zur sicheren Identifizierung nicht aus, und die Datierung der Inschrift von Dedan ist in der Forschung umstritten[118].

---

[117] Vgl. RABINOWITZ a. a. O. S. 6f. mit Anm. 43.

[118] Vgl. dazu RABINOWITZ a. a. O. S. 7 mit Anm. 44. Zuletzt hat CASKEL a. a. O. S. 101f., eine Nachdatierung um 300 Jahre später vorgenommen.

5. Kapitel: Die geschichtliche Rolle Nehemias in der Auseinandersetzung zwischen zionistischem und theokratischem Israel

I. VORBEMERKUNGEN

In diesem Kapitel gilt es, die eigentliche Triebkraft der Nehemiageschichte aufzudecken. Das eigenartigste Phänomen in dieser Geschichte ist der Widerstand, den Nehemia von seiten der einheimischen Oberschicht erfuhr. Er betraf sowohl sein politisches Werk (6 17-19) als auch seine Bemühungen um die Durchsetzung der Tora im Leben der neuen Provinz und in der Ordnung des Tempelkultes (13 15ff.). Dem steht der Tatbestand gegenüber, daß nach 1 1-3 der königliche Mundschenk durch eine jüdische Delegation nach Jerusalem geholt worden ist und er nach 2 12 und 7 2 eine kleine gesinnungstreue Gruppe in der Stadt vorfand. Nehemia wurde danach nicht nur in eine Auseinandersetzung zwischen Diasporajudentum und Heimatgemeinde, die sich gegen Bevormundung durch die strenge Richtung der Diaspora wehrte, sondern auch in einen innerjudäischen Gegensatz hineingezogen. Auf der feindlichen Seite stand ein Judentum, das an einem nationalen Aufschwung und dem gesetzlichen Rigorismus kein Interesse hatte und dessen Oberschicht durch Einheirat in den Adel Samarias sich bei Nachbarvölkern Ansehen verschaffen wollte. Hinter Nehemia stand eine gesetzeseifrige, zionistische Minorität, die durch den Wiederaufbau der Stadtmauern und die politische Abtrennung von Samaria ein judäisches Staatswesen schaffen wollte. In der Geschichte Nehemias kam so der schon immer schwelende Kampf zwischen zionistischem und theokratischem Israel um die politische Lebensform der nachexilischen Gemeinde offen zum Austrag.

Die Überlieferungsgeschichte bestätigt diese These. Zwei Traditionslinien des Nehemiabildes stehen in einem dialektischen Verhältnis zueinander. Die zionistisch, später prohasmonäisch orientierte Überlieferungslinie bezeugte ein Nehemiabild in den Konturen Serubbabels. Nehemia erschien hier als der priesterliche Begründer der nachexilischen Kultgemeinde und als der königliche Begründer des nachexilischen Staatswesens in einer Person. Die andere Überlieferungslinie zeichnete sich von der chron Theologie ausgehend dadurch aus, daß Nehemia nur ein persischer Mauerbaukommissar sein durfte, der keinerlei Bedeutung für die eigentlichen Belange der Kultgemeinde hatte. Eine Konstante bleibt in diesem dialektischen Verhältnis: das zionistische und messianische Element in Werk und Gestalt Nehemias. Von der einen Gruppe wurde dieses Element reduziert und widerlegt, von der anderen betont. Solche einhellige Bezeugung gibt dem Historiker das Recht, von der Überlieferungsgeschichte als Bedeutungsgeschichte des historischen Ereignisses auf die Historie selbst zurückzuschließen. Die Traditionsgeschichte Nehemias weist der historischkritischen Interpretation die Richtung.

Die Untersuchung der Gattung hat ein weiteres Kriterium für die historische Deutung der NQ erbracht. Diese stellt eine Appellationsschrift eines Angeklagten an die Gottheit mit der Bitte um Rechtsbeistand in einer ausweglosen Gerichtssituation dar. Als Anlaß zur Abfassung einer solchen Schrift konnte die offene Verdächtigung der Gegner Nehemias auf messianische Umtriebe des Statthalters vermutet werden.

Als ein drittes Ergebnis der bisherigen Untersuchung darf die wahrscheinliche Abstammung Nehemias aus einer Seitenlinie des Davidhauses notiert werden. Hier legt sich nun die Frage nahe, ob die Anhänger Nehemias nicht vielleicht mehr als nur eine Verselbständigung Judas zur persischen Provinz erwartet haben. Verbirgt sich hinter Nehemias Geschichte die Wiederholung der messianischen Erwartungen der Serubbabelzeit? Wenn dies zutreffen sollte, wieweit hat Nehemia dann selbst zu solchen Hoffnungen Anlaß gegeben?

II. DIE RECHTSGRUNDLAGE DER REFORMEN NEHEMIAS

Der salomonische Tempel war von Haus aus königlicher Eigentempel[1], auf königlichem Grund errichtet und auf königliche Subventionen angewiesen. Die Davididen haben sich das Recht zu Kultreformen nicht nehmen lassen. Wie der Cyruserlaß und die Dokumente der Aramäischen Chronik zeigen, haben die Achämeniden in der nachexilischen Zeit die Rechts- und Pflichtennachfolge der davidischen Tempelherren übernommen[2]. Einschränkend sei jedoch gleich gesagt, daß sie selten durch Eingriffe von ihren Rechten in der Kultgemeinde Gebrauch gemacht haben[3], vielmehr diese sich für ihre inneren Angelegenheiten relativer Selbständigkeit erfreute.

Auf der anderen Seite sieht man aber beim Wiederaufbau des Tempels und der Begründung des nachexilischen Tempelkultes zwei Davididen führend beteiligt. Nach Esr 1 7-11 und 5 13-16 handelte zwar

---

[1] Vgl. JOHNSON, Sacral Kingship in Ancient Israel, 1955, S. 47: »royal chapel«.
[2] Vgl. die aramäischen Urkunden des Esrabuches.
[3] Vgl. Josephus Ant XI 300f.

Scheschbazzar[4] als Tempelbaukommissar der persischen Regierung, aber auffällig bleibt, daß zu diesem Amt eben ein Davidide ausgesucht worden ist. Die Geschichte Serubbabels verrät, daß gewisse Kreise der Gemeinde dem nachexilischen Davididen eine besondere Fürsorgepflicht für den Tempel und eine gehobene Stellung in der Kultgemeinde zusprachen[5]. Man darf deshalb annehmen, daß in der frühen nachexilischen Zeit mindestens von einer stärkeren Gruppe in Juda den Davididen eine Sonderstellung in der Kultgemeinde neben und über dem Hohenpriester zugestanden worden ist. Diese Stellung, die wohl im Laufe der Entwicklung der Theokratie immer mehr zu einem Ehrenprimat und damit zur Bedeutungslosigkeit herabsank, wird noch in dem späten Text Esr 8 2 angedeutet. Hier erscheint in der Rangfolge hinter dem Klerus und an der Spitze der Laiengeschlechter das Davidhaus[6]. Für den Ausgang des 5. Jahrhunderts läßt sich eine Reihe von Texten nennen, die davidische Vorrechte in der Kultgemeinde bezeugen. I Chr 3 17-24 stellt eine Ämterliste der Davididen in nachexilischer Zeit dar. Diese Liste sichert in der Abfolge von sechs nachexilischen Generationen die Wahrnehmung wichtiger Funktionen in der Kultgemeinde durch die Davididen bis etwa um 400 v. Chr. Für diese zuletzt genannte Zeit mag sich die Stellung der Davididen an der Spitze der Laiengeschlechter und der Oberschicht auch im Pap Cowley 30 (408 v. Chr.) andeuten, wenn der hier erwähnte Ostanes (30, 18) ein Davidide war, weil er ein Bruder des Anani (30, 19) aus I Chr 3 24 sein könnte[7]. Der umstrittene Text Sach 12 9—13 1 enthält ein Formular für die Volksklage, in der das Davidhaus eine besondere Stellung einnimmt. Es wird an der Spitze der Jerusalemer Geschlechter erwähnt, und ihm steht die Eröffnung der Klage vor dem Hause Levi zu. Dieses Dokument ist kaum vor 410 v. Chr. entstanden.

Den wichtigsten Hinweis zu dem frühnachexilischen Anspruch einer Prägorative für das Davidhaus in der Kultgemeinde entnehme ich dem programmatischen Verfassungsentwurf Ez 40—48. In der aus spätexilischer Zeit stammenden, zuletzt von GESE literarkritisch und traditionsgeschichtlich untersuchten sog. Nasi-Schicht[8] (Ez 44 1-3

---

[4] Zu Scheschbazzar vgl. GALLING, Studien, S. 132—134.

[5] Hag 1 1. 12 2 2 Sach 4 6-10; Investitur des Hohenpriesters durch Serubbabel in Sach 4 10; zum Ganzen vgl. GALLING, Studien, S. 127—148, bes. S. 143ff.

[6] Die Frage der historischen Echtheit der Liste spielt in diesem Zusammenhang keine Rolle. Für den Verfasser waren die Verhältnisse nicht anders denkbar.

[7] Vgl. HÖLSCHER, Hesekiel Der Dichter und das Buch, BZAW 39, 1924, S. 211f.; PROCKSCH, Fürst und Priester bei Hesekiel, ZAW 58 (1940/41), (S. 99—133), S. 121; GESE, Der Verfassungsentwurf des Ezechiel, BHTh 25, 1957, S. 116—118; mit Vorsicht GALLING, Studien, S. 162.

[8] Vgl. GESE a. a. O. S. 85ff. 110. Zur Datierung vgl. HÖLSCHER, a. a. O. S. 212; HERNTRICH, Ezechielprobleme, BZAW 61, 1933, S. 121; PROCKSCH a. a. O. S. 112;

45 21a. 22ff. 46 1-10. 12) erscheint der Nasi (נָשִׂיא) als Vertreter der Kultgemeinde mit großen kultischen Vorrechten[9]. Er ist bei der Opfer-
darbringung als Repräsentant der Kultgemeinde anwesend und verantwortlich[10]; er hat eine hohe Stellung in der Tempelhierarchie inne[11].
Die Erwartungen des exilischen Programms heften sich dabei an eine
reale historische Gestalt, nämlich — dem Nasi-Titel nach zu urteilen —
an den seiner politischen Funktionen entledigten Davididen[12]. Historisch als Nasi greifbar ist Scheschbazzar in der chron Überlieferung
Esr 1 8, die auf ältere Quellen zurückgehen könnte. Aber auch Serubbabel muß in den Konturen dieses Institutes gesehen werden[13]. »Der
Fürst soll in der Tempelgemeinde das davidische Königsbild wach-
erhalten und daran erinnern, daß in der messianischen Endzeit der
neue David in Ewigkeit herrschen soll« (PROCKSCH)[14]. Die Verbindung von Nasi-Institut und eschatologischer Erwartung, die PROCKSCH
sieht[15], wird wohl kaum für die zadokidentreuen Kreise, auf die der
Verfassungsentwurf zurückgeht, zutreffen; wohl aber läßt sie sich für
die zionistisch-messianischen Gruppen vermuten.

An die Gestalt der Davididen hefteten sich die zionistischen,
messianischen Erwartungen exilischer Kreise. Sie räumten ihr für das
neue Heiligtum eine hervorragende Stellung ein, die einer gewissen
Rechtsnachfolge der vorexilischen Tempelherren gleichkam. In der
Geschichte der Kultgemeinde wurde die Realisierung dieses Pro-
grammes allerdings immer mehr abgebaut; die Theokratie mit dem
Hohenpriester an der Spitze setzte sich durch. Schon bei Serubbabel
und Josua darf eine gewisse Polarität in der Führung zwischen Nasi
und Hohempriester angenommen werden. Die gleiche Polarität zeigt
Jer 33 14-26[16]. Auch die prozadokidische Überarbeitung von Sach 6 9ff.,
die Zadokidenschicht im Verfassungsentwurf Ezechiels (Ez 44 6-16
Anhang 44 17ff. 45 13-15)[17] und besonders ihre redaktionelle Verklamme-

---

GESE a. a. O. S. 116. 122f. Zu den literarkritischen Problemen und Datierungsfragen
von Ez 40—48 vgl. vor allem auch FOHRER, Die Hauptprobleme des Buches
Ezechiel, BZAW 72, 1952, S. 36ff. 77f. 95ff.; Ezechiel, HAT I/13, 1955, S. VIIff.

[9] Vgl. GESE a. a. O. S. 85ff. 122f.

[10] Ez 45 22. 25 46 4-7. 12.

[11] Vgl. Ez 44 3 46 2f. 8-10. 12.

[12] Vgl. dazu HÖLSCHER a. a. O. S. 212; HERNTRICH a. a. O. S. 121; PROCKSCH a. a. O.
S. 116f. 119; GESE a. a. O. S. 116.

[13] Vgl. GESE a. a. O. S. 119 mit Anm. 2.

[14] PROCKSCH a. a. O. S. 119.

[15] Da Ez 34 24f. 37 22. 24f. nicht von der gleichen Hand stammen wie der Verfassungsentwurf, überzeugt PROCKSCH heute methodisch nicht. Sachlich ist ihm jedoch
recht zu geben; vgl. GESE a. a. O. S. 122f.

[16] Dazu s. u. S. 183.

[17] Dazu vgl. GESE a. a. O. S. 73f. 111ff. 119.

rung (Ez 45 8 bf. 46 16-18)[18], die das Nasi-Institut einschränken, ver-
raten deutlich die Tendenz der Entwicklung zur Monarchie des Hohen-
priesters[19]. GESE vermutet den Wendepunkt in der Geschichte des
Nasi-Institutes bei Serubbabel[20], da man nach GESE in der bisherigen
Forschung nach dem Abgang Serubbabels von keinem davidischen
Statthalter mehr weiß.

M. E. nahm Nehemia noch einmal die Rechte und Pflichten wahr,
die Scheschbazzar und Serubbabel vor ihm innehatten. Er machte sich
ohne besondere Beauftragung zum Hüter und Reformer der kultischen
und religiösen Lebensordnungen in Juda. Den samaritanischen Beamten Tobia entfernte er aus dem Tempelbezirk gerade so, als ob er hier
Hausrecht hätte (13 4-9). Er sprach den Samaritanern die Gliedschaft
in der Jahwegemeinde ab (2 20). Er griff ordnend in die Organisation
des Abgabewesens für das Heiligtum ein und rief die Leviten an ihren
Platz zurück (13 10-14), um eine ordnungsgemäße Durchführung des
Opfer- und Tempeldienstes zu gewährleisten. Er stellte Dienstordnungen für den Klerus auf (13 30 b), wie es die nachchron Überlieferung[21]
seinem Ahnherrn David zuschrieb. Er rechnete die Überwachung des
Gesetzesgehorsams zu seinen Kompetenzen und maßregelte die Ältesten der Kultgemeinde (13 15-27). Im Zuge der Beaufsichtigung nach
der strengen Gesetzesobservanz griff er sogar in die Verhältnisse der
hohenpriesterlichen Familie ein (13 28f.).

Unverkennbar hat Nehemia hier Rechte wahrgenommen, die in
der vorexilischen Zeit dem Davidhaus und in der späteren Theokratie
dem Hohenpriester allein zustanden. Worin lag die Legitimität Nehemias zu solchen Maßnahmen? Diese Frage hat schon der Chron gestellt und auf seine Weise beantwortet, wenn er durch Werk und
Gestalt Esras die Eingriffe Nehemias zu »Polizeimaßnahmen« bei
partiellen Verirrungen unter der Aufsicht des Priesters und Schriftgelehrten degradierte. Die NQ aber läßt erkennen, daß Nehemia bei
diesen Eingriffen und Reformen grundlegend und selbständig handelte.
Er nahm die Rechte des Nasi-Institutes für sich in Anspruch. Als
Davidide wußte er sich in besonderer Weise für das Heiligtum seiner
Väter und das Leben der Jerusalemer Kultgemeinde verantwortlich.

Einen weiteren Hinweis für einen solchen Rechtsanspruch Nehemias entnehme ich der Seisachthie von 5 1-13. Sie läßt sich als eine
spontane und besondere Maßnahme durch die Einrichtung des Sabbat-
und Erlaßjahres nicht ausreichend erklären. Der Akt der Seisachthie

---

[18] Vgl. GESE a. a. O. S. 86. 88. 112f.

[19] Die letzten Reste dieses Instituts liegen nach GESE, S. 119 Anm. 6, im נשיא
העדה von 1QSb V. 20ff. Hier ist der Nasi »eine eschatologische Königsgestalt
davidischer Herkunft« (GESE).

[20] GESE a. a. O. S. 119; ebenso schon PROCKSCH a. a. O. S. 121.

[21] I Chr 23—26.

wird von Nehemia nicht als eine sozialpolitische Maßnahme der persischen Kanzlei dargestellt, sondern als eine Aktion der Kult- und Rechtsgemeinde. Mit der Führungsschicht des Volkes trat Nehemia in Vorverhandlung ein, wobei von ihm die Initiative ausging (5 7). Als er aber auf Ablehnung stieß, berief er die קְהִלָּה גְדוֹלָה, in deren Rahmen die Seisachthie durchgeführt wurde (5 7. 13). Die Verpflichtung zum Erlaß der Schulden wurde vor dem Angesicht Gottes in Gegenwart der Priester nach Art eines Bundesschlusses eidlich bekräftigt und ihre Nichteinhaltung unter Fluch gestellt. Bei der Schuldenniederschlagung übernahm Nehemia die Initiative (5 10). Woher nahm er das Recht zu solcher Aktion, die privatrechtlich nicht begründbar war? Eine Parallele zu dieser Seisachthie im Alten Testament findet man in der Schuldsklavenfreilassung unter Zedekia während der Belagerung Jerusalems nach Jer 34 8-22. Die Ähnlichkeit in der Durchführung der beiden Maßnahmen fällt auf. Auch hier handelte es sich um eine spontane Aktion in besonderer Notlage. Sie ging auf Verfügung des Davididen Zedekia zurück (Jer 34 8f.) und mußte als Eingriff in das Privatrecht in Form eines Vertrages zwischen dem König und den betroffenen Dienstherren rechtlich gesichert werden (Jer 34 8. 10). Der Vertragsschluß wurde durch den Akt einer feierlichen sakralen Selbstverfluchungssymbolhandlung als Bund vor Jahwe im Tempel sanktioniert (Jer 34 18ff.).

Wegen der Übereinstimmung in den Maßnahmen und dem Ablauf von Neh 5 1-13 und Jer 34 8ff. könnte man die außerordentliche Seisachthie als eine feste Einrichtung im Rechtsleben Judas ansehen, zu der eine Art königlichen Privilegs der Initiative gehörte. So zeigt sich m. E. auch bei dem allgemeinen Schuldenerlaß von 5 1-13, daß Nehemia an königlich-davidische Rechte[22] in der Kultgemeinde anknüpfte.

So erscheint Nehemia als der letzte uns bekannte Repräsentant des Nasi-Institutes, dem das aufstrebende Hohepriestertum mit seinem theokratischen Programm den Kampf ansagte, aus dem es siegreich hervorgehen sollte.

III. NEHEMIA UND DIE MESSIANISCHE FRAGE

Mit dem Unternehmen des Mauerbaues stieß Nehemia auf den Widerstand der Nachbarvölker und der Jerusalemer Führungsschicht. Die Opposition Samarias hatte »behördlichen« Charakter. Nehemia verdeckt dies in der NQ, indem er die Amtsstellung der Gegner verschweigt und so aus ihrem Widerstand private Plänkeleien und Droh-

---

[22] Die Verbindung der Freilassung mit dem dt Gesetz des Sabbatjahres in Jer 34 ist sekundär; so auch RUDOLPH, Jeremia, HAT I/12, ²1958, S. 203f., u. a.

maßnahmen gegen ein wiedererstarkendes Jerusalem macht. Nach 6 16 brach dieses Unternehmen mit dem Abschluß des Mauerbaues zusammen. Um so mehr erstaunt es, daß Nehemia noch später (7 1-3) die Stadt unter Belagerungszustand stellte. Offensichtlich waren bei den Feinden noch andere Motive als nur die Vereitelung des Mauerbaues wirksam. Sollten sie sich wirklich in offenen Widerspruch gegen das Edikt des Großkönigs gestellt haben? Die Anklage Samarias lautete auf messianische Umtriebe im Zusammenhang mit dem Wiederaufbau der Mauern. Diese Verdächtigung wurde durch Übersendung eines offiziellen, unverschlossenen Dienstschreibens (6 5)[23] veröffentlicht. Sanballat scheint dabei seiner Sache nicht ganz sicher gewesen zu sein, wie aus den wiederholten Bemühungen um eine Unterredung mit dem judäischen Statthalter zu schließen ist (6 1-4); im anderen Fall wäre auch ein sofortiger militärischer Eingriff und Meldung an den Großkönig zu erwarten. Aber Sanballat konnte seinen Verdacht mit starken Argumenten stützen: Nehemia habe schon die messianischen Propheten bestellt, um sich beim Abfall von der persischen Krone von ihnen durch den Königsruf מֶלֶךְ בִּיהוּדָה designieren zu lassen. Dieser Verdacht des samaritanischen Beamten sollte mindestens ebenso ernstgenommen werden wie das Dementi seines judäischen Kollegen, denn die Fortsetzung des Berichtes (6 10-14), die in nachholendem Stil[24] anknüpft, zeigt, daß Nehemia einen Anhaltspunkt für diesen Verdacht zugestehen muß, den er nun seinerseits in der NQ ins rechte Licht rücken will. Nehemia hatte in der Tat Verbindung mit dem Jerusalemer Propheten Schemaja aufgenommen: »Ja, ich habe einmal das Haus des Schemaja . . . . . aufgesucht, aber er war bestochen«[25] (6 10a). Der Rat dieses Propheten (6 10b) wird in der Wiedergabe Nehemias unverständlich. Um einem zur nächtlichen Stunde geplanten Attentat zu entgehen, sollte der Statthalter zusammen mit dem Propheten im Tempelbezirk Asyl suchen (NQ 6 10b). Nehemia will diese Weisung als Versuch Samarias, ihn durch einen bestochenen Propheten beim Volk lächerlich und unmöglich zu machen, verstanden wissen (NQ 6 11-13). Die Unsinnigkeit dieser Darstellung hat schon der Chron erkannt und den Text durch Einschübe sinnvoll gemacht. Die dem Statthalter

---

[23] Zu אִגֶּרֶת als amtlichem Schreiben vgl. Est 9 26. 29 (Rundbrieferlaß der Königin) Esr 4 8. 11 5 6 (Kanzleischreiben an den Großkönig) Neh 2 7-9 (königliche Vollmachtsschreiben) II Chr 30 6 (königliche Proklamation). Vgl. auch ἀγγαρήιον in Herodot VIII 98; ἄγγαρος Xenophon Cyrop. VIII 6. 17 zur Bezeichnung der königlichen Depesche. Dazu vgl. MEYER, Gesch. IV/1, S. 42. 63 mit Anm. 1; BEER, Zur israelitisch-jüdischen Briefliteratur, Kittelfestschrift, BWAT 13, 1913, (S. 20 —41) S. 31.

[24] Wechsel ins Perfekt in 6 10; Betonung des Subjekts durch וַאֲנִי; vgl. GALLING, S. 229.

[25] Ich schlage vor, das schwer zu deutende עָצוּר zu שָׂכוּר (vgl. 6 12) zu verbessern. Zur Crux עָצוּר und die Deutungsversuche vgl. bspw. RUDOLPH, S. 136 f.

angetragene Zumutung ist so plump, daß man sie sich als samaritanische Intrige historisch nicht vorstellen kann; denn Samaria mußte damit rechnen, daß Nehemia auf solche Entdeckung hin eher den Schutz seiner Polizeitruppe als den der ihm feindlich gesonnenen Hierarchie im Tempelasyl aufsuchte. Das Argument des Mißkredits bei der Bevölkerung erscheint ein wenig gesucht. Was will das Schließen der Tore besagen, wo es schon genügt, den Brandopferaltar der Asylstätte zu berühren? Das Angebot des Propheten, den Statthalter in den Tempel zu begleiten, ist unmotiviert. Warum suchte Nehemia den Propheten von sich aus (וַאֲנִי־בָאתִי 10a) auf? Ich kann mich des Eindrucks nicht erwehren, daß Nehemia hier einen ihm unliebsamen Sachverhalt zu verschleiern sucht, der doch in irgendeinem Zusammenhang mit den samaritanischen Verdächtigungen stehen muß. Beachtet man, daß in der nachexilischen Zeit Prophet und Messias besonders einander zugeordnet sind, so liegt der Verdacht nahe, daß in Wirklichkeit Schemaja von der zionistischen Partei die Anregung bekommen hat, Nehemia in aller Heimlichkeit zum davidischen König zu designieren[26], und daß Nehemia gegen solche Pläne seiner Anhänger in politischer Weitsicht einschreiten wollte und deshalb den Propheten aufsuchte. Ich vermute, daß Sanballat auf Grund unbestimmter Informationen seiner Parteigänger in Jerusalem eine Wiederholung der Vorgänge ahnte, die sich um Serubbabel abgespielt hatten.

Aus dem zweifach überarbeiteten Text Sach 6 9-14 in seiner ursprünglichen Gestalt[27] ist so viel zu erkennen, daß der Prophet Sacharja »vielleicht . . . . vor einem kleinen Kreise führender Männer . . . oder gänzlich ohne Zeugen« (ELLIGER)[28] in einer Zeichenhandlung Serubbabel als den von den vorexilischen Propheten verheißenen Sproß des Davidhauses zum zukünftigen messianischen König designiert und gekrönt hat. Sollte der Prophet die Krone aus Materialspenden einer Heimkehrergruppe in Jerusalem anfertigen, so ist anzunehmen, daß Sacharja mit dieser Designation den Erwartungen messianischer Kreise in Jerusalem entsprach. Die gleiche Designation erfolgte auch durch Haggai (Hag 2 23). Als den Ort solcher Zeichenhandlungen kann man sich gut das Tempelgebiet vorstellen. Anzunehmen ist — bei aller Unklarheit über den Ausgang der Geschichte Serubbabels —, daß Serubbabel sich solchen kühnen Träumen sogleich widersetzte[29] und sie im Keim erstickte.

Sollte Nehemia in 6 10-14 eine Affäre verdecken durch ihre Verschmelzung mit dem Tatbestand, daß Jerusalemer Propheten auf

---

[26] RUDOLPH, S. 135, räumt die Möglichkeit ein, daß »es Nehemia ein Leichtes gewesen wäre, Propheten in dem in v. 7 angenommenen Sinn für sich zu gewinnen«.

[27] Vgl. die Komm. z. St. und GALLING, Studien, S. 147.

[28] ELLIGER, Das Buch der zwölf Kleinen Propheten II, ATD 25, ⁴1959, S. 129.

[29] Vgl. GALLING, Studien, S. 147.

Anstiften der Tempelpriesterschaft und Samaritaner versuchten, ihn durch Mordankündigungen oder dergleichen einzuschüchtern (6 14), so sind verwandte Züge mit der rekonstruierten Serubbabelgeschichte nicht von der Hand zu weisen. Ich stelle diese Deutung des Textes 6 10-14 zur Diskussion. Sie läßt sich nicht beweisen; aber es spricht doch manches dafür.

Man sollte in jedem Fall daran festhalten und den Verdächtigungen Sanballats soviel Glauben schenken, daß gewisse Kreise in Jerusalem auf den Statthalter messianische Hoffnungen setzten[30]. Dies wird um so wahrscheinlicher, als sich in der Geschichte Nehemias eine Reihe von Fakten ereignete, die zu dem unveräußerlichen Grundbestand eschatologisch-messianischer Erwartungen nachexilischer Zeit gehörten.

IV. NEHEMIAS PLATZ IN DER GESCHICHTE ESCHATOLOGISCHER ERWARTUNGEN NACHEXILISCHER ZEIT

Auch abgesehen von der Abstammung Nehemias aus dem Davidhaus, die ich für sicher halte, bietet die Geschichte Nehemias nach der NQ Material, das dem in der nachexilischen Zeit tradierten und aktualisierten Verheißungsgut prophetisch-restaurativer Eschatologie entspricht. Dazu gehören folgende Themen:

Wiederaufbau der Mauern Jerusalems und der Heiligen Stadt unter dem Ansturm der Feinde (Neh 1—7)
Wiederherstellung der sozialen Gerechtigkeit im Lande (Neh 5 1-15)
Wiederherstellung des judäischen Staatswesens
Durchsetzung des vollen Gesetzesgehorsams im Lande, besonders der Einhaltung des Sabbats (Neh 13 4ff.).

Die Untersuchungen PLÖGERS[31] an Jes 24—27, Sach 12—14 und Joel haben einsichtig gemacht, daß trotz des Zusammenbruchs der eschatologisch-restaurativen Hoffnungen in der Serubbabelzeit und trotz des immer stärker werdenden theokratischen Elements auch in der Folgezeit prophetisch-eschatologisch ausgerichtete Kreise bestanden und agiert haben. Zu ihren Erwartungen gehörten offensichtlich die Wiedereinsetzung der Davididen und die Wiederherstellung des Davidreiches, wie sie die nachexilischen Texte Jes 11 10-16[32] Jer 30 9

---

[30] Vgl. MEYER, Gesch. IV/1, S. 195; RICCIOTTI, Gesch. II, S. 154; GELIN, S. 83 Anm. d.; CHEYNE, Das religiöse Leben der Juden nach dem Exil, 1899, S. 47f.
[31] Vgl. PLÖGER, Theokratie und Eschatologie, 1959.
[32] Vgl. KAISER, Der Prophet Jesaja (Kap. 1—12), ATD 17, ²1963, S. 132.

Ez 34 23f. 37 24f.[33] Hos 3 5 (Glosse!)[34] Am 9 11f. und Mi 5 1-3[35] als Traditionsgut bezeugen. Vor allem die in der LXX fehlende »Trost- und Kampfschrift« Jer 33 14-26[36] bezeugt die Erwartung einer neuen Daviddynastie[37] in einer Zeit, in der die Theokratie sich allmählich konstituierte[38].

Das Nebeneinander von Priestertum und davidischem Königtum in diesem Text verweist in die Anfangszeit der Theokratie, d. h. die Zeit Esras und Nehemias[39]. Die Schrift will nach Jer 33 23-26 Kreisen aufhelfen, »denen der Grundpfeiler der nationalen und religiösen Existenz Israels, der Erwählungsglaube, ins Wanken gekommen war« (RUDOLPH)[40]. Sie erwartet die Wiederaufrichtung der Daviddynastie, da die Gültigkeit der Nathanweissagung bestehen bleibt (33 17. 21f.), verheißt Recht und Gerechtigkeit unter dem echten Davidsproß (33 15) und Sicherheit Jerusalems und Judas (33 16). In diesen Erwartungen klingen alle Themen der NQ an. Da man m. E. für die Zeit unmittelbar nach dem Zusammenbruch der messianischen Hoffnung auf Serubbabel noch nicht mit einem so ausgeprägten Nebeneinander von Davididen und levitischen Priestern rechnen kann, liegt es nahe, die Trostschrift Jer 33 als Reaktion auf den Zusammenbruch dieser Hoffnungen unter Nehemia zu beziehen; eine genaue Datierung ist jedoch nicht möglich.

Der Wiederaufbau der Stadt Jerusalem ist ein weiterer Zug der nachexilischen Eschatologie, wie in die Perserzeit zu datierende Texte Tritojesajas[41] deutlich zeigen. Das Verdienst der hinter diesen Texten stehenden prophetisch-eschatologischen Kreise ist m. E. die Aktualisierung zionistischer Erwartungen nach dem Zusammenbruch des Enthusiasmus in der Serubbabelzeit. Das messianische Element wird in Anbetracht der jüngsten Vergangenheit und in Nachfolge Deuterojesajas vermieden, das zionistische aber betont und radikalisiert. Die Botschaft vom nahen endzeitlichen Heil und der damit verbundenen Verherrlichung Jerusalems, die im Mittelpunkt der Erwartungen steht, verkündigt man erneut und in noch glühenderen Farben als bisher (Jes 60). In der kommenden Heilszeit werden Jerusalem und der Tempel in neuem Glanz erstrahlen (Jes 60 10. 13. 17). Bei aller universalistisch-kosmischen Weite trägt diese Eschatologie ausgeprägte nationalistische Züge. Der Wiederaufbau der Jerusalemer Mauern durch Fremde (Jes 60 10), der Sklavendienst der Völker für Israel (Jes 60 10.

---

[33] Vgl. RUDOLPH, Jeremia, S. 173.

[34] Vgl. WOLFF, Hosea, BK XIV/1, 1961, S. 79.

[35] Vgl. ROBINSON, Die Zwölf Kleinen Propheten, HAT I/14, ³1964, S. 107 (zu Am 9 11f.). S. 143 (zu Mi 5 1-3).

[36] RUDOLPH, Jeremia, S. 201.

[37] Jer 33 15. 17. 26.

[38] Vgl. in Jer 33 18. 21 das Gegenüber des levitischen Priesters.

[39] RUDOLPH, Jeremia, S. 201, hält sogar noch die Zeit nach Nehemia für die Datierung offen.

[40] RUDOLPH, Jeremia, S. 200.

[41] Vgl. dazu bspw. KAISER, Art. Jesajabuch 3a), RGG³ III, 1959, (Sp. 609—611) Sp. 610.

12. 14. 16 61 5), der allgemeine Wiederaufbau im Lande (Jes 58 12 61 4) und der Gedanke der Rache an den Völkern (Jes 63 1-6) weisen darauf hin.

Die eschatologischen Erwartungen des Wiederaufbaues Jerusalems sind immer wieder in die Tat umgesetzt worden. Man kann sagen, daß in der Geschichte der nachexilischen Zeit der Wiederaufbau der Mauern als das Signum der restaurativen Kreise zu gelten hat. Schon in der Zeit Serubbabels scheint man sich mit dem Gedanken befaßt zu haben, die Hauptstadt Judas mit ihren Mauern wiederaufzubauen (Sach 1 16f. 2 8f.)[42] — vielleicht doch in Verbindung mit den messianischen Erwartungen ein später Nachhall der Krise des Perserreichs, die die Kambyseswirren auslösten.

Mit der Wiederholung des Mauerbauversuches kann man in Situationen rechnen, in denen die politische Lage an der Westperipherie des Perserreiches unsicher war, was besonders für die Zeit eines Thronwechsels zutrifft. Durch einen solchen Versuch wird die Anklageschrift der Samaritaner veranlaßt sein, die Esr 4 6 für das Jahr 486/5 v. Chr. erwähnt. Leider informiert die Aramäische Chronik nicht über den Inhalt dieses Schreibens an Xerxes. Für eine Anklage auf Mauerbau und Abfallversuche sprechen der Kontext 4 7ff. und die Verhältnisse in den Nachbargebieten Ägypten[43] und Babylon[44] während der ersten Regierungszeit des Xerxes. Es war die Zeit von Abfallversuchen im Westen des persischen Großreiches. Meine Vermutung, daß gewisse Kreise in Juda durch einen Mauerbauversuch mit dieser Bewegung sympathisiert haben, würde unterstützt durch die von MORGEN-STERN wiederholt vorgetragene These eines messianischen Aufstandes in Juda um 485 v. Chr.[45]. Nach MORGENSTERN sollen die Nachbar-

---

[42] SELLIN, Serubbabel, 1898, S. 51f.; KITTEL, Gesch. III, S. 458; v. RAD, Der Heilige Krieg im alten Israel, ³1958, S. 66; vgl. dagegen GALLING, Studien, S. 116. 140f.

[43] Vgl. KIENITZ, Die politische Geschichte Ägyptens, 1953, S. 67f.

[44] Vgl. MEYER, Gesch. IV/1, S. 122f.; KIENITZ a. a. O. S. 68 mit Anm. 5; NYBERG, Historia Mundi III, 1954, S. 98f.

[45] Besonders in: »Jerusalem — 485 B. C.«, HUCA 27 (1956), S. 101—179; 28 (1957), S. 15—47; 31 (1960), S. 1—29; ferner »The Oppressor of Isa 51 13 — Who was He?«, JBL 81 (1962), S. 25—34; The Dates of Ezra and Nehemiah, JSS 7 (1962), S. 1—11, bes. S. 1. Verweise auf frühere Literatur MORGENSTERNS bei ROWLEY, Nehemia's Mission and its Background, BJRL 37 (1955), (S. 528—561) S. 556—558. MORGEN-STERN greift für seine These Stellen auf, die nach der bisherigen Forschung entweder gar nicht mit einem nachexilischen Ereignis oder nur mit der nationalen Katastrophe von 589—587 v. Chr. in Verbindung gebracht wurden. Die Exegese dieser Stelle ist von der vorgefaßten These als Petitio principii zu sehr bestimmt, um nachvollziehbar zu sein. Gegen MORGENSTERNS These spricht vor allem das Fehlen von direkten Anspielungen auf ein solches Ereignis im Alten Testament. Zur Kritik vgl. weiter ROWLEY a. a. O. S. 556—558; GALLING, Studien, S. 133 Anm. 1.

völker mit Zustimmung des Großkönigs daraufhin in Juda eingegriffen haben. Das wehrlose Land sei dem Ansturm dieser Koalition erlegen; Stadtmauern, Tore und Tempel seien zerstört worden. So einleuchtend vom geschichtlichen Zusammenhang her die These Morgensterns auch erscheint, sie überzeugt leider in der Durchführung an den meisten Texten nicht.

Man hat allen Grund, den nächsten Mauerbauversuch in Jerusalem, den man aus Esr 4 7-23 rekonstruieren kann, im Zusammenhang mit den Megabyzoswirren von 448 v. Chr.[46] zu sehen. Die Anklage der Samaritaner und der Provinzialverwaltung bei Artaxerxes I. schildert den Versuch einer Rebellion, und die königliche Rückantwort ordnet entsprechende Maßnahmen zum Baustop an. Nach Esr 4 12 wurde diese neue Aktivität durch eine Rückwanderergruppe unter Artaxerxes[47], die ich mit der Esra-Gola gleichsetzen möchte[48], ausgelöst.

Im Zusammenhang mit diesem Geschehen steht Neh 1 3. Schon der Glossator von Esr 4 21 bβ[49] hat darauf aufmerksam machen wollen: »bis von mir der Befehl gegeben wird«. Nach Neh 1 wurde nun der einflußreiche Hofbeamte Nehemia für den Plan der zionistischen Gruppe gewonnen. Wiederum zeigt der Widerstand Samarias und der theokratisch orientierten Hierarchie, welche Hoffnungen sich an diesen Mauerbau knüpfen könnten. Das Gelingen des Mauerbauunternehmens war m. E. Grund genug für den Ausbruch von messianischem Enthusiasmus bei der zionistischen Partei. Die Begeisterung wuchs sozusagen mit dem Bau. Nach Neh 4 proklamierte der Statthalter bei dem zu erwartenden Ansturm der Feinde auf Jerusalem den Heiligen Krieg[50]. Jahwe selbst vereitelte den Sturm der Heiden auf seine Stadt (4 9) und bewahrte sein Heiligtum, wie es der Erwählungstradition vom Zion entsprach[51]. Und nach dem Glaubenszeugnis Nehemias (6 16) hatte Jahwe selbst entsprechend den alten Verheißungen aus der ersten nachexilischen Zeit (Sach 1 16f.) seine erwählte Stadt wiedererbaut vor den staunenden Augen der Heiden.

Man muß bei dem Thema des Mauerbaues beachten, daß der Mauerkranz als Zeichen der Unabhängigkeit galt, d. h. in der Theologie

---

[46] Rudolph, S. 45; Galling, Studien, S. 155f.

[47] In Esr 4 12 ist mit מִן־לְוָתָךְ m. E. nicht nur eine räumliche Angabe gemacht, die sich historisch allein auf die Serubbabelgola beziehen könnte; so auch Bertholet, S. 17; Schneider, S. 114; Grosheide, Ezra-Nehemia I, COT, 1963, S. 145. Die Ausdrucksweise erscheint allein sinnvoll, wenn sie sich auf eine unter Artaxerxes I. jüngst geschehene Gola bezieht. Daß Juden unter den Vorgängern des Königs zurückkehrten, dürfte diesen kaum interessieren. Neh 1 2 setzt mit Chanani als dem Führer der Delegation Judas eine solche Gola unter Artaxerxes I. voraus.

[48] Frühdatierung Esras vor Nehemia; dazu vgl. das Vorwort.

[49] Vgl. Rudolph, S. 43; Galling, Studien, S. 156 Anm. 1.

[50] Dazu s. o. S. 18.   [51] Vgl. auch Sach 2 8f.

zionistischer Kreise Mauerbau und Restitution des Staates Juda eng zusammengehörten. Schon der messianische Enthusiasmus bei Serubbabel zeigt diese Verbindung an. Und der Gedanke an eine Wiedererrichtung der Davidherrschaft für die nachexilische Zeit, wie er sich in den messianischen Verheißungen niedergeschlagen hat, ist nicht so absurd, daß man ihn von vornherein für unwahrscheinlich halten sollte. Der Westen bedeutete immer für die Achämeniden eine unsichere Stelle im Reichsgefüge. Der Mauerbau- oder Aufstandsversuch von Esr 4 6 fiel in die erste Zeit der Xerxesherrschaft, in der Ägypten und Babylon zurückgewonnen werden mußten; Juda aber lag zwischen diesen stets unzuverlässigen Gebieten. Für die erste Regierungshälfte Artaxerxes' I. (465—425 v. Chr.) sind wir über die Wirren an der Westperipherie des Großreiches gut informiert[52]. Der lybische Dynast Inaros vereinigte 463/2 v. Chr. Unterägypten im Aufstand gegen die Perser. Der Satrap Achämenes, Bruder des Xerxes, wurde bei Papremis geschlagen, die Reste des persischen Heeres hielten Memphis und damit Oberägypten und warteten auf Entsatz. Diese Gefahr suchte Inaros durch ein Hilfegesuch an Athen 460 v. Chr. zu meistern. Man konnte die Perser mit griechischer Hilfe auf einen Teil der Festung zurückdrängen. Erst 454 v. Chr. schlug der Schwager des Königs Megabyzos den Aufstand nieder. Lediglich in der Sumpfgegend des westlichen Nildeltas konnte sich Amyrtaios, der an der Rebellion des Inaros mitbeteiligt war, halten. 450 v. Chr. versuchte er, von hier aus erneut den Aufstand zu schüren, und bat Athen um Unterstützung. Die Athener entsandten ein Kontingent aus dem unter Kimon gegen Cypern gestarteten Unternehmen. Die Schiffe wurden jedoch nach dem Tode des Kimon beim Abbruch der Cypernaktion zurückgerufen. Der für die Perser verlustreiche Kalliasfriede von 448 v. Chr. mit Athen gab dem Großkönig endlich freie Hand für die ägyptische Angelegenheit. Der Herd des Widerstandes im äußersten Westdelta gelangte jedoch nicht mehr unter persische Kontrolle und stellte unter den Söhnen der Dynasten Inaros und Amyrtaios eine ständige Gefahr dar. Die Hinrichtung des Inaros gab wahrscheinlich den Anlaß zum Aufstand des Megabyzos, des Satrapen von Syrien, um 448 v. Chr., der erst nach zwei Siegen des Rebellen unter ehrenhaften Bedingungen beigelegt wurde. Man hat Grund anzunehmen, daß im Zusammenhang mit den Megabyzoswirren von 448 v. Chr. der Jerusalemer Mauerbauversuch stand, auf den Esr 4 7-23 Neh 1 3 anspielen.

Leider ist man über die Verhältnisse im Perserreich zur Nehemiazeit nicht ausreichend informiert. Nach 445 v. Chr. wurde die Politik des Perikles in Athen wieder perserfeindlich, und 441 v. Chr. floh ein Sohn des ehemaligen Rebellen Megabyzos mit Namen Zopyros nach Athen[53].

---

[52] Zum Folgenden vgl. KIENITZ a. a. O. S. 69—72.

[53] Vgl. OLMSTEAD, History of the Persian Empire, ³1960, S. 344; NYBERG a. a. O. S. 105.

Er wurde von den Athenern mit Schiffen und Truppen ausgerüstet und überfiel die unter persischer Herrschaft stehende Stadt Kaunos in Karien, wobei er den Tod fand. Perikles griff in die kleinasiatischen Wirren in Jonien ein, und es kam zu einem Krieg zwischen ihm und Pissuthnes, dem Satrapen von Sardes. Nach der alten Spielregel hätte es nun wieder in Ägypten Unruhen geben müssen. Aber schon 440 v. Chr. behielten die Perser das Feld[54]. Daß mit diesen Ereignissen in Kleinasien ein Aufflammen zionistischer Hoffnungen in Juda verbunden war, erscheint möglich. Viel wichtiger wäre jedoch ein Einblick in die Lage beim Ende der Statthalterschaft Nehemias um 433/2 v. Chr. Dazu fehlen leider die Quellen. Immerhin zeigt das kleinasiatische Beispiel, daß man auch für die zweite Regierungshälfte Artaxerxes' I. mit aufrührerischen Bewegungen im Westen rechnen muß. Vor allem liegt ein solcher Gedanke für den ständigen Unruheherd Ägypten nahe. Der voraufgehende geschichtliche Überblick läßt vermuten, daß Juda viel stärker mit der persischen Geschichte im Westen zusammenhing, als die biblischen Quellen zu erkennen geben[55]. Daß nach der Gründung der Provinz Juda in Zusammenhang mit irgendwelchen Unruhen in Ägypten oder anderswo zionistische Kreise Jerusalems mit dem Gedanken an einen Abfall von Artaxerxes, wie ihn Samarias Vorwurf vermutete, spielten, ist immerhin möglich.

Für die Zeit nach Nehemia stellt Jer 33 14-26 ein Zeugnis enttäuschter messianischer Hoffnungen dar. Man kann für das ausgehende 5. Jahrhundert und für die erste Hälfte des 4. Jahrhunderts noch mit einem gelegentlichen Aufflammen des Zionismus rechnen. So wäre es möglich, daß der Aufstand des Arsites gegen Darius II.[56], dem sich Artyphios, Sohn des Rebellen Megabyzos und Satrap von Syrien, anschloß, seine Auswirkungen bis nach Juda gehabt hat. Um 400 bereitete die Rebellion des Amyrtaios II. der Perserherrschaft in Ägypten vorläufig ein Ende[57]. In der Folgezeit unter den Königen Artaxerxes II. Mnemon und Artaxerxes III. Ochos, d. h. von 404—338 v. Chr., befand sich Ägypten meistens in Aufruhr[58]. Nach 370 v. Chr. brach der große Satrapenaufstand aus[59], um 350/49 schloß sich der

---

[54] Vgl. dazu NYBERG a. a. O. S. 105.

[55] Der Zusammenhang zwischen Juda und Ägypten in politischer Hinsicht bedürfte für die nachexilische Zeit einer Untersuchung. Man beachte dabei die Verbindung zwischen der antipersischen Politik Ägyptens und Athens. Die palästinensische Küstenstadt Dor gehörte zwischen 460 und 450 v. Chr. dem Attischen Seebund unter Perikles an; vgl. HEICHELHEIM, Ezra's Palestine and Periclean Athens, ZRGG 3 (1951), S. 251—253.

[56] Vgl. KITTEL, Gesch. III, S. 489; SELLIN, Gesch. II, S. 163.

[57] Vgl. KIENITZ a. a. O. S. 75ff.; NYBERG a. a. O. S. 107.

[58] Vgl. KIENITZ a. a. O. S. 76ff.

[59] Vgl. KIENITZ a. a. O. S. 93f.

Phönikeraufstand an, der weitere Kreise um sich zog[60]. Man hat allen Grund anzunehmen, daß es in dieser Zeit auch in Juda zu einem neuen Aufflammen zionistischer Hoffnungen gekommen ist, denn im Zusammenhang mit der Zerstörung Sidons und der Rückeroberung Ägyptens griff Artaxerxes III. um 343 auch in Juda ein[61]. Darauf läßt der historische Hintergrund des Judithbuches schließen, dessen Feldherr Holofernes mit dem aus Diodor bekannten Feldherrn Artaxerxes' III. Orofernes identisch sein wird[62]. In diesen Zusammenhang kann auch die Gestalt des Bagoas aus Judith 12 11 und anderen Stellen gehören, den Diodor ebenfalls erwähnt[63]. Vor allem aber wird von der Zeitlage her eine Notiz bei Euseb, die auch andere Historiker der alten Zeit bestätigen, glaubhaft[64]. Sie berichtet von einer Exilierung jüdischer Bevölkerungsteile aus Juda nach Hyrkanien am Kaspischen Meer unter Artaxerxes III. Der Grund für diesen Eingriff kann nur ein weiterer Abfallversuch gewesen sein[65].

Dieser geschichtliche Überblick läßt einen zionistisch-messianischen Enthusiasmus in der Nehemiazeit durchaus denkbar erscheinen. Die Gunst der politischen Lage, der Wiederaufbau der Stadtmauern und die davidische Abkunft Nehemias werden dabei als treibende Faktoren zusammengewirkt haben.

Zuletzt sei auf die eschatologischen Themen der Wiederherstellung sozialer Gerechtigkeit und der Toraobservanz hingewiesen. Wichtige Zeugen sind hier wiederum die Stimmen bei Tritojesaja und bei Maleachi. Danach erscheint neben der Verherrlichung Jerusalems der Gesetzesgehorsam als wichtigster Bestandteil zionistischer Eschatologie. Bei Tritojesaja findet man zum erstenmal Eschaton und Tora direkt miteinander verbunden: Das nahe Heil wird durch Übertretung der Tora in Rechtsbruch (58 2. 4. 6 59 3f.) und Hartherzigkeit gegenüber den Notleidenden (58 7. 10) hinausgezögert (56 1 58 8). Das Schwergewicht der prophetischen Anklage lag auf dem Bruch des Gesetzes, der besonders an der Nichteinhaltung des Sabbatgebotes (Jes 56 2

---

[60] Vgl. HÖLSCHER, Palästina in der persischen und hellenistischen Zeit, 1903, S. 46ff.; KITTEL, Gesch. III, S. 666; OLMSTEAD a. a. O. S. 434; KIENITZ a. a. O. S. 101f.

[61] Vgl. KIENITZ a. a. O. S. 103ff.

[62] Diodor XXXI 19, 2f.; vgl. HÖLSCHER a. a. O. S. 35; SCHÜRER, Gesch. III, S. 232f. mit Anm. 22; KITTEL, Gesch. III, S. 677; SELLIN, Gesch. II, S. 168f.

[63] Diodor XVI 47—50.

[64] Euseb, Chron. ad annum Abrahae 1657, Migne PG 19, Sp. 486; Der Bericht wird bestätigt von Orosius, Hist. III 7, 6/7; Georgius Sincellus (ed. DINDORF 1829) I 486, 10, nennt zusätzlich noch Babylonien. Vgl. dazu SCHÜRER, Gesch. III, S. 7 Anm. 1; S. 232f. Anm. 22; KITTEL, Gesch. III, S. 677; SELLIN, Gesch. II, S. 168f.; HÖLSCHER a. a. O. S. 46; KIENITZ a. a. O. S. 102.   [65] Vgl. KIENITZ a. a. O. S. 101f.

[66] Vgl. HORST, Die Zwölf Kleinen Propheten, HAT I/14, ³1964, S. 263; EISSFELDT, Einl.³, 598f.

58 13) und an der sozialen Ungerechtigkeit (Jes 58 6-12 59 1-20) aufgezeigt wird.

Wieder liegt die Ähnlichkeit mit Zügen des Werkes Nehemias und Erwartungen der nehemianischen Partei auf der Hand. Die Kombination von Zionismus und strenger Toraobservanz spiegelt sich bei Nehemia schon im Aufbau der NQ wider. Als besondere Zeichen der Gesetzesüberschreitung erscheinen auch hier der Bruch des Sabbatgebotes (13 15-22) und die sozialen Mißstände (5 1-13). Die allgemeine Seisachthie mutet wie eine Antwort auf Jes 58 6f. an. Das Nehemiagebet 1 5-11 hat nicht nur seine Entsprechungen in der dtr Theologie, sondern auch bei Tritojesaja. Der Bruch des Gesetzes (1 7) und die Bitte um die Sammlung der Diaspora, die an die Bedingung des Gesetzesgehorsams geknüpft ist (1 9), sind durchaus tritojesajanische Gedanken.

Für die Durchsetzung der Ordnung im Bereich des Tempelkults (13 4-14. 28-31) fallen die Parallelen zum Maleachibuch auf, dessen Verkündigung in die Zeit unmittelbar vor Nehemia zu datieren ist[66]. Man achtete nicht mehr auf die Fehlerlosigkeit der Opfertiere und vernachlässigte die priesterliche Tora (Mal 1 6—2 9). Die Abgaben für den Tempel gingen nicht mehr in rechter Ordnung ein (Mal 3 6-12). Die prophetische Verkündigung wies auf Jahwes Kommen zum Gericht hin. Nach Mal 3 1-4[67] verhieß sie jedoch die Voraussendung eines Boten, der zuvor den Tempel für den Einzug seines himmlischen Herrn würdig herrichten sollte. Die Aufgabe dieses Wegbereiters Jahwes bestand in der Ordnung des Tempelkultes und der Läuterung der Priesterschaft[68].

Man darf aus der theologischen Nähe der NQ zu Maleachi und Tritojesaja den Schluß ziehen, daß Nehemia und seine Partei im theologischen Gefolge jener Prophetenkreise standen, die sich hinter den Namen Tritojesaja und Maleachi verbergen. Aber man muß noch weiter bedenken, was die Erfüllung der prophetischen Mahnungen und Verheißungen durch das Werk Nehemias für die prophetisch-eschatologische Gruppe in Jerusalem bedeutete: Zeichen der nahenden Königsherrschaft Jahwes und Stunde des Messias. Ob man Mal 3 1-4 im Grundbestand auf Nehemia bezogen hat[69]?

---

[67] Dazu vgl. HORST a. a. O. S. 271; ELLIGER a. a. O. S. 205ff. Daß Mal 3 3f. wahrscheinlich sekundär ist, hat keine Bedeutung. Möglicherweise liegt dieser Textteil noch näher bei der Nehemiazeit.

[68] HORST a. a. O. S. 271.

[69] Es handelt sich bei der ursprünglichen Botschaft des Propheten nach dem jetzigen Textbestand wohl kaum um einen menschlich-geschichtlichen Boten, sondern um ein himmlisches Wesen. Die Auslegung dieses Textes auf den Elias redivivus in Mal 3 23f. zeigt jedoch, wie frei man mit solchen Ankündigungen umging. Eine aktualisierende zeitgenössische Deutung auf Nehemia erscheint mir nicht unmöglich,

V. DER AUSGANG DER GESCHICHTE NEHEMIAS

Das erstaunlichste an der Statthalterschaft Nehemias ist ihr Ende nach zwölf Jahren (5 14), da im allgemeinen das Statthalteramt auf Lebenszeit galt oder mit einem Thronwechsel endete. Hinter diesem frühzeitigen Abbruch, der ja nicht durch den Tod Nehemias hervorgerufen wurde, muß ein Vorfall verborgen sein, den man nach den Ergebnissen der bisherigen Untersuchungen leicht erraten kann. Die formgeschichtliche Untersuchung der NQ leistet hier nun entscheidende Hilfe. Das letzte historische Ereignis, das sich formgeschichtlich greifen läßt, dürfte die Anklage und Verdächtigung Nehemias bei Artaxerxes durch die Samaritaner und die Jerusalemer Hierarchie auf Hochverrat gewesen sein[70].

Das Schicksal Nehemias nach seiner Rückberufung bleibt wie im Falle Serubbabels dunkel. Hat er Gott selbst um Rechtsbeihilfe für den zu erwartenden Prozeß am Königshof angerufen, so mußte Nehemia mit dem Erfolg seiner Gegner rechnen. Zumindest war der Verdacht einer unkorrekten Amtsführung beim Großkönig auf ein offenes Ohr gestoßen; die ständigen Reibereien mit dem Hochklerus in Jerusalem und dem Statthalter von Samaria sprachen nicht gerade günstig für Nehemia.

Man weiß nicht, wie weit Nehemia die Hoffnungen, die man in zionistischen Kreisen auf ihn setzte, sich selbst zu eigen gemacht hat. Er zeigt sich in seiner Denkschrift als kluger Diplomat und weitsichtiger Politiker, dem man auch heimlichen Hochverrat nicht zutrauen sollte. Mit seiner Appellationsschrift behauptet er seine Unschuld, und man hat keinen Grund, ihm dieses Bekenntnis vor der Gottheit im Grundsatz nicht abzunehmen. Man muß damit rechnen, daß Nehemia das Opfer der Auseinandersetzung zwischen Zionismus und Theokratie geworden ist. Er versuchte, in Loyalität zur persischen

---

zumal das Nehemiabild von II Macc 1 10—2 18 (dazu s. o. S. 127 f.) auch in den Konturen Elias gezeichnet ist.

Interessant und bestechend ist in diesem Zusammenhang die Textänderung und -deutung BENTZENS, Priesterschaft und Laien in der jüdischen Gemeinde des 5. Jahrhunderts, AfO 6 (1930/1), (S. 280—286) S. 283, der הַכְלִי in Mal 3 1 auf den königlichen Palast bezieht, da es sonst הַכְלִי heißen müßte. »Der Herr, dessen ihr harrt« ist bei dieser Auffassung, die eine Änderung von מַלְאָךְ zu מֶלֶךְ הַבְּרִית sinnvoll machen würde, der davidische Messias. »Der ‚König des Bundes‘ wäre eine deutliche Bezeichnung des zu erwartenden davidischen Messias, dessen vornehmste Aufgabe die Reinigung der Priesterschaft wäre. Dieser Messias, der Hüter des Gesetzes . . . gilt — wenn diese Vermutung richtig ist — als Träger der Wandlung in den Augen der Laien« (BENTZEN). Sollte dies der Horizont der nehemianischen Partei in Juda gewesen sein? Dazu s. auch o. S. 2.

[70] Dazu s. o. S. 84. ff.

Krone im Bereich des Statthalteramtes die ihm als Davididen ange-
stammten Rechte und Pflichten wahrzunehmen. Er zog sich so auf der
einen Seite den Haß der Hierarchie mit ihrem theokratischen Programm zu. Auf der anderen Seite konnte er sich wohl des unbeherrsch-
ten Enthusiasmus der zionistisch-messianischen Partei nicht genügend
erwehren. Wahrscheinlich wird man in unbesonnener Weise und Selbst-
überschätzung im Zusammenhang mit den Erfolgen des Statthalters
und der politischen Lage im Westen des Großreiches diesen Enthusiasmus immer offener gezeigt haben, ohne daß Nehemia ihn vor der
Öffentlichkeit noch dämpfen konnte. So konnte es am Ende der theokratischen Gegenpartei und den Gegnern in Samaria nicht schwer
fallen, diesen unbequemen Rivalen des Hohenpriesters in Jerusalem
loszuwerden.

6. Kapitel: Die Geschichte Nehemias (historische Skizze)

I. DIE VORGESCHICHTE

Nach der Enttäuschung nationaler Hoffnungen am Anfang der nachexilischen Zeit setzte in Juda eine Periode der Resignation und Erschlaffung kultischen und gesetzlichen Eifers ein. Die strengen separatistischen Grundsätze des Diasporajudentums, die noch am Ende des Jahres 520 v. Chr. zur Abweisung der Samaritaner beim Tempelbau geführt hatten (Hag 2 10-14), wurden immer mehr aufgegeben. Da vorerst keine Hoffnung auf Lösung der politischen Fragen bestand, fand man sich mit der administrativen Zugehörigkeit zu Samaria ab und arrangierte sich in der Oberschicht, d. h. in Priesterschaft und Adel, mit den führenden Kreisen der Provinz durch Einheirat in ihre Familien[1]. Man hoffte, so das eigene Ansehen zu heben und eine relative politische Selbständigkeit für den judäischen Bezirk zu erlangen. Diese Hoffnungen wurden auch wohl im Laufe des 5. Jahrhunderts auf Grund des Sonderstatus der Kultgemeinde erfüllt. Samaria begnügte sich immer mehr mit der gelegentlichen Wahrnehmung einer politischen Aufsichtsfunktion, und die einheimische Aristokratie wurde neben ihrer Führungsaufgabe in der Kultgemeinde an der Verwaltung des Distrikts beteiligt.

Die Aufgabe der strengen Isolation vergrößerte wohl die allgemeine Erschlaffung im gesetzlichen Eifer. Die Schar derer, die an der strengen Gesetzlichkeit des Diasporajudentums festhielten, wurde immer kleiner. Die Sammlung von Prophetenworten bei Tritojesaja und Maleachi zeigen deutlich, wie der Riß mitten durch die Gemeinde ging, sich Parteien bildeten und der Verfall sich besonders auf die Führungsschicht bis in den Klerus hinein erstreckte. Man achtete nicht mehr auf die Fehlerlosigkeit der Opfertiere und vernachlässigte die priesterliche Tora (Mal 1 6—2 9). Die Abgaben für das Heiligtum gingen nicht mehr ordnungsgemäß ein (Mal 3 6-12 Neh 13 10-14. 31), so daß bspw. die Leviten, die im Unterschied zu den Priestern allein auf diese Abgaben angewiesen waren, kurz vor Nehemias Ankunft ihre Dienstplätze verlassen hatten, um auf dem Lande ihren Unterhalt zu finden (Neh 13 10). Die Holzlieferungen für den Bedarf des Brandopferaltars wurden in gleicher Weise vernachlässigt (Neh 13 31). Die Dienste des Klerus erforderten eine ordnungsgemäße Regelung (Neh 13 30).

---

[1] Vgl. Mal 2 10ff. Neh 6 18 13 4. 23ff. 28; dazu vgl. ALT II, S. 336 mit Anm. 3.

Die prophetische Verkündigung geißelte die Leichtfertigkeit, mit der man eingegangene Ehen schied, um ausländische Frauen zu heiraten (Mal 2 10-16, vgl. Neh 13 23-29), und das Sabbatgesetz übertrat (Jes 56 2-6 58 13, vgl. Neh 13 15-22). Es brachen auch die sozialen Gegensätze und Mißstände, die die vorexilische Prophetie anprangerte, von neuem auf (Jes 56 9-12 58 7. 10, vgl. Neh 5 1-13). Im Laufe der Zeit bekam sogar die Oberschicht Samarias wieder ihr Heimatrecht in der Kultgemeinde[2].

Die babylonische Diaspora konnte diesem Verfall der Gemeinde Judas und dem Untergang der gesetzestreuen Minorität nicht tatenlos zusehen. Sie versuchte in der Mitte des 5. Jahrhunderts, die Verhältnisse in Juda nach ihren toratreuen Grundsätzen neu zu ordnen. Tendenzen der persischen Rechts- und Religionspolitik entgegenkommend, erlangte sie von Artaxerxes I. (465—425) das Recht zu solchen Reformen[3]. In königlichem Auftrag wurde Esra als Referent für jüdische Religionsangelegenheiten am Perserhof aus priesterlichem Hause in die Heimat geschickt, um die Ausrichtung des Lebens nach dem Jahwegesetz zu erzwingen (Esr 7 12ff.). Wie anderen Rechtsbüchern verlieh die persische Krone auch der Jahwetora den Rang eines Reichsgesetzes. Esra konnte eine Heimkehrergruppe mitnehmen, um die Partei der Gesetzestreuen in Juda zu verstärken. Sein Werk scheiterte am Widerstand der nach Samaria orientierten Führungsschicht, die sich nicht weiter durch die Diasporagemeinde bevormunden lassen wollte und verständlicherweise das Risiko einer Verfeindung mit der Verwaltung in Samaria nicht auf sich nehmen konnte. Die zionistische Gruppe in Jerusalem erkannte deshalb sehr bald, daß die Trennung von Samaria und die Eigenstaatlichkeit Judas die notwendigen Voraussetzungen für eine anhaltende Neuordnung nach dem Gesetzesprogramm der Diaspora waren. Einen ersten, aber voreiligen und erfolglosen Schritt in dieser Richtung nach dem Fiasko von 485 v. Chr. (Esr 4 6) unternahm man kurz nach der Esragola im Zusammenhang mit den Megabyzoswirren um 448 v. Chr.; man versuchte, die Mauern Jerusalems wieder aufzubauen (Esr 4 7ff.). Dieses Unternehmen scheiterte an der Intervention Samarias, das in dieser Situation der persischen Krone Rebellionsabsichten Jerusalems sehr leicht verständlich machen konnte. Im Auftrag des Großkönigs verhinderte die samaritanische Behörde die Fortsetzung des Werkes (Esr 4 23).

Die zionistische Gruppe ließ jedoch nicht von ihrem Plan ab. Man wartete, bis sich die politischen Verhältnisse wieder beruhigt hatten, um dann die endgültige Lösung der politischen Frage Judas und die Aufhebung des Mauerbauverbotes zu erlangen. Die große Hoffnung

---

[2] Vgl. Neh 2 20.

[3] Frühdatierung Esras vor Nehemia! Dazu vgl. das Vorwort. Im folgenden liegen die Ergebnisse der dort angeführten Untersuchung vor.

dieser Gruppe am Hofe Artaxerxes' I. war Nehemia, der einflußreiche Mundschenk aus einer Seitenlinie der Daviddynastie, dessen Bruder Chanani mit der Esragola in die Heimat der Väter zurückgekehrt war.

II. DIE GESCHICHTE NEHEMIAS

Im Winter 446/445 traf eine inoffizielle judäische Delegation in Susa ein und verschaffte sich durch Chanani Zugang zu Nehemia. Der Bericht über die seit 448 v. Chr. unveränderte Lage in Jerusalem löste bei Nehemia große Bestürzung aus. Er beschloß, nicht nur die judäischen Wünsche dem König vorzutragen, sondern auch persönlich die Verhältnisse in Juda zu regeln (Neh 1).

Eine günstige Gelegenheit für das Gesuch ergab sich bei der Feier des Neujahrsfestes (13. April) 445 v. Chr., bei der Nehemia turnusgemäß das Mundschenkamt zu versehen hatte[4]. Die heitere Stimmung beim königlichen Mahl mit den Großen des Reiches war die beste Voraussetzung für das schwierige Gesuch, bei dem auch für Nehemia viel auf dem Spiel stand. In geschickter Einfädelung des Problems gab Nehemia dem König Gelegenheit, seinen Großmut und seine Pietät zu beweisen, und konnte dabei auch der Fürsprache der Hauptfrau des leicht durch Frauen zu beeinflussenden Artaxerxes[5] sicher sein (2 6). Wer weiß, mit welchen Palastintrigen Nehemia sein Unternehmen vorbereitend sicherte. Die Initiative wurde dem König selbst zugespielt durch das ungewöhnlich[6] und wohl beabsichtigt[7] schlechte Aussehen seines Günstlings. Nehemia ließ sich die Bitte vom König gleichsam herauslocken, wenn er von seiner Trauer über die immer noch geschändeten königlichen Ahnengräber in der Stadt seiner Väter sprach (2 3). Das aufs persönliche Gebiet verlagerte Spiel wurde gewonnen. Nehemia erlangte seine Ernennung zum Wiederaufbaukommissar für Jerusalem und wurde mit allen erforderlichen Vollmachten ausgestattet[8].

---

[4] In 2 1 lies mit Lesarten der LXX וַיֵּין לְפָנַי; zur Textkritik vgl. RUDOLPH, S. 106 Note zu 1; GOTTHARD, Der Text des Buches Nehemia, S. 20 f.

[5] Dazu s. o. S. 154 Anm. 14.

[6] Ich lese mit BERTHOLET, S. 49, und RUDOLPH, S. 106 Note zu 1, in 2 1 לְפָנִים = früher: »Nun hatte ich früher nie schlecht ausgesehen«.

[7] Vgl. RUDOLPH, S. 106.

[8] Zur Art der Geleitschreiben vgl. den Arschambrief Driver Nr. VI, in: DRIVER, Aramaic Documents, 1957, S. 27 f.

Die Lage der königlichen Domänenwälder von 2 8 ist ungewiß. Man denkt vielfach an den Libanon (nach I Reg 5 20 Esr 3 7 Jos Ant XII 141; vgl. GALLING, S. 219; BOWMAN, S. 675). Neuerdings hat JEPSEN, Pardes, ZDPV 74 (1958), S. 65—68, auf das Gebiet des *dschebel ferdēs* am Ostabhang des Gebirges Juda hingewiesen.

Man muß sich darüber klar sein, daß die Änderung der königlichen Politik gegenüber der Situation von 448 v. Chr. letztlich weder auf die Laune eines Augenblicks und die persönliche Gunst Nehemias beim Großkönig noch auf den Druck der babylonischen Diaspora zurückgeht. Das letzte Motiv war wie in der ganzen bisherigen Politik der Achämeniden die Schaffung von stabilen Verhältnissen in der Brückensatrapie Ebirnari als Bollwerk gegen Ägypten. Der Aufstand des Inaros war erst 454 v. Chr. niedergeschlagen worden, aber der Endkampf des Amyrtaios hielt das Kernland der Aufstände, die Sumpfgegend des westlichen Nildeltas, von einer persischen Herrschaft frei und bildete den Herd einer ständigen Gefahr. Der Megabyzosaufstand von 448—446 v. Chr. hatte noch einmal die Schwäche der königlichen Macht an der Südwestperipherie des Reiches gezeigt. Megabyzos durfte Satrap bleiben, und das blieb trotz des Friedens ein weiterer Gefahrenpunkt.

In dieser Lage konnte der Krone an jeder Sicherung des Anmarschweges nach Ägypten nur gelegen sein, und sie verfolgte planmäßig die Politik einer Errichtung von Stützpunkten in diesem Gebiet. Der Wiederaufbau Jerusalems und die Gründung der Provinz Juda, durch die man ein Nachlassen der gefährlichen Spannung zwischen Juda und Samaria erhoffte, gehören in den Zusammenhang dieser Politik zur Sicherung des Westens. An weiteren Unternehmungen wären hier zu nennen: die Einrichtung von militärischen Versorgungsstationen am *wādi ghazze*[9], die Errichtung der persischen Kommandantur von Lachisch zwischen 470 und 450 v. Chr. an der edomitisch-judäischen Grenze[10], die Einrichtung der Präfektur von Geser[11] zwischen Juda und Samaria und der wahrscheinliche Wechsel im Statthalteramt von Samaria durch die Einsetzung Sanballats im Jahre 446 v. Chr.[12]. Ob nicht dieser letzte Fall den restaurativen Kreisen in Juda den Anstoß gab, es noch einmal mit dem Mauerbau und weiteren politischen Reformen zu versuchen? Auch die Beauftragung eines Abkömmlings des einheimischen Fürstengeschlechts und seine spätere Einsetzung zum Statthalter entsprach persischer Sicherheitspolitik.

Man muß den Eingriff von 448 v. Chr. als ein Ausnahmegeschehen in der persischen Südwestpolitik verstehen, das durch die zeitliche

---

[9] Vgl. FLINDERS PETRIE, Gerar, 1928, Pl. XIII; Beth-Pelet I, 1930, Pl. XLIV—XLVI; dazu NOTH, Gesch., S. 287.

[10] Vgl. GALLING, Syrien in der Politik der Achaemeniden, AO 36, 3/4 (1937), S. 45; NOTH, Gesch., S. 311.

[11] Vgl. GALLING a. a. O. S. 45; Assyrische und persische Präfekten in Geser, PJ 31 (1935), (S. 75—93) S. 86 f.; NOTH, Gesch., S. 311.

[12] Nach Esr 4 8ff. um 448 v. Chr. Rechum Statthalter, nach Neh 2 10. 19 um 445 Sanballat; vgl. dazu RUDOLPH, S. 109; GALLING, Studien, S. 156 f.

Nähe zur Niederlage von Salamis 449 v. Chr.[13] und zum Megabyzosaufstand wohl verständlich wird. Nach der Beruhigung der Verhältnisse war es nun angebracht, die Einwohner Judas durch weitere Zu-
geständnisse enger an das Reich zu binden. Daß die Reichsregierung
damit den offenen Ausbruch des innerjudäischen Parteienstreites
heraufbeschwor und gewisse Jerusalemer Gruppen für Unruhebewe-
gungen in den Nachbargebieten Ägypten und Babylon ein offenes Ohr
hatten, wird dem Großkönig bei der einseitigen Unterrichtung durch
das Hofjudentum in Susa nicht bewußt gewesen sein.

Über die zu erwartenden Schwierigkeiten wohl unterrichtet, ging
Nehemia nach seiner Ankunft in Jerusalem mit größter Vorsicht ans
Werk. Nicht einmal den Beamten der Verwaltung wurde Einblick in
seine Pläne gegeben (2 12. 16 a). Das Ergebnis einer heimlichen Überprüfung der Mauern unter dem Schutze der Nacht fiel jedoch so günstig aus, daß Nehemia das Werk gleich in Angriff nehmen konnte. Der
samaritanischen Partei blieb angesichts dieser Überrumpelung nichts
anderes übrig, als vorerst dem königlichen Befehl Folge zu leisten.

In die Zeit zwischen den ersten Vorbereitungen und dem Beginn
des Mauerbaues gehören wohl die ersten amtlichen Maßnahmen Nehemias, die deutlich seine Absicht verraten, das zionistische Programm
nach Möglichkeit zu verwirklichen. Die Eingliederung von Grenz-
distrikten in die neue Provinz Juda fand wohl in diesen Tagen statt.
Das Amtslokal des samaritanischen Unterbeamten Tobia im Tempel
wurde unter dem Vorwurf des Sakrilegs demonstrativ aufgehoben
(13 4-9). Auf den Protest der von diesen Neuerungen betroffenen
Nachbarprovinzen unter Anführung Sanballats von Samaria ant-
wortete Nehemia mit dem Ausschluß der Samaritaner aus der Kultgemeinde und einer feierlichen Annullierung aller Besitzrechte der
Nachbarn in der neuen Provinz (2 19f.). Die gesetzesgemäße Durchführung des Opferkultes verlangte eine sofortige Rückberufung der
Leviten und die Sicherung ihrer Versorgung. Auch hier zeigte Nehemia
seine Absicht, die Toraobservanz des strengen Diasporajudentums
kraft seines Amtes durchzusetzen (13 10-14).

Die Mauerbauliste 3 1-32 verrät eine umsichtige Planung des
Unternehmens unter Ausnutzung aller verfügbaren Kräfte. Die Land-
bezirke, der Klerus, die neuangegliederten Ortsverbände und die
Staatsgüter Mizpa und Gibeon stellten die eine Hälfte der Kontingente.
Die wohlhabenden Großgrundbesitzer wurden in besonderem Maße
am Bau beteiligt (5 16). Aber auch die proletarische und kleinbäuerliche
Bevölkerung hatte ihre persönliche Arbeitskraft zur Verfügung zu
stellen (5 1-5). Die andere Hälfte übernahmen die Jerusalemer Geschlechter und Gewerbeverbände. Der Mauerring wurde in Bauab-

---

[13] Salamis auf Cypern! Vgl. dazu MEYER, Gesch. IV/1, S. 579.

schnitte eingeteilt, deren Länge sich jeweils nach dem Grad der Zerstörung[14] und der Arbeitskraft der Gruppe richteten. Während die Führer der samaritanischen Partei in Jerusalem sich am Bau beteiligten, konnten sich der Grundadel von Thekoa und wahrscheinlich auch der südliche Halbbezirk von Beth-Zur der Verpflichtung entziehen. Auch Nehemia und seine Sippe stellten Hilfe zum Bau (4 10 5 16), ohne jedoch einen festen Anteil zu übernehmen, wie ihr Fehlen in der Bauliste zeigt. Wahrscheinlich griffen Nehemias Leute dort ein, wo besondere Hilfe nötig erschien.

In der ersten Augusthälfte noch wurde die Arbeit an allen Stellen gleichzeitig in Angriff genommen. Über diesem massiven Einsatz, der an den Wiederaufbau Athens durch Themistokles gegen den Widerstand der Spartaner 479 v. Chr. erinnert[15], hing die Geißel der Eile[16]. Nehemia rechnete neben dem Widerstand des Südens mit größeren und gefährlicheren Schwierigkeiten.

In Samaria hatte man offensichtlich mit einem solchen Erfolg Nehemias nicht gerechnet. Aber auch jetzt glaubte man noch immer nicht an ein Gelingen des Unternehmens, wie der nicht ganz durchsichtige Spott Sanballats und Tobias vor der Oberschicht von Samaria zeigt (3 33-35). So konnte Sanballat höhnen:

> Was treiben die(se) ohnmächtigen Juden da?
> Wollen sie (Jerusalem) für sich wiederaufbauen(?),
> das Bauopfer darbringen und am gleichen Tage noch fertig werden?
> Wollen sie die Steine aus den Schutthaufen heraus wieder brauchbar machen,
> wo sie doch ausgeglüht sind? (3 34)[17].

Tobia konnte seinem Vorgesetzten beipflichten:

> Laß sie ruhig fertigbauen, —
> springt ein Fuchs nur daran hoch,
> so bringt er ihre Steinmauer zum Einsturz! (3 35).

---

[14] Das etwa 1000 Ellen lange Stück zwischen Taltor und Aschentor, ungefähr ein Sechstel der Stadtmauer, entfällt nach 3 13 auf ein Baulos, während die stark zerstörte, kaum längere Nordmauer in fast zehn Bauabschnitte (3 1-6. 32) eingeteilt ist.

[15] Vgl. Thukydides I 89—93. Es bleibt zu vermuten, daß Nehemia am persischen Königshof, den Themistokles kurz nach dem Regierungsantritt Artaxerxes I. um 465 v. Chr. als Flüchtling aufsuchte, von diesem Verfahren hörte und es sich zum Vorbild nahm; vgl. v. SELMS, Ezra en Nehemia, 1935, S. 104.

[16] Vgl. 3 34. 38 4 1. 15-17 6 1. 15.

[17] Der Text von 3 34 ist sehr undurchsichtig. Man sollte für עוז mit einer Bedeutung rechnen, die in einem sachlichen Zusammenhang mit den folgenden Verben steht, d. h. eine bautechnische Maßnahme beschreibt. Diese Bedeutung liegt auch in 3 8 vor; vgl. bspw. MOWINCKEL, Nehemia, S. 77 Anm. 5; Studien II, S. 23. Vielleicht gibt das mhbr. Wort מַעֲזִיבָה = Estrich (KÖHLER, Lexicon, Sp. 694) die Richtung der Bedeutung an: das Mauerwerk auffüllen. לָהֶם muß dann als *dat. comm.* aufgefaßt werden. — Zu בְּיוֹם = im Nu, an einem Tage vgl. Prov 12 16.

Allerdings machten nach Nehemias Angaben diese Parolen, die ein Zeugnis für die Kümmerlichkeit und Eile des Bauunternehmens sind, in Jerusalem keinen Eindruck (3 38). Mit dem sichtbaren Fortschreiten des Aufbauwerks steigerte sich die Begeisterung und gewann Nehemia den Anhang bei der breiten Bevölkerung. Auf der anderen Seite gingen die Hilfegesuche der ohnmächtigen samaritanischen Partei an Nehemias Vorgänger in Samaria (6 17).

Die Unternehmungen Samarias, die das nicht ganz klare und textlich sehr verderbte Kapitel Neh 4 erkennen läßt, zielten wohl darauf, die Bevölkerung einzuschüchtern und vom Bau abzubringen. Vielleicht drohte man auch mit einem Überfall arabischer Nachbarstämme aus dem Machtbereich des Geschem, der nicht so sehr wie Samaria unter der Aufsicht des Satrapen von Ebirnari stand[18]. Nehemia jedenfalls rechnete nicht nur mit einem Einschüchterungsmanöver, sondern mit einem gewaltsamen Angriff der Feinde, der den Bau zum Stillstand bringen sollte. Diese Drohungen Samarias verfehlten ihre Wirkung nicht; sie verleiteten die Bevölkerung zur Resignation, unter solchen Umständen das Werk zu schaffen:

> Zusammenbricht des Trägers Kraft,
> denn des Schuttes ist zuviel.
> Und wir allein vermögen nicht,
> die Mauer aufzubauen (4 4).

Dieser Stoßseufzer der Lastträger wurde zur Panikparole aller Bauenden. Durch wiederholtes plötzliches Auftauchen von Truppen an den Grenzen konnten die Gegner die Panik so sehr steigern, daß Nehemia gezwungen war, den Bau zu unterbrechen und Verteidigungsmaßnahmen zu ergreifen. Sein Bericht über die Mobilmachung (4 7ff.) zeigt deutlich, unter welchem Aspekt er das Aufbauwerk und den Ansturm der Feinde sah. Der Davidide rief den »josianischen« Volksheerbann wieder ins Leben und proklamierte vor der ängstlichen, kriegsungewohnten Schar den Heiligen Krieg, in dem Jahwe selbst den Zion vor dem Ansturm der Feinde erretten würde (4 14). Damit war die Absicht der Gegner durchkreuzt, und sie mußten diese Einschüchterungstaktik aufgeben.

Allerdings wurde auch weiterhin die Verteidigungsbereitschaft gewahrt, so daß man unter erschwerten Bedingungen und erhöhter Sicherheit arbeiten mußte. So verbot bspw. Nehemia zur Sicherung der Mauern in der Nachtzeit den Landjudäern die abendliche Rückkehr in ihre Dörfer (4 16). Es ist sehr gut möglich, daß er damit nicht nur ein Fernbleiben der Verängstigten, sondern auch eine Kontaktaufnahme der samaritanischen Partei mit den Gegnern verhindern wollte. Der erwartete, nochmalige Angriff der Feinde blieb aus. Die

---

[18] Vgl. ähnlich MOWINCKEL, Nehemia, S. 200.

Samaritaner änderten ihre Taktik; aber die Schwierigkeiten beim Mauerbau waren damit nicht beseitigt.

Die Verpflichtung der Tagelöhner und bäuerlichen Bevölkerung zum Mauerbau führte zu einem offenen Ausbruch der immer schon schwelenden sozialen Krise. Die ohnehin durch Mißernten und Zahlung der Königssteuern verschuldete ärmere Landbevölkerung war durch die fast zweimonatige Beanspruchung in Jerusalem nicht imstande, ihre Zahlungstermine bei der reichen Oberschicht einzuhalten. Um das Korn für den täglichen Lebensbedarf während der Bauzeit zu bekommen, mußten nach Verbrauch der selbstgeernteten Vorräte die Tagelöhner ihre Kinder in die Schuldsklaverei geben und die Kleinbauern ihren Grund- und Hausbesitz an die Großgrundbesitzer verpfänden. Kleinbauern, die wegen der Zahlung der Königssteuer nicht mehr über ihre Felder und Weinberge verfügen konnten, standen wie die Tagelöhner vor der Notwendigkeit, ihre Kinder in die Schuldsklaverei zu geben und ohnmächtig[19] zu sehen, wie ihre Töchter von den Herren sexuell mißbraucht wurden[20]. Die Not wurde so groß, daß sie gegen die Sitte des Orients die Frauen auf die Straße trieb und das »Zetergeschrei« der sozial Entrechteten nicht mehr zu überhören war (5 1).

Wollte Nehemia sein Werk nicht an einer sozialen inneren Krise scheitern lassen, so mußte er hier eingreifen, zumal er die Masse der Kleinbevölkerung gegen die ihm feindlich gesonnene Führungsschicht Judas nicht entbehren konnte. Ein Appell an den Grundadel und die Beamten auf ein Ende des erbarmungslosen Drängens und eine Stundung der Termine während des Bauens (5 7aβ) zeigte keinen Erfolg. Offenbar wollte man es auf der Gegenseite an dieser Frage zu einem Scheitern des ganzen Unternehmens kommen lassen. So mußte Nehemia über das Privatrecht hinweggehend zu einer Gewaltmaßnahme greifen. Er berief gegen die Oberschicht die Rechtsgemeinde der Provinz ein (5 7b) und erneuerte als Statthalter aus dem Davidhaus das Recht der vorexilischen Könige, in besonderen Notzeiten durch einen Vertrag vor Jahwe das Privatrecht zu brechen. Nehemia zwang durch sein Vorbild den Adel zur Niederschlagung aller Forderungen und Rückgabe des verpfändeten Besitzes. Mit dieser Maßnahme wurden Nehemias Gruppe wohl weitere Anhänger zugeführt. Nehemia aber bezahlte diesen Sieg mit der unversöhnlichen Feindschaft der Oberschicht. Er war für die Folgezeit auf den Anhang der bei der Exilierung im Lande verbliebenen untersten Bevölkerungsschichten angewiesen.

---

[19] In 5 5 lies וְאֵין לְאֵל יָדֵינוּ; אֵל hat die Bedeutung »Kraft«. Zur Redensart vgl. Dtn 28 32, ferner Gen 31 29 Mi 2 1 Prov 3 27.

[20] Zu נִכְבָּשׁוֹת in 5 5 vgl. Est 7 8.

Die Stimmung in der zionistischen Partei über die Bewältigung der Lage kann man aus Neh 6 erahnen. Der nun fast schon gelungene Wiederaufbau der Mauern (6 1), die Proklamation des Heiligen Krieges beim Ansturm der Heiden auf den Zion, die Wiederbelebung des Volksheerbannes, die Vereitelung des Planes der Feinde durch Jahwe (4 9) und die Herstellung der sozialen Gerechtigkeit, d. h. aber die Erfüllung prophetischer eschatologischer Verheißungen, lenkten ihren Enthusiasmus in eine gefährliche Richtung. Man erneuerte an Nehemia die messianische Erwartung, die unter Serubbabel enttäuscht worden war. Man darf sich diese Regungen zunächst nicht öffentlich vorstellen; Nehemia konnte sie wohl noch unter Kontrolle halten. Aber der Gedanke war nun nicht mehr aus der Welt zu schaffen. Mit Recht urteilt MEYER: »Noch einmal regte sich die messianische Hoffnung; Propheten traten auf, die bereit waren, Nehemia zum ‚König in Juda‘ auszurufen, ihn als Messias zu begrüßen . . . . . Fanatiker, die keine Ahnung hatten, daß ihr Tun nur den Erfolg haben könnte, das Gotteswerk zu vernichten«[21].

Als die Mauerlücken geschlossen waren und nur noch die Tore eingesetzt werden mußten, ergriff die Gegner draußen wie drinnen Torschlußpanik im wahrsten Sinne des Wortes (6 1)[22]. Sie verstärkten noch einmal ihre Bemühungen, den Bau zu verhindern. In dem ziemlich unklaren Kapitel Neh 6 lassen sich verschiedene Verzweiflungsmaßnahmen der Gegner erkennen. 6 17-19 berichtet vom Anwachsen des Briefwechsels zwischen dem judäischen Adel und Tobia. Man hintertrug nicht nur die Äußerungen Nehemias den Gegnern, sondern schreckte nicht zurück, die Drohungen Tobias, die Nehemia auch schriftlich erreichten, dem Statthalter offen ins Gesicht zu sagen (6 19)[23]. Neben dieser Aktion stand die Einladung der Statthalter Geschem und Sanballat an den neuen Statthalter von Juda, in dem uns unbekannten Dorf Hakkefirim auf dem neutralen Boden der persischen Reichsdomäne von Ono zu einer Konferenz zusammenzukommen. Unter Vorleistung aller Sicherheiten versuchte man nach Nehemias Darstellung, ihn aus der Stadt herauszulocken und sich seiner Person zu bemächtigen (6 2b)[24]. Das von den Gegnern angebrachte Motiv, das Nehemia leider nicht mitteilt, war vielleicht eine Bereinigung anfallender Grenzprobleme in der »Dreiländerecke«[25]. Die viermalige Wiederholung der Einladung zeigt deutlich, wie sehr die Samaritaner mit ihrer Taktik am Ende waren.

---

[21] MEYER, Gesch. IV/1, S. 195.   [22] Vgl. RUDOLPH, S. 133.

[23] Zur Textkritik s. o. S. 169 Anm. 96. An ein Reden zugunsten Tobias vor dem Statthalter Nehemia ist vom Kontext her nicht zu denken.

[24] לַעֲשׂוֹת לִי רָעָה mit Josephus Ant XI 174 vielleicht im Sinne von »ermorden«; vgl. HÖLSCHER, S. 535.

[25] So bspw. GALLING, S. 229; SCHNEIDER, S. 196.

In dieser Lage muß ihnen aus Jerusalem der wohlbegründete Verdacht zugespielt worden sein, daß unter den Anhängern Nehemias messianische Tendenzen hochgekommen waren. Man wußte von einem Besuch Nehemias beim Tempelpropheten Schemaja. Sanballat erhielt damit eine Möglichkeit, Nehemia zur Aufklärung dieses Falles aus Jerusalem herauszuzwingen und die Massen durch Veröffentlichung dieses Verdachtes einzuschüchtern und von dem zweideutigen Unternehmen des Mauerbaues abzubringen (6 9). Die Verdächtigung wurde gegen alle Regel in einem unverschlossenen Brief durch einen samaritanischen Kanzleiboten überbracht. Damit war für eine Verbreitung des Gerüchtes in der Öffentlichkeit gesorgt. Nehemia ging auch nicht in diese Falle, sondern dementierte diese Nachricht kategorisch als Erfindung Sanballats (6 8). Für ihn selbst bedeutete dieser Versuch aber einen Ansporn, das gefährdete Werk mit aller Gewalt zum Abschluß zu bringen. Möglicherweise verbirgt sich hinter der Notiz 6 9b der Tatbestand, daß der Brief Sanballats bei denen, für die er in Wirklichkeit bestimmt war, doch einigen Eindruck gemacht hatte.

Ein letzter Versuch Samarias bestand darin, in Jerusalem von Tobia gewonnene Propheten gegen Nehemia einzusetzen (6 14). Wie diese Propheten wirksam waren, ist mir nicht ganz deutlich. Sicherlich haben sie in dieser Hochstimmung nicht nur die Ermordung Nehemias vorausgesagt. Denkbar erscheinen eine antimessianische Verkündigung wie auch eine Messiasproklamation, um den schwelenden Enthusiasmus offen ausbrechen zu lassen und so der persischen Reichsbehörde Anlaß zu geben, den unangenehmen Statthalter abzusetzen. Man wird wohl kaum ganz sicher hinter die in Neh 6 verhüllten Tatbestände kommen.

Trotz dieser Hinderungen gelang das Werk. Am 2. Oktober war nach 52tägiger Bauzeit die Mauer wiederhergestellt (6 15). Nach der Schließung des Mauerringes durch die Tore sorgte Nehemia für die Sicherung der neuen persischen Festung (7 1-3). Nehemias Bruder Chanani und der nehemiatreue Befehlshaber der Tempelburg Chananja erhielten zusammen das Kommando über die Stadt. Für die erste Zeit traf Nehemia noch besondere Sicherheitsmaßnahmen, die einer Proklamation des Belagerungszustandes gleichkamen[26] (7 3). Dies bedeutete wohl die beste Möglichkeit, die gespannte Lage unter Kontrolle zu halten.

Die Anwesenheit der Arbeitskräfte aus der Landschaft zwischen Bauabschluß und Mauerweihe gab Nehemia Gelegenheit zu einer weiteren Sozialreform (7 4bf.). Die bei der Deportation im Lande Verbliebenen hatten sich nicht wie das Diasporajudentum durch Gründung von Familien und Anlage von Stammbäumen rein erhalten. Bei den um 520 v. Chr. Heimgekehrten waren im Unterschied zur Diaspora

---

[26] Vgl. KITTEL, Gesch. III, S. 634.

in Babylonien die Geschlechterlisten nicht sorgfältig weitergeführt worden. Durch die Neugründung von Geschlechtern und einer umfassenden Stammbaumkontrolle konnte nun Nehemia die im Lande verbliebenen unteren Schichten integrieren und die Bewohnerschaft der Provinz als die Gemeinde reinen Blutes konsolidieren.

Nach dem Ende des Aufbauwerkes, das durch die feierliche Mauerbegehung der persischen Reichsbehörde[27] abgeschlossen wurde, war für Nehemia die Möglichkeit gekommen, als Statthalter und mit dem ihm von der Diaspora als Davididen eingeräumten Rechten in der Kultgemeinde das Leben in Juda nach den strengen Grundsätzen der Torafrömmigkeit auszurichten. War Esra an den Widerständen bei der Proklamation der Tora als Königsgesetz gescheitert[28], so hatte Nehemia nun die Machtmittel, den strengen Gesetzesgehorsam in Juda durchzusetzen. Man muß damit rechnen, daß er in Anbetracht der samaritanischen und innergemeindlichen Widerstände noch während des Baues selbst um seine Einsetzung zum ordentlichen Statthalter der neuen Provinz nachgesucht hat.

Neh 13 gibt einen Einblick in die Hauptübelstände, gegen die der Statthalter sich über die Rechte des Hohenpriesters hinwegsetzend einschritt. Brachte er es in der Geltung des Sabbatgebots in der Stadt — über den Erfolg auf dem Lande berichtet er nicht — auch zu einem Sieg der »Orthodoxie«, so ließ sich das Mischehenproblem nicht so einfach mit statthalterischer Gewalt lösen. Eine Auflösung der Mischehen hätte den ohnehin gestrafften Bogen in Juda überspannt. So mußte sich Nehemia mit einer Warnung vor neuen Mischehen begnügen. Nur in einem Falle sah er sich zum Eingreifen gezwungen. Ein Sohn oder Enkel[29] des amtierenden Hohenpriesters heiratete eine Tochter Sanballats (13 28f.). Da die Priesterschaft auch sonst den Gesetzen lax gegenüberstand (13 30a) und der Hohepriester in besonderer Weise an das Verbot der Mischehe gebunden war[30], beschloß Nehemia wohl, in diesem Fall ein Exempel zu statuieren, zumal er eine starke Brüskierung des Statthalters und seiner Politik bedeutete. Daß durch die Landesverweisung des Schuldigen sich die Spannungen zwischen Nehemia und der Hierarchie mit ihren samaritanischen Hintermännern verschärfte, bedarf keiner Frage.

Nehemia griff auch in die Belange des Tempeldienstes und die Rechte der Priesterschaft ein. Er erneuerte die Dienstordnungen und sorgte für die regelmäßige Ablieferung des Holzes für den Brandopfer-

---

[27] Im Bericht der NQ 12 27ff. werden beide Prozessionsgruppen unter Vorantritt der Sängerchöre von den höchsten Spitzen der Provinzialverwaltung angeführt. Der Klerus wird nicht erwähnt und tritt wohl erst beim Abschluß auf dem Tempelplatz in Funktion.   [28] Dazu vgl. das Vorwort; ferner RUDOLPH, S. 169.

[29] In 13 28 ist nicht sicher zu entscheiden, ob der Hohepriestertitel zu Eljaschib oder Jojada gehört.   [30] Vgl. Lev 21 14b.

altar und der Erstlingsgaben (13 30f.). Leider weiß man nicht genau, wie die Priesterschaft auf die Usurpation ihrer Rechte durch den Davididen reagiert hat. Der Mischehenfall, der wohl von beiden Seiten zu einer Kraftprobe verschärft worden war, zeigt jedoch die Verhärtung der Fronten deutlich an.

Über weitere Einzelheiten der Amtsführung Nehemias gibt es außer der Mitteilung von Nehemias großzügigem Verzicht auf die Statthaltereinkünfte zur wirtschaftlichen Gesundung der verarmten Provinz und dem Blick auf die statthalterliche Tafel in 5 14ff. keine Nachrichten.

Der persischen Reichsregierung konnten die Spannungen innerhalb der Provinz Juda nicht verborgen geblieben sein. Der radikale Kurs, den Nehemia steuerte oder seine Gruppe ihm vorzuzeichnen suchte, trug nicht zur Ruhe und Ordnung in der gefährlichen Südwestecke des Großreichs bei. So verlor Nehemia wahrscheinlich die Gunst des Königs. Im Zusammenhang mit irgendwelchen politischen Ereignissen flammte wohl der politische Messianismus gegen den Willen Nehemias so hell auf, daß die Intrigen der Samaritaner und der Jerusalemer Führungsschicht am Hofe zum Ziele kommen mußten und man den Davididen wegen messianischer Umtriebe verklagen konnte. Nach zwölfjähriger Statthalterschaft erfolgte die Abberufung Nehemias (5 14). Er mußte mit einem Verfahren vor Artaxerxes rechnen, das zu seinen Ungunsten ausgehen konnte. Das unbeherrschte Auftreten der zionistischen Partei und seine davidische Abstammung sprachen gegen ihn. In dieser Notlage rief Nehemia Jahwe selbst um Rechtshilfe an. Die Gegnerschaft des Klerus zwang ihn, an Stelle der Appellationshandlung im Tempel seine Klage schriftlich zu dokumentieren und sie dann im Tempel oder bei seinen Getreuen zu deponieren. Die Schrift war nicht nur Bitte um Rechtsbeistand an die Gottheit, sondern faßte auch das Entlastungsmaterial für ein zu erwartendes Verhör zusammen. Nehemia wollte sein Werk als gehorsame Ausführung des königlichen Befehls und als Wahrnehmung der statthalterlichen Aufsicht über die Befolgung des von der Krone rechtsverbindlich gemachten Jahwegesetzes verstanden wissen. Das Klagegebet zu Anfang der Schrift (1 5-11) spiegelt den vorläufigen Ausgang der Bemühungen um ein toratreues Juda. Nehemia spricht hier stellvertretend für sein Volk das Schuldbekenntnis (1 7):

> Ganz übel haben wir an dir gehandelt
> und haben die Gebote, Gesetze und Anordnungen,
> die Du Deinem Knechte Mose aufgetragen hast,
> nicht gehalten.

Nehemias Werk scheiterte in tragischer Weise an der Überspanntheit seiner eigenen Partei und am Widerstand der theokratischen

Führungsschicht gegen die politische Bevormundung durch die Diaspora.

Ist sein Werk wirklich gescheitert? Das Verdienst des Mauerbaues und der Gründung der Provinz Juda wurde ihm im späteren Judentum zugestanden. Das Gesetz als Lebensgrundlage war für die Ausbildung der Theokratie in der Folgezeit nicht mehr fortzudenken. Nehemia hat der Theokratie letztlich zu ihrer gereinigten Form verholfen: Im folgenden Jahrhundert setzten sich die strengen Grundsätze des Torajudentums auch in Juda durch.

Der Statthalterposten wurde in der Folgezeit mit vorsichtigeren Männern besetzt, die auf ein friedliches Verhältnis zu Samaria achteten[31], bis spätestens in der Alexanderzeit der Statthalterposten aufgehoben und seine Funktionen dem aaronidischen Hohenpriester übertragen wurden.

Sollte Nehemias Bruder Chanani mit der Gestalt des Chananja im Passa-Papyrus[32] von Elephantine aus dem Jahre 419 v. Chr. identisch sein[33], so hätte er Jerusalem verlassen und kurz vor 419 v. Chr. den Hof des Satrapen Arscham in Ägypten aufgesucht. Dies ist nicht unmöglich[34]. In Jerusalem und Juda hatte der messianische Zionismus nach dem Ausgang der Nehemiageschichte eine entscheidende Schlacht verloren.

---

[31] Vgl. Pap Cowley 30, 29.

[32] Pap Cowley 21, 1. 11 (419 v. Chr.) und 38, 7. Zur Interpretation vgl. GALLING, Studien, S. 152—154.

[33] So ARNOLD, The Passover Papyrus from Elephantine, JBL 31 (1912), (S. 1—33) S. 30f.; TULAND, Hanani-Hananiah, JBL 77 (1958), (S. 157—161) S. 159f. Die Häufigkeit des Namens spricht nicht für die These; vgl. GALLING, Studien, S. 153 Anm. 1.

[34] Vgl. auch GALLING, Studien, S. 153 Anm. 1.

Literaturverzeichnis

NEHEMIA-LITERATUR

in Auswahl zu Quellen, Überlieferungsgeschichte, Werk und Zeitgeschichte Nehemias.

(Von der Esra-Literatur wird nur das Wichtigste genannt. Die Abkürzungen für ständig herangezogene Kommentare und Monographien sind jeweils in Klammern beigefügt. Zu den bibliographischen Abkürzungen vergleiche man das Abkürzungsverzeichnis in RGG³, VI, 1962, S. XX—XXXI. Die mit Stern versehene Literatur war mir leider nicht erreichbar.)

ABEL, F. M. Les livres des Maccabées, Etudes Bibliques, Paris ²1949

*ADENAY, W. F. Ezra, Neh. u. Esther, New York 1893

AHLEMANN, F. Die Esra-Quelle, eine literarkritische Untersuchung, (maschinenschr.) Diss. Greifswald 1941

    Zur Esra-Quelle, ZAW 59, 1942/43, S. 77—98 (AHLEMANN, ZAW 59, 1942/43)

ALBRIGHT, W. F. The Date and Personality of the Chronicler, JBL 40, 1921, S. 104—124

    A Brief History of Judah from the Days of Josiah to Alexander the Great, BA 9, 1946, S. 1—16

    The Chronology of Ancient South Arabia in the Light of the First Campaign of Excavation in Qataban, BASOR 119, 1950, S. 5—15

    Notes on Ammonite History, in: Miscellanea Biblica B. Ubach, Scripta et Documenta 1, hrsg. v. R. M. Díaz, Montserrat 1953, S. 131—136

    Dedan, in: Geschichte und Altes Testament, Festschrift A. Alt, BHTh 16, Tübingen 1953, S. 1—12

    The Biblical Period, in: The Jews; their History, Culture and Religion, hrsg. v. L. Finkelstein, Bd 1, New York ³1960, S. 3—69

ALLGEIER, A. Biblische Zeitgeschichte, Freiburg 1937

    Beobachtungen am Septuagintatext der Bücher Esdras und Nehemias, Bibl 22, 1941, S. 227—251

ALLRICK, H. L. The Lists of Zerubbabel (Nehemiah 7 and Ezra 2) and the Hebrew Numeral Notation, BASOR 136, 1954, S. 21—27

ALT, A. Das Taltor von Jerusalem, PJ 24, 1928, S. 74—98 (= Kleine Schriften zur Geschichte des Volkes Israel III, 1959, S. 326—347)

    Judas Nachbarn zur Zeit Nehemias, PJ 27, 1931, S. 66—74 (= Kl. Schr. II, ²1959, S. 338—345)

    Die Rolle Samarias bei der Entstehung des Judentums, in: Festschrift O. Procksch zum 60. Geburtstag, Leipzig 1934, S. 5—28 (= Kl. Schr. II, ²1959, S. 316—337)

    Zur Geschichte der Grenze zwischen Judäa und Samaria, PJ 31, 1935, S. 94—111 (= Kl. Schr. II, ²1959, S. 346—362)

Der Rhythmus der Geschichte Syriens und Palästinas im Altertum, in: Beiträge zur Arabistik, Semitistik und Islamwissenschaft, Leipzig 1944, S. 284—306 (= Kl. Schr. III, 1959, S. 1—19)

Bemerkungen zu einigen judäischen Ortslisten des Alten Testaments, BBLAK 68, 1951, S. 193—210 (= Kl. Schr. II, ²1959, S. 289—305)

Festungen und Levitenorte im Lande Juda, in: Kl. Schr. II, ²1959, S. 306—315

Kleine Schriften zur Geschichte des Volkes Israel II, München ²1959 (Alt II)

Altheim, F. Das Alte Iran, in: Propyläenweltgeschichte II, Berlin-Frankfurt-Wien 1962, S. 135—235

Altheim, F.—Stiehl, R. Die aramäische Sprache unter den Achaimeniden I, Geschichtliche Untersuchungen, Frankfurt a. M. 1963

Arnold, W. R. The Passover Papyrus from Elephantine, JBL 31, 1912, S. 1—33

Auerbach, E. Wüste und Gelobtes Land II, Geschichte Israels vom Tode Salomos bis Esra und Nehemia, Berlin 1936

*Auvray, P. Les débuts de la période perse, in: Bible et Terre Sainte 38, 1961, S. 2

Avigad, N. A New Class of Jehud Stamps, IEJ 7, 1957, S. 146—153

Avi-Yonah, M. The Walls of Nehemiah — a Minimalist View, IEJ 4, 1954, S. 239—248

Baltzer, K. Das Ende des Staates Juda und die Messias-Frage, in: Studien zur Theologie der alttestamentlichen Überlieferungen, Neukirchen 1961, S. 33—43

Das Bundesformular, WMANT 4, Neukirchen ²1964

Batten, L. W. A Critical and Exegetical Commentary on the Books of Ezra and Nehemiah, ICC, Edinburgh ²1949 (Batten)

Bayer, E. Das dritte Buch Esdras und sein Verhältnis zu den Büchern Esra-Nehemia, BSt hrsg. v. O. Bardenhewer 16/1, Freiburg 1911

Bayer, W. Die Memoiren des Statthalters Nehemia, Teil E, Stilistische und ästhetische Würdigung der Memoiren, Teildruck der Diss. Heidelberg 1937

Beek, M. A. Geschichte Israels von Abraham bis Bar Kochba, Stuttgart 1961

Bentzen, Aa. Ezra-Nehemia, TT 4/1, 1920, S. 177—205

Ezrakildens Slutning, TT 4/2, 1921, S. 15—48

Priesterschaft und Laien in der jüdischen Gemeinde des fünften Jahrhunderts, AfO 6, 1930/31, S. 280—286

Quelques remarques sur le mouvement messianique parmi les Juifs aux environs de l'an 520 avant J. Chr., RHPhR 10, 1930, S. 493—503

Studier over det zadokidiske Praesteskabs Historie, Festskrift udgivet af Københavns Universitet, 1931, S. 1—114

Ezras Persönlichkeit, StTh 2, 1948 (1949/50), S. 95—98

Sirach, der Chronist, und Nehemia, StTh 3, 1949 (1950/51), S. 158—161

Bertheau, E. (-*Ryssel, V.) Die Bücher Esra, Nechemia und Ester, KEH 17, Leipzig 1862 (²1887)

Bertholet, A. Die Stellung der Israeliten und der Juden zu den Fremden, Freiburg-Leipzig 1896

Die Bücher Esra und Nehemia, KHC 19, Tübingen-Leipzig 1902 (Bertholet)

Bevenot, H. Die beiden Makkabäerbücher, HSchAT IV/4, Bonn 1931

Bewer, J. A. Der Text des Buches Ezra, FRLANT 31, Göttingen 1922

Josephus' Account of Nehemiah, JBL 43, 1924, S. 224—226

Bickermann, E. Ein jüdischer Festbrief vom Jahre 124 v. Chr. (II Macc 1 1-9), ZNW 32, 1933, S. 233—254

Boecker, H. J. Anklagereden und Verteidigungsreden im Alten Testament, EvTh 20, 1960, S. 398—412

Erwägungen zum Amt des Mazkir, ThZ 17, 1961, S. 212—216

Redeformen des Rechtslebens im Alten Testament, WMANT 14, Neukirchen 1964

Boehme, Th. Über den Text des Nehemia, Programm Marienstift-Gymnasium Stettin, 1871

*Bolle, W. Das israelitische Bodenrecht, Diss. Berlin 1940 (S. 85—89)

*Bordas, C. La reforma del estado judío por Ezra y Nehemias, Cult Bib 5, 1948, S. 323 —331

Bowman, R. A. (-Gilkey, C. W.) The Book of Ezra and the Book of Nehemia, IntB III, New York 1954, S. 549—819 (Bowman)

Bright, J. A History of Israel, Philadelphia 1959

The Date of Ezra's Mission to Jerusalem, in: Yehezkel Kaufmann Jubilee Volume II, ed. M. Haran, Jerusalem 1960, S. 70—87

Browne, L. E. Early Judaism, Cambridge 1920

From Babylon to Bethlehem. The Story of the Jews for the Last Five Centuries before Christ, Cambridge 1937

History of Israel, II Post Exilic, in: Peake's Commentary on the Bible, London 1962, S. 126—133

Ezra and Nehemiah, in: Peake's Commentary on the Bible, London 1962, S. 370—380

Brüll, N. Das Sendschreiben der Palästinenser an die Alexandriner, in: Die epistolarischen Apokryphen und die apokryphischen Zusätze zum Buche Daniel, Jahrbücher für die Jüdische Geschichte und Litteratur 8, Frankfurt a. M. 1887, S. 30—40

Brunet, A. M. Le Chroniste et ses sources, RB 60, 1953, S. 481—508; 61, 1954, S. 349—386

Bruston, C. Trois lettres des Juifs de Palestine (2 Makkab. I—II, 18), ZAW 10, 1890, S. 110—117

Budde, K. Geschichte der althebräischen Litteratur, Leipzig ²1909

Büchler, A. Das Sendschreiben der Jerusalemer an die Juden in Ägypten in II Makkab. 1, 11—2, 18, MGWJ 41, 1897, S. 481—500. 529—554

La relation de Josèphe concernant Alexandre le Grand, REJ 36, 1898, S. 1—26

Bückers, H. Die Bücher Esdras und Nehemias, HBK IV/2, Freiburg 1953, S. 1—178

Buhl, F. Besprechung von S. Mowinckel, Ezra den Skriftlärde, 1916, ThLZ 43, 1918, Sp. 76—78

Besprechung von S. Mowinckel, Statholderen Nehemia, 1916, ThLZ 41, 1916, Sp. 484f.

Besprechung von S. Mowinckel, Statholderen Nehemia, 1916, NTT 18, 1917, S. 113—126

Burrows, M. Nehemiah 3:1—32 as a Source for the Topography of Ancient Jerusalem, AASOR 14, 1934, S. 114—140

The Topography of Nehemiah 12 31-43, JBL 54, 1935, S. 29—39

The Origin of Neh 3:33—37, AJSL 52, 1935/36, S. 235—244

Nehemia's Tour of Inspection, BASOR 64, 1936, S. 11—21

CASPARI, W. Besprechung von H. H. Schaeder, Esra der Schreiber, 1930, ThLBl 52, 1931, Sp. 322—324

CAUSSE, A. Les origines de la diaspora juive, RHPhR 7, 1927, S. 97—128

La diaspora juive à l'époque perse, RHPhR 8, 1928, S. 32—65

Judaisme et syncrétisme oriental à l'époque perse, RHPhR 8, 1928, S. 301—328

CAZELLES, H. La mission d'Esdras, VT 4, 1954, S. 113—140

CHEYNE, T. K. Das religiöse Leben der Juden nach dem Exil, übers. v. H. Stocks, Gießen 1899

The Times of Neh. and Ezra, The Biblical World 14, 1899, S. 238—250

CHILDS, B. S. Memory and Tradition in Israel, Studies in Biblical Theology 37, London 1962

CHRISTENSEN, A. Die Iranier, in: Kulturgeschichte des Alten Orients III/1, HAW III/I/3, München 1933, S. 201 ff.

CLAMER, A. Art. Esdras et Néhémie, in DThC 5, 1913, Sp. 522—553

*COSTE, J. Portrait de Néhémie, Bible et Vie Chrétienne 1, 1953, S. 44—56

McCOWN, C. C. The 'Araq el-Emir and the Tobiads, BA 20, 1957, S. 63—76

COWLEY, A. Aramaic Papyri of the Fifth Century B. C., Edited with Translations and Notes, Oxford 1923 (Cowley)

CROSS jr., F. M. Geshem the Arabian, Enemy of Nehemiah, BA 18, 1955, S. 46f.

DAICHES, S. The Jews in Babylonia in the Time of Ezra and Nehemiah, according to Babylonian Inscriptions, Jew's College London Publications 2, London 1910

*DELICETO, G. DE Epoca della partenza di Hanani per Gerusalemme e anno della petizione di Neemia ad Artaserse (Neem 1, 1 e Neem 2, 1), Laurentianum 4, Rom 1963, S. 431—468

DENTER, T. Die Stellung der Bücher Esdras im Kanon des AT, Diss. Fribourg 1962

DIGNANT, O. Het Boek Nehemias, Brügge 1930

DIJKEMA, F. De Joden in Palestina na Jerusalem's val, NThT 29, 1940, S. 136—150

DODS, M. Esra, Exp 1887, S. 53—64

Nehemia, Exp 1887, S. 287—297

DRIVER, G. R. Aramaic Documents of the Fifth Century B. C., Abriged and Revised Edition, Oxford 1957

DRIVER, S. R. Einleitung in die Litteratur des Alten Testaments, übers., erg. u. hrsg. v. J. W. Rothstein, Berlin (⁵) 1896 (DRIVER, Einl.)

DUBNOW, S. Die älteste Geschichte des jüdischen Volkes, Orientalische Periode, Weltgeschichte des jüdischen Volkes I, übers. v. A. Steinberg, Berlin 1925

*DYSON, R. A. Esdras und Nehemias, in: A Catholic Commentary on Holy Scripture, hrsg. v. B. Orchard, London 1953

EERDMANS B. D. Ezra and the Priestly Code, Exp. 1910, S. 306—326

EHRLICH, A. B. Randglossen zur hebräischen Bibel VII, Leipzig 1914, S. 156—212

EISSFELDT, O. Einleitung in das Alte Testament, Neue Theologische Grundrisse, Tübingen ³1964 (EISSFELDT, Einl. ³)

ELBOGEN, I. Der jüdische Gottesdienst in seiner geschichtlichen Entwicklung, Hildesheim ⁴1962

ELHORST, H. J. Die beiden Makkabäerbücher und die Vorgeschichte des jüdischen Freiheitskrieges, in: Vierteljahresschrift für Bibelkunde 2, 1905, S. 367—394

EPSTEIN, I. Judaism a Historical Presentation, Harmondsworth ²1960

ERBT, W. Esra und Nehemia, OLZ 12, 1909, Sp. 154—161

EWALD, H. Geschichte des Volkes Israel bis Christus, III/2, Göttingen 1852

FEIGIN, S. Etymological Notes, AJSL 43, 1926, S. 53—60

FERNÁNDEZ, A. Epoca de la actividad de Esdras, Bibl 2, 1921, S. 424—447

    La voz גֶדֶר en Esd. 9, 9, Bibl 16, 1935, S. 82—84

    Esd. 9, 9 y un texto de Josefo, Bibl 16, 1935, S. 207 f.

*   Un hombre de carácter, Nehemías, Jerusalem 1940

*   Commentario a Esdras y Nehemías, Madrid 1948

*   Commentario a los libros de Esdras y Nehemías, Collectanea Biblica IV, 1950

FISCHER, J. Die chronologischen Fragen in den Büchern Esra-Nehemia, BSt hrsg. v. O. Bardenhewer 8/3, Freiburg 1903

    Das apokryphe und das kanonische Esrabuch, BZ 2, 1904, S. 351—364

FRAINE, J. DE Esdras en Nehemias, BOT V/2, Roermond 1961 (DE FRAINE)

    La communauté juive au temps des Perses, Bible et Terre Sainte 39, 1961, S. 14—16

FRANSSEN, I. L'édification de la cité, Bible et Vie Chrétienne 51, 1963, S. 26—34

FREEDMAN, D. N. The Chronicler's Purpose, CBQ 23, 1961, S. 436—442

FRUHSTORFER, K. Ein alttestamentliches Konkordat (Esr 7. 8), Miscellanea Biblica et Orientalia, A. Miller, Studia Anselmiana 27/28, Rom 1951, S. 178—186

FRUIN, R. Is Ezra een historisch Persoon?, NThT 18, 1929, S. 121—138

GALLING, K. Archäologischer Jahresbericht, ZDPV 54, 1931, S. 80—100

    Assyrische und persische Präfekten in Geser, PJ 31, 1935, S. 75—93

    Syrien in der Politik der Achaemeniden bis zum Aufstand des Megabyzos 448 v. Chr., AO 36, Heft 3/4, 1937

    Kyrosedikt und Tempelbau, OLZ 40, 1937, Sp. 473—478

    Der Tempelschatz nach Berichten und Urkunden im Buche Esra, ZDPV 60, 1937, S. 177—183

    Denkmäler zur Geschichte Syriens und Palästinas unter der Herrschaft der Perser, PJ 34, 1938, S. 59—79

    Die syrisch-palästinische Küste nach der Beschreibung bei Pseudo-Skylax, ZDPV 61, 1938, S. 66—96

    Textbuch zur Geschichte Israels, Tübingen 1950

    Kronzeugen des Artaxerxes? Eine Interpretation von Esra 4, 9f., ZAW 63, 1951, S. 66—74

    The »Gōlā-List« according to Ezra 2/Nehemia 7, JBL 70, 1951, S. 149—158

    Die Exilswende in der Sicht des Propheten Sacharja, VT 2, 1952, S. 18—36

    Von Naboned zu Darius, ZDPV 69, 1953, S. 42—64; 70, 1954, S. 4—32

    Die Bücher der Chronik, Esra, Nehemia, ATD 12, Göttingen 1954 (GALLING)

    Art. Judentum I, in: RGG³ III, 1959, Sp. 978—986

    Art. Nehemia, in: RGG³ IV, 1960, Sp. 1395 f.

    Art. Nehemiabuch, in: RGG³ IV, 1960, Sp. 1396—1398

    Serubbabel und der Wiederaufbau des Tempels in Jerusalem, in: Verbannung und Heimkehr, Festschrift W. Rudolph, Tübingen 1961, S. 67—96 (GALLING, Rudolphfestschrift)

    Studien zur Geschichte Israels im persischen Zeitalter, Tübingen 1964 (GALLING, Studien)

GEISSLER, J. Die litterarischen Beziehungen der Esramemoiren insbesondere zur Chronik und den hexateuchischen Quellenschriften, Jahresbericht des städtischen Realgymnasiums zu Chemnitz, 1899

GELBHAUS, S. Nehemias und seine social-politischen Bestrebungen, Wien 1902
    Ezra und seine reformatorischen Bestrebungen, Wien 1903

GELIN, A. Le livre de Esdras et Néhémie, JerB, Paris ²1960 (GELIN)
    Les premiers Sioniens (introduction au livre d'Esdras-Néhémie), Lumière et Vie
    7, 1952, S. 95—104

GESE, H. Zur Geschichte der Kultsänger am zweiten Tempel, in: Abraham unser Vater,
    Festschrift O. Michel, Arbeiten zur Geschichte des Spätjudentums und Ur-
    christentums 5, Leiden-Köln 1963, S. 222—234

*GONZÁLEZ LAMADRID, A. Crónicas, Libros de las / Esdras-Nehemías, Libros de / ,Enc
    Bib 2, 1963, S. 652—659; 3, 1963, S. 128—138

GORDON, C. H. Geschichtliche Grundlagen des Alten Testaments, Zürich-Köln ²1962

*GOTTHARD, H. Der Text des Buches Nehemia, Prolegomena I, 1932
*   Der Text des Buches Nehemia, 8 Hefte, 1932—38
    Der Text des Buches Nehemia, 1. Lieferung, Wiesbaden ²1958

GRAETZ, H. Geschichte der Juden II/1, Leipzig 1875
    Das Sendschreiben der Palästinenser an die ägyptisch-judäischen Gemeinden
    wegen der Feier der Tempelweihe, MGWJ 26, 1877, S. 1—16. 49—72

GRAHAM, W. C. Gashmu the Arabian, AJSL 42, 1925/26, S. 276—278

GRANILD, S. Ezrabogens literaere genesis undersoegt med saerligt henblick paa et
    efterkronistik indgreb, Kopenhagen 1949 (GRANILD)

GRIMME, H. Der Untergang Edoms, in: Die Welt als Geschichte 3, Stuttgart 1937,
    S. 452—463
    Neubearbeitung der wichtigeren dedanischen und liḥjanischen Inschriften, in:
    Muséon 50, 1937, S. 269—322
    Beziehungen zwischen dem Staate Liḥjān und dem Achämenidenreiche, OLZ 44,
    1941, Sp. 337—343

*GRINTZ, J. M. הספרת העברית כבתקופת פרס, Sepher H. Albeck, Jerusalem 1963,
    S. 123—151

*GRONKOWSKI, V. De circuitu ambituque urbis Jerusalem sec. textus topographicos,
    qui in Nehemiae libro inveniuntur, in: Collectanea Theologica 15, 1934, S. 174—216

GROSHEIDE, H. H. Juda als onderdeel van het perzische rijk, GThT 54, 1954, S. 65—76
    Esra, de Schriftgeleerde, GThT 56, 1956, S. 84—88
    Ezra-Nehemia, Bd. I Ezra, COT, Kampen 1963

*GRÜNHUT, L. Ezra und Nehemia kritisch erläutert, 1. Teil, Jerusalem 1899

GUTHE, H. Geschichte des Volkes Israel, Grundriß der theologischen Wissenschaften,
    II/3, Tübingen-Leipzig ²1904

GUTHE, H. — BATTEN, L. W. The Books of Ezra-Nehemiah, SBoT 19, Leipzig 1901

HAEFELI, L. Geschichte der Landschaft Samaria von 722 v. Chr. bis 67 nach Chr.,
    Alttest. Abhandl. hrsg. v. J. Nikel 7/1+2, Münster 1922

HALLER, M. Das Judentum, SAT II/3, Göttingen 1914
    Das Judentum, SAT II/3, ²1925 (HALLER)

*HAMRICK, E. W. A New Study of the Ezra Problem, Diss. Duke University 1951

HARAN, M. The Gibeonites, the Nethinim and the Sons of Solomon's Servants, VT 11,
    1961, S. 159—169

HARRIS, R. L. The Peschitta to Nehemiah, a Textual Critical Analysis, Diss. Dropsie
    College 1946

HEICHELHEIM, F. M. Ezra's Palestine and Periklean Athens, ZRGG 3, 1951, S. 251—253

HEMPEL, J. Besprechung v. H. H. Schaeder, Esra der Schreiber, DLZ 1931, Sp. 4—11

HERKENNE, H. Die Briefe zu Beginn des Zweiten Makkabäerbuches (1, 1 bis 2, 18), BSt hrsg. v. O. Bardenhewer 8/4, Freiburg 1904

HERZFELD, L. Geschichte des Volkes Israel von der Vollendung des zweiten Tempels bis zur Einsetzung des Makkabäers Schimon zum Hohenpriester und Fürsten, II, Leipzig ²1863

HOBERG, G. Die Zeit von Esdras und Nehemias, in: Festschrift G. v. Hertling zum 70. Geburtstag, dargebracht von der Görres-Gesellschaft, Kempten-München 1930, S. 36—40

HÖLSCHER, G. Palästina in der persischen und hellenistischen Zeit, in: Quellen und Forschungen zur alten Geschichte und Geographie 5, Berlin 1903
Die Quellen des Josephus für die Zeit vom Exil bis zum Jüdischen Kriege, Diss. Marburg, Leipzig 1904
Art. Josephus, PW IX/2, 1916, Sp. 1934—2000
Die Bücher Esra und Nehemia, in: HSAT II, Tübingen ⁴1923, S. 491—562 (HÖLSCHER)
Les origines de la communauté juive à l'éqopue perse, RHPhR 1926, S. 105—126

HOLZHEY, C. Die Bücher Ezra und Nehemia, in: Studien zur alttestamentlichen Einleitung und Geschichte, Heft 2, München 1902

HOONACKER, A. v. Néhémie et Esdras, une nouvelle hypothèse sur la chronologie de l'époque de la restauration Juive, Muséon 9, 1890, S. 151—184. 317—351. 389—401
Néhémie en l'an 20 d'Artaxerxès I, Esdras en l'an 7 d'Artaxerxès II, Gand-Leipzig 1892
La question Néhémie et Esdras, RB 4, 1895, S. 186—192
Nouvelles études sur la restauration juive après l'exil de Babylone, RB 10, 1901, S. 5—26. 175—199
La succession chronologique Néhémie-Esdras, RB 32, 1923, S. 481—494; 33, 1924, S. 33—64

*HORN, S. — WOOD, L. H. The Chronology of Ezra 7, Washington 1953

HOWORTH, H. H. Some Unconventional Views of the Text of the Bible V, The Genealogies and Lists in Nehemiah, in: Proceedings of the Society of Biblical Archaeology 26, 1905, S. 25—31. 63—69. 94—100
A Criticism of the Sources and the Relative Importance and Value of the Canonical Book of Ezra and the Apocryphal Book Known as Esdras I, Transactions of the Ninth Congress of Orientalists 2, 1893, S. 68—85

HUART, C. — DELAPORTE, L. L'Iran antique, Elam et Perse et la civilisation iranienne, L'évolution de l'humanité 24, Paris 1952

*HUNTER, P. H. After the Exile, A Hundred Years of Jewish History and Literature I—II, London 1890

*HUYGHE La Chronologie des livres d'Esdras et de Néhémie, Revue des questions historiques, Paris 1893

IBÁÑEZ ARANA, A. Sobre la colocazión original de Neh 10, Est Bíbl 10, 1951, S. 379—402

JACOB, A. Septuagintastudien zu Ezra, Diss. Breslau 1912

JAHN, G. Die Bücher Esra (A und B) und Nehemja, Leiden 1909 (JAHN)
Die Elephantiner Papyri und die Bücher Esra-Nehemja, Leiden 1913

JAMPEL, S. Die Wiederherstellung Israels unter den Achämeniden, MGWJ 46, 1902, S. 97—118. 206—229. 301—325. 395—407; 47, 1903, S. 1—23. 97—110. 193—201. 385—399. 481—490

JELLICOE, S. Nehemiah-Ezra: A Reconstruction, ET 59, 1947/48, S. 54

JEPSEN, A. Nehemia 10, ZAW 66, 1954, S. 87—106

    Nehemia 10 (Résumé), ThLZ 79, 1954, Sp. 305f.

    Pardes, ZDPV 74, 1958, S. 65—68

JOHANNESEN, E. Studier over Ezras og Nehemjas Historie, Kopenhagen 1946 (JOHAN-JOSEPHUS Flavii Iosephi Opera, ed. Benedictus Niese, III, Berlin ²1955   [NESEN)

JOUON, P. Notes philologiques sur le texte hébreu d'Esdras et de Néhémie, Bibl 12, 1931, S. 85—89

KAHANA, A. ספרי עזרא ונחמיה מפרשים, Tel Aviv 1930

KAHRSTEDT, U. Syrische Territorien in Hellenistischer Zeit, AGG Phil. hist. Klasse NF 19/2, Berlin 1926

KAMPHAUSEN, A. in Ch. J. Bunsen's Bibelwerk, I/3, Leipzig 1865

KAPELRUD, A. S. Forskningen omkring Ezra og Ezraboken, NTT 43, 1942, S. 148—165

    The Question of Authorship in the Ezra-Narrative, A Lexical Investigation, Skrifter utgitt av det Norske Videnskaps-Akademi i Oslo, II Hist. Filos. Klasse, 1, Oslo 1944 (KAPELRUD)

    Besprechung von E. Johannesen, Studier over Ezra og Nehemjas Historie, in: SEÅ 13, 1948, S. 91—94

KAUPEL, H. Die Bedeutung von גָּדֵר in Esr 9, 9, BZ 22, 1934, S. 89—92

    Zu gader in Esr 9, 9, Bibl 16, 1935, S. 213f.

    Der Sinn עשה המלאכה in Neh 2 16, Bibl 21, 1940, S. 40—44

KAUTZSCH, E. Die Apokryphen und Pseudepigraphen des Alten Testaments, in Verbindung mit Fachgenossen übers. u. hrsg. v. E. Kautzsch, I—II., Darmstadt ²1962 (KAUTZSCH)

KEGEL, M. Die Kultusreformation des Esra, Aussagen moderner Kritik über Neh. 8—10 kritisch beleuchtet, Gütersloh 1921

KEIL, C. F. Biblischer Commentar über die nachexilischen Geschichtsbücher: Chronik, Esra, Nehemia und Esther, Biblischer Commentar über das Alte Testament, hrsg. v. C. F. Keil — F. Delitzsch, V, Leipzig 1870

KESSLER, W. Studie zur religiösen Situation im ersten nachexilischen Jahrhundert und zur Auslegung von Jes 56—66, WZ Halle-Wittenberg, Ges. Sprachw. Reihe 6, 1956, S. 41—73

KIENITZ, F. K. Die politische Geschichte Ägyptens vom 7. bis zum 4. Jahrhundert vor der Zeitwende, Berlin 1953

KITTEL, G. Das Konnubium mit den Nichtjuden im antiken Judentum, Forschungen zur Judenfrage 2, Hamburg 1937, S. 30—62

KITTEL, R. Zur Frage der Entstehung des Judentums, Quellenstudien, Rektoratsrede Leipzig 1918, Leipzig 1918

    Gestalten und Gedanken in Israel, Leipzig 1925

    Die Religion der Achämeniden, Sellinfestschrift, Leipzig 1927, S. 87—99

    Geschichte des Volkes Israel, III, 1, Stuttgart 1927; III, 2, Stuttgart ²1929 (KITTEL, Gesch. III)

KLAMETH, G. Ezras Leben und Wirken, Wien 1908

    Vom Ausbau des zweiten Tempels bis zum Mauerbau Nehemias (515—441 v. Chr.), Programm Mährisch-Ostrau 1909/1910

KLEINERT Über die Entstehung, die Bestandtheile und das Alter der Bücher Esra und Nehemia, Beiträge zu der theol. Wissenschaft von den Proffessoren zu Dorpat, Hamburg 1832

KLOSTERMANN, A. Art. Nehemia, RE³ XIII, 1903, S. 700—705
  Art. Esra und Nehemia, RE³ V, 1898, S. 500—523
KÖNIG, E. Besprechung von Ch. C. Torrey, Ezra Studies, ThLBl 32, 1911, Sp. 461f.
KOSTERS, W. H. Die Wiederherstellung Israels in der persischen Periode, übers. v. A. Basedow, Heidelberg 1895
KRAELING, E. G. The Brooklyn-Museum Aramaic Papyri, New Documents of the Fifth Century B. C. from the Jewish Colony at Elephantine, New Haven 1953
KROPAT, A. Die Syntax des Autors der Chronik, BZAW 16, Gießen 1909
KUENEN, A. Volksreligion und Weltreligion, Erläuterungen IX, Esra und die Einführung des Judaismus, Berlin 1883, S. 322—326
  Die Chronologie des persischen Zeitalters der Jüdischen Geschichte, in: Gesammelte Abhandlungen zur Biblischen Wissenschaft, aus dem Holl. übers. v. K. Budde, Freiburg und Leipzig 1894, S. 212—251
  Das Werk Esras, in: Ges. Abh., Freiburg und Leipzig 1894, S. 370—391
KUGLER, F. X. Von Moses bis Paulus, Forschungen zur Geschichte Israels, Münster 1922, S. 201—233. 289—300
LAGRANGE, M. J. Néhémie et Esdras, RB 4, 1895, S. 193—202
*LAMBERT, G. La restauration juive sous les rois Achéménides, Cahiers Sioniens 1, 1947, S. 314—337
LAQUEUR, R. Kritische Untersuchungen zum Zweiten Makkabäerbuch, Straßburg 1904
LEVINE, B. A. The Netînîm, JBL 82, 1963, S. 207—212
*LEESEBERG, M. W. Ezra and Nehemiah: A Review of the Return and Reform, Concordia Theological Monthly 33, St. Louis 1962, S. 79—90
LEFÈVRE, A. Néhémie et Esdras, DBS 31, 1958, S. 393—424
LEUZE, O. Die Satrapieneinteilung in Syrien und im Zweistromlande von 520—320, SKG Geisteswiss. Kl. 11/4, 1935
LIEBREICH, L. J. The Impact of Nehemiah 9:5—37 on the Liturgy of the Synagogue, HUCA 32, 1961, S. 227—237
Löw, I. Miscelle טובתיו Neh 6, 19, ZAW 33, 1913, S. 154f.
MAERTENS, TH. L'éloge des Pères, Lumière et Vie, Supplement biblique de «Paroisse et Liturgie», Bruges, 26, 1955, S. 1—6; 27, 1956, S. 1—12; 28, 1956, S. 1—5; 29, 1956, S. 1—8; 30, 1956, S. 1—10; 31, 1956, S. 1—11; 32, 1957, S. 1—10; 33, 1957, S. 1—10; 34, 1957, S. 1—8; 35, 1957, S. 1—11; 36, 1957, S. 1—8; 37, 1958, S. 1—11; 38, 1958, S. 1—8
MARGRAF Zur Aufhellung der nachexilischen Chronologie, Tüb. Theol. Quartalschrift 52, 1870, S. 567—583
MARQUART, J. Fundamente israelitischer und jüdischer Geschichte, Göttingen 1896
MAZAR, B. The Tobiads, IEJ 7, 1957, S. 137—145. 229—238
*MEDEBIELLE, A. Esdras-Néhémie, in: La Sainte Bible, hrsg. v. L. Pirot-A. Clamer, IV, Paris 1949
MEINHOLD, J. Esra der Schriftgelehrte?, Festschrift K. Marti zum siebzigsten Geburtstage, BZAW 41, Gießen 1925, S. 197—206
MEISSNER, B. Die Achämenidenkönige und das Judentum, SAB Philhist. Kl., 1938, S. 6—26
MEYER, E. Die Entstehung des Judenthums, Halle 1896 (MEYER, Entst.)
  Julius Wellhausen und meine Schrift Die Entstehung des Judenthums, Halle 1897
  Ägyptische Dokumente aus der Perserzeit, in: Kleine Schriften II, Halle 1924, S. 67—100

Geschichte des Altertums, IV/1. 2, Stuttgart [5]1954; V, Stuttgart [4]1958 (MEYER, Gesch.)

MEZZACASA, F. Esdras, Nehemias y el Añò Sabático, Revista Bíblica 23, 1961, S. 1—8. 82—96

MILLS, L. The Cyrus Vase Inscription: Ezra and Isaiah, Ass. Quart. Review 1904, S. 83—86

MITCHELL, H. G. The Wall of Jerusalem, According to the Book of Nehemiah, JBL 22, 1903, S. 85—163

MONTGOMERY, J. A. M. The Samaritans, the Earliest Jewish Sect, Their History, Theology and Literature, The Bohlen Lectures for 1906, Philadelphia 1907

MOOR, FL. DE L'époque de la restauration juive d'après les livres d'Esdras et de Néhémie, in: Science catholique, Arras 1895

MOORE, F. G. Judaisme in the First Centuries of the Christian Era, Bd. 1, Cambridge [7]1954

MORGENSTERN, J. A Chapter in the History of the High-Priesthood, AJSL 55, 1938, S. 1—24. 183—197. 360—377

Jerusalem — 485 B. C., HUCA 27, 1956, S. 101—179; 28, 1957, S. 15—47; 31, 1960, S. 1—29

The Message of Deutero-Isaiah in its Sequential Unfolding, HUCA 29, 1958, S. 1—67

The Dates of Ezra and Nehemiah, JSS 7, 1962, S. 1—11

»The Oppressor« of Isa 51 13 — Who was He ?, JBL 81, 1962, S. 25—34

The Fire upon the Altar, Leiden 1963

MOULTON, W. J. Über die Überlieferung und den textkritischen Werth des dritten Esrabuchs, ZAW 19, 1899, S. 209—258; 20, 1900, S. 1—35

MOWINCKEL, S. Om den jødiske menighets og provinsen Judaeas organisation ca. 400 f. Kr., NTT 16, 1915, S. 123—148. 226—280

Statholderen Nehemia, Kristiania 1916 (MOWINCKEL, Nehemia)

Ezra den Skriftlaerde, Kristiania 1916 (MOWINCKEL, Esra)

Die vorderasiatischen Königs- und Fürsteninschriften, Eucharisterion, H. Gunkel zum 60. Geburtstage, I, FRLANT 36, Göttingen 1923, S. 278—322 (MOWINCKEL, Gunkelfestschrift)

Erwägungen zum chronistischen Geschichtswerk, Besprechung von K. Galling, Die Bücher der Chronik, Esra, Nehemia, ThLZ 85, 1960, Sp. 1—8

»Ich« und »Er« in der Ezrageschichte, in: Verbannung und Heimkehr, Festschrift W. Rudolph zum 70. Geburtstage, Tübingen 1961, S. 211—233 (MOWINCKEL, Rudolphfestschrift)

{Ezra/Nehemja-boken, in: Det Gamle Testamente, V/2, Oslo 1963, S. 166—246

Studien zu dem Buche Ezra-Nehemia, I, Die nachchronistische Redaktion des Buches. Die Listen. Skrifter utgitt av det Norske Videnskaps-Akademi i Oslo, II. Hist.-Filos. Klasse. Ny Serie. No. 3, Oslo 1964 (MOWINCKEL, Studien I)

Studien zu dem Buche Ezra-Nehemia, II, Die Nehemia-Denkschrift, Skrifter utgitt av det Norske Videnskaps-Akademi i Oslo, II. Hist.-Filos. Klasse. Ny Serie. No. 1, Oslo 1964 (MOWINCKEL, Studien II)

MUNK, M. Esra ha sofer, Sonderabdruck aus Jahrbuch der Jüdisch.-Literar. Gesellschaft 21/22, Frankfurt 1933

MYRES, J. L. Persia, Greece and Israel, PEQ 85, 1953, S. 8—22

NESTLE, E. Zur Frage nach der ursprünglichen Einheit der Bücher Chronik, Esra und Nehemia, ThStKr 1879, S. 515—521

Esdrana, in: Marginalien und Materialien, Tübingen 1893, S. 23—31

NETELER, B. Die Bücher Esdras, Nehemias und Esther, aus dem Urtext übersetzt und erklärt, Münster 1877

NEUFELD, E. The Rate of Interest and the Text of Neh 5. 11, JQR 44, 1953/54, S. 194—204

NIKEL, J. Die Wiederherstellung des Jüdischen Gemeinwesens nach dem Babylonischen Exil, BSt hrsg. v. O. Bardenhewer 5/2+3, Freiburg 1900

*NOBER, P. El significado de la palabra aramea »āsparnā« en Esdras, Est. Bíbl. 16/3, 1957, S. 393—401

   »Adrazdā« (Esdras 7, 23), BZ NF 2, 1958, S. 134—138

   De nuevo sobre el significado de āsparnā en Esdras, Est Bíbl 19/1, 1960, S.111f.

   Lexicalia irano-biblica, VD 36, 1957, S. 102—105

NÖLDEKE, TH. Zur Frage der Geschichtlichkeit der Urkunden in Esra, DLZ 1924, Sp. 1849—1856

*NOORDTZIJ, A. De Boeken Ezra en Nehemia, Kampen 1939

NOTH, M. Die Gesetze im Pentateuch, SGK Geist.wiss. Kl. 17, 1940 (= Gesammelte Studien zum Alten Testament, Theologische Bücherei 6, München ²1960, S. 9—141)

   Geschichte Israels, Göttingen ²1954 (NOTH, Gesch.)

   Überlieferungsgeschichtliche Studien, Die sammelnden und bearbeitenden Geschichtswerke im Alten Testament, Darmstadt ²1957 (NOTH, ÜSt)

NYBERG, H. S. Das Reich der Achämeniden, in: Historia Mundi, Bd. 3, München 1954, S. 56—115

OESTERLY, W. O. E. Ezra-Nehemiah, in: A Commentary on the Bible, hrsg. v. A. S. Peake, London 1919, S. 323—335

OETTLI, S. Die Bücher der Chronik, Esra und Nehemia, in: Die geschichtlichen Hagiographen und das Buch Daniel, Kurzgefaßter Kommentar zu den heiligen Schriften des Alten und Neuen Testamentes sowie zu den Apokryphen, hrsg. von H. Strack-O. Zöckler, A/8, Nördlingen 1889

OLMSTEAD, A. T. Darius as Lawgiver, AJSL 51, 1955, S. 247ff.

   History of the Persian Empire, Phoenix Books, Chicago ³1960

OSTEN, H. H. VON DER, Die Welt der Perser, Große Kulturen der Frühzeit, Stuttgart 1956

PARKER, R. A. Darius and his Egyptian Campaign, AJSL 58, 1941, S. 373—377

PARKER, R. A.—DUBBERSTEIN, W. H. Babylonian Chronology 626 B. C.—A. D. 75, Oxford 1956

PARROT, A. Samaria, die Hauptstadt des Reiches Israel, Babylon und das Alte Testament, Bibel und Archäologie III, übers. v. M. R. Jung, Zürich 1957

*PAVLOVSKÝ, V. La riforma religiosa di Esdra, Diss. Pont. Inst. Bibl. 1954

*   Ad chronologiam Esdrae 7, VD 33, 1955, S. 280—284

   Die Chronologie der Tätigkeit Esdras, Versuch einer neuen Lösung, Bibl 38, 1957, S. 275—305. 428—456

*PELAIA, B. M. (—RINALDI, G.) Esdra e Neemia, in: La Sacra Bibbia di S. Garofalo, Turin-Rom 1957

PFEIFFER, R. H. Introduction to the Old Testament, New York-London ⁵1941

   Art. Ezra and Nehemiah, Books of, in: The Interpreter's Dictionary of the Bible II, New-York-Nashville 1962, Sp. 215—219

   Art. Nehemiah, in: The Interpreter's Dictionary of the Bible III, 1962, Sp. 533f.

*PIRROT, L. Note sur la recension de Lucien d'Antioche dans Esdras-Néhémie, Bibl 2, 1921, S. 356—360

PLÖGER, O. Theokratie und Eschatologie, WMANT 2, Neukirchen 1959
Reden und Gebete im deuteronomistischen und chronistischen Geschichtswerk, in: Festschrift G. Dehn, Neukirchen 1957, S. 35—49 (PLÖGER, Dehnfestschrift)

PORTER, J. R. Besprechung von W. Rudolph, Esra und Nehemia samt 3. Esra, in: JThSt 1, 1950, S. 196—199

PROCKSCH, O. Besprechung von S. Mowinckel, Statholderen Nehemia, in: ThLBl 38, 1917, Sp. 345—347

RABINOWITZ, I. A Reconsideration of »Damascus« and »390 years« in the »Damascus« (»Zadokite«) Fragments, JBL 73, 1954, S. 11—35
Aramaic Inscriptions of the Fifth Century B. C. E. from a North-Arab Shrine in Egypt, JNES 15, 1956, S. 1—9

RAD, G. VON, Das Geschichtsbild des chronistischen Werkes, BWANT IV/3, Stuttgart 1930
Theologie des Alten Testaments I, München ²1958 (v. RAD, Theologie I)
Die Nehemia-Denkschrift, ZAW 76, 1964, S. 176—187

*RAWLINSON, G. Ezra and Nehemiah, Men of the Bible, London 1890

REHM, M. Esra-Nehemias, Die Heilige Schrift in Deutscher Übersetzung, Echter-Bibel, Das Alte Testament II, Würzburg ²1956, S. 413—478
Nehemias 9, BZ NF 1, 1957, S. 59—69

REICKE, B. Die Taʿāmire-Schriften und die Damaskus-Fragmente, StTh II/1. 2 (1948) 1949/50, S. 45—70

REVENTLOW, H. GRAF, Das Amt des Mazkir, ThZ 15, 1959, S. 161—175

REUSS, E. Die Kirchenchronik von Jerusalem, Chronik, Esra, Nehemia, Das Alte Testament IV, Braunschweig 1893

RICCIOTTI, G. La voce גֶדֶר e un passo di Flavio Giuseppe, Bibl 16, 1935, S. 443—445
Geschichte Israels II, deutsch von P. K. Faschian, Wien 1955 (RICCIOTTI, Gesch. II)

RIESSLER, P. Über Nehemias und Esdras, BZ 1, 1903, S. 232—245; 2, 1904, S. 15—27. 145—153
Der Urtext der Bücher Esdras und Nehemias, BZ 4, 1906, S. 113—118

ROBINSON, D. F. Was Ezra Nehemiah ?, AThR 37, 1955, S. 177—189

ROBINSON, H. W. Ezra, Nehemiah and Chronicles, Supplement to Peake's Commentary, London 1919, S. 14f.

ROSENZWEIG, A. Zur Einleitung in die Bücher »Esra und Nehemia«, Diss. Leipzig 1875, Berlin 1880
Das Jahrhundert nach dem babylonischen Exil mit besonderer Rücksicht auf die religiöse Entwicklung des Judentums, Berlin 1885

ROST, L. Erwägungen zum Kyroserlaß, in: Verbannung und Heimkehr, Festschrift W. Rudolph, Tübingen 1961, S. 301—307

ROWLEY, H. H. The Chronological Order of Ezra and Nehemiah, in: I. Goldziher Memorial Volume I, Budapest 1948, S. 117—149 (= The Servant of the Lord and Other Essays on the Old Testament, London ²1953, S. 129—159)
Nehemia's Mission and its Background, BJRL 37, 1954, S. 528—561 (= Men of God, London 1963, S. 211—245)
Sanballat and the Samaritan Temple, BJRL 38, 1955, S. 166—198 (= Men of God, London 1963, S. 246—276)

The Samaritan Schism in Legend and History, in: Israel's Prophetic Heritage, Essays in Honor of J. Muilenburg, London 1962, S. 208—222

RUDOLPH, W. Der Wettstreit der Leibwächter des Darius, 3 Esr 3 1—5 6, ZAW 61, 1945/48, S. 176—190

Esra und Nehemia samt 3. Esra, HAT I/20, Tübingen 1949 (RUDOLPH)

Zur Theologie des Chronisten (Résumé), ThLZ 79, 1954, Sp. 285f.

Chronikbücher, HAT I/21, Tübingen 1955 (RUDOLPH, Chronikbücher)

Besprechung von H. Schneider, Die Bücher Esra und Nehemia, VT 11, 1961, S. 489—493

*RYLE, H. E. Ezra and Nehemiah, in: Cambridge Bible for Schools, 1893

RUNDGREN, F. Zur Bedeutung von ŠRŚW-Esra VII 26, VT 7, 1957, S. 400—404

*SAADJAH, RABBI, Commentary on Ezra and Neh., Anecd. Oxoniensia, Sem. Series V. I. P. 1, hrsg. v. H. J. Matthews, Oxford 1882

*SAULCY, DE, Etude chronologique des livres d'Esdras et de Néhémie, 1868

*SAYCE, A. H. An Introduction to the Books of Ezra, Nehemiah and Esther, New York ³1893

SCHAEDER, H. H. Iranische Beiträge I, SGK 6, Geistesw. Kl. 5, 1930

Esra der Schreiber, BHTh 5, Tübingen 1930 (SCHAEDER, Esra)

Das persische Weltreich, Vorträge der Fried.-Wilh.-Universität zu Breslau im Kriegswinter 1940/41, Breslau 1942

SCHNEIDER, H. Die Bücher Esra und Nehemia, HSchAT IV/2, Bonn 1959 (SCHNEIDER)

SCHOTTROFF, W. »Gedenken« im Alten Orient und im Alten Testament, WMANT 15, Neukirchen 1964

SCHÜRER, E. Geschichte des Jüdischen Volkes im Zeitalter Jesu Christi, II+III, Leipzig ⁴1907/1909 (SCHÜRER, Gesch.)

SCHULTZ, F. W. Die Bücher Esra, Nehemia und Esther, Theologisch-homiletisch bearbeitet, Langes Bibelwerk, AT 9, Bielefeld 1876

SCHUNCK, K. Die Quellen des I. und II. Makkabäerbuches, Halle 1954

SCOTT, W. M. F. Nehemiah-Ezra ?, ET 58, 1946/47, S. 263—267

*SEGAL, M. H. The Books of Ezra and Nehemiah, Tarbiz 14, Jerusalem 1943, S. 81—103

The Date of Ezra, Tarbiz 14, Jerusalem 1943, S. 141

SEISENBERGER, M. Die Bücher Esdras, Nehemias und Esther, Kurzgefasster wissenschaftlicher Commentar zu den Heiligen Schriften des Alten Testamentes, I, 4/1, Wien 1901

SELLIN, E. Serubbabel, Ein Beitrag zur Geschichte der messianischen Erwartung und der Entstehung des Judentums, Leipzig 1898

Studien zur Entstehungsgeschichte der jüdischen Gemeinde nach dem Babylonischen Exil, Bd. I—II, Leipzig 1901

Geschichte des Israelitisch-Jüdischen Volkes, II, Vom babylonischen Exil bis zu Alexander dem Großen, Leipzig 1932 (SELLIN, Gesch. II)

SELMS, A.v., Ezra en Nehemia, Tekst en uitleg 14, Groningen-Batavia 1935 (v. SELMS)

*SHAPIRO, E. D. B. ספרי עזרא ונחמיה ותקופת שיבת ציון, Jerusalem 1955

SIEGFRIED, C. Esra, Nehemia und Esther, HK I/6, 2, Göttingen 1901 (SIEGFRIED)

SIMONS, J. Jerusalem in the Old Testament, Leiden 1952 (S. 437—459: The City of Nehemiah)

The Geographical and Topographical Texts of the Old Testament, Leiden 1959 (S. 375—396: The Restoration)

*Simôtas, P. N. Νεεμίας; Epist. Epeteris y Theol. Sch. Thessalonikès 4, 1959,
    S. 179—266
    Τὸ πρόβλημα τῆς ἱστορικῆς θέσεως τῆς προσωπικότητος καὶ τοῦ ἔργου τοῦ
    Νεεμίου, Theologia Athenis 32, 1961, S. 209—219. 631—644; 33, 1962, S. 83—101.
    376—395. 548—561 (= Die Frage der historischen Einordnung von Persön-
    lichkeit und Werk des Nehemia)
Smend, R. Die Listen der Bücher Esra und Nehemia, Programm zur Rectoratsfeier
    der Universität Basel, Basel 1881
Smith, G. A. Ezra and Nehemia, Exp 7/2, 1906, S. 1—18
    The Jewish Constitution from Nehemiah to the Maccabees, Exp 7/2, 1906,
    S. 193—209
Snaith, N. S. The Jews from Cyrus to Herod, Wallington 1949
    The Date of Ezra's Arrival in Jerusalem, ZAW 63, 1951, S. 53—66
Stade, B. Geschichte des Volkes Israel II, Berlin 1888
Starcky, J. The Nabataeans: A Historical Sketch, BA 18, 1955, S. 84—106
*Tedesche, S. A Critical Edition of I Esdras, Diss. phil. Yale University 1928
Thomson, A. An Inquiry Concerning the Books of Ezra and Nehemiah, AJSL 48,
    1931/32, S. 99—132
Torrey, Ch. C. The Composition and Historical Value of Ezra-Nehemiah, BZAW 2,
    Gießen 1896 (Torrey, Comp.)
    Die Briefe 2 Makk. 1, 1—2, 18, ZAW 20, 1900, S. 225—242
    The Apparatus of the Textual Criticism of Chronicles-Ezra-Nehemia, Studies
    W. R. Harper, 2, London 1908, S. 55—101
    Ezra Studies, Chicago 1910 (Torrey, ES)
    Sanballat, »The Honorite«, JBL 47, 1928, S. 380—389
    The Two Persian Officers Named Bagoas, AJSL 56, 1939, S. 300f.
    The Letters Prefixed to Second Maccabees, JAOS 60, 1940, S. 119—150
    A Revised View of First Esdras, in: L. Ginzberg Jubilee Volume, 1945, S. 395
    —410
    Medes and Persians, JAOS 66, 1946, S. 1—15
    The Chronicler's History of Israel, New Haven 1954
Touzard, J. Les juifs au temps de la période persane, RB NF 12, 1923, S. 59—79
Treuenfels, A. Konstruktion der kanonischen Bücher Esra-Nehemia, Der Orient
    12, 1851, S. 11ff.
Tuland, C. G. Hanani-Hananiah, JBL 77, 1958, S. 157—161
Ubach, B. I i II dels Paralipòmens. Esdras-Néhémias. Versió dels textes originals i
    comentari, Monestir de Montserrat 1958
Vaihinger, J. G. Zur Aufhellung der nachexilischen Geschichte Israels nach den
    Büchern Esra und Nehemia, StuKr 1857, S. 87—93
*Valeton, J. J. Nehemia, Oud-Testamentische Voordrachten, 1909, S. 261—299
Vaux, R. de, Art. Esdras et Néhémie, DBS, 1949, S. 767—769
*Vernes, M. Précis d'histoire juive depuis les origines jusqu'à l'époque persane,
    Paris 1899
Vincent, L. H. Jérusalem de l'Ancien Testament I, Paris 1954; III, Paris 1956
    (S. 237—259: Les murs de Jérusalem d'après Néhémie; S. 655—676: L'Exil
    et la Restauration)
    Art. Jérusalem, La Restauration des remparts de la Ville par Néhémie, DBS 4,
    1948, Sp. 897—966

WALDE, B. Die Esdrasbücher der Septuaginta ihr gegenseitiges Verhältnis untersucht, BSt hrsg. v. O. Bardenhewer 18/4, Freiburg 1913

WALKER, N. (Critical Notes Concerning) The 390 Years and the 20 Years of the Damascus Document, JBL 76, 1957, S. 57f.

WALLIS, G. Die soziale Situation der Juden in Babylonien zur Achämenidenzeit auf Grund von 50 ausgewählten Urkunden, philos. Diss. Berlin (Humboldt-Univ.) 1953

*WEAVER, H. R. The Priest-Hood of Judaism in the Persian Period, Diss. Boston 1948

WELCH, A. C. The Source of Nehemiah IX, ZAW 47, 1929, S. 130—137

The Share of N. Israel in the Restoration of the Temple Worship, ZAW 48, 1930, S. 175—187

Post-Exilic Judaism, The Baird Lecture for 1934, Edinburgh 1935

The Work of the Chronicler, Its Purpose and its Date, Schweich Lectures 1938, London 1939

WELLHAUSEN, J. Die Rückkehr der Juden aus dem babylonischen Exil, GGN 1895, S. 166—186

Besprechung von E. Meyer, Die Entstehung des Judenthums, GGA 159/2, 1897, S. 89—97

Besprechung von A. van Hoonacker, Etudes sur la Restauration juive après l'Exil de Babylon, GGA 159/2, 1897, S. 97f.

Prolegomena zur Geschichte Israels, Berlin-Leipzig ⁶1927

Israelitische und Jüdische Geschichte, Berlin ⁹1958

WIENER, H. M. The Relative Dates of Ezra and Nehemiah, JPOS 7, 1927, S. 145—158

WILDA, G. Das Königsbild des chronistischen Geschichtswerkes, Diss. Bonn 1959

WILKIE, J. M. Nabonidus and the Later Jewish Exiles, JThSt 2, 1951, S. 36—44

WILLRICH, H. Zur Geschichte der Tobiaden, APF 7, Berlin 1924, S. 61—64

WINCKLER, H. Altorientalische Forschungen II/II, Leipzig 1899; II/III, 1901; III/I/2, 1902 (WINCKLER, AOF)

daraus besonders:

Die zeit der herstellung Judas, in: AOF II/II/1, S. 210—227

Nehemias reform, in: AOF II/II/1, S. 228—236

Die zeit von Esras ankunft in Jerusalem, in: AOF II/II/2, S. 241—244

Die doppelte darstellung in Ezra-Nehemia, in: AOF II/III/2, S. 458—489

WOOD, C. T. Nehemiah-Ezra, ET 59, 1947/48, S. 53f.

WRIGHT, G. E. Judean Lachish, BA 18, 1955, S. 9—17

WRIGHT, J. ST. The Date of Ezra's Coming to Jerusalem, London ²1958

*WRIGHT, T. F. Nehemiah's Night Ride, JBL 1896

The Stairs of the City of David, JBL 1897

ZEITLIN, S. The Second Book of Maccabees, Engl. Transl. by S. Tedesche, Dropsie College Edition, Jewish Apocryphal Literature 5, New York 1954

*ZER-KABOD, M. ספרי עזרא נחמיה מפורשים, Jerusalem 1948

ZUCKER, H. Studien zur jüdischen Selbstverwaltung im Altertum, Berlin 1936

ZWAAN, J. DE, Shaking out the Lap (Nehemia V, 13), Exp 7/5, 1908, S. 249—252

Nachtrag

(Die hier angeführte Literatur konnte leider nicht mehr berücksichtigt werden.)

CROSS, JR., F. M. Aspects of Samaritan and Jewish History in Late Persian and Hellenistic Times, HThR 59, 1966, S. 201—211

DRIVER, G. R. Forgotten Hebrew Idioms, ZAW 78, 1966, S. 1—7

EMERTON, J. A. Did Ezra Go to Jerusalem in 428 B. C. ?, JThSt 17, 1966, S. 1—19

*GOREN, S. חג הסיכות בימי עזרא ונחמיה :מחניים 74, 1962, S. 5—11

*LIVER, J. לבעיית סרד מלכי פרס בספרי עזרא ונחמיה, Sepher M. H. Segal, Jerusalem 1964, S. 127—138

LURIE, B. Z. משמר בלגה (Neh 12, 3. 18), Beth Mikra 10, 2, 1965, S. 3—15

MOWINCKEL, S. Studien zu dem Buche Ezra—Nehemia III, Die Ezrageschichte und das Gesetz Moses, Skrifter utgitt av det Norske Videnskaps-Akademi i Oslo, II, Hist.-Filos. Klasse. Ny Serie, No 7, Oslo 1965

MYERS, J. M. Ezra Nehemih, The Anchor Bible 14, New York 1965

*NAVARRO, S. Esdras—Nehemias ?, Est.Bíbl. 5, 1933, S. 12—19

*OIKONOMOS, I. V. Ἔσδρας, Thresk. Eth. Enk. 5, 1964, S. 899—905

PORTER, J. R. Son or Grandson (Ezra X. 6) ?, JThSt 17, 1966, S. 54—67

RÜGER, H. P. Ein Fragment der bisher ältesten datierten hebräischen Bibelhandschrift mit Babylonischer Punktation, VT 16, 1966, S. 65—73

SLOTKI, J. J. Daniel, Ezra and Nehemiah, in: Soncino Books of the Bible, London-Bournemouth 1951

VOGT, H. C. M. Studie zur nachexilischen Gemeinde in Esra-Nehemia, Werl 1966

Register

(Fettdruck bei den Seitenangaben bezeichnet besonders wichtige Stellen)

Personen und Sachen

Achämenes 186
Altarfeuer 117. **118f.** 121. 122. 125. 126. 148
Amyrtaios I.: 186. 195. II.: 187
Arscham 50. 204
Arsites 187
Artaxerxes I. 49. 59. 60. 136. 151. 154. 185. 186. 190. 193. 194. 203
Artaxerxes II. 151. 187
Artaxerxes III. 187. 188
Artyphios 187
Asyl 22. 181
Athen 152. 186. 187
Attischer Seebund 187

Bundeserneuerung 27. 33. 35. 36. 37. 41. 47. 90f. 92
Bundesformular 33. 36. 37. 41
Bundesschluß 37. 90. 92. 103. 179
Bundesverpflichtung 27. 110

Chanani 156. 194. 201. 204
Chanukkafest 115. 121. 122. 141
Chronist 1. 3. 4. 8. 10. 23. 25. 27. 28. 29. 30. 31. 32. 35. 41. 43. 45. 46. 47. 50. 53. 54. 55f. 58. 59. 60. 65. 66. 68. 69. 70. 73. **89ff.** 92. 98. 110. 111. 112. 114. 126. 127. 133. **148.** 174. 178.
Cyrus 49. 60. 97. 98. 175

Darius I. 59. 136
Darius II. 107. 108. 151. 159. 187
Darius III. 166
David 45. 47. 64. 69. 70. 97. 111. 149. 178
Davidhaus, Daviddynastie 96. 157. 158. 159. 178. 183. 199
Davididen 60. 97. 124. 157. 158. 159. 165. **175ff.** 179. 181. 191. 202. 203.
Davidgräber 157

Davidpsalter 123. 125. 148
Davidreich (nachexil. Wiederherstellung) 182f.
Diaspora 11. 13. 87. 126. 147. 174. 192. 193. 195. 196. 201. 204

Elia 127
Eljaschib (Hoherpriester) 107. 151. 202
Eschatologie 3
eschatologisch 2. 89. 184. 185
Esra 1. 2. 5. **26ff.** 45. 46. **56ff.** 70. **90ff.** **94f.** 99. 102. 103. 108. 109. 111. 114. 115. 124. 125. 126. 127. 128. 129. 131. 132. 133. 134. 139. 145. 146. 148. 149. 150. 178. 193. 202
Esrageschichte (literarisch) 32. 89. **94f.** 109. 145.
Esraquelle 31. **56ff.**
Eunuch 154f.
Exil 28. 97. 98

Fest 41. 115
Festfreude 45

Garizim (Tempel, Gemeinde) 89. 142. 144
Geschem **170ff.** 198. 200
Chronistisches Geschichtswerk 1. 4. 57. 94. 113. 114. 115. 127. 129. 130. 144. 145. 149
Deuteronomistisches Geschichtswerk 35. 113. 123. 125. 148
Gesetz (Tora; u. ä.) 2. 3. 11. 27. 28. 29. 32. 34. 35. 36. 37. 58. 63. 66. 67. 91. 94. 95. 112. 113. 114. 127. 144. 148. 150. 155. 178. 188. 189. 196. 202. 203
Gesetzeslehrer 35. 59. 63. 91. 146.
Gesetzesverlesung (u. ä.) 27. 33. 37. 60. 90. 91. 129
Gesetzesunterweisung 63

Stellenregister (Auswahl)

A) *Biblische Texte des Alten Testaments*

B) Apokryphen und Pseudepigraphen zum Alten Testament

C) Biblische Texte des Neuen Testaments

D) Außerbiblische Texte

1. Rabbinische Texte

2. Ägyptische Texte

E. Otto, Die biographischen Inschriften der ägyptischen Spätzeit, 1954

3. Aramäische Texte

A. Cowley, Aramaic Papyri of the Fifth Century B. C., 1923

G. R. Driver, Aramaic Documents of the Fifth Century B. C., 1957

4. Griechische Texte

5. Lateinische Texte

Beihefte zur Zeitschrift
für die alttestamentliche Wissenschaft

Herausgegeben von GEORG FOHRER

Lieferungsmöglichkeiten und Preise der früheren Hefte auf Anfrage

VERLAG ALFRED TÖPELMANN · BERLIN 30